货币金融学

HUOBI JINRONGXUE

张留禄 ◎编著

北京大学出版社
PEKING UNIVERSITY PRESS

图书在版编目（CIP）数据

货币金融学 / 张留禄编著 .—北京：北京大学出版社，2017.9
ISBN 978-7-301-28684-5

Ⅰ.①货… Ⅱ.①张… Ⅲ.①货币和银行经济学—高等学校—教材 Ⅳ.① F820

中国版本图书馆 CIP 数据核字（2017）第 214077 号

书　　名	货币金融学
著作责任者	张留禄　编著
责任编辑	旷书文
标准书号	ISBN 978-7-301-28684-5
出版发行	北京大学出版社
地　　址	北京市海淀区成府路 205 号　100871
网　　址	http://www.pup.cn　　新浪微博：@ 北京大学出版社
电子信箱	zpup@pup.cn
电　　话	邮购部 62752015　发行部 62750672　编辑部 021-62071997
印 刷 者	三河市博文印刷有限公司
经 销 者	新华书店
	720 毫米 ×1020 毫米　16 开本　22 印张　485 千字
	2017 年 9 月第 1 版　2017 年 9 月第 1 次印刷
定　　价	49.00 元

前　言

根据教学需要，结合多年来的教学实践，笔者在重点课程建设的基础上编写了《货币金融学》一书。本教材从宏观、微观两个视角阐述有关货币、金融运行和金融调控的基本原理和现实问题。在教材的编写过程中突出了以下特色：

1. 在教材体系设计和内容编排上，既注重学科的内在逻辑，系统介绍货币银行学的重要理论、制度和政策的演进，又大量涉及了金融市场和金融机构的实务操作，体现货币银行学教学微观化和市场化的趋势。这种编排既能使读者对学科的理论体系和内容有完整的理解和把握，同时，也便于在不同专业教学中进行材料取舍。

2. 适当吸纳学科发展中的研究成果，对金融创新、金融全球化与金融危机等体现时代特色的有关内容进行介绍，并在每个问题的论述上尽量结合中国金融业实际，以便利用学生的感性知识，引起学生的共鸣，培养其理论联系实际的能力。

3. 在内容的深度、广度上符合本科层次的教学要求，并配备较多的教辅资料，在每章的后面都列出了关键词汇和复习思考题，读者可以根据自己的需要进一步学习，以巩固对货币金融理论的理解。

本教材既可满足财经类专业学生学习之需，也可供其他专业学生和金融系统员工自学参考之用。

本书在编写过程中吸收和借鉴了国内外专家学者的研究成果，上海财经大学汪润泉博士和广东财经大学杨小锋同学在数据搜集和资料整理方面做了大量工作，在此一并表示感谢！

由于作者水平所限，错误和疏漏之处在所难免，恳请读者批评指正。

张留禄

2017 年 4 月于广州

目 录

第一篇 绪 论

第二篇 金融市场与金融机构

第四篇 金融开放与金融发展

第一篇

绪　论

第一章　货币与货币制度

货币与货币制度是货币银行学中最基本的两个范畴，是学习和领会货币金融领域中一切重大问题的出发点。但是，围绕这两个范畴存在着许多不正确的认识，尤其是初学者难免局限于自己日常生活的经验，对货币和货币制度理解过于片面。本章将引导读者正确认识货币和货币制度的含义及职能，了解货币的各种形态和支付制度的演变，并掌握货币层次划分的相关理论。

第一节　货币的含义与职能

一、货币的含义

货币这个词对于人们而言既熟悉又陌生。在人们的日常生活中几乎处处离不开货币，在不同的环境下货币也被赋予了多种不同的含义，但这些含义和货币银行学中所用的“货币”这一专业术语的含义都存在不同程度的差距。

例如，当一个人在乘车或者买东西时问“我要付多少钱”，这里的货币指的是现金。将货币等同于现金是一种很常见的误解，这样理解货币范围太窄了。而当人们谈到收入时往往会说：某某挣多少钱，他的收入是多少。这里又把货币等同于收入。但实际上，收入是一个流量概念，即某一时段内的收益，而货币是一个存量，也就是说是一个时点数，如果把货币定义为收入，那么货币量将无法计量。此外，当人们在描述一个人的财富时，往往会说“这个人是多么的有钱”，这里实际上又把货币等同于财富了。事实上，我们知道一个人的财富不仅仅包括他所拥有的货币，还应包括他所拥有的不动产、股票、债券等财富。根据马克思对货币的定义，货币是固定充当一般等价物的特殊商品，它是社会财富的一般性代表，但货币并不等于社会财富本身，它只是社会财富的一部分。

货币在经济研究中的重要地位毋庸置疑，那么到底该如何界定货币？这是让古今中外的经济学家深思和争议的问题。由于时代、观察角度不同，得出的结论也有所不同。但总的来说，一个被西方经济学家普遍接受的观点是：货币是在商品劳务交换以及债务清偿中被普遍接受的任何东西。它强调货币作为一种交易媒介和支付工具的普遍接受性。比照这个定义，前面我们所讲的将货币等同于现金的说法显然把货币的范围缩小了。因为可以开列支票的存款在流通领域中与现金一样，都可以用来支付所购买的商品或劳务。在信用卡、旅行支票被普遍使用的今天尤为如此。如果将货币等同于现金，那么我们很难把货币与人们所进行的全部购买活动联系起来。而债券、股票、房地产等资产虽然具有价值储藏功能但它们并不具备普遍的接受性和流动性，因此相对于财富的概念，在经济学家眼中货币的含义要窄得多。

应该指出，马克思从劳动价值论出发，在分析了货币的起源以及货币与普通商品的共性和特性之后，从货币本质的角度给出了一个更深刻的定义：货币是一个能够固定充当一般等价物（Universal Equivalent）的特殊商品。另一方面，他从各种货币现象入手，又得出货币的职能定义，即货币是价值尺度和流通手段的统一。这一定义非常重要，尤其现在各个国家流通的主币都是纸币，从造币材料上讲它们并不是一种商品。马克思将货币定义为表现和实现价值的唯一形式，就从职能上解决了这一疑问。

二、货币的职能

各种货币理论对货币职能的认识相对统一，不存在大的分歧，但在表述方式上彼此各异。早在古希腊时代，亚里士多德就为货币总结了三个职能：价值尺度、流通手段和贮藏手段。后世的西方经济学家基本沿用了这一说法。马克思则将货币职能归纳为五个方面：价值尺度、流通手段、储藏手段、支付手段和世界货币。

（一）价值尺度（Unit of Account）

货币可以被用来衡量和表现其他商品和劳务的相对价值，由此货币执行了价值尺度的职能。应当注意的是，货币作为价值尺度并不需要人们付出真实的货币，只需要在观念中、口头上用货币来衡量和评价商品所包含的社会劳动的多少。商品价值以一定数量的货币表现出来，就形成商品的价格，各种商品的价值不同，用货币表现的价格也会有所不同。

在物物交换的时代，人们往往无法直接得到自己想要的商品。假如市场上存在 n 种商品，为了进行充分的交换，需要标出任意两种商品间的交换价值，则总共要标出 n(n-1)/2 个交换价值。而在以货币为媒介的交换中，借助于货币价值尺度的功能，每个交易对象都具有价格，它们的相互交换只需要标出 n-1 个价格就可以了。有了货币这一价值尺度，商品的标价系统被大大简化。

货币单位是一个与价值尺度密切相关的概念，是货币执行价值尺度所必需的技术规定性。在金属货币流通的年代，货币单位是以金属重量单位的名称命名的一个货币计量单位，如中国的“两”，英国的“镑”，货币单位与重量单位名称是一致的。而在后来的信用货币制度下，货币单位与自然单位出现分离，有些国家的货币单位采取了别的名称，如“元”“美元”等，有些国家的货币单位虽沿用过去的重量单位，但货币含金量已与名称完全不符。

（二）流通手段（Means of Circulation）

流通手段又称为交易媒介（Media of Exchange），即货币在交易中发挥媒介的作用。以货币为媒介的间接交换取代原始的以物易物的直接交换，挣脱了在时间、空间上的束缚，使商品交换获得更加公平、高效的发展。

货币作为交换媒介的意义在于货币是交换能力最强的商品。当人们持有货币时，他们所关心的并不是货币本身，而是货币的购买力，即它是否能够买到价值相当的商品。货币的这一特点为纸币的发行以及电子货币的广泛使用提供了可能。纸币并不存在商品所具有的使用价值，它仅仅是纯粹的价值表现形式。但是，只要纸币所依赖的法权和国家信用是可靠的，纸币所含的价值是稳定的、明确的，那么它就比商品形式的货币更加适于充当交换媒介。同样的道理，电子货币在现代社会也受到普遍的欢迎。

（三）贮藏手段（Store of Value）

货币暂时退出流通领域，被人们作为财富或价值形式持有或积累而处于相对静止状态，这就是货币的价值储藏功能。

虽然，通常人们更愿意以股票、债券等金融资产或房地产、金银饰品这些实物资产作为积累财富的主要方式。但是，在这些资产被持有和交易的过程中，不可避免地会涉及到市场风险和交易成本。而持有货币不仅可以减少这些风险和费用，还节省了交易中花费的时间和精力。另外，只要通货膨胀维持在一个较低的水平上，货币的价值基本上是稳定的。因此，货币作为价值贮藏工具具有交易成本低和价值相对稳定的特点。

在不同的货币流通时代，货币作为价值贮藏手段的作用不尽相同。在足值的金属货币流通时代，金属货币有自身的价值，贮藏货币就是贮藏财富；而一定数量的金属货币被贮藏意味着同等数量的真实的价值退出流通。因此，货币贮藏具有自发调节货币供求的能力，即“蓄水池”功能。在不足值的信用货币流通的情况下，不论是用现金方式还是用存款方式储藏货币，都不意味着有相应数量的真实价值退出流通。这时，人们贮藏货币并不是贮藏财富，而是购买力。当通货膨胀水平相对较低，并十分平稳时，信用货币可以被储藏起来；而当通货膨胀率很高时，信用货币的价值会下降，人们就不愿意贮藏货币；在极端情况下，纸币变成了废纸，完全丧失了价值，人们就会拒绝货币。

（四）支付手段（Means of Payment）

当货币执行交换媒介职能时，一般包含两个方面的内容：一方面是商品的转移，即商品从卖方转交给买方；另一方面则是货币的转移，即货币从买方支付给卖方。交易过程以交货付款的完成而告终，要求一手交钱一手交货。

如果我们单独考察付款的过程会发现，它的价值转移并非一定得伴随着商品运动。货币可以脱离商品作单方面的转移，也就是说，“交货”与“付款”在时间或空间上可以分离。这时，货币仍是交易媒介，但同时也执行着支付手段的职能。比如，商品买卖中的预付款或延期支付、雇主对员工的工资支付、企业向政府支付税款等，在这些支付活动中，货币都承担着支付手段的职能。

货币支付手段的出现，克服了货币作为流通手段，要求一手交钱，一手交货的局限性，进一步促进了商品交换，推动了信用关系的发展。从这个意义上说，货币作为支付手段的职能非常重要，并不亚于其交易媒介职能。但是，货币作为支付手段也使商品经济的矛盾进一步恶化。在信用制度发达的国家中，商品生产者之间的债权、债务关系普遍存在，一个商品生产者的偿债能力往往受到其他厂商是否能按期偿还对他的债务的影响。商品生产者之间相互欠债，形成复杂而庞大的信用链，当一个当事人出现财务困难时，往往会产生多米诺骨牌效应，引发多个债务人的连锁反应，甚至会导致全社会的信用危机。

(五) 世界货币(World Currency)

当今世界各国经济频繁交往，而在国际交往的过程中也离不开货币。当货币超越了国界，在国际市场上发挥一般等价物的作用时，就执行了世界货币的职能。在金属货币时期，执行世界货币职能的是黄金、白银这样的足值货币。在信用货币制度下，国际间的交往不再使用金银，但国际上并不存在真正统一发行和流通的“世界货币”。因此，只能靠部分国家的货币，如美元、英镑等代行其职，这些货币都是可自由兑换的货币，其币值相对稳定，同时在国际贸易和国际支付中被人们普遍接受，其使用范围从一国延伸到全世界，从而执行了世界货币的职能。人们将这类货币称为国际货币。

上述货币的五大职能并非各自独立，它们具有内在的联系，是货币作为一般等价物的本质反映。正如马克思所指出的：货币是价值尺度和流通手段的统一，它们是货币的两大基本职能，其他职能是在这两个职能基础上发展起来的。货币是价值的载体，价值表现是货币其他职能在逻辑上的前提条件。所有商品首先要借助货币的价值尺度来表现和衡量其价格，然后才能进一步的实现交换。而交换媒介是货币所特有的，正因为货币具有交换媒介的职能，可以作为流通手段随时购买商品，这才使货币有了贮藏手段的职能。也正是由于货币的价值贮藏职能，商品买卖的过程得以分离，才使得货币具有了作为支付手段的功能。伴随着经济国际化和全球化的进程，国际间的贸易和支付越来越普遍，货币的世界货币职能应运而生，在国际市场上发挥了一般等价物的作用。

第二节 货币形态和支付制度的演变

一、货币的各种形态

随着交换的发展、科技和社会的进步，货币的形态经历了由低级到高级，从具体到抽象的演化过程。从货币的发展史来看，它大致经历了四种形态，即实物货币、金属货币、代用货币和信用货币形态。

(一) 实物货币

实物形态的货币是人类历史上货币形态的最初阶段，那时货币尚处于雏形。在世界各地，各种不同类型的商品都充当过货币。

不论是古书还是考古出土的文物都显示，早在公元前2000年中国的夏朝就已经开始以贝类作为货币。属于西周前期文物的青铜器“遽伯寰彝”上的铭文记述遽伯寰“用贝十朋又三(四)朋”[①]，表明贝在当时已经成为货币，而“朋”就是当时的货币计量单位。在世界上的其他地方，如古波斯、古印度等地都有用牛、羊作为货币的记载。盐块、茶砖、象牙、兽皮等商品也曾经充当过交换的媒介。在公元10世纪到14世纪的一段时间里，胡椒成为欧洲的主要货币形态，它甚至被用于借贷。

---

① 汪圣铎. 中国货币史话. 北京：中华书局，1998年4月.

尽管充当实物货币的商品五花八门，但它们在不同程度上具备着一些作为货币的共同特点，如价值高、易分割、易保存和携带方便等。在这方面，贝的特点最为突出。首先，贝来自沿海地区，却被地处中原的夏、商所使用，根据考古发掘显示，贝在当时是一种重要的装饰品，还可以用来辟邪，因此具有较高的使用价值。其次，作为计量单位，它可分可合，又便于携带，坚固耐用，是一种较好的货币形态。与此相比，牛和羊这些牲畜作为货币的优势则不那么明显，虽然它们的价值也很高，便于携带，但不易分割是它们最大的缺点。不过，在当时的社会经济发展水平低下的情况下，这些缺陷尚可以被接受。

（二）金属货币

金属货币是实物货币中的一种，由于在货币发展史上，贵金属货币发挥了十分独特的作用，所以这里将它单独列出。在实物货币的发展过程中，金、银、铜等贵金属以其独有的特性和优点逐步成为货币舞台上的主角，成为固定充当一般等价物的商品。马克思曾经指出“金银天然不是货币，但货币天然是金银”。其意义是指金银等贵金属所固有的物理特性使其非常适合充当货币，如数量稀少、价值高，易于分割和保存，不易腐蚀等。因此，金银从普通商品转变为固定充当一般等价物的货币商品有一定的必然性。

最初的金属货币并不是以铸币的形态出现，而是以条、块等自然状态流通的。它们的计量单位往往就是金属的重量单位，因此在每次交易中都要对金属块称重和鉴别成色，有时还要按照交易额的大小对金属块进行分割，这给交易带来很多麻烦。为了交易的方便，一些有声望的商人开始在金属块上打上自己的印记，以自己的信誉保证金属块的质量，这就是金属铸币的雏形。随着金属铸币的工艺日益发展成熟，铸币越来越精美。后来，各国将铸币权收归国有，规定铸币只能由国家造币厂按一定的标准来铸造。

据历史记载，中国早在商代后期和西周时期就开始有了用铜制造的金属铸币的雏形：“布”，此后铜币在中国流通了两千多年的时间。而在西方主要国家金属铸币则主要是以金币、银币为主。金属铸币的使用节省了交易的时间，提高了交易效率。需要指出的是，铸币在使用的过程中由于自然磨损或是在铸造过程中由于人为的降低标准（减少重量或降低成色），都可能会导致货币的交换价值大于其实际价值。当市场上同时存在足值和不足值的货币时，实际价值高的货币会被人们储藏起来，退出流通领域，而留在流通领域充当交换媒介的则是那些实际价值较低的劣币，这就是著名的“劣币逐良币”的现象，或被称为“格雷欣法则”。

（三）代用货币

由于金属货币比较沉重，在运输的过程中也不太安全，因此，随着交易量的增加和交易范围的扩大，一种代替金属货币行使货币职能的纸币开始出现。

中国是世界上最早使用纸币的国家，早在北宋时期，就有大量用纸印制的货币——交子。在《马可波罗行记》中有相关的介绍：“大汗国中商人所至之处，用此纸币以给偿用、以购商物、以取其货币之售价，竟与纯金无别。”生动地说明了当时中国人使用纸币的情形。

在纸币使用之初，通常可以随时足额地兑换金属货币，这时的纸币本质上不过是金属货币的代表物，以纸币代替金属货币流通不仅避免了金属货币在流通中的自然损耗，而且纸币的制造费用低，运输方便。因此，到 19 世纪末 20 世纪初，纸币已经在世界范围内得到广泛使用。但在后来，随着纸币的大量使用，它的性质也发生了改变，纸币的发行量开始大大超过流通中的金属货币需求量，也就是说，纸币不再代表足额的金属货币，这时信用货币就产生了。

（四）信用货币

随着生产力的发展，社会分工越来越细化，商品的交换越来越频繁，交易量成倍增长，金属货币渐渐不能满足作为交换媒介的要求。另一方面，随着银行制度的发展，信用关系越来越普遍，信用货币也应运而生。自 20 世纪 30 年代经济危机以后，所有的西方国家都停止使用金属货币，而改为全面实行纸币流通，并将纸币发行权收归国家。与前面所讲的代表金属货币流通，可以随时兑换足值金属货币的代用纸币不同，信用纸币自身并没有价值，它的发行不用任何商品准备，不代表任何贵金属。信用纸币是以发行者（在现代社会主要是中央银行）信用为基础，通过立法的形式赋予其支付和偿还能力的货币，是一种不兑现纸币（Fiat Money）。

随着银行业的发展、社会经济的进步，信用货币的形态变得多种多样。除了国家发行并强制使用的纸币和辅币、中央银行发行的银行券之外，还有建立在商业银行信用基础上的非法偿货币或存款货币（Deposit Money），如可签发支票的存款以及商业票据等等。

二、最新的货币形态——电子货币（Electronic Money）

随着信息时代的到来，计算机技术被广泛应用于人们生活的方方面面，方兴未艾的电子商务对支付方法提出了新的要求，从而推动了货币形态的发展，电子货币应运而生。

目前，对电子货币的定义尚无定论，其中巴塞尔委员会关于电子货币的界定是一个被大多数人接受的定义。它认为电子货币是指在零售支付体制中通过销售终端，不同的电子设备之间以及公开网络上执行支付的“储值”和预付支付机制。根据这一定义，电子货币包含的范围很广，如：信用卡、储蓄卡、借记卡等电子信用卡，电子支票，以及基于电子网络的电子货币等。几乎所有与资金相关的，电子化支付工具和方式都包含在内。

早在 1995 年 7 月，英国的西敏寺（National-Westminster）银行开发了名为 Mondex 的智能卡，成为世界上最早的一种电子货币。在这个卡中埋入了一个集成电路芯片，其中存入的电子信息代表着一定金额的货币信息，该电子信息即相当于电子货币。由于这种智能卡使用起来十分方便、安全，被迅速推广到了全世界。继 Mondex 之后，由 VISA 组织推动的任何一家参加银行都可以发行的 Visa Cash 也在世界范围内推广，仅 1996 年亚特兰大奥运会期间就发行了 200 万张。因此，当时国外银行业普遍认为，智能卡时代将彻底改变我们的支付方式，预言全球性货币新时代即将到来。

1996 年 3 月，美国圣路易 Mark Twain 银行首家推出了由荷兰阿姆斯特丹 DigiCash 公司开发的 E-Cash（电子现金），全球有上万余人和两千多家零售商参加了这项实验，现在它已成为网络型电子现金的代表。E-Cash 可以被看作是现实现金的电子或数字模拟，即以电子化形式存在的现金。货币被以一系列加密数据序列的形式保管在计算机的硬盘中，通过互联网而得到传递和流通。在使用 E-Cash 时，消费者和商家必须在发放 E-Cash 的银行开立一个账户，然后资金被从常规账户中转入他们账户的 E-Cash 生成器中。E-Cash 生成器作为一个个人的缓冲账户，可以被视为一种电子钱包，在任何地方买方都可以使用他们的计算机访问远程生成器，并从中取出以代币（TOKEN）形式存储的资金存入自己的 PC 机硬盘上。这样，消费者就可以通过互联网连接的商店享受家中网上购物的乐趣。伴随着银行高科技的发展，E-Cash 的出现使货币日趋脱离它的基础而独立存在，从实物可视的货币到以电子流形式存在的虚拟货币，货币的存在形态发生了巨大的变化，这将必然影响整个支付制度的发展。

（一）电子货币的特点

与传统的货币形态相比，电子货币除了具有作为货币的一般职能外，还有一些新的特点。

1. 非实物形态的货币

不论是实物货币时代还是贵金属货币时代或是纸币时代，这些货币都是以可以触摸到的实物形态出现的，而电子货币则是以电子数据形式储存的，因此它是一种没有任何实物形态的、无纸化的货币。传统的货币形态单一，且大量的货币会占据较大的空间。电子货币则是一种电子符号，所占空间很小，一张卡或是一台计算机就可以存储无限量的电子货币。从技术上讲，随着计算机和网络技术的发展，电子货币的形态还可能发生新的改变。

2. 电子货币的使用能极大地降低交易成本

由于电子货币是通过计算机和网络技术来实现资金的支付和商品的买卖，它突破了传统意义上的时间和空间概念，极大地降低了相关成本和费用。

首先，电子货币的发行实现了货币的无纸化，从而节约了发行成本。其次，电子货币的使用加快了企业资金周转速度，降低了企业获得资金的成本。最后，伴随着电子货币的广泛使用，银行部门的现代化设备、支付网络也必将有很大的改进，金融业务创新使金融部门的融资成本大大降低。

3. 电子货币发行的“非中央银行化”

传统的信用货币是一种由中央银行垄断发行的不可兑换的纸币，而电子货币的发行方不仅可以是中央银行，还包括了一般金融机构，甚至是一些非金融机构也可以发行电子货币。这使得电子货币的发行主体多样化，而非中央银行垄断发行权。

4. 电子货币的“异质性”

信用货币发行的基础是国家信用。在信用关系日益发达的今天，电子货币的发行则是建立在各国的经济发展水平、网络化程度、拥有的科技水平以及其不同的发行方的信用基础上。发行方特质的不同为电子货币带来了“异质性”的特点，人们可以根据自己的喜好选择由不同发行方发行的电子货币。

（二）电子货币带来的新问题

电子货币的发展在给消费者带来了极大便利的同时，又对中央银行地位及货币政策的实现提出了新的挑战。相关问题亟待进一步的研究。

1. 对中央银行地位的影响

电子货币"非中央银行化"的发行机制会直接影响到中央银行的铸币收入和发行地位。所谓铸币税是指在货币发行中产生的，货币所代表的价值与其发行成本之间的差额。在中央银行垄断货币发行权的情况下，通常大部分铸币税是作为中央银行的发行收入，成为中央银行独立地位的物质保证。因此，当电子货币范围越来越拓展时，铸币收益的损失会成为中央银行关切的问题，其后果可能使中央银行变得更加依赖其他的收入来源，而削弱中央银行的独立性。

此外，电子货币大规模发行势必会取代通货在市场上的流通，使中央银行的资产负债规模大幅度缩减，降低了其行使对支付系统监管的能力。

2. 电子货币对货币政策的影响

首先，电子货币发行的"非中央银行化"，加大了中央银行在计量和监控货币供应量时的难度，降低了货币供应量作为货币政策中介指标的作用和功能。其次，电子货币的大量发行会使公开市场业务的操作更加复杂。中央银行会因为资产负债规模不足无法适时地对市场进行干预和调控。尤其是在外汇市场发生剧烈变动的情况下，央行对市场调控能力的下降可能会导致本国汇率和利率水平遭受较大的冲击。再次，由于电子货币的使用突破了时间和空间的概念，消费者在交易时可以选择本国的电子货币，也可以选择外国的，这使得中央银行在制定和执行货币政策时，不仅要考虑本国的经济状况，还必须与相关国家进行政策协调，从而丧失货币政策的独立性。

（三）我国电子货币的发展状况

我国电子货币出现的时间较晚，以银行卡为例，1986 年中国银行发行了第一张长城卡，而直到 20 世纪 90 年代中期，随着电子商务的兴起，电子货币才真正进入人们的生活。但此后银行卡在我国得到迅速发展，根据中国银联的统计数据，2014 年我国芯片银行卡发行总量超过 12 亿张，全年芯片银行卡交易量为 6.2 万亿元，跨行交易金额达 41.1 万亿元。

当然，我国目前还处在电子货币发展的初级阶段，还有许多问题，如对电子货币相关法律的制定、监管及技术安全问题，都急需研究解决。

专栏 1-1　无现金社会真的会到来吗？

自电子货币出现以来，许多专家学者都惊呼无现金时代即将到来。然而，直到最近 10 年，随着电子技术的不断提高以及市场认同度的提高，电子支付方式才真正进入了人们的生活，并且它的发展速度是非常惊人的。

据 Visa 国际组织委托统计和调查全球公司（Audits Surveys Worldwide）开展的一项调查表明，在接受调查的国际旅行者当中，有 43%称他们完全能够想象在没有现金和支票的环境生活，对只用塑料卡片即完成支付的情况充满信心。尤其是巴西人中有 63%的受调查者相信世界将过渡到无现金的社会①。

而在2002年欧洲信贷业协会决定，最晚于2010年在欧盟各国停止使用支票，推广使用信用卡、转账、汇款以及电子银行等无现金支付手段。新加坡政府也表示该国将于2008年之前实现无现金消费，即所有消费者通过移动电话、掌上电脑等其他设备以电子形式支付款项。韩国更是在全球无线服务领域处于先锋地位。该国2004年就已经有超过60万人在使用手机完成包括汇款、交纳罚款、查询交易记录等移动银行业务。

某知名机构的研究报告指出，10年后互联网、移动、非接触式等电子化支付方式将替代现金成为消费类交易的主流。到2009年全球移动商务市场有望成长为500亿至750亿美元规模的大产业；全球小额支付市场总体规模也将达到400亿美元。支付行为转向"即付即行"的快捷模式。

然而，人类社会要真正进入无现金时代还需要走很长的路，需要运用许多新技术和管理方法解决相关问题。

三、支付制度的演变

支付是指为了清偿债权债务关系而将资金从付款人的手中转移到收款人手中的过程，支付制度(Payments System)即经济社会中进行支付的组织形式。支付制度的演变与货币形式以及人们所使用的支付工具的变化有密切的联系。随着人类文明和社会经济发展，对支付手段和支付方式不断提出新的要求，从而推动了支付制度的演变。

（一）以贵金属为基础的支付制度

在支付制度的演变过程中，除了原始时期使用的实物货币以外，在相当长的一段时期内，贵金属及其铸币作为在商品和劳务交换中被人们普遍接受的商品，一直充当着交易媒介和支付手段。但是，贵金属作为支付工具最大的问题在于它体积大，且过于沉重。在中国古代，如果要进行大笔的交易往往需要雇用很多的车辆和人员将黄金白银从一地运往另一地，这种交易方式运输成本高，也很不安全。

（二）以纸币为基础的支付制度

随着社会经济的发展，出现了以纸币为主的支付手段和方式。在这种支付制度下，纸币的发行建立在国家信用的基础上，纸币被赋予法偿货币的地位。相对于贵金属，纸币支付具有体积小，重量轻的特点，一定程度上解决了贵金属货币运输困难的问题，极大地方便了人们的交易活动。但是，纸币作为支付工具只是缓解了矛盾而并未彻底解决矛盾。支付中体积大、运输费用昂贵、不安全的问题依然存在。只有在金融部门不断发展和壮大之后，支付制度才真正发生了一次彻底的变革。

（三）以支票为基础的支付制度

支票是一种见票即付的票据，支票的使用使人们在交易的过程中不必再携带大量的现金，无论多大金额的交易，只要签发一张支票就可以了。各经济单位相互间的资金往来，通过银行以支票进行结算，不仅使大额交易变得简单、安全，而且银

① 于洋．市场报．2000年6月22日第6版．

行间的收付可以彼此抵消，避免了大量通货的运动，从而降低了支付的成本，提高了交易效率。

但是，以支票为基础的支付制度也面临着两大问题。一方面，虽然支票是一种见票即付的票据，但支票的传递仍需要时间，如果收款人急需用钱，则支票支付将无法满足他的需求。另一方面，银行大量处理支票所花费的人工和成本非常高昂，支票支付制度并不完美，还有改进的必要。

（四）以电子支付为基础的支付制度

进入 20 世纪 50 年代，由于计算机在银行业务中应用广泛，一些发达国家的银行开始利用计算机、终端机、电子信息网络等电子通讯设备建立高速的资金划拨电子支付系统，从而使支付制度进入了一个崭新的时代——即电子支付时代。电子支付又称为电子资金划拨（Electronic Funds Transfer, EFT），它是指通过电子终端、电信设备、计算机或磁介质所进行的资金转移的统称。在这个系统中所有的支付都是通过电子通讯进行，是一种无纸化的支付方式。

电子支付系统改变了传统的支付结算方式，突破了货币支付的时间和空间限制，降低了支付成本，提高了效益。因此，各国都相继建立起了大额电子支付系统（如美国的 CHIP）和为消费者提供零售业务服务的 POS 系统和 ATM 系统。尽管许多人认为电子支付系统发展前景不可限量，然而时至今日，它并未取代现行的信用货币支付制度。应该看到，新的支付制度在为人们带来便捷的同时，也对传统法律制度和社会经济形态产生了强烈的冲击。在没有很好地解决网络技术安全问题以及相关的法律和监管问题之前，电子支付制度的发展之路还很漫长。

第三节　货币制度

一、货币制度及其构成要素

货币制度（Money System），简称币制，是指一国政府以法律的形式对货币的发行、流通的组织和调节等问题进行的规定。它反映了国家通过对货币实行控制以实现政策目标的意图，是一国货币主权的反映。因此，建立一种有秩序、稳定、可控制的货币制度是各国政府共同追求的目标。

一般来说，货币制度的基本内容包括：币材的选择、货币单位的确定、本位币和辅币的确定、货币的法偿能力、通货铸造和发行及流通的管理以及发行准备等六个方面。

（一）币材的选择

传统上，货币制度中第一个要解决的问题是货币材料的选择问题。在上节的分析中我们得知，从实物货币到足值的金属货币，再到不可兑现的信用货币，最后到电子货币，货币形态的演变是商品经济不断发展的产物。因此，虽然币材的使用最后是以法律的形式确定下来的，但往往反映出客观现实中已经存在的货币形式。

人们在描述货币制度时，常常用“本位制（Standard）”来表示货币制度最根本的特征。一旦规定了以某种或几种商品作为法定币材，就将该货币制度称为相应商品的本位制。例如，以黄金作为货币材料的货币制度称为金本位制，以白银作为货币材料的货币制度称为银本位制，而以黄金和白银同时作为货币材料的货币制度则称为金银复本位制。

历史上币材的选择受到当时社会经济发展水平的制约。在西方国家，一般是先以白银为货币金属，随着金矿的大量开采，逐步过渡到金银复本位制。到19世纪末20世纪初，世界上主要的工业国家普遍实现了单一币材的金本位制，以黄金作为货币制度的基础，铸造和使用金币。但是，金本位实行的时间并不长，到了20世纪30年代，各国逐步转向不兑现的信用货币制度，金属货币的痕迹日渐淡化（关于货币制度的演变历程下文中将有详细的介绍）。20世纪70年代之后，各国政府在法律中去除了以任何商品或贵金属充当币材的规定。从此，币材的选择不再是货币制度最重要的因素。

（二）货币单位的确定

货币单位的确定包括了两方面的含义，一个是货币单位的名称，如美元、英镑、欧元等，另一个是货币单位的价值。

如前所述，在贵金属时代，通常以金属的重量单位作为货币单位，币值的确定是依据货币金属的重量和成色。而到了不兑现纸币流通时代，货币和贵金属相分离，价值单位和自然单位的关系就发生了很大的变化，但在货币与黄金完全脱钩之前，币值的确定仍然以确定本国货币单位的含金量为主。如美国的货币单位为美元，在1934—1971年间，美元的法定含金量定为1美元含纯金0.888671克。

在20世纪70年代黄金“非货币化”之后，各国货币不再规定含金量，币值确定的重点转变成如何确定和维持本国货币与外国货币的合理比价，即汇率。关于这方面问题的讨论超出了本书范围，有兴趣者可参阅相关书籍。

（三）本位币与辅币的确定

本位币（Standard Money）又称为主币，是由国家造币厂以法定货币材料按照一定规格铸造的铸币，是一国法律确认的价格标准，是流通中的基本通货。现在流通中不兑现的钞票，也沿用了本位币的称谓，其含义不过是表示它是国家承认的标准通货。本位币的最小规格通常是一个货币单位，如1美元、1欧元或1元人民币等。辅币（Factional Money）则是在主币以下，供日常零星交易或找零使用的通货，其面值要小于主币的面值。如美元的辅币为美分，1美元等于100美分。辅币多由贱金属铸造，铸造权由国家垄断，为非足值通货。

（四）规定货币的法偿能力

在现代货币制度下，货币的发行由中央银行垄断，因此，国家会通过法律对货币的支付能力进行规定。如果法律规定某种货币可以无限制地用于清偿债务、购买商品、支付劳务、缴纳税款等交易中，并且交易一方所支付的货币数量不受限制，交易的另一方不得拒绝接收，则这种货币被称为无限法偿货币，也就是说，它具有法律赋予的有无限制的偿付能力。在金属货币时期，本位铸币就是无限法偿货币。在现代信用货币制度下，无限法偿货币指的是不可兑现的中央银行的银行券。有限法偿货币主要是针对辅币而言的，辅币由国家铸造，可以与主币自由兑换，但在一次支付中，如果超过规定数额，收款人有权拒绝接收。

（五）通货铸造、发行和流通的管理

通货的铸造主要是针对金属货币而言的，即本位币和辅币的铸造。本位币的面值与金属本身的实际价值是一致的，是足额货币。它可以自由铸造、自行熔化，在流通中磨损超过一定磨损公差的本位币不能再次进入流通领域，但可以向指定单位兑换新币。而辅币通常是由较贱的金属铸造，它所包含的实际价值低于其名义价值。辅币不能自由铸造，只准国家铸造，为了防止辅币充斥市场，造成劣币逐良币的现象，通常国家规定辅币为有限法偿货币。

在不可兑换的信用货币时代，信用货币（这里指通货，即钞票和辅币）是依靠国家权力及国家信用强制流通的价值符号，通货的自由铸造权力被取消，通货的发行由中央银行垄断，对货币流通年限的规定取代了磨损公差的规定。但本位币的无限法偿性依然存在。

（六）发行准备

货币的发行准备制度是指一国政府规定货币发行时必须以一种或几种金属资产作为货币的准备，从而将货币的发行与该国所拥有的某种或几种金属资产联系起来，起到稳定货币币值的作用。不同的货币制度下的发行准备制度是不同的。在金属货币流通的条件下，货币的发行通常以贵金属金或银作为准备。在现行的信用货币制度下，货币的发行已与贵金属脱钩，传统意义上的发行准备（硬约束）不复存在，但各国货币发行仍需遵循一定的原则（软约束），即便从技术层面上中央银行可以无限制地发行货币（或支持货币创造），但事实上它也不会这么做，如果没有相应的货币需求，滥发货币的结果只会造成通货膨胀，从而受到客观经济规律的惩罚。

二、货币制度的演变

从全世界范围的货币发展历史过程看，货币制度相继经历了银本位制、金银复本位制、金本位制和信用本位制等四个大的阶段。

（一）银本位制

银本位制是最早实行的货币制度，也是实施时间最长的制度。在这种货币制度下，白银作为货币金属，银币成为主币。然而由于白银的单位价值小，且价值不稳定，随着经济的迅速发展和金矿的大量开采，到 19 世纪中期，白银逐渐被价值更高的黄金所替代，不过在金本位完全确立之前，在西欧出现了很长一段金、银并行流通的时期。

（二）金银复本位制

金银复本位制盛行于 16 世纪到 18 世纪的欧洲，在这种货币制度下，政府明令金、银都是法定币材，黄金和白银同时作为本位币，同样可以进行自由的铸造，同样具有无限法偿的能力。金银复本位制下最关键的问题是确定金和银的比价，根据金银比价确定方法的不同，复本位制又可以分为平行本位制、双本位制和跛行本位制。

平行本位制是指金银两种货币的比价按照其所含金属的实际价值完全由市场机制进行自发的调节。国家对两种货币之间的比价不进行任何干预。平行本位制的优点是符合价值规律且简便易行，但是，由于市场上的商品是同时用两种货币标价，而这两种货币的价值又随着市场供求的变化而变化，在金银相对价值不稳定的时期，往往会造成市场的混乱。为了改善这种情况，国家试图通过规定金币和银币的兑换比率，使金银的比价法律化来实现物价的稳定，这种货币制度就是金银双本位制。双本位制实施并不十分成功，由于政府定价经常滞后于市场的定价，不能及时地反映金银实际比值，容易造成劣币逐良币的现象。在相当长的一段时间里，由于银币的实际价值低，金币的价值高，人们纷纷将金币储藏起来，市场上充斥着银币，双本位制便成了事实上的单本位。为了解决这一问题，有些国家不仅规定金银币兑换的固定比价，而且规定金币可以自由铸造而银币不再允许自由铸造，将银币降至附属地位。这就是所谓的跛行本位制，它标志着货币制度从此开始向金本位制过渡。

（三）金本位制

顾名思义，金本位制是以黄金作为本位币的一种货币制度。根据货币制度与黄金联系的密切程度，金本位制又可分为三种类型，即金币本位制、金块本位制以及金汇兑本位制。

1. 金币本位制

从 1816 年英国首先开始实行金币本位制到 20 世纪初第一次世界大战结束，西方主要资本主义国家大多实行了金币本位制。从历史上看，它对各国经济和国际市场的发展都起到了很大的推动作用。

金币本位制是一种典型的金本位制度。在这种制度下，金币可以自由铸造、自由熔毁，同时流通中的辅币和其他价值符号可以自由兑换金币。金币自由铸造和熔毁制度使得金币的价值与其含金量保持一致，且流通中金币的数量可以根据商品市场上对货币需求的变化而进行自发的调节，从而确保了商品流通的顺利进行和经济的稳定。而规定流通中的辅币和价值符号可以自由地兑换金币，也就意味着这些辅币和价值符号如纸币、银行券等拥有充足的黄金准备，从而确保了价值的稳定，有效地防止了物价的波动。此外，在金币本位制下，黄金可以自由输入输出。实行金币本位制的国家之间根据含金量的大小来确定货币兑换的比率，这个比率称为金平价。当市场汇率因供求关系变化而偏离金平价时，黄金的自由流动可以起到限制汇率水平波动幅度的作用。

由于金币本位制下货币的对内和对外价值都能在一个相当长的时间内保持稳定，这就为有关国家的经济发展提供了一个良好的宏观环境。它不仅促进了各国经济和世界贸易的发展，同时也促进了银行业和信用制度的发展。但是，金本位制度也存在自身固有的缺陷。随着商品经济和贸易的极大发展，有限的黄金产量越来越不能满足流通中对货币的需求，各国为争夺黄金而纷纷取消黄金的自由流动和自由兑换。这不仅造成了黄金储备分布不均衡，同时也动摇了金币本位制的基础。在第一次世界大战结束后，各国相继放弃了金币本位制转而采用金块本位制和金汇兑本位制。

2. 金块本位制

金块本位制是指中央银行以金块为准备发行纸币的货币制度。在这种制度下，金币不能自由铸造和流通，流通中使用纸币，纸币规定了含金量，但不能无限制自由兑换黄金，纸币兑换黄金存在一个最低限额。例如，英国 1925 年规定兑换金块的最低限是 1700 英镑。这样做的目的是让一般公众不再持有黄金，从而将黄金储备集中于政府手中，以便解决金币本位制下黄金储备不足导致的货币供不应求的问题。实际上，在金块本位制下货币的发行是一种以部分商品加部分信用为基础的制度。由于货币的发行不再需要足额的黄金准备，必将导致货币的发行量远远超过黄金的储备量，因而容易引起通货膨胀和物价上涨。

3. 金汇兑本位制

金汇兑本位制是指本国在无力维持金币本位或金块本位制的情况下，以实行金币或金块本位制的国家的货币为准备，发行银行券，从而建立本币与黄金的间接联系的货币制度。在这种制度下，本币虽仍规定有法定含金量，但在国内不能直接兑换黄金，只能兑换实行金币或金块本位制国家的外汇，通过外汇在一定的限制条件下间接兑换黄金。为了维持货币的稳定，中央银行必须储备大量的该种外汇，这会导致本国经济以及国内宏观经济政策等方面受到有关国家的制约。

（四）信用本位制

在 1929—1933 年世界经济危机之后，金本位制度彻底结束，任何形式的金本位制都不复存在，取而代之的是不兑现信用货币制度。信用本位制是以国家法权和信用为基础的货币制度。在这种制度下，国家以法律的形式赋予不可兑现的纸币或银行券以无限法偿的能力。虽然各国的中央银行仍持有相当数量的黄金和外汇储备，但这里的黄金已经退出了流通领域，纸币的发行与黄金并无任何关系。

在信用本位制下，国家可以按照本国经济发展的需求来自行控制货币发行量，不再受金银产量或其他国家经济发展的制约。正因为如此，一国的货币政策对该国宏观经济发展能起到非常重要的作用。如果一国放松银根，向市场上投入大量的信用货币并超过了实际需求量，可能会导致物价飞涨，出现通货膨胀。相反，如果一国紧缩银根，导致市场上流通的信用货币不能满足需求，则可能出现物价下降，通货紧缩的情况。因此，在信用货币制度下，有效地控制信用货币供给，确保货币流通量适应经济发展的需求，确保币制稳定和物价稳定，是中央银行一项重要的政策目标。

三、国际货币体系

当商品和服务的交易突破了国境的限制，那么，作为交换媒介和支付手段的货币就不再只是一个主权国家内部的问题，国际经济交往要求在更大的范围内建立规范和稳定的货币流通与国际支付清算体系，这就产生了国际货币体系问题。

所谓的国际货币体系（International Monetary System，IMS）是确定国与国之间货币、金融关系的一个制度性框架。一个完整的国际货币体系主要包括以下内容：确定在国际交易中充当基础价值交换货币的关键货币；确定国际汇率制度；确定国际储备资产；确定国际收支的调节制度等等。

在历史发展的长河中，伴随着各国货币制度的演变，国际货币体系也大致经历了三个主要阶段：即国际金本位制度阶段、布雷顿森林体系阶段及牙买加体系阶段。

（一）国际金本位制度

自1816年英国使用金本位制开始，直到19世纪70年代金本位制进入鼎盛时期，欧美一些主要的资本主义国家都先后在国内实行了金本位制。在此基础上，逐步形成了以金本位制度为基础的国际货币体系，称为国际金本位制。由于各国的货币制度都规定了以金币为无限法偿货币，可以自由铸造、自由熔化，并规定黄金为货币发行的准备，可以自由输出入国境，因此，黄金自然而然地充当了国际货币。在金本位制下，各国规定了本国货币的含金量，各国货币之间的汇率由金平价决定，实际汇率虽然会受到外汇市场供求关系的影响而发生波动，但随着黄金在国际间的自由流动，偏离金平价的幅度是非常有限的。因此，国际金本位制下的汇率制度是一种严格的固定汇率制度。它是在各国实行金本位制的背景下，在国际经济交往中自发形成的体系，国际“安排”的色彩不浓。

从第一次世界大战到二次世界大战之间，世界经济处于十分动荡的阶段。金块本位和金汇兑本位制代替了金币本位制，相应地形成了金汇兑本位制下的国际货币体系。在这个国际货币体系下，各国的货币依然规定有含金量，但本币不可以自由兑换成黄金，而是通过兑换某一强国的货币，如美元、英镑，与黄金建立间接联系。因此，此时的汇率制度实际上是一种钉住汇率制度。

（二）布雷顿森林体系

第二次世界大战后，世界政治经济格局发生了巨大的变化，美国取代了英国占据世界经济体系的中心地位。为了重建战后国际货币体系，1944年7月，在美、英的主持之下，召开了由44个国家参加的布雷顿森林体系会议，通过了《国际货币基金组织协定》，建立了一个永久性的国际金融机构——国际货币基金组织(International Monetary Funds，IMF)，并确立了以美元为中心的国际货币体系，为确保该体系的顺利运转，协定中作出了一系列具体的规定。可以说，布雷顿森林体系是一种典型的通过国际合作方式建立的国际货币体系。

布雷顿森林体系的核心是“双挂钩”模式，即美元与黄金挂钩，各国货币与美元挂钩。美元与黄金直接挂钩，指的是各国确认1盎司黄金等于35美元的官价，美国政府承诺以官价随时兑换各国央行要求兑换的黄金。其他国家的货币虽然也规定有含金量，但不能直接兑换黄金，只能通过含金量的对比确定本国货币与美元的汇率，即与美元挂钩。“双挂钩”模式确立了黄金与美元并列的储备体系，美元也成为最主要的储备资产和国际货币。在布雷顿森林体系下，各面员方之间实行可调节的钉住汇率制度。汇率由货币含金量的对比来确定，称为法定平价。当面员方货币的含金量变动大于10%时，必须经过IMF的批准；而各国汇率只能在法定平价上下1%的范围内浮动，如果超过规定的上下限，各国中央银行有义务进行干预，直至汇率回到规定的波动限度之内。

布雷顿森林体系的建立符合当时的世界经济形势。二战结束初期，美国在世界经济中处于绝对主导地位，使得美元成为唯一有能力在国际范围内行使支付手段和交换媒介功能的货币。因此，布雷顿森林体系的兴衰与美国经济发展的趋势有着密切的联系。随着战后各国经济的恢复，美国的国际经济地位相对衰弱，直接影响到美元的地位。世界经济和国际贸易的发展对国际清偿力的需求不断增长，要依靠美国国际收支逆差形成的美元输出来满足，但是，长期大量的国际收支逆差又损害了美元作为国际货币所需的清偿信心。美元陷入了一种进退两难的局面，这在理论上被称为“特里芬两难”。美元的困境直接表现为美国的黄金储备下降，美元兑换黄金的官价难以维持，在国际市场上遭到大量抛售，各国中央银行尽管多次对美元进行分别或联合的干预，但仍无济于事。经过一段时间的支撑，到了20世纪70年代布雷顿森林体系终于走向了末路。

（三）牙买加体系

布雷顿森林体系瓦解以后，国际金融形势动荡不安。各国政府纷纷放弃了以美元为中心的钉住汇率制度，转而实行浮动汇率制。黄金逐步退出了流通领域，仅仅作为一种非货币的储备资产存在。各国都希望建立一种新的稳定的国际货币体系以结束国际货币领域中的无序状态，经过多方的努力，最终在1978年建立了牙买加体系。

与布雷顿森林体系相比，牙买加体系除了保留IMF以外，其他内容有很大的改变。首先，由于各国政府普遍采用了信用货币制度，黄金不再是各国货币的平价基础，也不再用于国际间债权债务的清偿，因此，黄金成为非货币资产。其次，面员方可以自行选择并决定汇率制度，从而使已经存在的浮动汇率合法化。第三，由于特别提款权的使用，加上德、法、英等欧洲国家以及日本的经济复苏，其货币的国际地位增强，多种化的国际货币体系取代了以前美元一枝独秀的局面。

多元化的储备体系和灵活的汇率制度在一定程度上解决了布雷顿森林体系存在的矛盾，促进了世界经济和贸易的发展，但这种国际货币体系的复杂性也在一定程度上加剧了国际金融市场的矛盾。伴随着各国货币制度的改革，关于国际货币体系发展方向的探讨从来未间断过。

（四）区域货币体系——从欧洲货币体系到欧元

所谓区域性货币体系是指在一定地域内的国家和地区，在货币领域实施国际协调，并最终形成统一的货币体系。欧洲货币体系的建立是区域性货币一体化成功的首例，是国际货币体系改革在区域范围内推进的一种有益的尝试，是国际金融领域中的一个重大事件。

欧洲货币体系于20世纪70年代末建成，主要包括了三部分内容：首先，建立欧洲货币单位（European Currency Unit，ECU），这是欧洲货币体系的核心。其次，实行稳定的汇率机制。根据该汇率机制的安排，每一个参加国都规定本国货币与欧洲货币单位的固定比价。稳定汇率机制通过各国货币当局在外汇市场上的强制性干预使各国货币汇率的波动限制在允许的幅度内，从而实现区域内汇率机制的稳定。欧洲货币体系的第三个核心内容是建立欧洲货币基金。根据规定，各面员方必须将其黄金和外汇储备的20%交给欧洲货币基金，从而形成了实力雄厚的为稳定市场所必须的共同储备。

进入20世纪80年代以后，欧洲货币体系各面员方逐步摆脱了经济的内外危机，要求积极推进欧洲联盟的建设和欧洲货币一体化的进程。经过一系列的讨论后，于1992年2月签署了一份在欧洲货币一体化道路上具有里程碑意义的条约——《马斯特里赫特条约》。条约制定了实现欧洲经济货币联盟的具体时间表和阶段目标。

1995年12月马德里欧盟首脑会议明确制定了向单一货币过渡的方案和时间。并将未来欧洲货币的名称正式确定为“欧元(EURO)”，再次推动了欧洲经济与货币联盟的进程。

经过1991年12月到1998年12月长达7年的准备期，1999年1月1日开始进入过渡阶段。在这一时期，欧元与各面员方原有货币之间的汇率被固定下来，欧洲中央银行开始履行制定统一货币政策的职责，欧元开始在货币市场、银行间市场、支付清算系统使用，但欧元的纸币和硬币尚未投入流通。从2002年1月1日开始，欧元正式启用，并于2002年7月1日成为欧元区内唯一的法定货币，欧洲统一货币正式形成。

欧元的实现，不仅使欧洲的面貌发生了深刻的变化，而且对整个金融领域格局的改变，乃至世界政治、经济的发展产生了深远的影响。虽然，欧元的未来发展趋势还有待观察，但在超越国家的范围内建立单一货币是一个大胆的实验，这对于货币制度的研究产生了很大的冲击。欧元的诞生也刺激了世界上其他国家和地区，如亚洲对于建立区域性货币的探讨和关注。

但是，2009年爆发的欧债危机却给了欧元致命的一击。从某种程度上讲，欧债危机的爆发受到国际金融危机的影响。然而从内因上说，它是欧元区体制先天缺陷的反映。由于欧元区内部各面员方之间经济发展水平存在很大差距，十几个经济发展并不均衡的国家实施单一货币和货币政策，而又缺乏统一的政治体制和财政政策，面员方之间不可避免地会出现矛盾。财政政策和货币政策是宏观经济管理的两大政策工具。在实行欧元单一货币的条件下，欧洲中央银行制定和执行统一的货币政策。各面员方不能采取独立的货币政策，但是却各自实行独立的财政政策。许多面员方为了维持财政支出和扩大公共债务，以本国财政为担保，加大了财政赤字的力度。分散的财政政策和统一的货币政策的执行主体不一致，导致在进行宏观经济调节时很难形成统一的政策目标，这也成为欧元区运行机制中最大的缺陷。欧元也因此受到了人们的质疑。

专栏1-2 “亚元”时代会到来吗？

欧洲货币体系的建立，尤其是欧元的成功启用，引发了人们关于在其他区域实行统一货币体系可能性的讨论。尤其是随着亚洲区域内贸易和投资活动日趋活跃，一体化的程度逐步加深，以及美、欧货币给亚洲地区货币带来的升值压力，各方对于“亚元”的期望和呼吁日渐强烈。

事实上，早在2003年，有“欧元之父”之称的诺贝尔经济学奖得主蒙代尔就曾建议设立由亚洲地区某一组货币组成的共同货币，争取在每个国家不放弃本币的情况下，能让一种叫做“亚元”的区域性货币在亚洲流通。而2006年初，亚洲区域性经济一体化办公室主任河合正弘在接受媒体访问时表示“2006年早些时候，亚洲开发银行将推出一个由一揽子亚洲货币组成的概念性的货币单位，以促进区域合作的发展。”他称，亚行正在研究如何以东盟10+3共13个国家的货币为基础，推出一种新的货币单位，包括如何设定每种货币的权重。

一石激起千层浪，这一言论再次掀起了关于建立“亚元”的争论高潮。很多人对于在亚洲建立统一的货币“亚元”的前景感到乐观，认为统一的货币安排可以促进亚洲货币区域内的贸易和投资，对于亚洲经济的繁荣和稳定十分重要。但同时也指出，欧元是经历了50年的努力过程后形成的，因此亚元的形成道路也将可能是曲折而漫长，目前尚难以预测其形成的具体时间，但亚洲可以借鉴欧盟的经验，并通过自己的努力循序渐进地推进亚洲统一货币的建立。

对于亚元构想也存在着相反的声音。有些人认为目前在亚洲地区实施单一货币还不现实。虽然亚洲区域合作已逐步加深，但国家和地区之间政治、经济关系依然复杂。区域内各经济体的经济发展水平和经济体制差别太大，亚洲有世界上最贫穷的国家，也有位居世界前列的经济体如中国、日本。在这种情况下，不要说实现货币的统一，就是协调相互间的货币政策难度都很大。

另一个重要的问题是，目前亚洲还没有一个较为坚挺的货币可以代表亚洲成为亚元的主导货币。虽然，作为亚洲最具经济实力的日本一直认为日元应在亚洲货币中起主导作用，但又得不到亚洲其他国家和地区的认同。也有人建议以中国货币作为主导货币，但中国目前的经济实力还不如日本，有学者认为此举只会让中国陷入同邻国的政治争夺而无法自拔，对中国的经济发展没有太大的好处。同时，在亚洲大多数国家和地区的货币与美元挂钩，无形中形成了对美国以及美元的依赖，美国出于对自身利益的考虑，对建立亚洲货币一直持反对意见。

总之，实现亚洲单一货币虽然具有丰富的现实意义和潜能，但其真正实施还需要区域内各个国家和地区的支持。它在未来区域货币合作中究竟能发挥多大的作用，还取决于区内各经济体对它的态度。因此，即使是宣布建立亚洲货币单位时间表的亚行，也只是将其设置为用于观察亚洲汇率变化的一个指标体系。通过对这一汇率指标体系的分析，了解货币单位面员方汇率相对于美元或欧元的变化趋势，以及亚洲货币单位成员自身汇率的变化规律，并不涉及外汇市场干预和国与国之间的清偿与结算。

"亚元"时代的到来对中国外贸经济有何影响？

四、中国的货币制度

（一）中国货币制度的发展

马克思说"金银天然不是货币，但货币天然是金银"，但在中国自东汉以后一千多年的时间里，铜钱一直是流通中的主要货币。金银虽然也具备一定的货币职能，但主要是储藏职能。在人们的日常交易活动中，绝大多数使用的是铜钱。直到唐朝以后，随着银矿开采量的增大，白银作为货币的职能才越来越明显，民间使用白银的范围也越来越广。直到明英宗正统元年（1436年）开始，白银才以法律的形式正式确定为法定货币。到了清朝，虽然没有明确地宣布以白银为本位币，但上至中央财政，下到民间交易大都使用白银。因此，清朝实际上推行的是以白银为主，铜钱为辅的货币制度。

但是，随着西方资本主义列强的经济入侵，以及中国封建经济的衰弱，一直以来沿用的以银两为基础的货币制度出现了严重的问题。如白银成色不统一，流通于中国的外国银元不下几十种，民族资本银行和外商银行发行的银行券同时流通等等问题，使得清末货币的使用出现了极度的混乱。1914年，中国北洋政府颁布的《国币条例》中规定：货币的单位为"圆"，含纯银23.977克。国民党政府1933年采取了"废两改元"的措施，统一了计价和流通的标准。1934年美国实行了白银政策，世界银价暴涨，中国白银大量外流造成货币流通的极度紊乱。1935年，在英美操纵下，实行了"法币改革"，放弃银本位制度，规定中央银行发行的钞票为法定货币，有无限法偿能力，法币可以无限制地买卖英镑和美元，以保持币值的稳定。法币改革实行不久就遭遇到了抗日战争和解放战争，再加上国民党政府实行通货膨胀的政策，到 1948 年法币贬值到几乎成了废纸。同年年底，国民党政府宣布再次实行币制改革，发行“金圆券”，规定金圆券的发行要有十足的准备，并以 1∶300 万的比例收兑法币。金圆券虽然规定了含金量，但不能兑现，实际上是不兑现的银行券，金圆券发行一年以后又成了废纸。之后国民党政府又发行了银元券，但也同样短命。

（二）人民币货币制度

解放战争全面胜利之后，新中国政府于 1948 年成立了中国人民银行，并同时发行了中华人民共和国的法定货币——人民币。规定人民币是信用货币，包括现金和存款，与金银完全脱离关系。2003 年我国修订了《中华人民共和国人民银行法》，以便加强对人民币的管理，维护人民币的信誉、稳定金融秩序。该法律对人民币的法偿能力、货币单位、发行权限和流通等方面做出了具体规定，其内容主要包括：

1. 法偿能力

中华人民共和国法定货币为人民币，以人民币支付中华人民共和国境内的一切公共和私人的债务，任何单位和个人不得拒收。金银不得计价使用，准许个人持有，禁止外币流通使用，严禁伪造、变造人民币。禁止出售、购买伪造、变造的人民币。

2. 货币单位

《人民银行法》规定人民币包括纸币和硬币，它的单位为元，人民币辅币单位为角、分。

3. 发行权限和流通

人民币由中国人民银行统一印制、发行。中国人民银行发行新版人民币，应当将发行的时间、面额、图案、式样、规格予以公告。中国人民银行设立人民币发行库，在其分支机构设立分支库，分支库调拨人民币发行基金，应当按照上级库的调拨命令办理。任何单位和个人不得违反规定，动用发行基金。任何单位和个人不得印制、发售代币票券，以代替人民币在市场上流通。同时规定残缺、污损的人民币，按照中国人民银行的规定兑换，并由中国人民银行负责收回和销毁。

第四节　货币层次的划分

在现代经济条件下，世界上绝大多数国家采用的是信用货币制度。随着信用制度的发展，各种信用工具和流动资产层出不穷，它们都在不同程度上具有货币的特性，但又各自具有鲜明的特点。这导致信用货币的构成变得十分复杂，现代货币形式多样，包括现金和各种存款货币，不同形式的信用货币对经济的影响有一定的差异，中央银行对它们的控制和影响能力也不同。为准确把握和调控货币运行，需要对信用货币进行层次上的划分。

一、货币层次划分的标准

（一）货币层次的划分标准

当前，大多数的经济学家认为应该根据金融资产的流动性来划分货币的层次。流动性越强的金融资产变现能力越好，价值也越稳定，相应的它的交易成本和机会成本也会越低。换句话说，流动性强的金融资产购买力也强。比如现金可以被直接用于流通手段和支付手段，因此具有完全的流动性，其货币性最强。定期存款虽然也可以形成一定的购买力，但必须在转变为现金以后才能实现，而且在这个转换过程中还必须承担一定的机会成本，因此它的货币性就不如现金。而活期存款则介于两者之间，它可以像现金一样进行任何大小金额的货币支付，而且比使用现金更加安全、便捷。不过，活期存款的支付活动依赖于银行支付系统的运转。如果开户银行信誉不足，支付手段单一，也会影响到其变现能力。因此，活期存款流动性的强弱关键在于是否有一个快速、高效、安全、可靠的银行支付体系。

（二）货币层次的划分

综合各国的情况，在各国统计的货币供应量数据中，根据金融资产的流动性不同，货币被划分为不同的层次，流动性由强到弱，货币的范围也由小到大，大致有如下几种：

1. 狭义货币 M_1

狭义货币把货币的范围限定在普遍为人们接受的充当交易媒介的资产，包括现金和商业银行体系的支票存款。这种定义的依据是认为货币的主要职能就是交易媒介和支付手段，因此只有充当交易媒介的资产才算是货币。

M_1＝流通中的现金＋商业银行体系的支票存款

在这个公式中，流通中的现金比较好理解，商业银行体系的支票存款是指能随时提取的存款。主要包括商业银行的活期存款账户、非商业银行机构发行的旅行支票账户以及其他可以开列支票的存款账户等。

2. 广义货币 M_2

从货币的职能来看，货币不仅仅是交易媒介和支付手段，同时它也是一种重要的价值贮藏手段。正如弗里德曼所说："货币是购买力的暂栖所"。因此，有些经济学家认为不仅流通中的现金和商业银行的活期存款是货币，那些具有价值储藏功能，同时又很容易变现的商业银行中的储蓄存款和定期存款也应该算作货币。这称为广义货币 M_2，用公式可表示为：

M_2＝M_1＋商业银行的定期存款和储蓄存款

3. 货币扩展定义 M_3、M_4

而随着金融系统的发展，在商业银行之外还产生了许多非银行金融机构。如邮政储蓄、信用合作社等，还有各种专业银行和投资银行。它们虽然不能接受支票存款，但可以接受储蓄存款和定期存款。这些金融机构的存款与商业银行的同类存款在本质上没有什么区别，都具有较高的货币性。因此，货币供应量应扩大为 M_3，即：

M_3＝M_2＋其他金融机构的定期存款和储蓄存款

在金融市场相对发达的国家或地区里，一些金融或信用工具也具有很好的流动性，如各种短期债券、国库券、承兑汇票等。虽然这些短期流动资产的流动性可能不如现金或支票存款，但它们可以很容易在金融市场上进行贴现，在本质上具有一定的货币性，所以也应该被包含在货币的定义中，即：

$M_4=M_3+$其他短期流动资产（包括国库券、银行承兑汇票、商业票据、大额可转让定期存单等）

值得注意的是，虽然大多数国家货币层次的划分标准大体相同，但由于每个国家所拥有的金融资产不同，每个货币层次包含的具体内容也不尽相同。同时，由于金融创新的兴盛，信用工具层出不穷，各种信用工具的流动性也在不断发生变化，货币层次的划分只是相对的。总的来说，金融制度越发达、金融产品越丰富，货币层次越多；金融创新速度越快，货币层次修订的速度也越快。

二、中国货币层次的划分

我国于 1994 年 10 月 28 日颁布了中国人民银行《货币供给量统计和公布暂行办法》，按照国际货币基金组织的要求，结合我国的实际情况，确定了我国货币供应量的层次划分。经过 2001、2002 年的两次修订，我国现行的货币层次划分包括了三个层次：

$M_0=$流通中的现金（即流通于银行体系以外的现钞）

$M_1=M_0+$商业银行体系的支票存款（包括企业活期存款、机关团体、部队存款、农村存款、信用卡类存款）

$M_2=(M_1+$准货币$)=M_1+$定期存款和储蓄存款（包括城乡居民储蓄存款、企业存款中的定期存款、外币存款以及信托类存款）$+$证券公司客户保证金

与西方主要货币层次划分方式略有不同的是，我国将流通于银行体系之外的现钞单独作为一个货币层次列出，突出了货币供应量中的现金的作用。

三、货币层次划分的意义

货币是经济生活中一个非常重要的因素，但人们对其内涵和外延的理解存在许多分歧，有时，甚至中央银行对如何界定货币，如何判断货币供应的状况也存在困惑。从理论上来讲，要明确界定什么是货币，什么是非货币是很困难的。而在实践中，货币的变化无疑会对一国的宏观经济发展产生很大的影响。因此，调控货币供应量，使其适应本国经济发展已经成为各国中央银行的主要任务。从货币调控的角度出发，中央银行根据流动性的大小划分货币层次，从不同的角度对货币量进行统计和分析，考察具有不同货币性的资产对经济的影响，可以更好地了解某一个时点上该国货币的购买力情况以及它们的流动性，有利于监控货币供应水平，从而更好地合理选择相关的货币政策实现本国的经济发展目标。

本章小结

1. 货币在经济中的重要地位毋庸置疑。关于货币的含义，一个被西方经济学

家普遍接受的观点是:货币是在商品劳务交换和债务清偿中被普遍接受的任何东西。马克思在对货币进行界定时,则给出了更为完整和深刻的定义,即货币是充当一般等价物的商品,是价值尺度和流通手段的统一。

2. 货币具有价值尺度、流通手段、贮藏手段、支付手段和世界货币这五大职能。各职能之间并非各自独立,而是具有内在的联系性,是货币作为一般等价物的本质反映。

3. 随着交换的发展和社会经济的进步,货币的形态经历了实物货币、金属货币、代用货币、信用货币乃至电子货币的演化过程。支付制度也经历了相应的变迁,现在社会正向电子支付制度迈进。

4. 货币制度是指一国政府以法律的形式对货币的发行、流通的组织和调节等问题进行的规定。它的基本内容包括:币材的选择、货币单位的确定、本位币和辅币的确定、货币的法偿能力、通货铸造和发行及流通的管理以及发行准备等 6 种。从货币发展的历史过程看,货币制度相继经历了银本位制、金银复本位制、金本位制以及信用本位制等四大阶段。

5. 货币层次的划分以金融资产流动性的大小作为依据,目的是为了帮助中央银行更准确地把握和调控货币的运行,拟定有效的货币政策。概括而言,按流动性从大到小,货币可以分为 M_1、M_2、M_3 和 M_4。

关键词

一般等价物 Universal Equivalent
价值尺度 Unit of Account
流通手段 Means of Circulation
贮藏手段 Store of Value
支付手段 Means of Payment
不兑现纸币 Fiat Money
电子货币 Electronic Money
货币制度 Money System
本位币 Standard Money
M_1
M_2

思考题

1. 如何从经济范畴的角度理解货币的含义?
2. 货币的职能有哪些? 如何理解它们的相互关系?
3. 货币制度的基本要素是什么? 如何理解货币制度与国际货币体系的关系?
4. 为什么要进行货币层次的划分? 如何理解中国货币层次的划分?
5. 近几年虚拟货币"比特币"大受追捧,对此应如何理解?"比特币"能够取代现实中的货币吗? 为什么?

第二章　信用与信用工具

现代经济是信用经济，信用关系成为现代金融和经济的基础。本章将对信用的基本内涵、特征、各种信用形式和信用关系的载体——信用工具进行阐述，并初步介绍信用工具收益和风险的知识。

第一节　信用的产生及特征

一、信用的含义

信用(credit)在一般意义上讲，指的是遵守诺言、诚实守信、信任等含义，但是在经济学中，信用作为一个专业术语，特指以还本付息为条件的借贷行为，体现着债务债权关系。信用是一个授信过程，债权人提供一定的有价物给债务人，到约定时间债务人有义务偿还有价物并加付一定补偿。在现实生活中，有价物可以是货币、商品、劳务或某种金融索取权(如股票或债券等)，但最常见的是用货币偿付，利息是最常见的补偿形式。

信用与债务是同时发生的，是借贷活动这一事物的两个方面。在借贷活动中，信用的贷方为授信者，即债权人，拥有未来收回本金和收取利息的权利；信用的借方为受信方，即债务人，承担在将来偿还本金和支付利息的义务。任何时期内的债务总额总是等于信用总额。信用有多种形式，我们熟知的银行信贷就是一种典型的信用形式，银行贷出款项并预期收回本金和利息。而银行吸收储户存款也是一种信用，银行存款是对储户的负债，银行有到期偿付并支付利息的义务。很多国家的银行对活期存款并不支付利息，但是储户可以享受银行提供的相关服务，实际上获得了隐含的利息。

二、信用的产生和发展

（一）信用产生和发展的条件

从信用产生和发展的历史来看，私有制和商品交换是信用产生的前提条件，而货币的信用属性则推动了信用关系的发展。

人类社会在出现私有财产和私有制之后，才有了借贷活动以及相应的偿还和付息。如果没有私有权观念，就谈不上借贷，付出不必偿还，更没有利息问题。而有了剩余产品的交换，借贷行为才开始有了实质性的内容，信用关系才得以建立起来。

信用的发展与货币存在紧密的联系。一方面，从货币形式的演变过程来看，货币形式的发展伴随着信用的发展，金属货币的信用表现为其内在价值的真实性，可兑换纸币的信用体现为它是金银价值的代表，从而具有可接受性和流通功能，信用货币的信用体现为对国家权力所赋予的法定偿付能力和金融体系提供清算功能的认同。

另一方面，信用在发展过程中也越来越依赖货币作为载体。信用是在货币的支付手段职能存在的条件下发生的。信用有实物借贷和货币借贷两种形式。实物借贷是最早的形式，主要存在于自然经济占主导的发展时期。实物借贷能直接满足借者的某种需求，具有直接性和及时性，但是实物借贷有着与物物交易类似的缺点，受到借贷品种和时间的限制。因此，随着商品货币关系的发展，货币借贷逐渐取代实物借贷成为主导方式。在当今社会中，一些经济发展极度落后的地区依然存在实物借贷。另外，在现代的一些信用关系中，有时也会发生实物的运动，但是其债务债权关系是以一定的货币金额来体现的，所以还是属于货币借贷的范围。

信用具有货币属性，货币在经济活动中的广泛存在推动了信用关系的发展。以货币作为借贷对象使约束债务债权的规则便于形成；由于货币借贷的扩展，使不流动的货币流动起来。当信用货币（银行券和存款货币）最终取代了金属铸币并成为流通中的基本货币时，任何独立于信用活动之外的货币制度就已不存在了。相应地，任何信用活动也同时都是货币的运动。

（二）从高利贷信用到现代信用的发展

从信用形式的发展来看，最初的信用形式是高利贷，即利息过高的信用关系。高利贷信用在前资本主义社会中占统治地位。因为在当时的自然经济条件下，金属货币流通，货币供给有限，对借款的需求相对较高，这种资金的供求状况决定了较高的利率水平。当时的社会以农民和手工业者的小生产者占多数，他们的经济基础薄弱而且不稳定，为了获得购买手段和生产资料以维持正常的生产生活，他们只有向高利贷者求助。此外，当时的奴隶主和封建主为维持其统治和奢侈的生活，也会向高利贷者告贷。高利贷的主要特点就是利率特别高，一般在 30％以上，甚至 200～300％的高利率也较常见。由于小生产者借款常常是出于生活的急需，向奴隶主和封建主借款用于消费，这些借贷资金都不具备生产性，资金的转移并没有使有限的社会资源用于生产发展，而高额利息反而使小生产者日益贫困，造成生产日益萎缩。

随着资本主义生产方式的发展，高利贷对经济则阻碍作用日益明显，反高利贷成为新兴资产阶级向旧制度宣战的主要内容。资产阶级反高利贷不是反对借贷关系，而是要使利息率降低到资本所能获得的平均利润率之下，使借贷关系服务于资本主义发展的需要。在资产阶级的斗争下，西方国家通过立法来限制利率。例如，英国 1545 年立法规定最高年利率为 10％，1624 年降为 8％，1651 年降到 6％。与此同时，资本主义商业银行应运而生，高利贷逐步被取代，信用形式不断发展创新，形成了形式多样的现代信用。

值得指出的是，现代社会中，在一些落后国家和经济落后区域，高利贷依然存在，但现代信用是主导形式。在我国，由于金融发展的不平衡和私有经济发展中存在的一些融资局限，民间金融中相当程度上具有高利贷的特点，这是需要深化金融体制改革来解决的问题。

三、信用的特征

经济活动中信用的形式是多种多样的，但是信用都具有共同的一些基本特征。

(1) 信用关系导致资金所有权与使用权的暂时分离。信用活动是债权人在一定时期将一定数量的实物或货币的使用权暂时让渡给债务人。在信用关系结束后，其所有权和使用权才又归于原债权人处。

(2) 信用关系建立是以还本付息为条件的。实物与货币的暂时让渡是以偿还为先决条件，信用关系建立后，债务人必须承担按期还本付息的义务，债权人拥有按期收回本息的权利。利息的多少是与本金的大小及信用期限的长短密切相关的，一般而言，本金越大，期限越长，要求支付的利息就越多。

(3) 信用活动是以收益最大化为目标的。信用关系的产生是借贷双方追求收益最大的结果。债权人让渡资金或实物的使用权，是为了获得闲置资金或实物的最大收益，避免资金闲置所造成的浪费和损失。债务人借入资金是为了利用有利的投资机会或避免生产中断，同样也为了实现收益的最大化。

(4) 信用关系具有一定的风险性。信用的产生是建立在借贷双方相互信任的基础上的。债权人到期能否收回本金和利息，在很大程度上取决于债务人的意愿、还款能力、法律的完善程度及社会道德规范的约束力量，债务人能否到期偿还本金和按期支付利息是不确定的。

第二节　信用的基本形式

信用作为一种借贷行为，是通过一定的方式具体表现出来的。表现借贷关系特征的形式称为信用形式。现代信用的形式众多，根据信用主体的不同，可以分为商业信用、银行信用、国家信用、消费信用和资本信用等五种主要形式，其中，商业信用和银行信用是市场经济活动中最基本和最主要的信用形式。

一、商业信用

商业信用是工商企业之间提供的、与商品交易直接相联系的信用形式，它包括企业之间以赊销、分期付款、预付货款等形式提供的信用。商业信用直接与商品生产和流通相联系，并为商品生产和流通服务，有着极其广泛的运用范围，因而它是构成现代信用关系的基础。

商业信用主要是以商品形态提供的，它包含两个同时发生的经济行为：买卖行为和借贷行为。就买卖行为而言，它在商业信用发生之际就已完结，即产品从销售方转移到购买方所有，买卖行为就结束。但从借贷行为而言，交易双方发生了一定金额的债权债务关系，这种关系不会因为交易的完成而结束，也不因债权人或债务人的经营状况发生变化而改变。当商品或服务的提供者向购买者提供了延期付款等融通资金的便利时，商品的卖方是信用的授予者，买方是信用的接受者。如果是购买方提前预付部分或全部货款，则商品的卖方是信用的接受者而买方为信用的授予者。

商业信用在调节企业之间的资金余缺、加速资本的循环和周转、提高资金使用效益、节约交易费用、促进商品生产和流通等方面发挥着巨大的作用。但是商业信用受其本身特点的影响，又存在一定的局限性。

（1）严格的方向性。商业信用是商业企业之间发生的、与商品交易直接相联系的信用形式，它受到商品流通方向的限制，一般存在于经常往来的企业之间，较常见的是商品的上游企业向下游企业提供的，比如织染厂向服装厂，服装厂向时装经销商提供的，而不可能由织染厂向粮食加工厂提供。在现代市场经济活动中买方市场的格局下，商业信用较多的是商品或生产资料的卖方向商品的购买方提供资金融通的信用。

（2）规模的有限性。商业信用所能提供的借贷是以产业资本的规模为基础的。从企业角度来看，它受到企业资本和现有生产能力的限制。从社会的角度看，商业信用是企业暂时不投入再生产过程的那部分资本，商业信用不可能摆脱产业资本的限制。

（3）信用能力有限。商业信用存在于有商品直接供求关系的双方，建立在相互信任的基础上，其扩张能力受到局限。另外，虽然商业信用一般只发生在经常往来、相互了解的企业之间，但是市场环境的多变性使债权人的权利仍面临着不确定性。如果债务人违约，债权人就会面临较大的损失。从整个社会来看，众多的工商企业之间形成相互交织的复杂的信用关系网，如果某一环节因债务人经营不善而中断，就可能导致整个债务链的中断，引发债务危机。

二、银行信用

银行信用是指银行及其他金融机构通过存款、放款和提供担保等多种方式提供的信用。银行信用是在商业信用的基础上发展起来的一种更高层次的信用，并和商业信用一起构成社会信用的主体。银行信用具有以下三个特点：

（1）银行信用的债权人主要是银行，也包括一些其他金融机构。债务人主要是工商企业和社会公众。

（2）银行信用在规模、期限和使用的方向上都优越于商业信用。银行可以把分散的社会闲置资金集中起来，克服了商业信用受制于产业资本规模的局限，将借贷资金来源从产业循环中独立出来，可以聚少为多，续短为长，并不再受资金流转方向的约束。

（3）银行信用的稳定性高于商业信用。银行在提供资金借贷的过程中，可以通过规模投资，降低信息成本和交易费用，从而有效地改善信用过程的信息条件，减少了借贷双方的信息不对称，从而降低信用风险，提高信用过程的稳定性。银行能利用自身在信息收集、处理和风险定价上具有的优势，对贷款全程进行专业化的管理。另外，商业银行市场准入的标准较高、受到的监管也较严格，所以有较高的抗风险能力。

可见银行信用的出现，克服了商业信用的某些局限，因而成为经济社会体系中占据核心地位的信用形式。尽管如此，银行信用并不能取代商业信用。商业信用在现代社会仍有其独特的活动领域和适用范围，商业信用和银行信用是两种最基本的信用形式，共同构成信用制度的基石。在市场经济条件下，商业信用和银行信用往往互为补充，共同发展。例如，商业信用的发展使得商业票据普遍使用，为银行提供了大量的商业票据贴现及承兑等业务；另一方面，由于得到银行的支持，商业信用能力和质量大大增强，为其进一步发展创造了条件。

三、国家信用

国家信用是指国家及其附属机构作为债务人或债权人，依据信用原则向社会公众或外国政府举债，或者向债务国放债的一种形式。

国家信用的主体是国家。国家信用可以有两种形式：政府以债务人的身份向国内的经济实体和居民借债，这形成的是政府的内债；政府以债务人的身份向外国政府、金融机构或国际组织取得信用，则形成政府的外债。

国家信用通常是由于政府弥补财政赤字或临时性资金短缺而发生的。国家在发展经济和维持国家机器运行的过程中，出现财政预算赤字已经是国际间一种普遍的现象。为了弥补财政赤字，政府向社会公共发行债券或向外国政府举债则成为各国政府经常性的选择。国家信用所筹集的资金主要用于政府各项支出，例如政府投资及各种行政支出，包括教育支出、社会福利支出、国防军费支出等方面。此外，当一国出现严重的经济问题（如经济危机、货币危机）时，通常也会向外国政府或国际经济组织借贷。

经济发达国家政府出于政治和经济目的，有时向发展中国家发放政治贷款；包括中国在内的许多外汇储备充足的国家购买持有发达国家政府债券，尤其是美国政府的国债券。这些情况下政府是以债权人的身份向其他国家提供信用，这也是国家信用国际化的一种表现。

国家信用的债务工具主要有国库券、国债券和公债等，由于政府债券有较高的流动性和安全性，收益比较稳定，成为金融市场上最为活跃的投资品种。政府债券的发行对于本国金融市场的发展和宏观调控具有重要意义，国库券等短期政府债券是中央银行开展公开市场业务，实现货币供应调节目标、实施货币政策的重要手段。

随着各国政府对经济干预管理及社会福利政策的实施，各国为弥补预算赤字而发行的国债规模不断上升，因此必须注意对国债规模的监控，防止造成财政困难，陷入循环发债的不利局面。由于国债是硬债务，到期必须还本付息，如果过去发行的国债规模超过了财政收入偿付的能力，造成偿债风险累计，就可能陷入发新债偿付旧债的重负中。另外，当政府过度发行债务并由中央银行承购时，中央银行如果没有足够资金，就可能转向增加货币发行来承购，从而造成货币投放过度引发通货膨胀。

新中国建立初期，我国本着“既无内债，又无外债”的指导思想，在相当长的时间内都没有发行国债。从 1981 年我国恢复发行国债至今，国债发行增长速度较快，这为我国弥补财政赤字、改善经济结构、加强财政政策的运用都起到了重要的作用。当然，我国在利用国家信用的同时，也要重视国债发行的合理规模，提高资金的使用效率，力求在经济循环过程中形成还债能力。

四、消费信用

消费信用是指为消费者提供的、用于满足其消费需求的信用形式。消费信用的提供者是工商企业、银行及其他金融机构，其目的是促进消费品的销售和刺激人们的消费。随着近几十年来西方经济较为稳定的发展，人们的消费需求上升。同时由于信贷市场竞争的加剧，商业银行开始重视以个人和家庭为对象的零售业务，而个人资信机构及信息系统的建设，提高了信息处理效率，降低了消费信贷业务的信息处理成本。这些都推动了消费信用在西方国家的普遍发展。例如，在美国，商品销售额中有一半以上是通过消费信用的方式来完成的。

消费信用主要有以下几种方式：

(1) 赊销。即零售商直接以延期付款的方式向消费者提供信用。信用卡结算方式就是其中的一种。信用卡是银行或信用卡公司对达到一定信用能力的顾客发行的一种银行卡，顾客可以凭信用卡直接向承接该卡的商品销售部门以透支的方式赊购商品或劳务，再由银行定期对顾客和商家进行结算。一般而言，信用卡方式的消费属于短期的消费信用。

(2) 分期付款。即消费者与商品销售企业签订合约后，按照合约先支付一定比例的货款(首期付款)，然后在规定的时间内分期偿付货款。这种方式多是用于耐用消费品的购买中，是一种中期消费信用形式。

(3) 消费贷款。即银行或其他金融机构直接贷款给消费者用以购买耐用消费品、住房以及支付旅游费等。消费贷款中最常见的是居民住房消费贷款和汽车消费贷款，这两种方式近年来在我国发展速度也非常快。教育助学贷款也是消费贷款的一种方式。消费贷款通常要求消费者以其购买的商品或其他商品作为担保，我国的助学贷款则通常要求有第三方担保及政府的贴息补助。

消费信用提前了需求，当期扩大了有效需求，增加了就业机会，增加了消费者的总效用。据估计，如果不采用消费信用的方式，西方国家的汽车销售量会减少三分之一。但是，消费信用的过度发展可能会增加经济的不稳定性，造成通货膨胀或债务危机。因为消费者提前动用了未来的收入，使未来的购买力下降，而且如果信用消费过度会使债务日益沉重。

五、资本信用

资本信用即资本市场信用，是指通过资本市场实现的资金借贷和转移。资本市场是工商企业筹集长期资金的重要渠道。企业的长期融资来源于内源融资和外源融资两种方式。内源融资是企业通过内部的积累获得资金，常见的方式为留存收益再投资。当企业内部融资不能满足企业发展和扩张需要时，必须借助于外部渠道融通资金。外源融资指资金短缺的企业通过一定方式向资金盈余者筹措资金。企业可以向商业银行借贷，也可以直接在金融市场发行股票或债券而筹集外部资金。近几十年来，随着资本市场的发展和投资银行业的成熟壮大，利用资本市场直接融资的比重增长迅速，成为现代经济中企业融资的重要渠道。

资本信用分为股票信用和公司债券信用两种。股份制公司是资本主义国家主要的企业形式，在股票信用关系中，股票代表着对股份有限公司相应比例的所有权，投资者通过在资本市场购买股票而使社会资金注入股份公司，而资本市场的流通转让功能使得短期资金也能成为支持股份公司发展的力量。股份公司依靠发行股票筹集和扩大自有资本，购置固定资产，实现企业扩张的长远发展目标。当然，股票信用也是有条件的借贷行为。股票虽然没有还本付息的要求，但投资者购买股票也是为了获得收益。股票的收益来源于股息和资本利得，股票的"偿还本金和支付利息"是通过股票流通和股份公司盈利来实现的，这都和资本市场状况密切相关。

资本信用的另一种方式是公司债券信用，它是指公司发行的有制约性偿还义务的信用工具，通常用来筹集中长期的资金。公司债券按约定的期限偿还本金，其收益来自票面利息支付和由债券市场行情决定的资本利得。公司债券的发行和流通以债券市场为依托，在市场上公开流通，并遵守一定的规则。

总而言之，资本信用不同于上述信用形式，它的出现加速了资金向资本的转化，加速了资本积累，促进了资本市场的发展，是现代市场经济中重要的信用形式。

需要指出的是，在现代经济中，信用形式还在不断发展变化，除了上述几种主要的信用形式外，还有租赁信用、信托信用、保险信用等形式，在此不详细介绍。多种并存的信用形式之间存在着相互联系和影响。例如，商业信用票据化的发展，推动了商业银行票据贴现业务和承兑业务的发展；国家债券的发展也为商业银行提供了一个安全性好、流动性强、收益稳定的投资渠道；近年来资本信用的迅速发展对银行的资产业务也产生了深远影响。比如银行可以发放以股票为担保的质押贷款，银行可以借助资本信用将贷款打包，进行资产证券化，这实际上是银行信用与资本信用的结合创新。这些新的信用形式为融资提供了更多的便利，促进了现代经济的发展。

第三节　信用在现代经济中的作用

一、现代经济是信用经济

所谓信用经济是指信用关系广泛存在，并构成社会经济生活的基础。现代经济是信用经济，信用关系无处不在。

（一）信用与货币、金融的关系

从货币与信用发展的过程来看，二者是互相促进，互为条件的。货币的产生推动了信用发展，货币借贷扩展了信用的范围和规模，信用也促进货币形式和货币流通的发展。在金属货币退出流通领域，实行不兑换信用制度条件下，信用与货币不可分割地联系在一起。一方面，整个货币制度是建立在信用制度基础上的。从货币形式看，货币本身就是一种信用工具，货币是通过信用程序发行和流通的。另一方面，任何信用活动都导致货币的变化。信用的扩张会增加货币供给，信用紧缩将减少货币供给。信用资金的调剂将影响货币流通速度和货币供给的结构。

当货币与信用的活动不可分割地联系在一起时，由此就产生了货币和信用相互渗透而形成的新范畴——金融，即资金的融通。现代经济日益金融化发展，以信用为基础的各种融资活动产生了多种信用形式，推动了金融市场交易的对象——信用工具的日益丰富与发展，随着信用活动的发展和信用工具与金融资产被广泛交易与不断重组，金融组织得以多元化发展，金融市场的交易规模和市场结构不断发展变化，由此形成现代金融组织体系和金融市场体系。可以说，信用是金融产生的基础。

（二）信用是经济主体活动的基础

由于现代经济活动的资金收支处于经常性的不平衡状态，各个经济主体必须相互间调剂余缺，从而形成非常普遍的债务债权关系，各个经济主体，包括国家、企业、金融机构和个人都处在这些债权债务的关系网络中，信用关系成为经济主体活动的基础。

从企业看，企业的创立和发展都需要借助信用活动筹集和融通资金。企业可以向银行借贷，或者在金融市场直接向资金供应者发行债券或股票融资。在企业的日常经营活动中，由于扩大再生产和经营的需要也会经常出现资金短缺，从而需要借助于信用活动。例如，企业利用银行信贷和企业间的赊购赊销完成原材料采购和满足季节性资金需要，企业采用信用方式扩大商品销售等。

就个人而言，个人可以利用便利的信用方式合理安排其人生各个阶段的收入和支出，实现总效用的最大化。个人一方面可以通过存款、购买股票债券等方式成为资金的供应者；另一方面，个人也可能因为分期付款和按揭贷款等而成为金融市场上的债务人。

对金融机构而言，信用是其经营的根本。在间接融资活动中，金融机构作为社会信用活动的媒介而存在，它一方面聚集社会资金，广泛收集和接纳社会各界的授信，形成金融机构的负债，另一方面把聚集的资金通过贷款等方式分配出去，形成金融机构的债权。而在企业利用金融市场直接融通资金的活动中，各种非银行金融机构在其间提供承销、咨询等各种服务。同时，金融机构本身作为企业，也会和普通企业一样产生收支的盈余或赤字，从而涉足各种信用活动。所以，金融机构的经营活动是围绕着各种信用活动和信用方式展开的，金融机构的信用经营活动是其立足的根本。

除了企业和个人外，政府也会借债放债。现代经济中，政府出于弥补财政支出的目的而大量举借资金从而成为信用关系中的债务方；也可作为资金提供方管理国家储备、扶持行业或地区发展，从而成为信用关系中的债权方。同时，信用还是政府实现宏观调控的基础。现代经济的一个重要特征就是国家对经济的全面调控，而信用是调控过程中必不可少的。国家一般利用财政政策和货币政策进行调控。财政政策尤其是积极的财政政策常常需要以国债筹资作为基础。而货币政策的各种工具无不需要利用银行系统和资本市场的信用作为传导，利用利率杠杆改变信用活动的成本和规模，从而对信贷规模和货币供应量进行调整。

总之，现代经济不是简单的商品经济，而是信用经济。信用依靠其对经济的影响力和渗透力，在社会生活的各个方面起到了举足轻重的作用。

二、信用在现代经济中的作用

信用在现代经济中的作用既有积极的一面，也有消极的一面。其积极的作用主要表现在：

（1）可以促进社会资金的合理利用，优化社资源配置。通过信用调剂资金余缺，聚集社会盈余资金转化为实际使用的生产要素，提高生产效率，促进社会化大生产发展。同时，因为信用是以有偿为特征的，资金和资源必然从效益低的部门流向资本边际生产率高、经济效益好的项目和部门，从而提高整个社会资源的配置效率。

（2）丰富流通工具，节约流通费用，加速资金周转。多种信用形式以具有流通性的信用工具为载体，使信用活动中债务债权关系的转移、变更和清算更加便利，在银行系统和金融市场电子技术网络发展的帮助下，资金结算的环节减少、成本大为降低，加快了货币流通速度和资本循环。

（3）可以推动经济的增长。一方面信用活动通过动员闲置资金，将消费资金转化为生产资金，直接投入生产领域，扩大社会投资规模，增加社会就业机会，增加产出，促进经济增长；另一方面，信用可以创造和扩大消费，通过消费的增长刺激生产，扩大产出增加，也能起到促进经济增长的作用。

（4）具有调节国民经济运行的功能。一方面，信用具有自发调节国民经济运行的功能。当经济繁荣时，资金需求旺盛，市场利率上升将自动抑制信用规模，从而抑制过热的投资和需求。当经济萧条时，资金供过于求，使市场利率下降，从而可以刺激投资和需求，信用扩张，推动经济的复苏。另一方面，政府利用信用活动可以调节国民经济。政府可以通过利率杠杆的调节信贷总量和货币供应量，以达到扩张或收缩的调控目标，实现总供给和总需求的平衡。政府也可以通过改变信贷结构和利率结构调节国民经济的结构。

信用对经济的消极作用主要表现在它可能引发信用风险、信用危机和经济泡沫。信用风险是指债务人无法按照承诺偿还债权人本息的风险。在现代社会，信用关系已经成为最普遍、最基本的经济关系，社会各个主体之间债权债务交错，形成了错综复杂的债权债务链条，这个链条上有一个环节断裂，就会引发连锁反应，形成信用危机，对整个社会经济造成很大的危害。另外，当信用活动脱离实际商品物资基础而极度膨胀时，资产或商品的价格会大大地偏离其基本价值，就有可能形成经济泡沫。经济泡沫最初的成因是资产或商品的需求急剧膨胀，极大地超出了供给，导致价格暴涨。信用对膨胀的需求给予了现实的购买力的支撑，使经济泡沫的出现成为可能。而当经济泡沫破灭时整个经济发展将会产生巨大的震动和后退，这对经济平稳的运行和发展是非常不利的。

三、现代信用管理体系

（一）良好信用管理体系的必要性

现代经济是信用经济，而良好的信用环境则是市场经济健康发展的基本保障。由于在信用活动中存在着风险和不确定性，需要对风险进行评估和控制。如果由各个经济主体自行去运作和完成信息处理和风险评估与防范，将直接提高其经济活动的成本，降低市场运行效率；加上信息处理和风险防范的专业性要求高，经济主体缺乏足够的风险甄别能力，这会使其蒙受损失或被迫减少交易规模，从而阻碍信用活动的开展。另外，如果在法律规定与执行中对信用活动中债权人的利益保护不利，也会严重地抑制信用关系的产生和发展。所以必须建立良好有效的信用管理体系以保障各种经济活动和交易健康有序地进行，保障市场的运行效率。

良好信用管理体系包括健全信用管理法律法规、建立和发展专业化、社会化的信用管理行业和信用服务活动，以及建立有助于保障信用双方当事人履约的制度和体系。在现代信用管理体系中，征信业和征信体系的发展是其中的重要内容。征信体系就是指为了满足放贷等信用活动机构在信用交易中对客户信用信息的需要，建立第三方的专业化征信机构，依法采集、保存、整理、提供有关企业和个人的信用信息，提供社会化的信用服务。征信业提供专业化的信用管理和社会化的信用服务，能够降低信息收集、处理的运作成本，提供专业化的风险甄别和防范服务，从而提高市场运行的效率。

不良信用惩罚机制是信用管理体系中的重要环节。其核心是让不讲信用的企业和个人不能方便地生活在社会中。一个国家只有具有了运转正常的不良信用惩罚机制，才能说具有了完整和健全的信用管理体系和信用制度，才能有效保障市场健康有序发展。

（二）我国的信用环境建设

我国市场经济发展的时间较短，信用活动不发达，社会信用体系尚不健全，在社会信用体系的建立上与发达国家相比是有相当的差距的。在我国当今经济活动中，信用缺失现象相当严重，恶意逃债、合同违约、拖欠债务、商业欺诈、虚假信息等经济失信现象比较普遍，严重制约了信用功能的发挥，降低了市场效率和经济活力，恶化了市场信用环境和市场秩序，直接影响了市场体系的完善和资源配置的效率。所以，加快信用体系建设，完善信用环境是我国经济发展中的重要问题。为此，必须加快信用立法建设，完善社会征信体系的建设，促进信用中介服务机构的发展，建立有效的失信惩罚机制，加大信用管理的教育，增强社会的信用观念。

在当前的信用体系建设中，征信体系的建设是重要的内容。目前，我国在企业和个人信用数据库的建设和征信数据的开放使用方面已有了一定的进展。例如，1997 年中国人民银行开始筹建银行信贷登记咨询系统，并在 2002 年建成全国、省市、地市三级数据库。该系统反映借款企业的信用情况，并为商业银行和金融监管以及其他法定用途提供查询服务。系统收集的信息包括：借款企业基本信息、借款企业信贷信息、借款企业大事记（借款企业被起诉信息、借款企业欠息信息、借款企业逃废债信息等）。目前，商业银行已经将查询该系统作为贷前审批的固定程序。系统在防范金融风险、降低信贷成本、提高贷款效率、提高金融监管水平等方面发挥了重要作用。截至 2005 年 8 月底，该系统收录借款企业 447 万户，收录人民币贷款余额 17.4 万亿元，占全国金融机构贷款余额 93%。

个人信用信息基础数据库也在建设中。个人信用信息基础数据库是由中国人民银行组织商业银行建立的个人信用信息共享平台，其日常运行和管理由中国人民银行征信服务中心承担。该数据库采集、保存、整理个人信用信息，为商业银行和个人提供信用报告查询服务，为货币政策、金融监管和其他法定用途提供有关信息服务。截至 2015 年 4 月底，征信系统收录自然人 8.6 亿多，收录企业及其他组织近 2068 万户。征信系统全面收集企业和个人的信息。其中，以银行信贷信息为核心，还包括社保、公积金、环保、欠税、民事裁决与执行等公共信息。

专栏 2-1　我国社会信用体系建设新进展

2014 年 6 月 27 日，据中国政府网消息，国务院近日印发《社会信用体系建设规划纲要(2014—2020 年)》(以下简称《纲要》)，部署加快建设社会信用体系、构筑诚实守信的经济社会环境。这是我国首部国家级社会信用体系建设专项规划。

《纲要》围绕政务诚信、商务诚信、社会诚信和司法公信等四大重点领域，明确了与人民群众切身利益和经济社会健康发展密切相关的 34 个方面的具体任务，并提出了三大基础性措施。一是加强诚信教育与诚信文化建设，弘扬诚信文化、树立诚信典型、开展诚信主题活动和重点行业领域诚信问题专项治理，在全社会形成“诚信光荣、失信可耻”的良好风尚。二是加快推进信用信息系统建设和应用，建立自然人、法人和其他组织统一社会信用代码制度，推进行业间信用信息互联互通和地区内信用信息整合应用，形成全国范围内的信用信息交换共享机制。三是完善以奖惩制度为重点的社会信用体系运行机制，健全守信激励和失信惩戒机制，对守信主体实行优先办理、简化程序、“绿色通道”等激励政策，对失信主体采取行政监管性、市场性、行业性、社会性约束和惩戒，建立健全信用法律法规和标准体系，培育和规范信用服务市场，保护信用信息主体权益，强化信用信息安全管理。

《纲要》强调，要做好五个方面的支撑保障工作：一是强化责任落实；二是加大政策支持；三是实施政务信息公开工程、农村信用体系建设工程和小微企业信用体系建设工程；四是推动地方信用建设综合示范、区域信用建设合作示范、重点领域和行业信用信息应用示范；五是健全组织保障，完善组织协调机制。

资料来源：中国新闻网

第四节　信用工具

信用是债务人和债权人之间的借贷活动，信用活动必须借助一定的载体来表明信用授信双方的权利和义务，这就需要使用信用工具。

信用工具是指资金供应者和需求者之间进行资金融通时所签发的、证明债权或所有权的各种具有法律效用的凭证。信用工具是金融市场上的交易对象，因此在经济金融活动中我们更通常把信用工具称为金融工具(Financial Instruments)。

信用工具是各种信用活动的契约凭证，必须要载明信用行为的基本要素，包括信用的主体，即信用双方当事人；信用的客体，即信用标的物是货币形式还是实物形式；信用的条件，即授信金额、期限、利率等。信用工具种类极为繁多，信用主体、客体和条件各不相同。

一、信用工具的特征

（一）偿还期（Maturity）

偿还期是指信用工具从当前到偿还本金实际所剩余的时间。各种信用工具在发行时都规定了期限，例如2000年发行的10年到期的债券，在2000年该债券的偿还期是10年，但是如果在2005年持有该债券时，其偿还期就只有5年。这时，投资者关心的只是该债券从2005年到2010年间的市场表现。可见，信用工具的偿还期与其发行时载明的期限可以是不同的。

信用是有偿性的，所以每种信用工具都具有偿还期，有的信用工具偿还期很短，比如有些银行拆借仅有几个小时或隔夜偿还；而有的信用工具偿还期可长达数十年，比如美国政府公债最长的有30年。此外，还有两种极端的偿还期。一种是偿还期为零，如银行的活期存款，它是可以随时兑现的；另一种情况是偿还期为无限，例如永久性公债，这种公债的发行方同意无限期地支付利息，但是永不偿还本金。股票一般没有偿还期，除非股份公司清算时，投资者的本金收回是利用资本市场的流通转手实现的。

偿还期是信用工具非常重要的特征，是交易双方共同关注的要素。在划分金融市场类别时，偿还期的长短常常被用来作为一个主要的划分标准。

（二）流动性（Liquidity）

流动性又称变现性，是指信用工具在不受或少受经济损失的条件下在极短的时间内变现的能力。流动性的大小取决于两个方面，第一是变现的难易程度，即变现所花费时间的长短，在其他条件相同时，变现越迅速，信用工具的流动性越高。第二是变现成本的大小，在信用工具变现时由于价格波动而导致的折扣越大，或者变现转让所花费的佣金等费用越高，则信用工具的流动性就越低。在各种金融资产中，只有货币具有完全的流动性，其他各种信用工具都只存在一定程度的流动性。一般而言，信用工具债务人的信誉越高，转让就越容易，流动性就越高；此外，信用工具的期限越短，受市场利率等因素的影响就越小，变现时遭受亏损的可能性越小，流动性也就越高。所以，信用工具的流动性与债务人的信誉正相关，与偿还期负相关。

（三）安全性（Safety）

安全性是指信用工具的持有者收回本金及其预期收益的保障程度。一般而言，安全性与流动性成正比，与债务人的信誉成正比，与偿还期成反比。安全性对应着信用工具风险的大小。信用工具包含的风险主要有两类：一是违约风险，即债务人不履行合同，不能按约定期限还本付息的风险。这种风险除了主要和债务人的信用状况有关外，外部的客观因素也有一定影响。通常，债务人的信誉越高，实力越强，违约风险相对就越小。例如政府债券，尤其是中央政府债券的可靠性是最高的。因为一国政府不履行偿还义务的可能性远远比企业或个人要低得多。另一个风险是市场风险，即市场利率波动导致信用工具市场价格变动而给投资者造成损失的风险。当市场利率上升时，信用工具的市场价格就会下降，债券的持有者就会蒙受损失；而当市场利率下降时，信用工具的市场价格就会上升，这对于债券的持有者有利，但对于计划购买债券的投资者是不利的。信用工具的偿还期越长，其价格受利率变动的影响越大，因为偿还期越长，其风险就越大，安全性越低。

（四）收益性（Yield）

购买或持有信用工具的基本目的不仅是收回本金，更重要的是获得收益。一般来说，信用工具的投资收益与投资风险成正比，即风险越大，要求的风险溢价补偿的部分就越高，反之，安全性越强，收益就越低。例如，对于同样期限的企业债券和国家债券，由于企业债券的风险要高于国家债券，所以只有给投资者更高的收益补偿才可能发售出去。同样，在金融市场上资信级别高的企业相对于资信级别低的企业，其融通资金的利息成本可以低一些，而资信级别低的企业必须对投资者支付更高的收益以补偿其更高的风险。

信用工具的收益性还和投资期限成正比，即期限越长，面临的不确定性因素就越高，要求的利益补偿就越高。比如在其他条件相同的情况下，发行五年期的债券比发行一年的债券的票面收益利率要高。信用工具收益性的大小是通过收益率来衡量的，一般形式上，收益率是持有信用工具所取得的收益与本金的比率，在实际使用中收益率有多种表示形式。

信用工具的四个基本特征之间存在着一定的对立和冲突。除了上述收益性和风险性的矛盾之外，流动性与收益性也成反比。由于信用工具种类繁多，特征表现各异，对于投资者而言，要综合考虑各个要素，建立风险和收益的适当组合。对于信用工具的发行方而言，必须考虑市场收益率水平和融资的成本，确定恰当的信用工具品种、发行时机和定价。

二、信用工具的种类

信用工具按照不同的标准，主要分为以下几类：

（一）按融通资金的方式，可以分为直接信用工具和间接信用工具（直接金融和间接金融的概念可参看第四章第一节）。前者主要有工商企业、政府以及个人所发行或签署的股票、公司债券、政府债券、商业票据、借款契约以及其他各种形式的借据等；后者主要包括金融机构发行或签署的银行本票、存折、可转让定期存单、人寿保险单等。

（二）按可接受程度标准来划分，可以分为无限可接受性的信用工具和有限可接受性的信用工具。前者是指被社会公众所普遍接受、在一般场合都能充当交易媒介和支付手段的工具，如政府发行的钞票和银行的活期存款；后者是指可接受的范围和数量受到一定限制的工具，如商业票据、企业债券、股票等。

（三）按偿还期限为标准，可以分为短期信用工具、长期信用工具和不定期信用工具。短期信用工具是指有效期限为一年或一年以内的金融凭证，包括各种商业票据（汇票、支票、本票等）、信用证、信用卡、国库券等；长期信用工具的有效期限在一年以上，如公司债券、政府债券、股票等；不定期信用工具是指没有规定信用关系期限的金融凭证，它主要指的是银行发行的银行券、纸币。

（四）按信用工具发展的顺序及新颖性标准，可分为基础性信用工具和衍生信用工具。

基础性信用工具指的是传统的货币市场和资本市场的信用工具，如货币、债券和股票等。金融衍生工具(Financial Derivatives)是在基础性信用工具的基础上衍化和派生的，以杠杆或信用交易为特征的信用工具。金融衍生工具既指一种特定的交易方式，又指由这种交易方式所形成的一系列合约，这些合约的价值由其交易的金融资产的价格决定的。金融衍生工具的主要品种有金融远期、金融期货、金融期权和金融互换。20 世纪 80 年代以来，随着西方各国金融管制的放松和利率市场化，金融衍生产品日益丰富。

三、典型的信用工具介绍

现代信用工具种类繁多，难以穷举，本节只对其中的商业票据、支票、股票和债券作简要的说明，在随后有关章节中还会根据需要介绍其他一些信用工具。

(一) 商业票据

商业票据(Commercial Papers)是工商企业间因商品交易或其他行为引起的债权、债务关系，而由企业签发的票据。商业票据的偿还期限通常在一年及一年以内，属于短期信用工具。商业票据是商业信用行为的载体，体现商业信用债权人和债务人之间的权利和义务关系。商业票据的规范使用对于维护债权人的利益，促进商业票据的流通与发展，健全商业活动的环境及推动短期金融市场的发展都有重要的意义，所以各国都对颁布了《票据法》或相关法规来规范商业票据的使用。商业票据包括三类:汇票、本票和支票。

1. 汇票

汇票(Draft)是由债权人(出票人)向债务人签发的，要求其在见票或在指定时间无条件支付确定金额给收款人或持票人的支付命令书。由工商企业签发的汇票是商业汇票，在延期付款、赊购赊销的商品交易活动中，通常由商品卖方根据延期付款金额和期限开立要求买方付款的汇票。由银行签发的汇票为银行汇票，由银行签发，交由汇款人寄给外地收款人，凭此向指定银行兑取款项，适用于异地取款及支付。根据付款期限的不同，汇票还可以分为即期汇票和远期汇票，前者是见票即付的汇票，后者是在出票或见票后指定的未来期限付款。远期汇票经过承兑才有效，按承兑人的不同，由银行承兑的汇票为银行承兑汇票，由企业承兑的汇票为商业承兑汇票。承兑人对票据的到期付款承担连带责任，由于银行的信用一般高于工商企业，银行承兑汇票在市场上的流通性和可接受性远高于商业承兑汇票。

合格的汇票一般必须注明“汇票”字样，注明确定的金额、出票日期和到期日期，还要注明出票人、收款人和付款人全称并由出票人签章。汇票的基本当事人有出票人、付款人、收款人或持票人。持票人可以转让、变更其收款的权利，从而形成票据的流通转让，票据转让时一般必须有背书，从而产生票据的背书人。持有未到期票据的企业可以向银行办理贴现，票据的流通为企业提供了短期资金融通的渠道。

2. 本票

本票(Promissory Note)又称为期票，是债务人向债权人开出的，以出票人为付款人，承诺在一定时期内无条件支付一定款项的支付保证书。本票的基本当事人是出票人(付款人)和受款人。票面上注明支付金额、期限。按照出票人的不同,本票可以分为银行本票和商业本票。按收款人的不同,可分为记名本票和不记名本票;按付款期限不同,可以分为即期本票和远期本票。按照我国票据法的规定,目前只有银行本票的使用,还没有商业本票。在西方国家,发行商业本票是一些资信级别高的企业利用金融市场直接筹集短期资金的常用手段。

3. 支票

支票(Check)是银行的支票存款户对银行签发的,要求银行在见票时无条件支付确定金额给收款人或持票人的书面凭证。银行在客户的存款额度或约定的透支额度内,对于支票要项填写合格的支票无条件支付。支票的当事人有三个,即出票人、付款人和收款人。支票按其支付方式分为现金支票和转账支票两种,前者可以用来提取现金或转账,后者只能用以转账。另外,根据出票人的不同,可以分为公司支票和个人支票。在我国由于消费支付习惯和社会信用环境建设落后的问题,个人支票一直难以启动。在发达国家,个人支票的使用已经较为普及。此外,旅行支票是一种特殊的定额支票,它由银行(或旅行社)签发,由个人购买供其在外地尤其是国外使用。

(二) 债券

债券种类很多,按照发行人身份,可划分为公司债券、政府债券和金融债券等类。

1. 公司债券

公司债券(Corporate Bond)是指企业为了筹集外部资金而发行的一种债务凭证。公司对债券做出承诺,在指定时间内必须按票面规定还本付息。债券持有者同债券发行公司之间是债权债务关系,定期取得利息收入,到期收回本金,但没有参与公司管理的权利。公司债券一般是企业在扩展和追加投资时所发行的,为了筹集中长期资金,期限通常在5年以上,其利率一般高于国债利率。以前公司债券主要是固定利率债券,20世纪70年代以来,由于利率频繁波动,浮动利率债券逐渐增多,其利率以规定的基础利率为标准,按约定的利差定期调整。由于公司债券支付的利息列入企业成本,可以在计征所得税前扣减,相对于股票融资有成本上的优势,并且手续比发行股票简便一些,所以在西方国家,企业需要资金时一般首先选择用发行债券的办法从金融市场筹集资金。对于投资者而言,债券的求偿级别优先于任何一种股票,因此在公司的经营状况下降时,债券的持有人比股票的持有人有更多的保障。

公司债券按照有无担保品可以分为两类:一类是无担保公司债券,凭信用发行,没有抵押品,一般只有声誉卓越的公司才能发行。另一类是有担保公司债券,以公司土地、房产等不动产为担保的称为抵押债券,以有价证券为担保的称质押债券。如果公司不能按时还本付息,债权人有权处置抵押担保品,如出售等方式,因此对于债券持有人,有担保债券比信用债券有更多的偿付保障。

2. 政府债券

政府债券是政府以债务人的身份为筹措预算资金而发行的债务凭证,是国家信用工具。由中央政府发行并承担还款义务的中长期信用工具称为国债券,或称为公债，它一般由各国中央政府的财政部直接负责发行，以国家财政收入为保证，一般不存在违约风险，所以又被称为“金边债券”，在市场上的流通性和接受性高。近年来，我国政府发行了期限为3、5、7、10和20年的中长期国债券，发行规模随着国家经济增长和宏观调控的需要增长迅速，从1981年的48.66亿元到2002年的5929亿元。

在许多国家，地方政府也可以发行债券，这些债券由地方政府担保，又称为市政债券（Municipal Bonds），地方政府的信用能力一般比不上中央政府，但是市政债券常常可以享受税收优惠，即其利息收入可以豁免所得税，具有免税性，所以对投资者也具有较大的吸引力。

3. 金融债券

金融债券是银行或其他非银行金融机构为筹集长期资而向社会发行的借款凭证。在西方国家，由于金融机构大多是股份公司，因此可以视为是一种特殊的公司债券。金融机构信用能力比一般的工商企业要高，而且次级债券等品种可以作为商业银行资本的替代。我国专业银行从1985年开始发行金融债券，相对而言，我国对金融机构发行债券有比较严格的限制，所以和一般的企业债券相区分。近年来，我国金融债券的发行机构以政策性银行为主。

（三）股票

股票是股份公司为筹集资金而发给投资者的所有权凭证。股票持有者为公司的投资者，即股东，股东拥有对股份公司的所有权。尽管股票与债券同为有价证券，但两者存在许多重要的区别：(1)性质不同。股票体现的是股东与股份公司之间的所有权关系，债券则代表发行人和投资人之间的债权债务关系。(2)发行者不同。股票只有股份有限公司才能发行；债券则可由任何有预期收益的机构和单位发行。(3)期限不同。股票一经发行便成为永久性的信用工具，没有偿还期，除非公司破产倒闭或停办。债券则有固定的期限，到期必须归还。(4)风险和收益不同。股票的风险一般高于债券，但收益也高于后者。(5)责任和权利不同。股票持有人作为公司的股东，有权参与公司的经营管理和决策并享有监管权；而债券的持有虽是发行单位的债权人，但没有任何参与决策和监督的权利，只能定期收取利息和到期收回本金。股东权益在利润和资产分配上表现为对公司偿还债务后的剩余受益的索取，即剩余求偿权或剩余索取权。在公司破产时股东将一无所获，但是也只付有限责任，即公司资产不足以清偿全部债务时，股东的个人财产也不受追究。

根据对企业控制权和剩余求偿权组合的不同，股票可分为普通股和优先股两个基本类别。

普通股（Common Stocks）是股份公司最常发行的股票，其持有人即普通股股东是公司的基本股东。普通股的股息红利不固定，与公司利润成同方向变化。普通股股东有权出席股东大会，享有表决权，对公司的大政方针和决策进行控制，控制权的大小取决于持股的数量。股东享有优先认股权，当公司决定增资配股时，向普通股股东发放“认股权证”（Warrants），股东享有按特定价格认购新股的权利，以便维持老股东原有的持股比例和控制能力。在求偿权利方面，普通股股东排在债权人、优先股股东之后。

优先股(Preferred Stocks)与普通股一样,代表持股人对公司的所有权,但是优先股的股息是固定的,不受公司盈利水平的影响,是一种有保证的收入,这一点类似于公司债券。相对于普通股股东,优先股股东在剩余索取权方面较普通股优先,即股息优先于普通股发放。在公司破产、改组和解散时,首先清偿对外所有债务,剩余部分则先分给优先股股东,如有剩余才分配给普通股股东。优先股股东在剩余控制权方面劣于普通股,一般没有投票权。

专栏 2-2　我国股票市场的品种

新中国的股票市场发展从 20 世纪 80 年代末开始,现在仍处在不断改革调整的过程中,我国股票的类别与西方发达国家有所不同,反映了我国特殊的经济制度和股票市场发展所处的特定阶段。

例如,按投资主体不同划分为国家股、法人股和个人股。国家股是指以国家资产折算的股份和国家投资所持有的股份。法人股是指具有法人地位的公司、企业、金融机构等单位以自有资金所购买的股票。个人股是指个人投资认购的股票,其中包括股票发行公司参股单位内部职工持有的股份。

按发行认购对象计价货币及流通地域的不同划分为 A 股、B 股、H 股和 N 股。A 股又叫人民币普通股,是以人民币标明面值供国内投资者用人民币认购和买卖的普通股票;B 股又叫人民币特种股,是以人民币标明面值供境内外投资者以外币买卖的股票;H 股是指在香港特别行政区上市的中国股票;N 股是指在美国纽约上市的中国股票;H 股和 N 股是专供外国和我国港、澳、台地区投资者买卖的,以人民币标明票面金额但以外币认购和交易的股票。

按资本市场的层次划分为主板市场、中小企业板块、二板市场、三板市场。主板市场也称为一板市场,指传统意义上的证券市场(通常指股票市场),是一个国家或地区证券发行、上市及交易的主要场所。主板市场对发行人的营业期限、股本大小、营利水平、最低市值等方面的标准较高,上市企业多为大型成熟企业,具有较大的资本规模以及稳定的营利能力。2004 年 5 月,经国务院批准,中国证监会批复同意深圳证券交易所在主板市场内设立中小企业板块。设立中小企业板块的宗旨是为主业突出、具有成长性和科技含量的中小企业提供直接融资平台,是我国多层次资本市场体系建设的一项重要内容,也是分步推进创业板市场建设的一个重要步骤。二板市场又被称为"创业板市场",是为具有高成长性的中小企业和高科技企业融资服务的资本市场。与主板市场相比,在创业板市场上市的企业规模较小、上市条件相对较低,中小企业更容易上市募集发展所需资金。三板市场是"代办股份转让系统",于 2001 年 7 月正式开办。代办股份转让系统是指经中国证券业协会批准,具有代办系统主办券商业务资格的证券公司采用电子交易方式,为非上市股份有限公司提供规范股份转让服务的股份转让平台。"新三板"市场原指中关村科技园区非上市股份有限公司进入代办股份系统进行转让试点,因挂牌企业均为高科技企业而不同于原转让系统内的退市企业及原 STAQ、NET 系统挂牌公司,故形象地称为"新三板"。

第五节　信用工具的收益和风险

信用是借助于信用工具这一载体而进行的资金融通活动,在融资活动中,债权人除了到期收回本金外,还要求利息作为补偿,即债权方要求有收益回报。相应地,债务人则必须支付融资成本。可见,信用工具的收益投融资双方关注的核心问题之一。同时,金融活动具有不确定性,收益和风险是相伴而生的,因此,对于信用工具的风险如何进行准确的判断和处理也是市场参与者必须考虑的问题。

一、资金的时间价值

1. 资金的时间价值

金融活动具有跨期的特征,资金的让渡和收回有时间上的间隔,这体现为信用工具具有期限及偿还期的安排。资金借贷双方之所以承认借贷资金需要支付补偿,是因为资金具有时间价值(time value),即一定数量货币资金在当前的价值比未来的价值更高。例如,当前的 1000 元钱比 1 年后的 1000 元钱更有价值。因为这 1000 元钱可以用于一年的投资获利,或者存入银行获息增值。假如我们把 1000 元钱存入银行,一年后除取回本金外,还可以获得约 20 元的利息,这利息就是在让渡资金一年后获得收益。换个角度看,1 年后的 1020 元大致相当于当前 1000 元的等值货币金额。不论你是否将闲置的资金投资或存入银行,都不能否认资金的时间价值。因为如果你将当前的 1000 元一直持有在手中,在一年后这笔资金还只是 1000 元,而你实际损失了由于资金的时间价值而可以产生的至少约 20 元的存款利息收益,资金的时间价值是客观存在的。

资金具有时间价值是因为通过信用活动,资金从盈余方转移到资金短缺方。资金需求者之所以愿意以一定的成本代价借入资金,是因为他们要将资金进行投资,运用到经济活动中,获得比投入资金更大的收益。所以资金的时间价值是产生于社会经济活动中劳动价值的创造和增加。

2. 单利和复利

资金的时间价值一般用利息来表示,在对资金的利息收益进行计算时,通常有单利和复利两种方法,而复利方法更能体现资金的时间价值。

单利是对第一期取得的、尚未提取的利息在下一期不计利息的计息方式。例如,如果你将 1000 元存入银行,期限 5 年,年利率为 6%,那么 5 年到期后你将获得的利息是 300 元。如果用 C 表示到期获得的利息,P 表示本金,r 表示利率,n 表示期限,S 表示到期可以得到得本金和利息的总和,

则可以用公式表示为:$C=P\cdot r\cdot n$　　公式(2-1)

$S=P(1+r\cdot n)$　　公式(2-2)

单利方式比较简单,此例中 1000 元本金每年产生 1000×6%=60 元利息,在到期之前并未提取,但是没有计入下一期利息的计算。这样,5 年共获得 5×60=300 元的利息,本利和为 1300 元。

在上面的例子中,如果采用复利的计算方式,每一年产生的利息都将在下一期计息时并入本金一并计算。

例如,第一年底产生利息 1000×6%=60 元,第一年底是本利和为 1000(1+6%)=1060 元;第二年底计息(1000+60)×6%=63.6 元,第二年底时本利和为 1060(1+6%)=1123.6 元;第三年底时本利和为 1123.6(1+6%)=1191.016 元;第四年底时本利和为 1191.016(1+6%)=1262.477 元;第五年底时最终的本利和

为 1262.477(1+6%)=1338.23 元。此例中 5 年共获得利息为 338.23 元。我们可以用公式来表示复利的计算：

$$S=P(1+r)^n \qquad 公式(2\text{-}3)$$

可见，在其他情况相同的情况下，按复利计算的利息比单利方式计算的利息要高。计息的时间越长，两种方式计算出的利息差距就越大。比如以年利率 8% 贷款 100 元，以单利计算 100 年后的本利和为 900 元，而如果按复利计算则到 100 年后的本利和为 219,976 元。复利方式下的利息之所以较高，这是因为对于前一期得到的、尚未提取的利息又计入下一期的利息计算，由于在到期前对前面各期产生的利息并没有提取，资金仍然在借款者手中，银行等债务人在到期前还可以使用并获得更多的投资收益，所以，这部分资金实际上进行了再投资、重投资。显然，单利没有能反应出资金的时间价值，而复利能够体现出资金的时间价值。

3. 现值和终值

由于复利体现了资金的时间价值，所以当前的一笔资金，不论其如何运作，都可以根据复利方式计算出其在未来的某一时点上相当于多少金额，即通过复利公式 $S=P(1+r)^n$ 计算出未来的本利和，我们把它称为这笔资金的终值。在前面的例子中，现在的 1000 元在 5 年后的终值是 1338.23 元。

把这个过程倒转过来，如果已经知道在未来某一时点上资金的终值，那么可以逆算出它相当于当前的资金金额，即按现行利率计算出要能在未来的那个时点取得该本利和现在必须具有的本金，以公式表示为：

$$P=\frac{S}{(1+r)^n} \qquad 公式(2\text{-}4)$$

这一逆算出的本金称为现值，也称为贴现值，公式中的 $\frac{1}{(1+r)^n}$ 称为现值系数，又称为贴现系数，其中的利率又常被称为折现率或贴现率。

本例中，通过 $1338.23/(1+6\%)^5$，计算出来 5 年后的 1338.23 元的现值为 1000 元。

现值和终值是相对立的概念，如果已知利率 r 和年限 n，通过计算工具或计算表得出现值系数后，任何未来一笔资金都可以通过与现值系数相乘求出其现值，当前任何一笔资金都可以通过与现值系数相除而得出其终值。

现值的概念非常重要，在经济中具有非常广泛的用途。不仅可以用于银行票据贴现等业务，还可以用于比较不同的投资方案，因为不同方案的投资总额不同，各年度之间的投资分配金额也不同，所以很难将不同时间、不同分配额度的投资进行简单加总来比较，而统一于现值后就可明晰地比较评价了。另外，现值和终值的计算还被广泛运用于债券、股票等信用工具的定价上（参见第三章第一节）。

基于复利方法的现值和终值的运用，其核心是对资金时间价值的考虑，这里有一个重要问题，即贴现利率的选择。合理的利率对现值和终值的计算是非常重要的，因为在资金借贷过程中，借方所承担的成本和贷方的收益是信用活动的基本要素，下面就对此进行讨论。

二、收益率指标

现实生活中收益率的概念应用非常广泛。一般而言，收益率是指收益与本金的比率，对于银行存款、贷款等金融交易而言，其收益率的计算较为简单。但是，对于在金融市场交易的债券而言，由于债券的市场价格和面值通常不一致，而投资者投入的本金可能并不是面值金额，所以债券的收益率就有多种计算方式。下面我们就以债券为例来介绍常见的收益率指标。

1. 票面收益率

票面收益率(Coupon Rate)是债券的名义收益率，指债券的票面利息与债券面值的比率。公式为：

$$i=\frac{C}{F} \qquad \text{公式(2-5)}$$

其中，C 为票面利息，F 为债券面值

例如，某投资者以 900 元的价格买进一份面值为 1000 元，年支付利息 80 元，10 到期的债券，则 8%（80/ 1000 ＝8%）为票面收益率。这一利率在债券发行时就印制在债券票面作为金融契约的主要内容，债务方按照这一利率计算每年应当支付的利息。附息债券的利息可以到期时一次性的还本付息，但按息票每年支取票面利息的做法也很普遍。

票面收益率反映了投资者按面值计算所获得的票面载明的收益，所以是名义收益率。但是，债券在流通交易时的价格通常与面值不相同，对于投资者而言，当其购买价格不等于债券面值时，票面收益率就不能准确反映其实际收益。

2. 当期收益率

当期收益率(Current Yield)是指投资所获得的当期收入与该资产的当期价格的比值。债券的当期收益率 i_c 就是当期票面利息收入 C 与债券市场价格 P 的比值。

$$\text{即 } i_c=\frac{C}{F} \qquad \text{公式(2-6)}$$

上述投资者以 900 元购买债券，当期收益率为 8. 89%（80/900 ＝8. 89%）。只有当债券价格等于债券面值时，当期收益率才等于息票利率。当期收益率显然比票面收益率更好地反映了投资者的实际收益，所以可以作为债券收益率的近似值。但是，这一指标没有考虑到资本利得(Capital Gain)部分，即债券面值高于债券购买价格的部分。本例中投资者持有的债券到期时可以得到面值 1000 元的兑付，则可获得资本利得 1000－900＝100 元，这部分收益未能在当期收益率中反映出来，这是当期收益率指标的不足之处。

3. 到期收益率(yield to maturity)

上面分析表明，债券的收益率不仅取决于票面利息，还取决于其市场价格，因为市场价格不仅决定了资本利得的收益高低，更重要的是，债券的市场价格也是金融市场一般利率水平的反映结果。我们引入到期收益率这一精确、重要的收益率指标，它包含了以上因素。

到期收益率是使某种信用工具未来所有收益的现值总和与当前价值相等的利率。我们以附息债券(指每年支付固定利息,到期偿还本金的债券)为例,用C表示每年支付的票面利息,债券面值为F,债券当前的价格为P,到期收益率为未知数,以r表示,

$$\text{则 } P=\frac{C}{1+r}+\frac{C}{(1+r)^2}+\frac{C}{(1+r)^3}+\cdots\cdots+\frac{C}{(1+r)^n}+\frac{F}{(1+r)^n} \quad \text{公式(2-7)}$$

利用公式(2-7),可在已知到期收益率的情况下求出某附息债券的市场价格。反过来,当已知债券的市场价格、票面利息、面值、偿还期限时,就可利用这一公式求出该债券的到期收益率。例如,前例中的附息债券,其面值为1000元,年付息80元,期限为10年,以900元的市场价格买入,计算该投资者获得的到期收益率:

$$900=\frac{80}{1+\mathrm{r}}+\frac{80}{(1+\mathrm{r})^2}+\frac{80}{(1+\mathrm{r})^3}+\cdots\cdots+\frac{80+1000}{(1+\mathrm{r})^{10}}$$

借助计算器或利息查算表,我们可以求出r= 9.6%,即到期收益率为9.6%。

由于到期收益率将债券所有的未来收入流(包括资本利得)和当前购买的价格联系起来,利用折现系数体现了资金的时间价值,所以是债券投资收益率精确指标。

到期收益率反映了市场利率的水平。从公式中可以得出债券的市场价格和其到期收益率成反比。因为较高的到期收益率必然使债券未来的票面利息支付和最终支付的贴现值较小,因此债券的价格就低。反之,如果到期收益率低,则未来利息与面值支付流的贴现值更大,债券价格就高。例如,在市场利率为8%的情况下,如果债券的市场价格过高,债券的资本利得减少,债券的到期收益率就低。当债券的到期收益率低于8%时,该债券对投资者将缺乏吸引力而难以出售,所以债券的卖方必须降价,使投资者至少能获得8%的到期收益率。反之,如果债券的市场价格过低,则债券的到期收益率将高于8%的一般市场利率,该债券的需求必然上升,从而推动债券价格的上涨,直至使该债券的到期收益率下降到等于市场利率时。所以债券的到期收益率必然是围绕着市场利率的。

由于到期收益率的概念中隐含着严格的经济学含义,经济学家通常把到期收益率作为衡量利率的最精确指标。

三、金融活动的风险衡量

在第一节介绍信用特征时,我们谈到信用活动中收益和风险是对称的。一般而言,收益包括让渡资金的机会成本的弥补和风险溢价,因此,投资者面临的风险越大,要求的风险溢价就越高,从而要求的收益率也就越高,以弥补可能发生的损失。即高收益常常伴随着高风险,而风险较低的信用工具其收益也较低。例如,购买5年期的国债券和企业债券,由于国家信用工具比企业债券安全可靠,投资于国债的收益率必然低于风险较大的企业债券。

所谓风险,简而言之是在未来遭受损失的可能性。金融活动中包含着各种各样的风险,如违约风险、市场风险、操作风险、流动性风险、国家风险、法律风险等。

对于投资者而言,不仅要考虑收益率,而且还要对投资的风险进行衡量。例如,在两种投资方案中,甲方案的到期收益率为10%,乙方案的到期收益率为8%,如果仅从收益的指标来选择,甲方案可能更好,但是我们不能忽视投资的风险。如果甲方案债务方的资信级别很差,而乙方案的债务方资信等级特别高,则对投资者而言,甲方案的可靠性低,投资者面临的不确定性更大,从安全性的角度看,乙方案更具有优势。

我们已知风险与收益的一般关系,但还需了解如何衡量金融风险。准确地衡量金融风险的大小对减少损失和获取利润十分重要。如果对风险估计不足,会导致经济主体对风险防范的管理应对措施不足。如果对风险估量过高,则可能丧失投资机会或付出不必要的风险管理成本。

金融风险来自于未来的不确定性,涉及多种因素,因而金融风险的测度是相当复杂的,技术含量很高。多年来金融理论和实践部门研究开发了多种度量金融风险的有效方法,这里我们只简单地介绍金融风险衡量的几个有代表性的方法。

1. 单一资产的风险衡量

虽然信用工具的市场价格波动无法事先预知,但是具有一定的统计特征。在很多情况下,可以测算出某种金融资产收益的概率分布,即我们可以估计出各种可能发生的结果和每一种结果发生的可能性。可以用期望收益率来表示投资的收益率,其公式为:

$$E(r)=\sum_{i=1}^{n} r_i p^i \qquad \text{公式(2-8)}$$

其中,$E(r)$为期望资产收益率,n 表示收益率有 n 种可能,r_i 是第 i 种可能的收益率,P^i 是 r_i 发生的概率,期望收益率就是所有可能取得的收益率的加权平均数。

收益率的实际值和预期收益率必然会存在偏差,偏差越大,表明收益的不确定性越大,风险就越大。所以,我们常用投资的未来收益率与期望收益率的偏离程度表示风险,在数学计算上就是用方差 σ^2 或标准差 σ 表示。

$$\sigma^2=\sum_{i=1}^{n}[r_i-E(r)]^2 \cdot p_i \qquad \text{公式(2-9)}$$

$$\sigma=\sqrt{\sum_{i=1}^{n}[r_i-E(r)]^2 \cdot p_i} \qquad \text{公式(2-10)}$$

方差或标准差反映了资产收益率的波动情况,方差或标准差越大,说明收益率的变动幅度越大,则该资产的风险也较高。反之,方差或标准差越小,风险则越低。

举例说明如下:某投资者面临两种信用工具可选择,并且投资于每一信用工具均有三种可能的收益结果,每种可能收益率的概率为已知。表 2-1 和 2-2 分别计算了两种信用工具 A 和 B 投资收益的期望值和标准差。

表 2-1　信用工具 A 投资收益的期望与标准差

	信用工具 A				
	r_i	p_i	$r_i \cdot p_i$	r_i-E(r)	$[r_i-E(r)]^2\quad p_i$
结果 1	40%	15%	6%	26%	1.014%
结果 2	20%	65%	13%	6%	0.234%
结果 3	−25%	20%	−5%	−39%	3.042%
期望收益率			14%		4.29%
标准差					20.73%

表 2-2　信用工具 B 投资收益的期望与标准差

	信用工具 B				
	r_i	p_i	$r_i \cdot p_i$	r_i-E(r)	$[r_i-E(r)]^2\quad p_i$
结果 1	25%	20%	5%	17.8%	0.79%
结果 2	8%	65%	5.2%	1.2%	0.0094%
结果 3	−10%	15%	−3%	−17.2%	0.444%
期望收益率			7.2%		1.245%
标准差					11.16%

从表中计算得出，金融产品 A 的期望收益率是 14%，标准差为 20.73%，金融产品 B 的期望收益率是 7.2%，标准差为 11.16%，可见 A 的收益率虽然高于品种 B，但是其风险也高于 B。

2. 资产组合的风险度量

以上只给出了单个资产的风险计算方法，而在实际生活中，我们常常同时持有多种资产，对于资产组合的风险度量并不是简单地把各个资产的方差或标准差相加，因为资产组合的风险不仅受组合中各种资产的风险的影响，还受到资产与资产之间的相互关系的影响。资产之间的相互关系可能有三种：正相关、负相关和不相关。如果资产间是同向变化，则为正相关；如果资产间发生反向变化，则为负相关；如果资产间的变化没有任何联系，是相互独立的，则资产间不相关。在统计中我们常用协方差和相关系数表示变量间的关系。

下面我们对多种资产构成的资产组合的风险进行衡量。

假设投资者将资金分别投资于风险资产 A 和 B，这两种资产在总投资中所占比例分别是 X_A 和 X_B，即 $X_A+X_B=1$。

这两种资产组成的资产组合的预期收益率（均值）为资产 A 和资产 B 的期望收益率的加权平均数，权数是其各自的投资比重，以 R 表示资产组合的收益，则有

$$R=E(r_A)X_A+E(r_B)X_B \qquad \text{公式(2-11)}$$

由于两种资产的风险具有相互抵消的可能，因而资产组合的风险不能简单地理解为以单个资产标准差表示的各个资产风险的加权平均，其组合资产标准差的计算方法为：

$$\sigma^2 = X_A^2\sigma_A^2 + X_B^2\sigma_B^2 + 2X_AX_B\sigma_{AB} \qquad \text{公式(2-12)}$$

$$\sigma = \sqrt{X_A^2\sigma_A^2 + X_B^2\sigma_B^2 + 2X_AX_B\sigma_{AB}} \qquad \text{公式(2-13)}$$

其中，σ_A是资产A的标准差，σ_B是资产B的标准差，σ_{AB}是资产A和资产B收益率的协方差，协方差由两种资产的实际收益率和预期收益率的离差之积表示，计算公式为：

$$\sigma_{AB} = \sum_{i=1}^{n}[r_{Ai}-E(r_A)][r_{Bi}-E(r_B)]\cdot p_i \qquad \text{公式(2-14)}$$

如果$\sigma_{AB}>0$，则两资产的收益成正相关，$\sigma_{AB}<0$，则资产负相关，$\sigma_{AB}=0$，则可认为两资产间没有关系。

我们也可以用相关系数表示资产间的关系。相关系数是资产的协方差除以资产的标准差之积的数值，以公式表示为：$\rho_{AB}=\frac{\sigma_{AB}}{\sigma_A\sigma_B}$。

ρ的取值范围在－1与＋1之间，即$-1\leqslant\rho\leqslant+1$，当ρ的取值为－1时，表示资产A与B的收益变动完全负相关；当ρ的取值为＋1时，表示A与B收益变动完全正相关；当ρ的取值为0，表示A与B收益变动完全不相关。

上述组合资产的标准差可以表示为以下公式：

$$\sigma = \sqrt{X_A^2\sigma_A^2 + X_B^2\sigma_B^2 + 2\rho_{AB}X_AX_B\sigma_A\sigma_B} \qquad \text{公式(2-15)}$$

资产组合中，正相关关系越强，通过组合投资降低风险的程度就越低；负相关关系越强，通过组合投资降低风险的程度就越高。所以，通常在组合投资时，通过实现资产的多样化和分散化来降低组合资产的风险。

本章小结

1. 信用是以还本付息为特征的借贷行为，是资金所有权与使用权的暂时分离，体现一定的债务债权关系。信用建立是以还本付息为条件，信用关系具有一定的风险性。

2. 常见的信用形式有商业信用、银行信用、国家信用、消费信用和资本信用。商业信用和银行信用是基本的信用形式，二者互相补充促进。企业利用资本市场发行股票和债券融通资金，属于资本信用。

3. 现代经济是信用经济，信用关系广泛存在，构成社会经济生活的基础，所以良好的信用环境对经济发展是至关重要的。

4. 信用工具品种繁多，常见的有汇票、本票和支票的商业票据、公司债券、国家债券、股票以及衍生信用工具等。但不同的信用工具都具有偿还期、流动性、安全性和收益性等特征，这四个特征之间存在一定的矛盾和冲突。

5. 信用工具有多种衡量收益性的指标,建立在复利思想上到期收益率反映了资金的时间价值,是较为精确的指标。

6. 信用工具包含多种风险,常用投资的未来收益率与期望收益率的偏离程度表示风险,在数学计算上就是用方差或标准差表示。衡量组合资产的风险时,必须考虑资产间的相关性。

关键词汇

信用	credit
信用工具	financial instrument
偿还期	maturity
流动性	liquidity
安全性	safety
收益性	yield
商业票据	commercial papers
国债券	treasury bond
公司债券	corporate bond
股票	stock
复利	compound interest rate
到期收益率	yield to maturity

思考题

1. 信用的基本特征是什么 ?
2. 为什么说现代经济是信用经济? 良好信用环境对经济发展的有什么意义?
3. 商业信用的特点及局限性是什么? 商业信用的工具有哪些 ?
4. 如何理解银行信用与商业信用之间的关系?
5. 如何理解政府信用在现代经济中的作用?
6. 资本信用有哪些形式,其典型的信用工具有哪些?
7. 如何理解信用工具的基本特征?
8. 常见的收益率指标有哪些,为什么到期收益率是其中最精确的指标?
9. 如何衡量金融风险?

第三章　利率

利率是重要的经济变量和经济杠杆，利率水平的决定和利用利率来调控经济是金融领域研究的重要问题。本章在对利率相关基本知识进行介绍的基础上，重点讲述了各种利率决定理论和利率的风险结构与期限结构理论。前者将利率作为一个宏观经济变量，对其平均水平的决定进行了阐述；后者则较好地解释了不同利率水平之间的微观差异。在本章的最后，就利率在经济活动中的作用、中国利率体制的演进及利率市场化进行了探讨。

第一节　利率概述

现实生活中，由于借贷的形式和种类繁多，利率的形式和水平也多种多样，本节对基本的利率种类进行了介绍，并利用证券的估价公式对证券价格与利率之间的关系进行了分析。

一、利率的概念和分类

（一）利率的概念

1. 利息

典型的利息（Interest）是指债权人于借贷期满后收回资金中超过本金的差额部分。在借贷过程中，债权人作为资本的所有者，仅仅让渡资本的使用权，并索要利息报酬。因此，在现代西方经济学中，利息被视为让渡资本使用权而索要的补偿。

值得指出的是，将资本贷放出去进行投资而获得利息收益的情形非常普遍，也被视为理所当然。而现实中，投资可以采取除了贷放资本以外的多种形式，也可以带来各种各样的投资收益，由于利息的观念如此普遍，因此，利息也泛化成了收益的代表，即不论是否由借贷资本带来的利息形式的收益，一定程度上，都当成利息看待。

2. 利率

利息率（ Interest Rate），简称为利率，是指借贷期间的利息和所贷出的本金的比例。用 P 代表本金（Principal），I 代表利息，r 代表利率，则利率 r 的计算公式为：

$$r=\frac{I}{P} \qquad \text{式(4-1)}$$

3. 收益的资本化

利用式(4-1)所揭示的利息、利率、借贷本金之间的关系，可以较容易地根据利息和利率水平倒算出借贷本金。

由于各种投资收益泛称为利息，推而广之，也可以通过收益和利率水平来倒算出背后的“资本”大小。也就是说，任何有收益的事物，即使它并不是一笔贷放出去的货币，甚至也不是真正有一笔实实在在的资本存在，都可以通过收益与利率的对比倒算出它相当于多大的资本金额，这一过程被称为“收益的资本化”(Capitalization of Interest)。

$$P=\frac{I}{r}$$ 式(4-2)

以土地为例，土地本身没有决定自身价格大小的内在依据。但是，土地会带来收益，例如一块土地每年带来的平均收益是 10 万元，而年利率为 10%，则这块土地可被估价为 100 万元。即按照年利率 10%计算，100 万借贷资本可带来每年 10 万的利息收入，所以这块每年能带来 10 万收益的土地相当于 100 万元资本，这种估价的方式就被称为“资本化”。资本化的原理还可以广泛用于有价证券的定价和人力资本估价方面。

（二）利率的分类

现实生活中，利率的形式和种类极其繁多，如银行存贷款利率、同业拆借利率、债券利率等等，而每一种利率又有多种细分，例如仅就我国目前的国债利率中的回购利率而言，按交易主体不同可分为央行公开市场业务、银行之间、交易所的国债回购利率，而银行之间的国债回购利率按期限又分为 1、2、3、4、7、14、21 天回购利率、1、2、3、4、6 月回购利率、1 年回购利率等。这些不同的利率，既相互区别又存在错综复杂的相互影响。我们可以根据不同的标准来对利率进行分类。

1. 实际利率和名义利率

在借贷期间内，可能会出现物价水平的波动，从而导致借贷本金和利息实际价值的变化，由此需要区分名义利率(Nominal Interest Rate)和实际利率(Real Interest Rate)。名义利率是指不考虑物价水平变动时的利率，实际利率指剔除物价变动，在货币购买力不变条件下的利率。

例如，某笔借贷活动中，某人年初贷出本金 100 万，年末收回本金和利息共 110 万，则年利率为 10%。但是，这里的 10%并没有考虑借贷期内是否有物价变动，所以是名义利率。如果该年的通货膨胀率为 6%，则年末收回的本利和 110 万，按不变价格计算，只相当于年初的 103.8 万元(110÷1.06≈103.8)，所以，扣除物价变动因素之后，实际利率为 3.8%。

用 π($\pi>0$、<0 或 $=0$)表示物价变动率，可以得到实际利率 r_r 和名义利率 r_n 的关系式为：

$$r_r=\frac{1+r_n}{1+\pi}-1$$ 式(4-3)

对式(4-3)进一步变形可得

$$1+r_r+\pi+\pi\cdot r_r=1+r_n$$ 式(4-4)

当 r_r 和 π 的绝对值较小时，$\pi \cdot r_r \approx 0$，实际利率 r_r 与名义利率 r_n 的关系可以粗略表示为：

$$r_r = r_n - \pi \qquad \text{式(4-5)}$$

因为 π 可能大于、小于或等于 0，所以，实际利率可能低于、高于或等于名义利率，这取决于借贷期内物价上涨、下跌还是不变。对于借贷双方而言，实际利率比名义利率更有意义。如果名义利率不变，借贷期间物价下跌，则实际利率高于名义利率，这对贷方有利而对借方不利。反之，如果名义利率不变，借贷期间物价上涨，则实际利率低于名义利率，这对借方有利而对贷方不利；当物价上涨率高于名义利率时，实际利率甚至为负，即贷方不仅没有获得任何实际上的利息收益，反而连本金也没有实际足额收回。

专栏 4-1 我国近年来的名义和实际利率

当物价变动时，往往名义利率也会随之变化，以保证借贷的实际利率维持在一定的水平之上。我国的银行存贷款利率水平还处于严格的管制状态下，中国人民银行对存贷款名义利率不定期地进行调整。物价水平的波动是中国人民银行调整名义利率的重要依据之一。

如图 4-1 所示，1988—1989 年及 1993—1995 年的两轮高通胀时期，名义利率水平也随之调高；而 1990—1991 年及 1996—1999 年的两轮通货紧缩时期，名义利率也随之调低。但是，由于名义利率的时间往往滞后于物价水平的变化，而且调整幅度往往不能与物价水平的调整一致甚至差别较大(如 1988—1989 年，1990—1991 年，1993—1995 年，1996—1999 年物价变动较大的年份)，导致实际利率的起伏较大，如图 4-2 所示，1986 年至 2005 年的 20 年间，实际利率在有的年份很低，甚至为负，如 1988 年的实际利率为－9.86%，1995 年的实际利率最低，仅为－10.72%；而有的年份实际利率相对较高，如 1990 年的实际利率最高，达 6.54%。这意味着这 20 年间，居民的一年期存款最高和最低的实际利率竟然相差 17.26%。1995 年，居民的一年期存款实际利息收入为负，居民作为存款人，实际上不仅没有获得任何利息收入，反而向银行支付了高达 10.72%的利息。

图4-1 中国1986—2005年的名义利率与通胀率

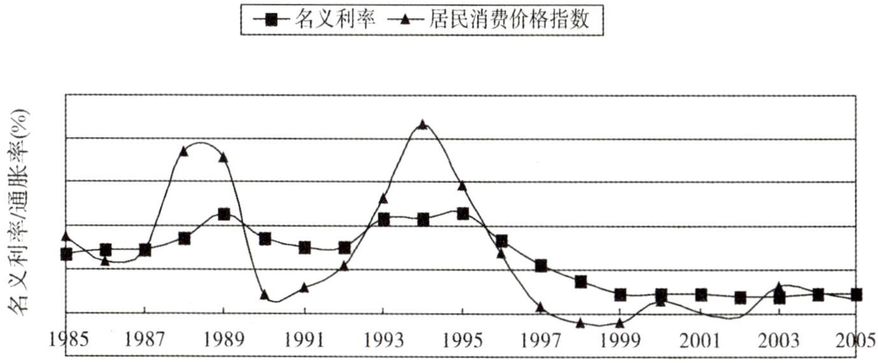

资料来源：历年统计年鉴和中国人民银行网站相关数据

注：通胀率以居民消费物价指数 CPI 表示；名义利率采用 1 年期银行存款利率，如果当年有多次利率调整，以当年最晚调整的利率水平为准。此注解同样适于图 4-2。

图4-2 中国1986—2005年的实际利率

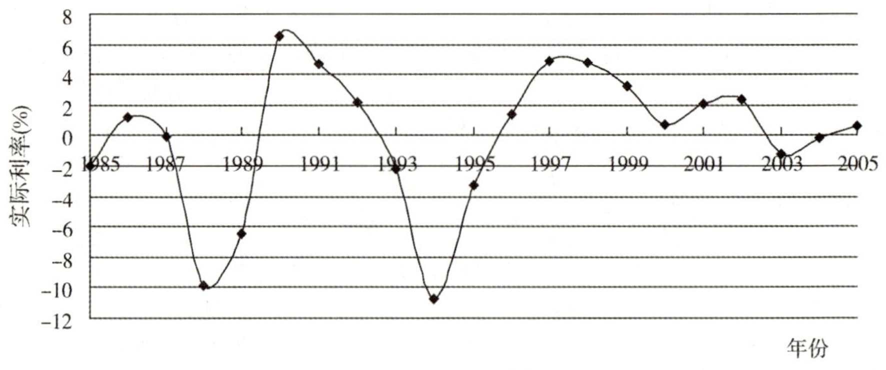

资料来源：历年统计年鉴和中国人民银行网站相关数据

2. 市场利率、官定利率和行业利率

随市场供求而自由变动的利率称为市场利率(Market Interest Rate)或自由利率。由政府金融管理部门或者中央银行制定的利率，称为官定利率（Official Interest Rate)，也称管制利率或法定利率。官定利率是政府干预经济的一种手段，具有强制执行效应。由非官方的民间金融组织，如银行业工会等制定的行业自律性质的利率，称为行业利率。行业利率对于维护业内的公平竞争有一定的意义，但对其行业成员没有强制约束力。

3. 固定利率和浮动利率

借贷期限内不作调整的利率，称为固定利率(Fixed Interest Rate)。这种计息方式较为传统，其优点是计息简单。但是，对于较长期限的借贷而言，由于利率不能随着物价水平和金融市场状况的变动而调整，如果借贷期间内物价上涨或市场利率上升意味着债权人蒙受损失；反之则意味着债务人的损失。固定的利率水平与市场利率水平的差异越大、物价波动越剧烈，债权人或债务人的损失也越大。由于这种损失事先无法预计，较长期限的借贷采用固定利率计息的风险也较高。所以，固定利率计息往往不适合中长期借贷。

借贷期限内可定期调整的利率，称为浮动利率(Floating Interest Rate)。一般由借贷双方协定，在规定的时间内根据某种参考利率而定期调整，这样的计息安排意味着该笔贷款利率总能接近市场利率水平。浮动利率能较好地解决长期借贷的借贷双方利率风险问题。但因其手续和计算繁杂，一般只用于 3 年以上的借贷以及国际金融市场上的借贷。

4. 基准利率

基准利率(Benchmark Interest Rate)，是指在多种利率并存的情况下，起决定作用的利率。基准利率变动时，其他利率水平也会相应变动。

在现代金融理论中，市场表现的各种利率水平被分解为：

利率＝资金的纯时间价值＋风险补偿

其中，资金的纯时间价值，是指投资于无风险资产时的利率水平，即无风险利率(Risk Free Interest Rate)；而风险补偿指投资于有风险资产时，与风险相匹配的超额收益(参见第二章第五节)。在市场利率环境中，无风险利率水平发生变化时，会带动其他有风险资产的利率水平发生变化，因此，无风险利率代表着基准利率。现实中，一般将国债利率作为基准利率，表4-1显示了以美国国债收益率表示的基准利率。但是，严格说来，即使国债利率也不能算是无风险利率，因为，国债利率中其实也包含了对通货膨胀风险的补偿。

表4-1　以美国国债收益率表示的基准利率(2006年8月1日)

距离到期日时间	收益率(%)
3个月	5.12
6个月	5.17
2年	4.96
3年	4.92
5年	4.90
10年	4.98
30年	5.06

资料来源：www.bloomberg.com

表4-2　人民币基准利率表(单位：年利率%)

项目	利率水平	调整日期
对金融机构再贷款利率		2004.03.25
其中：20天	3.33	
3个月	3.60	
6个月	3.78	
1年	3.87	
对金融机构再贴现	3.24	
准备金利率		
准备金存款	1.89	2002.02.21
超额准备金存款	0.99	2005.03.17

资料来源：www.pbc.gov.cn

由于各国的中央银行在参与金融交易中也会应用到各种利率，而这些与央行交易有关的利率往往对其他的利率有一定的引导甚至直接决定作用，所以在实际中，基准利率也常常指央行参与制定的一些利率。例如，在西方国家，传统上是以中央银行的再贴现利率作为基准利率，但历时至今，情况已经有了一些改变。例如，美国的联邦基金利率、欧洲中央银行发布的有价证券回购利率、央行对商业银行的隔夜贷款利率和商业银行在央行的隔夜存款利率等，也被当作央行发布的基准利率，对其他的利率水平起着一定的引导作用。目前，中国人民银行基准利率，包括再贷款利率、再贴现利率、存款准备金利率（指中国人民银行对金融机构交存的法定存款准备金支付的利率）、超额存款准备金利率（指中国人民银行对金融机构交存的准备金中超过法定存款准备金水平的部分支付的利率）。参见表 4-2。

除了以上的利率之外，按照计息的时间分类，可分为年利率、月利率、日利率等；按观察时间的长短分类，可分为短期利率和长期利率；按观察利率的时间距离现在的远近，可分为即期利率和远期利率等等。

二、利率与证券价格的关系

在第二章第五节中，我们介绍了用“现金流贴现”对证券估价的方法。现金流贴现法的思路是：投资者以一定的价格投资（购买）证券，会在未来获得一笔或一系列的现金流收入，那么，根据未来获得的现金流收入和利率水平可以倒算出现在的“资本”投入。也就是说，对未来的现金流收入按一定的利率水平进行贴现，可以得到“资本化”后的价格，即证券的理论价格。这里所使用的利率水平是用于贴现计算的，也称为“贴现率”。下面我们进一步研究证券估价方法，并由此进一步理解利率与证券价格的关系。

（一）债券价格与利率的关系

债券的投资者以某种价格买入债券后，会获得债券发行者对未来特定时期内向投资者支付一定现金流量的承诺。因为债券还本付息的数额和时间通常是事先确定的，所以也被称为固定收入证券（Fixed Income Securities）。

根据债券未来现金流收入的不同，债券分为附息债券（Coupon Bonds）、一次性还本付息债券、零息债券（ Zero Coupon Bonds）三种。下面以附息债券为例，分析利率与债券价格的关系。

1. 附息债券的估价

（1）估价公式

附息债券是最常见的债券形式。“附息债券”是指券面上附有息票的债券。在计算机发明之前，大多数债券带有息票，息票上标明息票利率（Coupon Rate）、利息额、付息期限和债券号码等内容，债券到派息日时，持有人从债券上剪下息票并据此领取利息。附息债券的特点是债券持有者在债券的有效期内定期获得利息支付（每年利息按息票利率乘以债券面值（Face Value）计算），在债券到期时，拿到债券面值。所以，附息债券的未来现金流由直到债券到期日为止的利息支付和到期日的面值支付构成。

为简化计算，在以下的估价中，假定债券利息每年支付一次，下次利息支付距离现在正好 12 个月，而且息票利率在债券有效期内保持不变。用 C 表示息票利息，F 表示债券面值，r 表示利率，P 表示债券的估价，n 表示距离债券到期的年限。用现金流贴现的方法对附息债券进行估价的公式为：

$$P=\frac{C}{(1+r)}+\frac{C}{(1+r)^{2}}+\cdots+\frac{C}{(1+r)^{n}}+\frac{F}{(1+r)^{n}} \qquad 式(4\text{-}6)$$

式(4-6)表示：债券估价＝各期息票利息的现值＋债券面值的现值

对式(4-6)进一步简化得到：

$$P=\frac{C}{r}-\frac{C}{r}\cdot\frac{1}{(1+r)^{n}}+\frac{F}{(1+r)^{n}} \qquad 式(4\text{-}7)$$

当 n 趋于无穷大，即债券为永久性债券（定期付息，没有到期日）时，略去式(4-7)中的无穷小量，得到永久性债券的估价公式为：

$$P=\frac{C}{r} \qquad 式(4\text{-}8)$$

(2) 公式应用

下面举例来说明债券估价公式的应用。

【例 4-1】

某 30 年后到期的债券，面值为 1000 美元，息票利率为 8%，每年付息一次。假定市场利率水平为 6%，计算该债券的理论价格 P。

解：息票利息 C 为：C＝1000×8%＝80

$$P=\frac{80}{(1+6\%)}+\frac{80}{(1+6\%)^{2}}+\cdots+\frac{80}{(1+6\%)^{30}}+\frac{1000}{(1+6\%)^{30}}\approx 1275.3\text{ 美元}$$

即市场利率为 6%时，债券理论价格为 1493.5 美元。

2. 利率与债券价格关系的小结

如果对【例 4-1】中的利率水平进行调整，可以得到，利率水平分别为 4%，8%，10%时，债券的价格分别为 1691.7.7 美元、1000.0 美元和 811.5 美元。如果将【例 4-1】中的债券期限调整为 3 年，可以得到，利率水平分别为 4%、6%、8%、10%时，债券的价格分别为 1111.0 美元、1053.5 美元、1000.0 美元、950.3 美元。如果将【例 4-1】中的债券期限调整为 15 年，可以得到，利率水平分别为 4%、6%、8%、10%时，债券的价格分别为 1444.7 美元、1194.2 美元、1000.0 美元、847.9 美元。所得结果如表 4-3 所示：

表 4-3 不同到期期限和市场利率组合时的债券价格(单位：美元)

市场利率 / 债券期限	4%	6%	8%	10%
3 年	1111.0	1053.5	1000.0	950.3
15 年	1444.7	1194.2	1000.0	847.9
30 年	1691.7	1493.5	1000.0	811.5

对上述结果比较，不难得出以下结论：

(1) 债券价格与市场利率成反向变动关系。市场利率上升时，债券价格下跌；市场利率下降时，债券价格上涨。当市场利率小于、等于、大于息票利率时，债券价格高于、等于、低于面值。(如表 4-3 的第二行所示)

(2) 对同面值、同息票利率的不同期限债券而言，当市场利率小于票面利率时，债券的价格随期限的延长而增加(如表 4-3 的第二列所示)；而当市场利率大于票面利率时，债券的价格随期限的延长而降低。(如表 4-3 的第五列所示)

(3) 债券价格对市场利率的敏感程度与债券期限成正向变动关系。债券的期限越长，市场利率变动相同的幅度，所引起的价格变动程度越大；债券的期限越短，市场利率变动相同的幅度，所引起的价格变动程度越小。如表 4-3 第三、四列所示，当利率从 8%降到 6%时，3 年期的债券价格上升了 5.35%，而 30 年期的债券债券价格上升了 49.35%；如表 4-3 第四、五列所示，当利率从 8%升至 10%时，3 年期的债券价格下跌了 4.97%，而 30 年期的债券价格下跌了 18.85%。

(二) 股票的估价及折现率

股票的估价比债券的估价要复杂得多。优先股的特点是定期取得固定的股票红利，但是没有到期日，所以优先股的估价与永久性债券的估价方法(如式(4-8)一致。但是对于普通股而言，其未来的现金流不仅包括每年不确定的红利收入，而且还有股票买卖差价收益。

为简化问题，假定投资者无限期持股(即不存在出售股票、有买卖差价的情况)。由于每年的红利是不确定而且不一定相等的，所以估价的关键在于对未来红利的预期。用 D_t^e 表示对第 t 年的红利预期，P 表示对股票的估价，则股票的估价公式可以表示为：

$$P=\frac{D_1^e}{(1+r)}+\frac{D_2^e}{(1+r)^2}+\cdots=\sum_{t=1}^{\infty}\frac{D_t^e}{(1+r)^t} \quad \text{式(4-9)}$$

股票和债券的估价公式虽然看起来不一样，但原理是一样的，都是对未来的现金流进行折现，只不过由于未来现金流的数量、结构和期限不同而有不同的表现形式。但是，严格说来，在对未来现金流进行贴现时，不同时期的现金流应当采用不同的贴现率，在估价公式中，只采用一种利率，也即假定它是适合于任何到期日现金流的“平均”折现率，这是不符合现实的。另外，现实中的利率水平有多种，到底选用哪种利率水平比较合适，也是存在争议的。

三、利率与收益率的再透视

在一般场合，人们常常将利率是与收益率混为一谈。实际上两者既有区别又有联系，如本书第二章“收益率指标”中的讲述，利率的计量方法包括票面收益率、当期收益率、到期收益率等，其中，经济学家通常把到期收益率作为衡量利率的最精确、最重要的指标。“利率”在不特别注明的情况下，指的是“到期收益率”，是内部报酬率；而收益率指的是“持有期收益率”，是外部报酬率。

但是，到期收益率反映的是假定债券没有违约风险而且持有到期满的情况下，能使债券未来现金流折现价值总和与债券购买时的价格相等的贴现率水平。由于假定持有到期满而且没有违约风险,不存在债券中途出售的情况,所以债券的未来现金流收入是确定的,到期收益率的高低就只与债券的购买价格有关,而与持有期内的债券市场价格的变动无关。因此,到期收益率反映的是债券的内部报酬率,即由债券到期期限、票面价格和票面利率水平、购买时确定的市场价格等债券本身的因素决定。到期收益率作为衡量利率的最精确指标,仍有其局限性,它既不能反映持有期的债券市场价格变化,也不符合债券投资者往往不会持有到债券期满的事实。

实际上,用"持有期收益率"(holding period yield, HPY)可以较好地解决上述问题。持有期收益率是一种能较好地衡量债券持有期内投资者从利息收入和债券市场价格变动中到底能获得多少收益的指标,是一种外部报酬率的概念。

投资者从买进债券到卖出债券的这一段时间,称为债券的"持有期",简称为"持期"。用 P_b 表示债券的买入价格,P_s 表示债券的卖出价格, C 表示投资者在持期内获得的所有利息收入(如果没有利息收入,则 $C=0$),用 r_H 表示持有期收益率。则持有期收益率的计算公式为:

$$r_H=\frac{C+P_z-P_b}{P_b} \qquad \text{式(4-10)}$$

将式(4－10)变形,可得:

$$r_H=\frac{C}{P_b}+\frac{P_s-P_b}{P_b} \qquad \text{式(4-11)}$$

式(4-11)可以分解为两项,一项是当期收益率($r_c=\frac{C}{P_b}$),另一项是表示资本利得率($g=\frac{P_s-P_b}{P_b}$),于是持有期收益率等于当期收益率 r_c 与资本利得率 g 之和,用式(4-12)表示为:

$$r_H=r_c+g \qquad \text{式(4-12)}$$

显然,如果在持有期内债券的价格上涨(假设 t 期买进,t+1 期卖出),即 $P_t<P_{t+1}$,则对投资者来说,其资本利得率 $g>0$,持有期收益率上升,这表明投资者可以从债券价格上涨中获得更高的收益。由于利率与债券价格成反向变动,当 $P_t<P_{t+1}$ 时,我们说这段时期内债券的利率(到期收益率)是下降的。这也说明,债券的利率下降,投资者的收益可能会增加。所以,持有期收益率比到期收益率,更能反映债券的市场价格变化对投资者收益率的影响,是衡量收益的最好指标。

当然,持有期收益率因为没有考虑利息收入和资本利得收入的时间价值,也有其局限性。持有期收益率的计算也可以用于其他有价证券的收益率计算上。例如,对股票来说,持有期收益率等于所获得的红利收入和股票买卖差价收益的和与股票买入价格之比。

第二节 利率决定理论

本节主要介绍西方经济学的经典利率决定理论，即古典学派的利率理论、流动性偏好利率理论、可贷资金利率理论和IS-LM模型。这几种理论都是从供求分析入手研究均衡利率水平的决定与变动，但是对于供求的构成理解各异、研究角度各有不同，同时也体现出不同理论之间的相互影响和延续性。

一、古典学派的利率理论

（一）古典经济学家的实际利息理论

从17世纪古典经济学家开始对利息进行系统研究直到20世纪30年代，实际利息理论一直占据利息研究领域的统治地位。英国经济学家纳索·威廉·西尼尔(Nassau William Senior)、奥地利经济学家欧根·冯·庞巴维克(Eugen Von Bohm-Bawerk)和英国经济学家欧文·费雪(Irving Fisher)先后从节欲论、时差论、不耐一机会说等角度对利息产生的原因进行了分析。西尼尔是节欲论的倡导者，他认为利息是借贷资本家节制欲望，放弃个人消费(和从中得到的享乐和满足)的报酬。庞巴维克提出了“利息时差论”，从人的主观评价和时间因素来解释利息。他把社会上的物品分为直接满足当前需要的“现在财货”(消费品)和满足将来需要的“将来财货”(投资品、生产资料和劳动)。庞巴维克认为，人们主观上对现在财货的评价要大于对将来财货的评价，现在财货比将来财货有更大的价值，这种“时差”价值的存在，要求将来财货的所有者必须向现在财货的所有者支付相对时差价值的“贴水”，这种贴水就是利息。欧文·费雪是实际利息理论的集大成者，他在《利息理论》一书中系统地从主客观两方面进行了分析。从主观方面，“人性不耐”是一种普遍的心理，人性具有偏好现在就可以提供收入的资本财富，而不耐心等待将来提供收入的资本财富的心理。人们现期不消费而为将来的消费积累更多的资本需要忍耐心，这种自愿放弃消费或自愿储蓄的倾向就决定了资本的供应。费雪同时认为，从客观方面，每一个人都可以利用他的资本来取得收入，每个人都可以运用投资机会为其资本选取最好的用途，这就决定了资本的需求。在强调人性不耐和投资机会的同时，费雪还强调市场的作用，他认为利率(水平)是通过资本供求，由主观和客观两方面共同决定。

（二）古典学派的利率理论

古典学派的利率理论由马歇尔最早提出。在前人研究的基础上，马歇尔进一步用“供求均衡原理”来解释利率的决定，认为利率是资本供给和资本需求达到均衡时的价格。马歇尔认为，等待或延期消费只能形成储蓄，仅仅构成资本的供给，资本的需求则来自于厂商的投资，决定于资本的边际生产力。储蓄(资本的供给)和投资(资本的需求)相等的均衡点决定了均衡利率水平。

在一般情况下，利率越高，储蓄的报酬越多，储蓄量也会因此增加，储蓄是利率的增函数；另一方面，在资本边际生产力一定的条件下，利率越高，投资净收益越低，投资会因此而减少，投资是利率的减函数。如图4-3所示，r代表利率，S(r)代表储蓄(资本供给)曲线,向右上方倾斜,I(r)代表投资(资本需求)曲线,向右下方倾斜。S(r)曲线I(r)曲线的交点e所决定的利率r(e)为均衡利率。它们的关系可表示为:

$$S=S(r) \qquad dS/dr>0$$
$$I=I(r) \qquad dI/dr<0$$
$$S(r)=I(r)$$

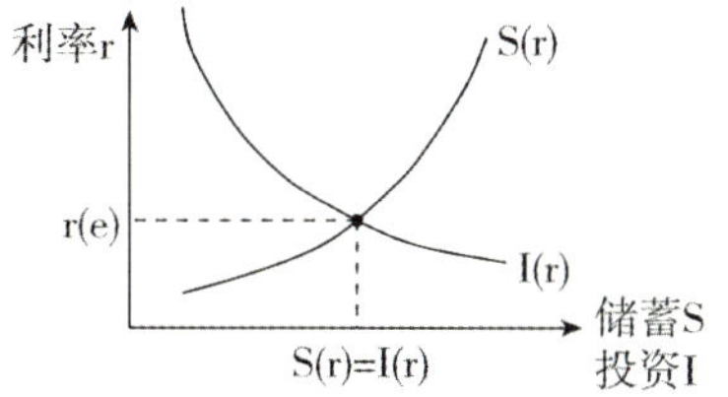

图 4-3　古典学派的利率理论

根据古典学派的供求均衡分析,在其他因素不变的条件下,市场利率会通过储蓄和投资量的调整,自动恢复到均衡利率r(e)。如果市场利率暂时低于均衡利率r(e),则投资量会超过储蓄量,资本的需求超过供给,过量的需求会迫使利率上升,直至均衡利率r(e)为止,此时资本供求相等,市场处于出清状态。反之,如果市场利率暂时高于均衡利率,过量的资本供给会迫使利率下降,直至均衡利率r(e)为止。

古典学派的利率理论有以下几个特点。其一,该理论是从"节欲""时差""人性不耐""资本边际生产力"等实际因素出发来说明利率的决定,利率与货币因素无关,因此它是实际利率理论。其二,该理论认为,储蓄(资本的供给)和投资(资本的需求)相等的均衡点决定了均衡利率水平,而储蓄和投资与收入无关,因此,它是一种局部均衡理论。其三,该理论是就某一段时间内的储蓄量与投资量的变动进行分析,因此,它采用的是流量分析方法。

二、流动性偏好利率理论

20世纪30年代,约翰·梅纳德·凯恩斯(John Maynard Keynes)对古典学派的利率理论进行了抨击,并提出了流动性偏好利率理论(Liquid Preference Theory of Interest Rate),该理论主要反映在其1936年出版的经典之作《就业、利息和货币通论》一书中。

(一)凯恩斯对古典学派利率理论的抨击

凯恩斯对古典学派的利率理论进行了抨击。他认为,古典学派的利率理论将储蓄与投资当成两个相互独立的变量,储蓄与投资共同决定利率,这是与实际不相符的。凯恩斯提出,储蓄取决于收入,而收入又取决于投资,所以,储蓄与投资是两个相互依赖的变量,而不是独立变量。并且,凯恩斯还认为,在实际中,利率也并不能自动调节储蓄与投资达到均衡,这是因为,储蓄是由储蓄者根据收入和边际消费倾向决定的,而投资随企业家的预期利润变动而变动,储蓄与投资是由储蓄者与投资者根据不同的动机决定，因此，储蓄并非必然转化为投资，而投资不完全受储蓄支配，利率并不能自动调节储蓄和投资的均衡。

（二）流动性偏好利率理论的主要内容与特点

凯恩斯在《就业、利息和货币通论》一书中提出了流动性偏好利率理论。凯恩斯提出，利率不是由商品市场的储蓄与投资决定，而是由货币市场的货币供求决定。他认为，“在任何时间，利息为放弃周转灵活性之报酬，故利率所衡量者，乃持有货币者之不愿意程度——不愿意放弃对货币之灵活控制权。”这里的“周转灵活性”即是货币能随时转化为其他财产的“流动性”。在凯恩斯看来，古典利率理论混淆了储蓄与贮钱两个不同的概念，储蓄是指收入中不消费或延期消费的部分，储蓄与否由时间偏好决定，但是，贮钱是指“实际持有现款”，由流动性偏好决定。凯恩斯指出，人们在得到货币收入以后，必须首先决定收入中的几成用于目前消费，几成用于未来消费即储蓄，这就是时间偏好选择，也就是时间偏好选择决定收入用于消费与储蓄的比例关系。接着，人们还得选择用何种方式储蓄，即多少用于“贮钱”，多少用于投资生息资产（购买债券或贷放出去）。采用贮钱的方式进行储蓄是得不到利息的，而采用“不贮钱”的方式储蓄，如购买债券或贷放出去就可以获得利息。所以，利息不是“节欲”或“等待”进行储蓄的报酬，而是人们“不贮钱”而牺牲流动性的报酬。人们心理上的“流动性偏好”（Liquidity Preference）决定了对于货币的需求，而货币的供给由货币当局控制，货币市场上货币供求相等的均衡点决定了均衡利率水平。

凯恩斯将货币需求分为两大类，一是交易与预防需求，即为满足日常交易和预防将来不测而持有货币，交易与预防需求由收入决定，是收入的增函数；二是投机需求，即愿意持有货币而不愿意持有债券进行投机的需求，投机需求由利率决定，是利率的减函数，这是因为，债券市场的利率与价格反向变动，利率较高时，债券的当前价格较低，意味着债券价格在未来有上升的空间，当前投资债券将来抛出会有利可图，此时人们会用手中的货币认购债券，因此，投机性的货币需求会下降。另一方面，凯恩斯认为，货币供给完全由货币当局控制，是外生变量，所以没有利率弹性。

如图 4-4 所示，r 代表利率，M 代表货币供给曲线，L 代表货币需求曲线，M 曲线和 L 曲线的交点 e 所决定的利率 r(e)为均衡利率。M 是外生变量，没有利率弹性，因此 M 曲线垂直，初始水平假定为 M。L 由交易与预防需求 L_1 和投机性需求 L_2 构成，L_1 是收入的增函数，L_2 是利率的减函数，L 曲线向右下方倾斜。但是当利率低到一定程度，如图示 r_t 时，投机性货币需求为无限大，因而货币需求也呈无限大，故 L 曲线 b 点以后呈水平段，即为凯恩斯所说的“流动性陷阱”（Trap of Liquidity）（关于“流动性陷阱”的解释详见第八章第一节）。用公式表示为：

$$M = M_。$$

$$L = L_1 + L_2 = L_1(Y) + L_2(r) \qquad dL_1/dY > 0, dL_2/dr < 0$$

$$M = L = L_1(Y) + L_2(r)$$

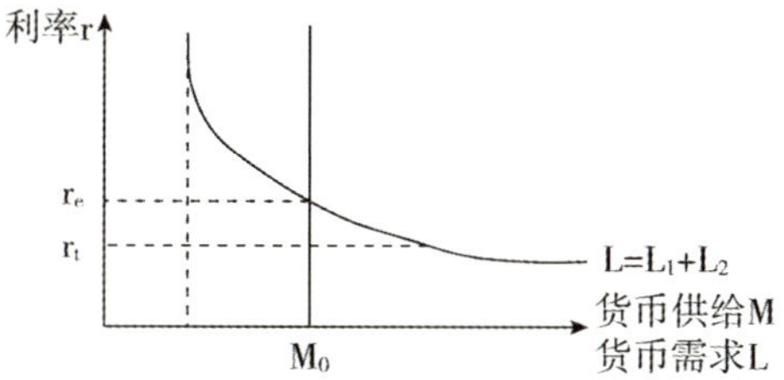

图 4-4　流动性偏好利率

在既定的收入水平和货币供应水平下，r(e)代表了能使货币市场供求相等的均衡利率。当市场利率偏离均衡利率水平时，市场利率最终会回复到均衡利率。当货币供应水平增加或减少，并与货币需求曲线相交于 ab 段时，均衡利率会随之提高或下降。但是当货币供应水平增加或减少，并与货币需求曲线相交于 b 点以后段时，由于货币需求总与货币供应相等，均衡利率不变，保持在 r_t 水平。

凯恩斯的流动性偏好利率理论有以下几个特点。其一，该理论是从货币因素来说明利率的决定，而与"节欲""时差""人性不耐""资本边际生产力"等实际因素无关，因此它是货币利率理论。其二，该理论指出，如果利率低到一定程度，货币供应曲线与货币需求曲线的"流动性陷阱"部分相交，则货币供应数量的改变不影响利率，货币政策无效。其三，该理论认为某一时点的货币供求决定均衡利率，因此，它采用的是存量分析方法。

三、可贷资金利率理论

可贷资金利率理论(Loanable Funds Theory of Interest Rate)产生于 20 世纪 30 年代后期，是新古典学派的利率理论。该理论是由新剑桥学派的罗宾逊(D. H. Robertson)首倡，经瑞典学派的俄林(B. Ohlin)、林达尔(E. Lindahl)和米尔达尔(G. Mydal)的补充发展，后由英国经济学家勒纳(A. P. Lerner)将其公式化而成。

(一) 对古典和流动性偏好利率理论的批评

可贷资金利率理论对古典利率理论和凯恩斯的流动性偏好利率理论进行了批评，该理论认为古典利率理论完全忽视了货币因素和存量分析，而凯恩斯完全摈弃了实际因素和流量分析，二者都过于片面。可贷资金利率理论将古典利率理论的实际因素、流量分析与流动性偏好理论的货币因素、存量分析相结合，以可贷资金为中心概念，从可贷资金的供求结构入手来分析利率的决定。

(二) 可贷资金利率理论的主要内容

可贷资金是指"可用于贷放出去的资金"。可贷资金利率理论认为，可贷资金的需求包括两部分：(1)投资；(2)新增的窖藏货币需求，这是因为，借款者借钱后不一定全用于投资，可能有一部分款项借入后暂时不动，以财富形式储藏起来，即为窖藏之用，另一方面，储蓄是指收入减去消费之后的剩余，即非消费部分，其中包括以货币形式持有财富的窖藏，这实际上是一种"反储蓄"。可贷资金的供给包括三个部分：(1)储蓄；(2)银行系统新增发的货币供应量，包括央行增发的货币和商行所创造的信用；(3)窖藏现金的启用，即"反窖藏"、窖藏货币需求的减少。其中，可贷资金需求中的“新增的窖藏货币需求”和供给中的“窖藏现金的启用”可以合并为“净增加的窖藏需求”。

用公式表示可贷资金的供求。可贷资金的需求 L_d 包括(1)投资 I,I 是利率的减函数;(2)净增加的窖藏需求△H,因为利率的上升会增加窖藏货币的机会成本,因此△H 也是利率的减函数。△H 可以为正、负或零,分别表示窖藏需求净增加、净减少或不变。可贷资金的供给 L_s 包括(1)储蓄 S,S 是利率的增函数;(2)银行系统新增发的货币供应量△M,△M 是外生变量,与利率无关。

$$L_d = I(r) + \triangle H(r) \qquad dI/dr < 0,\ d\triangle H/dr < 0$$

$$L_s = S(r) + \triangle M \qquad dS/dr > 0$$

$$L_d = L_s$$

在图 4-5 中,r_e 为可贷资金供给曲线 Ls 和需求曲线 L_d 相交的均衡利率。可贷资金供给或需求中任何一个因素的变动都会导致均衡利率的变动。在储蓄和货币供应不变的条件下,投资或窖藏需求的总和增加会导致利率的上升,而在投资和窖藏需求不变的条件下,储蓄和货币供应总和的增加会导致利率的下降。

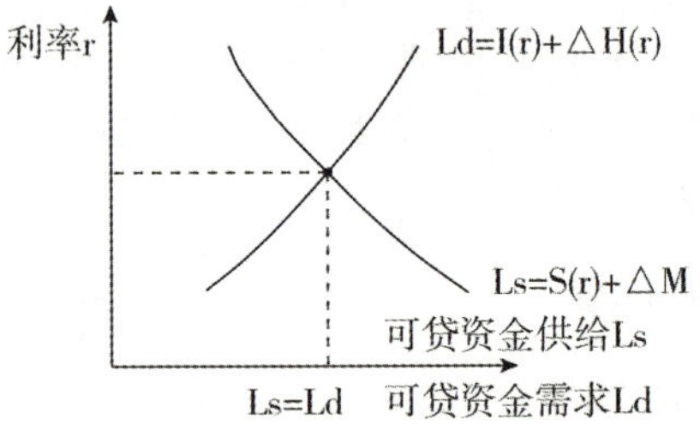

图 4-5 可贷资金利率理论

可贷资金利率理论综合了古典利率理论和流动性偏好理论,兼顾实际因素和货币因素,在分析方法上结合了流量分析与存量分析。作为西方经济学界的两大利率决定分析工具,可贷资金利率理论与流动性偏好理论相比,各有千秋。流动性偏好理论的分析焦点是市场利率的短期决定,强调短期货币供求对利率的决定作用,而可贷资金利率理论研究的焦点是实际利率的长期决定,它强调通过货币分析实际变量的决定作用,认为短期的货币因素在长期中对利率决定的影响是很小的。两者的分析方法和考虑重点虽有不同,但是所得的结论基本相同,例如,如果增加货币供应量,二者都能得出短期内利率下降的结论。

四、IS-LM 模型

IS-LM 模型,也称为希克斯·汉森模型,由 1937 年英国经济学家约翰·希克斯(John Hicks)在其发表的著名论文《凯恩斯与古典学派》中首次提出,后经美国经济学家阿尔文·汉森加以修正和发展,该模型成为西方宏观经济学中的重要模型之一。通过对古典利率理论、流动性偏好利率理论和可贷资金利率理论的吸收和批判,IS-LM 模型建立了一种将投资和储蓄、货币供给与需求四种因素综合考虑,四种因素共同决定均衡收入和利率的一般均衡理论。

（一）对古典、流动性偏好和可贷资金利率理论的批评

希克斯对古典利率理论、流动性偏好利率理论和可贷资金利率理论进行了批评，他认为上述三种理论都没有考虑收入的决定因素，因而无法得出利率是多少。在希克斯看来，古典利率理论中，储蓄与投资共同决定利率水平，但是储蓄与收入有关，收入不确定时，储蓄也不确定，因此利率也无法确定；流动性偏好利率理论中，货币供求共同决定利率，但是货币需求部分取决于收入，收入不确定时，货币需求无法确定，导致利率也无法确定；可贷资金利率理论中，可贷资金的供求共同决定利率，但是可贷资金供给中的储蓄和可贷资金需求中的窖藏都与收入有关，收入不确定时，最终利率也无法确定。

（二）IS-LM 模型的主要内容

希克斯认为，收入不确定时，利率也无法确定，因为收入通过影响储蓄和货币需求来影响利率；而同样，利率不确定时，收入也无法确定，因为利率通过投资来影响收入，所以，利率和收入两者之间存在不可分割的联系，在现实社会中，利率水平和收入水平必然是同时决定的，这也意味着必须将商品市场和货币市场相结合来解决利率和收入的决定问题。IS-LM 模型正是通过商品市场和货币市场同时达到均衡的条件来分析利率的决定。

从商品市场来看，储蓄 S 与投资 I 相等是商品市场均衡的必要条件，而储蓄取决于收入 Y，并与收入正相关；投资 I 取决于利率 r，并与利率负相关。从货币市场来看，货币供求相等是货币市场均衡的必要条件，而货币供应 M 是外生变量，货币需求 L 中的交易与预防需求 L_1 与收入 Y 正相关，投机需求 L_2 与利率负相关。用 IS 曲线表示能使商品市场均衡（储蓄 S 与投资 I 相等）的收入与利率组合，用 LM 曲线表示能使货币市场均衡（货币供给 M 与货币需求 L 相等）的收入与利率组合。将能使商品市场和货币市场同时达到均衡的收入和利率的组合求出，即可得到均衡收入和利率。

IS 曲线：$S(Y)=I(r)$　　　　$dS/dY>0$，$dI/dr<0$

LM 曲线：$M=L_1(Y)+L_2(r)$　　　　$dL_1/dY>0$，$dL_2/dr<0$

联立解方程组，得到均衡利率 r_e 和均衡收入 Y_e。

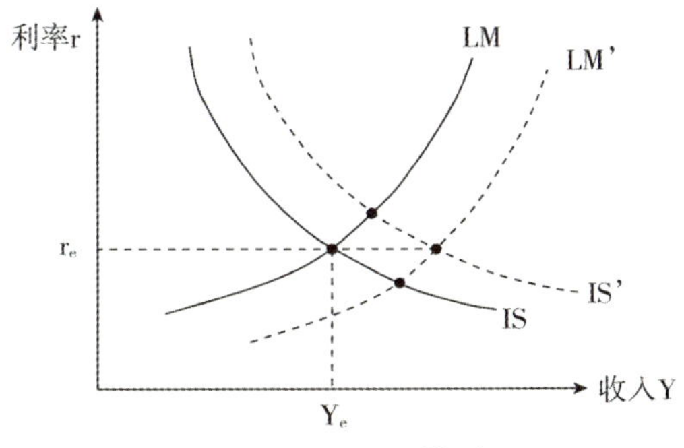

图 4-6　IS-LM 模型

如图 4-6 所示，IS 曲线向右下方倾斜，因为收入 Y 增加时，储蓄 S 也因此增加，要保持商品市场均衡，投资 I 也必须随储蓄 S 增加，而要使投资 I 增加，利率 r 必须下降，因此，收入 Y 和利率 r 必然呈反向变动才能使商品市场保持均衡。LM 曲线向右上方倾斜，因为在货币供应量 M 不变的前提下，收入 Y 增加时，L_1 也因此增加，要保持货币市场均衡，L_2 必须下降，使 L_1 和 L_2 的总和，即货币需求量 L 保持不变，从而使货币市场保持均衡，而要使 L_2 下降，利率 r 必须上升，因此，收入 Y 和利率 r 水平必然呈同向变动才能使货币市场保持均衡。IS 曲线和 LM 曲线的交点 e 所决定的收入就是使商品市场和货币市场同时均衡、使整个经济处于一般均衡状态的唯一的收入和利率水平。

当使用财政政策或货币政策时，均衡的收入水平（假定资源未达到充分就业状态）或利率水平可能会发生变化。如图 4-6 所示，如果只使用扩张型的财政政策，使 IS 曲线向右平移到 IS’，则 IS’曲线与 LM 曲线相交于 f 点，表示扩张型的财政政策使均衡收入和利率水平都增加了。如果只使用扩张型的货币政策使 LM 曲线向右平移到 LM’，则 LM’曲线与 IS 曲线相交于 g 点，表示扩张型的货币政策使均衡收入增加的同时，利率水平却下降了。但是，如果同时使用扩张型的财政和货币政策，在收入增加的同时，均衡利率可能上升、下降或者不变，要视财政和货币政策的强度而定。如图 4-6 所示的情形，扩张型的财政和货币政策实施后，IS’曲线与 LM’曲线相交于 h 点，结果是均衡收入增加了，而均衡利率不变。如果使用紧缩型的财政政策或货币政策，或者财政政策和货币政策松紧搭配，则均衡利率水平会出现各种不同情形的变化，这里不再一一赘述。

第三节　利率的风险结构和期限结构

在上节所讲述的利率决定理论中，“利率水平”是平均的利率水平，即假定市场上只存在一种利率。但是，现实社会中，利率的种类和水平千差万别。所以，仅仅依靠前述几种经典的利率理论，无法解释众多利率水平的微观差异。本节将就这一问题作进一步的探讨。

以债券利率为例，其众多的市场利率可分为两大类进行研究，一类是期限相同的不同类别债券，其利率有差别，如图 4-7 所示，同为距到期日 1 年的债券，国债、金融债券、国债利率会有差别；另一类是不同期限的同种债券，其利率也可能会有差别，如图 4-7 所示，同是国债，距离到期日分别为 0.25 年、1 年、2 年、3 年、5 年的国债利率有差别。在研究中，第一类期限相同债券的不同利率之间的关系，称为利率的风险结构（Risk Structure of Interest Rate）。第二类不同期限的债券，期限与利率之间的关系称为利率的期限结构（Term Structure of Interest Rate）。

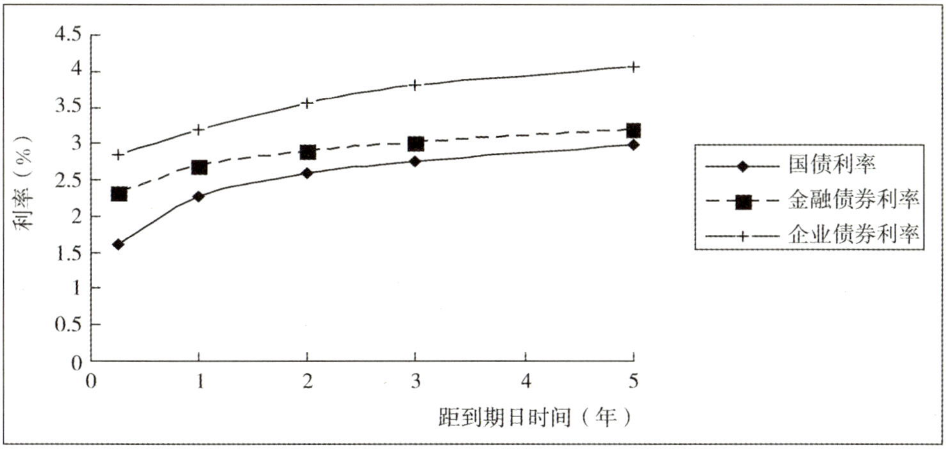

图 4-7　上交所国债、金融债、企业债利率(2006—7—20)

资料来源：www. chinabonds. com. cn

一、利率的风险结构理论

研究期限相同的债券为什么具有不同利率的理论，称为利率的风险结构理论。经济学家经研究发现，违约风险、流动性、所得税这三种因素，在利率的风险结构中起着决定性的作用。

1. 违约风险

在信用关系中，违约风险(Default Risk)是指债务人不能按事先约定，按时足额地向债权人归还本金和支付利率。债券发行者可能存在违约风险，违约风险的高低随发行者的实力和信誉程度变化。例如，国债、金融债券和企业债券相比较而言，国债几乎没有违约风险，金融企业的资信等级较高，但存在一定程度的违约风险，企业债券的资信等级比金融企业整体要低，违约风险最高。

对于投资者而言，在同期限和同等收益水平下，愿意购买违约风险最低的债券，以保障投资收益的实现。因此，违约风险高的债券，为吸引投资者的购买，应当给予投资者更高的利息收益，以补偿投资者承担的风险。因此，违约风险越高的债券，其利率水平越高。

有违约风险债券和无违约风险债券的利率差额，称为风险升水或风险溢价(Risk Premium)，风险溢价代表了对人们持有风险债券要求的额外补偿。

如图 4-7 所示，在三条利率曲线中，代表企业债券利率水平的曲线位置最高，代表金融债券利率水平的曲线位置次高，而代表国债利率水平的曲线位置最低，这表明同期限的债券中，企业债券、金融债券、国债利率水平依次降低，这正好与一般企业、金融企业、国家的违约风险是一一对应的。

由于违约风险对于债券利率和风险溢价的决定如此重要，投资者需要对企业的违约风险进行了解。债券违约风险通常称为信用风险，它的测定由信用评级机构负责。在美国，穆迪投资服务公司和标准普尔公司对企业债券和市政债券作出的信用评级是投资者考察企业债券的重要依据。根据发行公司财务状况的变动趋势与水平，企业债券被划分为不同的信用等级。关于债券的发行和信用评级，详情可参见第四章第三节。

2. 流动性

违约风险只是构成同期限不同债券的利率差别的原因之一。图 4-7 中，企业债券利率比国债利率高，除了企业债券比国债的违约风险较高这一原因之外，企业债券比国债的流动性弱也是另一重要原因。

国债的交易规模大，违约风险低，价格也相对稳定，因此国债很容易出手而且交易费用低，而企业债券的交易规模小，违约风险高，价格波动相对较大，因而企业债券相对国债较难出手，尤其在紧急情况下，交易费用更高。因此，国债的流动性大，也更受市场欢迎，为了吸引投资者购买流动性小的企业债券，应当给予投资者更高的利息收益，以补偿投资者承担的流动性损失。

3. 税收因素

在美国债券市场上，美国市政债券（Municipal Bonds）比国债的违约风险大而且流动性低，但是市政债券的利率水平却比国债要低。这是因为，这两种债券的税收政策不一样。在美国，国债的利息收入要纳税，但是市政债券的利息收入却享受免交国税和地方税的待遇，所以尽管市政债券的利率比税前的国债利率要低，但是却比税后的国债利率要高。

总之，违约风险、流动性以及税收政策这三种因素都对期限相同的各种债券之间的利率差异起作用，这三种因素较好地解释了债券的风险结构。

二、利率的期限结构理论

利率的期限结构通常用债券的收益率曲线（Yield Curve）来表示。所谓收益率曲线，是指到期期限不同的到期收益率（Yield To Maturity，YTM）（利率）连成的一条曲线。如图 4-8 所示，不同期限的国债可视为具有相同的违约风险、流动性、税收政策等，按照不同的到期期限，画一条以国债距到期时间为函数的到期收益率曲线，该收益率曲线表示了国债的期限结构状况。

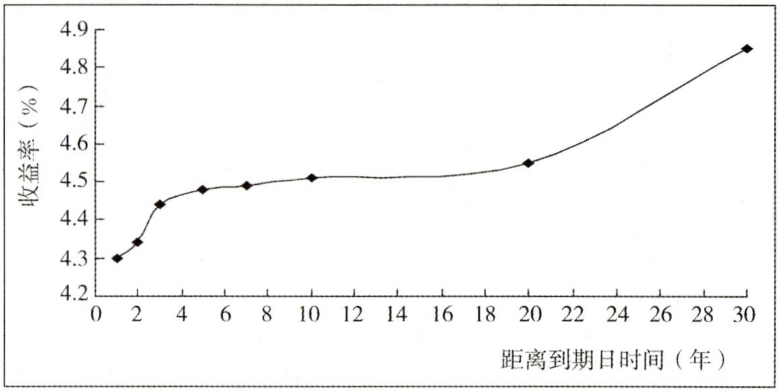

图 4-8　美国国债收益率曲线（2005－11－10）

资料来源：www. fedralreserve. gov

关于收益率曲线，有 3 个重要的经验事实：1. 不同期限债券的利率随时间一起波动（如图 4-9 所示）；2. 如果短期利率低，则收益率曲线向右上方倾斜（如图 4-8 所示），但是如果短期利率高，则收益率曲线向右下方倾斜（如图 4-8 的数据所示）；3. 收益率曲线的常态是向右上方倾斜（如图 4-8 和 4-9 所示）。

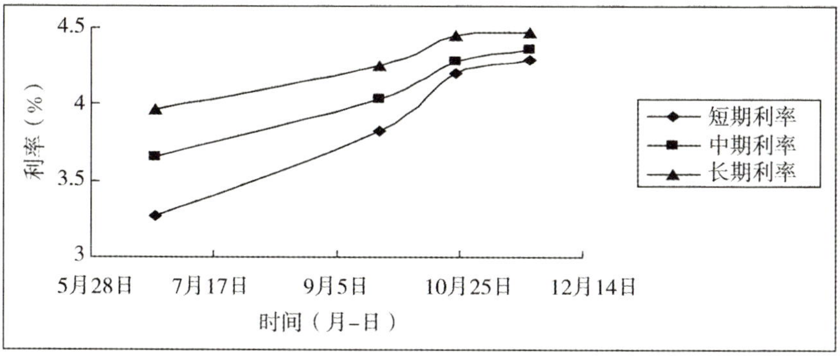

图 4-9　美国短中长期国债收益率曲线（2005－6－23 至 2005－11－23）

资料来源：www.fedralreserve.gov

但是，收益率曲线除了向右上方倾斜（如图 4-10a 所示）的常态外，还可能有不同的形状，如图 4-10 的 b、c、d 所示，分别呈现下降、水平以及隆起的形状。

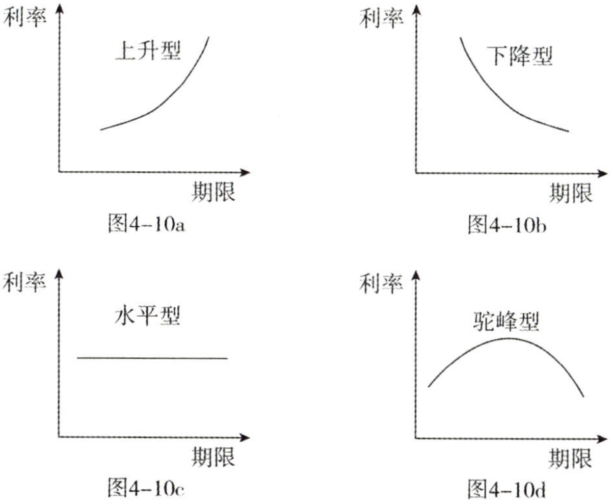

图 4-10　不同形状的收益率曲线

利率期限结构理论旨在解释收益率曲线的三个经验事实。主要的期限结构理论有以下三种：一是纯粹预期假说，二是市场分割理论，三是优先置产假说。

1. 纯粹预期假说

纯粹预期假说（Pure Expectation Hypothesis），又称为无偏预期假说（Unbiased Expectation Hypothesis），它提出的命题是：长期债券的利率等于长期债券到期之前人们对短期利率预期的平均值。因此，人们对未来利率的预期决定了收益率曲线的形状。纯粹预期假说首先由欧文·费雪(Irving Fisher)提出,是最古老的期限结构理论,也是最容易定量化的期限结构理论,因此,它在资本市场中被广泛用作利率相关证券的定价。

纯粹预期假说的前提假设是,假定债券购买者对期限没有偏好,即不同期限的债券是可以完全替代的,人们只按照预期收益率的高低来决定购买哪种债券。

例如,债券认购者用1万元进行为期两年的债券投资,有以下两种投资方式可以选择:

(1) 购买1年期债券,在第1年年末,用所得的本利和再购买1年期的债券。假定期初观察到的1年期债券的利率 $r_{0,1}$ 是10%,第1年末的1年期债券的预期利率 $r^e_{1,2}$ 是15%。

(2) 购买2年期债券并持有至期满,假定期初观察到的2年期债券的利率 $r_{0,2}$ 是12%。

在本例中,比较两种投资方式在第二年年末的本利和总收入:

方式(1):$100\times(1+10\%)\times(1+15\%)=126.56$

方式(2):$100\times(1+12\%)^2=125.44$

显然,选择第一种投资方式能获得更高的收益。由于对期限没有偏好,人们会乐于选择第一种投资方式,但是,如果人们都选择现在购买1年期债券,不愿意购买2年期债券,这会使得1年期债券的需求旺盛而2年期债券的供给过剩,从而1年期债券的价格上升而2年期债券的价格下跌。由于债券价格与利率成反向变动关系,1年期债券的利率从10%开始下降,而2年期债券的利率从12%向上升,这种趋势一直延续,直到在新的收益率水平上,两种方式的投资所获得的总收入相等为止,此时有以下等式成立:

$$(1+r_{0,2})^2=(1+r_{0,1})\times(1+15\%) \qquad 式(4\text{-}13)$$

对式(4-13)一般化,可得到,能使1年期和2年期债券在投资上无差异,从而各债券的供求均衡,利率趋于稳定的条件是:

$$(1+r_{0,2})^2=(1+r_{0,1})\times(1+r^e_{1,2}) \qquad 式(4\text{-}14)$$

进一步展开得到:$1+2r_{0,2}+r^2_{0,2}=1+r_{0,1}+r^e_{1,2}+r_{0,1}\times r^e_{1,2}$ 式(4-15)

而其中,在 $r_{0,2}$ 和 $r_{0,1}$ 及 $r^e_{1,2}$ 很小的情况下,$r^2_{0,2}\approx 0$ $r_{0,1}\times r^e_{1,2}\approx 0$

因此,式(4-15)可以简化为:

$$r_{0,2}=\frac{r_{0,1}+r^e_{1,2}}{2} \qquad 式(4\text{-}16)$$

在上例中,2年期债券的利率是期初1年期债券利率和第1年末预期1年期债券利率的平均值。这正好印证了纯粹预期假说的命题。

类似地,可以得出n年期长期债券利率 $r_{0,n}$ 的计算公式是:

$$r_{0,n}=\frac{r_{0,1}+r^e_{1,2}+\cdots+r^e_{n-1,n}}{2} \quad (n>1) \qquad 式(4\text{-}17)$$

例如，假定今后4年内1年期债券的（预期）利率分别为10%、11%、12%、13%，则2年期债券的利率应为10.5%（(10%+11%)÷2=10.5%），3年期债券的利率应为11%（(10%+11%+12%)÷3=11%），4年期债券的利率应为11.5%（10%+11%+12%+13%）÷3=11.5%）

式(4-17)体现了纯粹预期假说的命题，它能较好地解释经验事实1。因为当前短期利率变化时，人们对未来短期利率的预期也随之发生变化。例如，短期利率的上升往往会提高人们对未来短期利率的预期。因此长期利率作为当前短期利率和未来预期短期利率的平均值也会随短期利率的变化而变化，当短期利率上升时，长期利率也会上升，使得短期利率和长期利率同时变动。所以，它能较好地解释经验事实1。

纯粹预期假说也能较好地解释经验事实2，因为如果当前短期利率低，那么人们一般会预期将来的短期利率会上升，即$r^e_{t,t+1}<r^e_{t+1,t+2}$，这样短期（预期）利率的平均值即长期利率将高于短期利率；反之，如果当前短期利率高，那么人们一般会预期将来的短期利率会下降，即$r^e_{t,t+1}>r^e_{t+1,t+2}$，这样短期（预期）利率的平均值即长期利率将低于短期利率。当然，如果人们对未来短期利率的预期与当前短期利率一致时，长期利率会始终等于短期利率，因此，纯粹预期假说也能较好地说明收益率曲线呈上升、下降、水平状的原因。

由此可见，纯粹预期假说对于经验事实1和2较有说服力，但是，该理论不能解释经验事实3，因为按照纯粹预期假说，收益率曲线可能呈上升、下降、水平状态，但是无法证明为什么收益率曲线上升是常态。

2. 市场分割理论

市场分割理论（Market Segmentation Theory）认为，纯粹预期假说所假定的理论前提——不同期限的债券完全可替代是不符合现实的。市场分割理论主张，不同的债券投资者对债券期限的选择有着独特的偏好，他们往往喜欢投资于某种期限的债券而不喜欢其他期限的债券，例如养老基金以购买长期证券为主，而商业银行主要以购买短期证券为主，这样，不同期限的债券市场供求是相互独立、相互分割的，也就是说，不同期限的债券是完全不可替代的，这一主张与纯粹预期假说完全相反。

市场分割理论认为，正因为不同期限的债券完全不可替代，各种不同期限的债券市场相互分割，因而各种期限债券的利率是由这种期限的债券市场的供求单独决定的。不同期限的债券供求状况不同，导致其利率水平也有差异。

市场分割理论对于解释经验事实3较有说服力。该理论假定投资者是风险回避者，更偏好期限较短、风险较低的债券。因此，短期债券的需求较大而长期债券的需求较小，这导致短期债券的价格较高而长期债券的价格相对偏低，短期利率低于长期利率，这就是一般情况下，收益率曲线向上倾斜的原因。

但是，与纯粹预期假说相反的是，市场分割理论尽管能较好地解释经验事实3，却无法对经验事实1和2进行解释。两种理论处于两个极端，都有一定的道理，却又都存在缺陷，于是，力图把这两种理论进行综合，以全面合理地解释三个经验事实的优先置产假说应运而生了。

3. 优先置产假说

优先置产假说(Preferred Habitat Hypothesis)由莫迪格利安尼(Modigliani)和苏茨(Sutch)(1966)提出。该理论对纯粹预期假说和市场分割理论进行了综合,一方面坚持不同期限的债券具有一定的可替代性,但是绝不是纯粹预期假说所认为的完全可替代,因为不同的债券投资者的确对债券的期限具有某种偏好;另一方面,该理论认为,投资者对债券的偏好不至于特别强烈,强烈到完全忽略不同债券的预期收益差异。事实上,投资者只在可容忍的差别收益率内,才会按自己的偏好选择债券期限,在收益率差别较大、超越自己容忍度的情况下,投资者可能会舍弃自己的偏好,转而投资其他期限的债券。因而不同期限的债券市场,不是市场分割理论所主张的完全独立,而是相互影响的。总之,优先置产假说在不同期限债券的完全可替代和完全不可替代之间进行了折中,结论是“不完全可替代”。

优先置产假说认为,如果短期债券的利率与长期债券的利率一致甚至略低的情况下,因为短期债券的风险小,投资者更愿意持有短期债券,而不愿购买长期债券。只有当长期债券的利率高出短期债券很多时,投资者才会考虑放弃自己的偏好,转而购买长期债券。这样,为了吸引投资者购买长期债券,必须在纯粹预期假说给定的长期债券利率的基础上,再向投资者支付更高的收益。这种额外的收益称为期限升水,即必须让投资者为长期债券而得到补偿。因此,纯粹预期假说所提出的债券利率公式可以修正为:

$$r_{0,n}=\frac{r_{0,1}+r_{1,2}^{e}+\cdots+r_{n-1,n}^{e}}{n}+k_{n}\quad(n>1)\qquad\text{式(4-18)}$$

其中,K_n代表为了让投资者购买 n 年期的债券,必须向投资者多支付的利率补偿,即期限升水,而且期限 n 越长,投资者所得到的补偿也应该越高。所以,K_n具有大于零,并且随期限 n 的增加而增加的性质。例如,假定今后 4 年内 1 年期债券的(预期)利率分别为 10%、11%、12%、13%,2 至 4 年长期债券的期限升水分别为 1%、2%、3%,则根据优先置产假说,则 2 年期债券的利率应为 11.5%(10.5%+1%=11.5%),3 年期债券的利率应为 13%(11%+2%=13%),4 年期债券的利率应为 14.5%(11.5%+3%=14.5%)。式(4-18)也说明了一个重要的结论,长期利率和收益率曲线的形状是由两个因素决定,一是对未来短期利率的预期,二是期限升水。

优先置产假说不仅能较好地解释有关利率期限结构的三个经验事实,而且对于每一个经验事实的解释,优先置产假说比纯粹预期假说或市场分割理论更完善。在优先置产假说所提出的公式(式(4-18))中,等式右边的第一项依据的是纯粹预期假说,而纯粹预期假说对于经验事实 1 和 2 的解释,同样可以用于优先置产假说。并且,由于优先置产假说加入了期限升水因素,对于经验事实 2 的解释理由更为丰富。在当前短期利率较低时,人们预期未来短期利率还有上升的空间,长期利率不仅作为短期利率的平均值会上升,而且因为期限升水为正并且随时间延长而增加,收益率曲线会比纯粹预期假说所认为的向右上方倾斜得更多。在当前短期利率很高的情况下,人们预期未来短期利率大幅下降,长期利率作为短期利率的平均值会下降，而且期限升水为正，如果预期下降的影响超过期限升水上升的影响，收益率曲线会下降，只不过比纯粹预期假说所认为的向右下方倾斜得要少一些。

对于第3个经验事实，可以较好地用期限升水解释。由于投资者偏好短期债券，所以期限升水为正，并且随时间的延长而增加，即使未来短期利率的平均值保持不变，长期债券的利率也易于随时间延长而上升，收益率曲线的常态是向上的。

除了对3个经验事实进行了较充分的解释外，优先置产假说也可以较好地说明收益率曲线的多种形状。对于收益率曲线上升和下降情形的解释在对经验事实2的说明中已详述。收益率曲线之所以有时候呈水平状态（如图4-10c所示）的解释为，人们对未来短期利率的预期是下降的，但正好与期限升水的上升相抵消，两种因素相加的结果是长期利率与短期利率保持一致。而收益率曲线之所以呈先上升后下降的隆起状（如图4-10d所示），则是预期短期利率先上升，后剧烈下降的结果。这也提示我们，反过来，可以根据收益率曲线的形状来推测人们对未来短期利率的预期。

第四节 利率在经济活动中的作用

前面我们分别从宏观层面和微观层面探讨了利率水平的决定和变动，可以看出，利率是由储蓄、投资、货币供给、货币需求共同决定，并与收入水平紧密相关，并且也受到预期和偏好、物价因素的影响。上述因素的变动可能通过利率的变动及时、灵敏地反映出来。另一方面，利率通过影响经济主体的收益或成本，对经济各层面有着广泛的影响。从微观层面看，利率影响企业的投资行为、影响居民在消费和储蓄之间的分配、影响金融机构的经营管理和信贷供给；这些微观层面的影响传递到宏观层面，又会影响资本流动和汇率、货币供求和市场供求以至于物价和国民收入。

一、利率对微观主体行为的影响

（一）利率对企业投资的影响

利率的变动会影响企业的投资规模和结构。投资取决于资本边际效率和利率的对比，利率的升降影响投资的成本。如果利率上升时，资本边际效率下降、不变或上升的幅度比利率少；或者利率下降时，资本边际效率比利率下降得还要多时，利率与投资是正相关的。在其他的情况下，利率与投资却是负相关的。一种极端情况是，当人们普遍对投资前景不看好，预期资本边际效率非常低时，会出现“流动性陷阱”的状况，利率即使降低到零，也不会刺激投资。

另外，如果投资资金的来源需要从银行或金融市场借贷获得，利率上升时，借款企业抵押资产贬值和国际竞争力下降（本币升值），会使借款的难度增大，投资需求得不到满足。虽然关于利率与投资是正相关还是负相关的问题存在争议，占主导地位的理论和实证认为，投资规模与利率之间存在相当大的反比关系。

利率也影响投资结构。例如，利率的期限结构会影响投资的期限结构，如果长期利率高、短期利率低，则会抑制长期投资而刺激短期投资。在政府对利率管制较多的国家，差别利率和优惠利率也会影响投资的行业和地区结构。

（二）利率对居民储蓄行为的影响

利率的调整会导致居民储蓄量和储蓄结构的变化，这里主要探讨对储蓄量的影响。由于储蓄是在一定的收入水平下进行的，而利率在长期也对收入有影响，所以利率对储蓄的影响，在短期和长期有所不同。

人们的全部收入分为储蓄和消费两部分，短期内收入不变，利率越高，储蓄的利息收入越高，消费的机会成本越高。因此，短期内，利率与储蓄水平正相关。而从长期看，利率与储蓄是负相关的，原因在于，一方面，当利率上升幅度大于资本边际效率的上升幅度时，会导致投资下降；另一方面，由于利率的提高会刺激储蓄而抑制消费需求，当投资和消费需求下降时，会减少社会总产出，导致收入下降，从而最终使得储蓄量减少。

利率对储蓄量的影响大小，还受到金融投资品种的丰富程度和预期因素的影响。一般来说，金融投资品种较少（除了存款之外，其他的金融产品匮乏）、人们对未来预期的不确定性较大时，利率调整对储蓄量的影响较小。

（三）利率对金融机构的影响

以商业银行为例，利率变动会影响商业银行的资产结构和信贷规模。商业银行一方面是企业和居民贷款的发放者，另一方面也是中央银行实施货币政策时的传导主体，所以商业银行的行为既是微观主体行为，又直接影响宏观层面的货币供给。

在贷款利率受到管制，不能自由变动的前提下，中央银行对基准利率的调控会对商业银行产生很大的影响。如果中央银行通过公开市场业务卖出国债而紧缩银根，国债价格的下跌和利率的上涨会导致商业银行增加国债的购买并减少贷款的发放，从而收缩信贷规模。另外，如果中央银行通过提高再贴现率或再贷款利率来调控经济，从央行借款成本的增加也会促使商业银行减少贷款的投放。

当贷款利率自由浮动时，在中央银行的调控下，国债利率或者再贴现率、再贷款利率的提高，也会带动商业银行贷款利率的上升，但是贷款利率的上升会使得企业的投资性贷款需求和居民的消费性贷款需求下降，银行的信贷规模也会收缩。另一方面，即使国债利率和贷款利率上升的幅度一样，与贷款相比，国债投资的违约风险低、流动性更高，商业银行也会增加对国债的持有量而减少贷款的投放。

总而言之，基准利率和贷款利率的上升，往往会使商业银行收缩信贷规模。这也同时降低了商业银行的信用创造能力和货币供应量。要进一步理解商业银行信用创造能力和货币供应的原理，有待于第六章的学习。

二、利率对宏观经济的影响

（一）利率对资本流动和汇率的影响

“逐利”是资本的天性。在资本管制较松的情况下，当国内利率水平高于国际利率水平时，高利率会吸引外国资本的大量流入，外汇市场上外汇供给的大量增加，会对汇率水平或本币供给带来冲击。当一国实行的是浮动汇率时，外汇供给的增加，会导致外汇汇率下跌，本币升值；而当一国实行的是固定汇率时，为对冲多余的外汇供给带来的本币升值压力，维持既定的汇率水平，货币当局需要在外汇市场上购进外汇卖出本币，但这会导致本币供给的增加。

（二）利率对货币供求和市场供求的影响

在上述分析中我们得知，当储蓄与利率正相关、投资与利率负相关时，降低利率会抑制储蓄、刺激消费和投资需求，从而导致市场总需求的上升、拉动市场总供给的增加；随着市场总供给的增加和利率的降低，货币需求也上升；而利率降低也会影响本币的供给，一方面，低利率会导致银行的信贷规模扩张，从而本币的供给增加，另一方面，在固定汇率制和资本管制较松的情况下，低利率最终会导致本币投放减少。反之，提高利率会抑制市场总需求，降低社会总供给和货币需求，而且也对本币供给产生影响。

但是以上分析是很粗略的，没有进一步考虑市场总供求和货币供求对利率的影响，也没有考虑物价变动和预期因素。

（三）利率对物价和总产出的影响

利率对总产出的影响途径比较复杂，上述分析强调利率影响投资和消费，通过市场总需求的变动影响总产出，这是凯恩斯所倡导的传导机制。除此之外，对于利率对总产出影响机制的探讨，有多种其他理论。比如，利率还会通过汇率和进出口（开放经济下）、通过股价和 q 值（托宾的 q 理论）、通过财富水平、通过银行的信贷对产出产生影响，有关讨论详见第十章“货币政策的传导机制”一节的内容，这里不再一一介绍。虽然各学派对利率如何影响总产出的途径有不同的观点，但有一点却是共同的，即通常情况下，降低利率会刺激总产出的增长，而提高利率不利于总产出增长。

利率对物价的影响也有多种途径。例如，利率上升后，投资和消费需求的下降，会导致市场总需求的下降和收入减少，而收入的减少又会进一步降低社会消费能力，这些都会使得物价总水平下跌。另外，高利率也会导致资产价格（主要是住房、证券价格）下跌，个人财富减少，消费能力受到制约，物价总水平也会下跌。反之，利率下降时，物价总水平会上升。

但是，利率对总产出和物价水平的影响不是迅速的，其传导需要一定的时间，这就是传导的“时滞效应”。另外，中央银行的信誉、人们的预期也会产生复杂的影响。

正因为利率变动会对经济各层面产生广泛而深入的影响，所以货币当局常常主动通过直接或者间接的途径来调整利率水平和利率结构，即实施一定的利率政策对经济进行调控。例如，在经济萧条时，采用降低利率甚至“零利率”“负利率”政策来刺激经济增长；而在经济过热时，则采用高利率政策，来抑制投资和物价的上涨。

专栏 4-2　日本经济告别零利率时代

所谓零利率政策，是指日本银行诱导银行间同业短期金融市场上的隔夜拆借利率接近零的水平，从而扩大市场资金供给规模，以配合日本政府恢复经济的努力。20 世纪 90 年代，日本陷入了严重的通货紧缩，面临严重的经济不景气和金融动荡。为了刺激经济复苏和金融稳定，日本采取了财政和金融双管齐下的做法。在财政方面，通过采取积极的财政政策，扩大政府公共财政支出；在金融方面，日本央行于 1999 年 2 月决定实施零利率政策。零利率政策的实施，一定程度上降低了企业的融资成本，增强了企业的对外竞争力，为日本经济复苏尤其是金融稳定作出了一定的贡献。但与此同时，低水平的利率使得靠养老金生活的群体受到极大影响，反而在一定程度上对刺激消费产生了消极作用。

2000 年 8 月，零利率政策一度被解除。其后，日本经济继续走向衰退。迫于压力，日本央行于 2001 年 3 月引入了“紧急避难型”的超宽松货币政策，向金融系统大量注入资金，同时再次实施零利率政策。

2006 年 7 月 14 日，日本银行政策委员会投票决定，解除零利率政策，将基准的无抵押隔夜拆借利率从 2000 年 8 月起 6 年来一直实施的 0%上调至 0.25%；将再贴现利率从 1990 年 8 月起 16 年来一直实施的 0.10%上调至 0.40%。日本长达六年的“零利率时代”告一段落。

日本银行这一决定的主要依据是日本经济回升，企业设备投资活跃，失业率下降，企业景气指数改善。2006 年 5 月，大企业本年度固定资产投资计划同比增加 11.7%，属 1990 年以来的高增长；失业率下降到了 4.0%，为八年来的新低；日本 CPI 上升 0.6%，为连续第七个月上扬。央行由此判断日本经济重返严重的通货紧缩的风险缩小了，而经济过热的苗头正在显现。日本银行担心零利率政策的实施期限拉长，有可能放慢企业结构调整的步伐，从而不利于整个经济结构的调整，一旦海内外经济形势出现不测，日本银行很可能束手无策。

在日本政界和经济界，央行解除零利率政策的决定都引发了不小的反响，围绕是否应当现在就解除零利率政策，广泛地存在争议。与央行担忧经济过热不同，日本政府与执政党更关心经济恶化的可能。目前经济虽然出现恢复征兆，但基础尚很薄弱，零利率政策是一种极为重要的信心指标，一旦放弃，有可能让恢复经济的努力功亏一篑。另外，考虑到美国经济放缓、东京股市走势低迷等情况，也不宜立刻放弃零利率政策。

日本经济界大多数人士认为，零利率是日本经济非常状态的产物，解除强制的零利率，就是恢复利率作为资金价格杠杆的功能。不仅如此，对日本的金融机构而言，零利率政策解除也意味着新市场机会的到来。利率上调导致债券价格下跌，这为各银行提供了一个向客户出售衍生金融产品和其他金融产品，帮助企业对冲这一市场变动的机会。对储户来说，尽管现在活期存款与定期存款业务加息的幅度有限，但各家银行今后势必将围绕利率展开一番竞争，这对那些在超低利率政策下几乎拿不到存款利息的储户，尤其是依靠储蓄生活的老年人是有利的，利息收入的提高，一定程度上也能起到刺激经济增长的作用。

但是，还有一些人认为，日本中小企业可能会受到加息的负面影响。贷款利率升高，会增加中小企业更新设备的成本，抑制中小企业的发展。而日本中小企业的比重很大，它们能否及时更新设备，是日本保持长期竞争力的重要方面。另外，利率上升对于居民的负面影响也不容忽视，比如，升息会加重个人住房贷款的利息负担，部分居民的生活将受到影响。

本章小结

1. 现实生活中，利率的种类繁多。债券价格与市场利率成反向变动关系。严格地说，收益率与利率是有区别的，“利率”在不特别注明的情况下，指的是“到期收益率”；而收益率指的是“持有期收益率”。

2. 古典学派的利率理论认为储蓄和投资决定利率水平。流动性偏好利率理论主张货币市场上货币供求决定利率水平。可贷资金利率理论将古典利率理论与流动性偏好理论相结合，从可贷资金的供求结构入手来分析利率的决定。IS-LM 模型通过商品市场和货币市场同时达到均衡的条件来分析利率的决定。

3. 违约风险、流动性、所得税这三种因素，在利率的风险结构中起着决定性的作用。主要的利率期限结构理论有以下三种：一是纯粹预期假说，二是市场分割理论，三是优先置产假说。优先置产假说能较好地解释利率的三个经验事实。

4. 从微观层面看,利率影响企业的投资行为、居民在消费和储蓄之间的分配及金融机构的经营管理和信贷供给;从宏观层面看,利率影响资本流动和汇率、货币供求和市场供求以及物价和国民收入。

关键词汇

利率	Interest Rate
收益的资本化	Capitalization of Interest
名义利率	Nominal Interest rate
实际利率	Real Interest Rate
市场利率	Market Interest Rate
固定利率	Fixed Interest Rate
基准利率	Benchmark Interest Rate
无风险利率	Risk Free Interest Rate
持有期收益率	Holding Period Yield
流动性偏好利率理论	Liquid Preference Theory of Interest Rate
可贷资金利率理论	Loanable Funds Theory of Interest Rate
利率的风险结构	Risk Structure of Interest Rate
违约风险	Default Risk
风险溢价	Risk Premium
利率的期限结构	Term Structure of Interest Rate
收益率曲线	Yield Curve
纯粹预期假说	Pure Expectation Hypothesis
市场分割理论	Market Segmentation Theory
优先置产假说	Preferred Habitat Hypothesis

思考题

1. 名义利率和实际利率之间有什么关系?为什么在物价变动幅度较大时,名义利率往往需要调整?

2. 对证券的估价为什么用到收益资本化的原理?如何理解估价公式中贴现率的选择?

3. 证券的价格与利率之间存在怎样的关系?严格地说,利率与收益率有何区别?

4. 某 10 年期附息债券的面值是 1000 美元,息票利率为 10%,每年年末付息一次。2000 年 1 月 1 日发行,发行日该债券的市场价格为 800 美元,2000 年 12 月 31 日的市场价格为 1000 美元,试计算 2000 年 1 月 1 日和 12 月 31 日的该债券的利率(到期收益率)水平,市场利率假定在这一年间保持 8%的水平不变。某投资者 2000 年 1 月 1 日买入该债券,同年 12 月 31 日获得利息收入后卖出,试计算该投资者的持有期收益率。

5. 古典利率理论和流动性偏好利率理论有何区别？如果货币供应量增加，用可贷资金利率理论和IS-LM模型分析均衡利率水平有何变化。

6. 为什么期限相同的债券利率水平有差异？利率的期限结构着重解释了利率的哪三个经验事实？为什么优先置产理论能较好地解释这三个经验事实？

7. 收益率曲线可能呈现急剧上升、轻微上升、水平、急剧下降等多种形状，人们可以通过不同形状的收益率曲线推测市场对未来利率水平预期。用优先置产假说和纯粹预期假说来进行推测时，结果有什么不同？

8. 如果利率水平下降，对经济的微观和宏观层面有哪些影响？

9. 管制利率有何弊端？我国进行利率市场化的进程如何？

第二篇

金融市场与金融机构

第四章　金融市场

金融市场是商品经济发展的产物。在商品经济条件下，随着商品流通的发展，生产日益扩大和社会化，社会资本迅速转移，多种融资形式和种类繁多的信用工具的运用和流通，导致金融市场的形成。而商品经济持续、稳定、协调发展，又离不开完备的金融市场体系。金融市场在市场机制中扮演着主导和枢纽的角色，发挥着极为关键的作用。

本章在系统地介绍金融市场的特征、要素、构成、分类及功能的基础上，着重阐述金融市场的几大构成——货币市场、资本市场及外汇市场的基本概念、基本原理和运行机制，并就金融衍生工具交易市场中的期货市场、期权市场和金融互换市场等问题进行了探讨。

第一节　金融市场概述

金融市场（Financial Market）是在经济系统中引导资金的流向、沟通资金由盈余部门向短缺部门转移的市场，是以金融资产为交易对象而形成的供求关系及机制的总和。金融市场在整个市场体系中居于核心地位。本节就金融市场的基本知识、基本理论作系统介绍。

一、直接融资与间接融资

在任何一个经济中，都会有一些资金盈余单位，同时又有一些资金短缺单位。它们可以是个人、家庭或者企业，也可以是政府。盈余单位有多余的资金，而它们并不想在当前作进一步的开支；而赤字单位想要作更多的开支，但又缺少资金，计划不能实现。资金盈余单位和资金短缺单位之间存在着合作的可能，也就是盈余单位可以以一定的条件把暂时不用的资金交给短缺单位去使用，并获得相应的回报，这种资金在这两类单位之间实现有偿的调动，就是资金的融通，简称为金融。在经济生活中，资金的融通方式分为两种，一种是直接融通；另一种是间接融通。

（一）直接融资

由赤字单位（最终借款人）直接向盈余单位（最终贷款人）发行（出卖）自身的金融要求权，其间不需经过金融中介机构，或虽有中介人，但明确要求权的仍是赤字单位和盈余单位本身，双方是对立当事人，这种资金融通的方式称为直接融资。金融要求权是一种金融资产，通常采取有价证券的形式，可以转让，具有流动性。这里的“中介人”只是在盈余单位和赤字单位之间起帮助寻找资金融通单位并迅速敏捷地转送金融要求权的作用，本身并不卖出或买进金融要求权。

(二) 间接融资

盈余单位和赤字单位无直接契约关系,双方各以金融中介机构为对立当事人,即金融机构发行(卖出)自身的金融要求权,换取盈余单位的资金,并利用所得的资金去取得(买进)对赤字单位的金融要求权,这种资金融通的方式称为间接融资。这里的“金融中介机构”也是起着从盈余单位向赤字单位“输送”资金的作用,但盈余单位获得的是金融中介机构发行的金融要求权,而不是赤字单位的要求权,因此,双方各以金融中介机构为对立当事人。

直接融资和间接融资共同构成金融市场,也就是说,统一的金融市场是由资金的直接融通和间接融通两部分构成的。这两种融资形式相辅相成,相互促进;但因不同的时期、经济发达的程度、市场发育的程度不同而有不同的侧重。在商品经济不发达的时代和地区,资金融通是以私人之间的直接借贷为主;随着商品经济的发展,以金融机构为中介的间接融资逐渐占据主导地位;而在现代商品经济高度发达、追求资金高效调度的西方国家,直接融资的重要性又重新上升。在我国,长期以来,资金融通基本上采用间接方式,随着社会主义市场经济的建立和发展,国库券、公债、股票、企业债券、商业票据等融资工具陆续进入市场,直接融资的发展方兴未艾。

二、金融市场的特征和构成要素

(一) 金融市场的特征

金融市场是商品经济发展导致信用形式多样化的产物。与商品市场相比,金融市场有三个明显的特征:

1. 金融市场上商品的单一性和价格的相对一致性

在金融市场上,交易对象不是具有各种各样使用价值的商品,而是单一的货币形态的资金商品。资金商品无质的差别性,只有单一的“使用价值”——获得收益的能力。利息率以资本商品“价格”的面貌出现,受市场利润率的制约,并由于竞争而趋向于一致。总之,商品的单一性和价格的相对一致性是金融市场的一个重要特征。

2. 金融市场具有非物质化交易的特征

这一特点是与金融商品的价值本质联系在一起的。在商品市场上,买方一般要求取得物品实体,交易活动必定以标的商品在物质上转手作为终点。但在金融市场上,金融产品的交易可以非物质化。金融商品交易的非物质化首先表现为金融要求权(如股票、债券等有价证券)的转让并不涉及其发行企业相应份额资产的实际转移;其次,即使在“纸张”上,金融商品的交易也不一定要实际转手,在有些情况下,金融商品交割表现为结算和保管中心的双方账户上的证券数量和现金储备额的变动。

3. 金融商品交易的非物质化使得这些交易完全可以凭空进行

金融商品交易的非物质化方便了金融市场上的“买空卖空”行为。没有金融商品的人可以在金融市场上买入该商品。他们只需在金融市场上进行一次反向业务或以现金结算差价,而不必提供或购入有关金融商品。

（二）金融市场的构成要素

尽管世界各国金融市场的发达程度各不相同，但就市场本身的构成要素来说，都包括金融市场主体、金融市场客体、金融市场价格及市场组织方式等几个方面。

1. 金融市场主体

金融市场主体即指金融市场的参与者，他们出于不同动机在金融市场上进行活动，可划分为下列类型：

（1）政府部门。在各国的金融市场上，通常该国的中央政府与地方政府都是资金的需求者，他们主要通过发行财政部债券或地方政府债券来筹集资金。

（2）工商企业。工商企业是仅次于政府部门的资金需求者，他们通过市场筹集资金从事经营和扩大再生产。同时，工商企业也将再生产过程中的大量闲置资金投向金融市场，是金融市场上的资金供应者之一。

（3）居民个人。居民个人总体上是金融市场上的主要资金供应者。在现代社会，个人通过在金融市场上合理购买各种有价证券来进行组合投资，既满足日常的流动性要求，又能获得资金的增值。

（4）存款性金融机构。存款性金融机构是指通过吸收各种存款而获得可利用资金，并将其贷给需要资金的各经济主体及投资于证券等以获取收益的金融机构，它们是金融市场的重要中介。存款性金融机构一般包括：商业银行、储蓄机构、信用合作社。

（5）非存款性金融机构和金融市场商人。金融市场上另一类重要的金融机构参与者就是非存款性金融机构。它们的资金来源和存款性金融机构吸收公众存款不一样，主要是通过发行证券或以契约性的方式聚集社会闲散资金；资金主要运用于长期投资领域，如保险公司、养老金基金、投资银行、投资基金。此外，还有一些在金融市场上赚取佣金，以金融市场中介活动为业的组织、机构或个人，称为金融市场商人，如货币经纪人、证券经纪人、证券承销人、外汇经纪人等。

（6）中央银行。中央银行在金融市场上处于一种特殊的地位，它既是金融市场的行为主体，又是金融市场上的监管者。现代中央银行在金融机构出现流动性危机时充当最后贷款人的角色，从而成为金融市场资金的提供者。另外，中央银行为了调节货币供应量，进行公开市场操作，也会影响到金融市场上资金的供求以及其他经济主体的行为。

金融市场主体的多寡及相互关系是衡量金融市场是否发达的重要标志。足够及多元化的金融市场主体及其相互间的竞争，有利于促进金融市场的深度、广度和弹性，使交易活动不至于“一边倒”，降低了“系统性风险”。

2. 金融市场客体

金融市场的客体是指金融市场的交易对象或交易的标的物，也就是我们在第二章所介绍的金融工具。金融工具是表示债权、债务关系的凭证，是具有法律效力的契约。包括货币市场金融工具，如可转让大额定期存单、商业票据、回购协议、国库券、政府短期债券等；资本市场金融工具，如长期债券（包括长期国库券）、公司股票等。许多西方经济学家认为，金融工具的数量多少，是一国金融是否发达或经济发展水平高低的重要标志。

3. 金融市场的价格

金融市场的价格即利率，是金融市场的基本构成要素之一。利率从宏观来说是一个重要的经济变量和政策变量，从微观来看同交易者的实际收益密切相关，自然备受关注。金融工具种类繁多，不同的工具都有自己的利率，但又受市场机制的共同作用而呈同向变化，这使利率问题变得十分复杂。

4. 金融市场的组织方式

金融市场的组织方式是指将市场主体同客体建立联系并得以进行资金供求交易的方式。具体讲金融市场有下列三种组织方式。

(1) 集中交易方式。集中交易方式是指在固定场所内有组织有规则地进行资金交易的方式。例如在证券交易所进行的交易就是典型的集中交易，因此，这种方式又称为交易所交易方式。

(2) 分散交易方式。分散交易方式是指在地点分散的诸多柜台上进行资金交易的方式。如在银行的柜台、证券公司的柜台上进行的交易。因此，这种方式又称为柜台交易方式。

(3) 无形交易方式。无形交易方式是指通过计算机网络、电信等技术手段完成资金交易的方式。无形市场的优点是可以克服市场的地域分割，在尽可能大的范围内（如全国或全球）形成统一的市场。从这个意义上来看，无形市场比有形市场具有更高的效率。交易量较大及发行范围较广的金融工具，更适合在无形市场上进行交易，如国库券、外汇、大额可转让定期存单、银行同业拆借等。

上述金融市场各要素之间是紧密联系、互相促进、相互影响的。其中，金融市场主体与客体是最基本的要素，只要有这两个要素存在，金融市场便会形成；而金融市场价格及组织方式则是自然产生的或必然伴随的。这些要素共生共存，互相促进，金融市场才更发达、更高效。

三、金融市场的分类

为了更充分地理解金融市场，尽可能地反映这个复杂市场的全貌，我们从多个角度对金融市场进行分类。

（一）按标的物划分，金融市场可分为货币市场、资本市场、外汇市场和黄金市场

1. 货币市场

货币市场（Money Market）是指以期限在一年以下的金融资产为交易标的物的短期金融市场。这个市场的主要功能是保持金融资产的流动性，以便将金融资产随时转换成现实货币。

2. 资本市场

资本市场（Capital Market）是指以期限在一年以上的金融资产为交易标的物的长期金融市场。资本市场包括两大部分：一是银行中长期存贷市场，二是有价证券市场。通常，资本市场主要指的是股票市场和长期债券市场。

3. 外汇市场

外汇市场（Foreign Exchange Market）按其含义有广义和狭义之分。狭义的外汇市场指的是银行间的外汇交易，包括银行间的交易、中央银行与外汇银行间以

及各国中央银行之间的外汇交易活动，通常被称为批发外汇市场。广义的外汇市场是指由各国中央银行、外汇银行、外汇经纪人及客户组成的外汇买卖经营活动的总和，包括上述的批发市场以及银行与企业、个人间进行外汇买卖的零售市场。

4. 黄金市场

黄金市场(Gold Market)是专门集中进行黄金买卖的交易中心或场所。黄金市场早在十九世纪初就已形成，是最古老的金融市场。尽管自 20 世纪 70 年代以来黄金非货币化趋势越来越明显，但目前黄金仍是国际储备工具之一，在国际结算中占据着重要的地位，因此，黄金市场仍被看作金融市场的组成部分。现在，世界上已有 40 多个黄金市场。其中伦敦、纽约、苏黎世、芝加哥和香港的黄金市场被称为五大国际黄金市场。

(二) 按中介特征划分，金融市场可分为直接金融市场和间接金融市场

直接金融市场指的是资金需求者直接从资金所有者那里融通资金的市场，一般指的是通过发行债券和股票的方式在金融市场上筹集资金的市场。而间接金融市场则是通过银行等信用中介机构作为媒介来进行资金融通的市场。

(三) 按资产发行和流通的特征划分，金融市场可分为一级市场、二级市场、第三市场和第四市场

资金需求者将金融资产首次出售给公众时所形成的交易市场称为一级市场，也叫初级市场(Primary Market)或发行市场。证券发行后，各种证券在不同的投资者之间买卖流通所形成的市场即为二级市场(Secondary Market)，又称流通市场或次级市场。一级市场是二级市场的基础和前提，没有初级市场就没有二级市场；而二级市场是一级市场存在与发展的重要条件，无论从流动性上还是从价格的确定上，一级市场都要受到二级市场的影响。第三市场(The third market)是原来在交易所上市的证券移到场外进行交易所形成的市场。第四市场(The fourth market)是投资者和证券的出卖者直接交易形成的市场。第三和第四市场形成的主要原因是机构投资者在证券交易中所占的比例越来越大，它们之间的买卖数额巨大，因此希望避开经纪人直接交易，以降低成本。

(四) 按成交与定价的方式划分，金融市场可分为公开市场与议价市场

公开市场是指金融资产的交易价格通过众多的买主和卖主公开竞价而形成的市场。金融资产在到期偿付之前可以自由交易，一般在有组织的证券交易所进行，如股票市场。议价市场是指金融资产的定价与成交是通过私下协商或面对面的讨价还价方式进行的，如银行借贷市场。

(五) 按有无固定场所划分，金融市场可分为有形市场与无形市场

有形市场即有固定交易场所的市场，一般指的是证券交易所等固定的交易场地。而无形市场则是指在证券交易所外进行金融资产交易的总称。它的交易一般通过现代化的电讯工具在各金融机构、经纪商及投资者之间进行。

(六) 按发展阶段划分，金融市场可分为原生工具市场和衍生工具市场

原生工具一般是指传统金融工具，如股票、债券、存单、货币等，这个名称是相对衍生金融工具而言的。所谓衍生金融工具是指由原生性金融商品或基础性金融工具创造出的新型金融工具。它一般表现为一些合约，这些合约的价值由其交易

的金融资产的价格决定。自20世纪70年代以来，为适应风险管理的需要，衍生工具的迅速发展，迄今已成为一个品种繁多、结构复杂的大“家庭”。衍生市场是各种衍生金融工具进行交易的市场。

四、金融市场的功能

金融市场作为金融资产交易的场所，从整个经济运行的角度来看，它提供如下几种经济功能。

（一）转储蓄为投资的功能

金融市场最基本的功能是将转储蓄为投资，可称为聚敛功能，是指金融市场引导众多分散的小额资金汇聚成为可以投入社会再生产的资金集合的功能。在这里，金融市场起着资金“蓄水池”的作用。

金融市场之所以具有资金的聚敛功能，一是由于金融市场创造了金融资产的流动性。二是金融市场提供了多种多样的供投资者选择的金融工具，资金供应者可以依据自己的收益、风险偏好和流动性要求来选择满意的投资工具，实现资金效益的最大化。

（二）配置功能

金融市场的配置功能表现在三个方面：一是资源的配置，二是财富的再分配，三是风险的再分配。

在经济运行过程中，拥有多余资金的盈余部门并不一定是最有能力和机会作最有利投资的部门。金融市场通过将资源从低效率的部门转移到高效率利用的部门，实现了稀缺资源的合理有效配置。

财富是各经济单位持有的全部资产的总价值。金融市场上金融资产价格的波动，使一部分人的财富数量随金融资产价格的升高而增加，而另一部分人的财富数量随金融资产价格的下跌而相应减少。这样，社会财富就通过金融市场价格的波动实现财富的再分配。

风险，在现代经济活动中无时不在。金融市场不仅是资金融通的场所，同时也是风险再分配的场所，任何金融工具都存在风险性，因此金融工具的交易意味着风险在市场参与主体之间的流动和重新分配。金融市场的不同主体各自根据自己的情况从事金融工具买卖交易，在谋求收益和规避风险之间进行权衡，从而实现风险的再分配。

（三）调节功能

金融市场的存在及发展，为政府实施对宏观经济活动的间接调控创造了条件。中央银行货币政策的实施以金融市场的存在为前提。中央银行在实施货币政策时，通过金融市场（包括金融机构）来调节货币供应量、传递政策信息，最终影响到各经济主体的经济活动，从而达到调节整个宏观经济运行的目的。

（四）反映功能

金融市场历来被称为国民经济的“晴雨表”和“气象台”，是国民经济的信号系统，其反映功能表现为：(1)金融市场是反映微观经济运行状况的指示器。(2)金融市场所反馈的宏观经济运行方面的信息，有利于政府部门及时制定和调整宏观经济政策。(3)金融市场有着广泛而及时地收集和传播信息的通讯网络，整个世界金融市场已联成一体，从而使人们可以及时了解世界经济的发展变化情况。

第二节　货币市场

货币市场是指以短期金融工具为媒介进行的期限在一年以内的融资活动的交易市场，具有低风险和高流动性的特征。低风险是指短期金融工具的市场价格波动幅度较小，其收益率相对平稳。高流动性是指货币市场金融工具容易变现，并且投资者的本金在变现时不易遭受损失。货币市场的参与者主要是各类金融机构、政府、企业和货币市场的专业人员(如经纪人、交易商和承销商等)。货币市场的功能是调剂暂时性的资金余缺，也是中央银行进行公开市场操作，贯彻货币政策的主要场所。从交易品种而言，可分为同业拆借市场、银行承兑汇票市场、商业票据市场、大额可转让定期存单市场、回购市场、短期政府债券市场、货币市场共同基金市场等若干个子市场。

一、同业拆借市场

(一) 同业拆借市场及其形成

同业拆借市场(Inter-bank Credit Market)是指金融机构之间以货币借贷方式进行短期资金融通的市场。同业拆借的资金主要用于弥补短期资金的不足、票据清算的差额以及解决临时性的资金供求关系，影响货币市场的利率。因此，它是货币市场中非常重要的子市场之一。

各类金融机构，尤其是银行在日常经营活动中出现头寸不足或盈余时，可以通过同业之间的拆借来相互融通资金。银行头寸是指在某一时点上银行可以运用的资金，一般以天为计。银行头寸不能太多也不能太少，头寸少了会影响经营，头寸太多会影响盈利。这就决定了商业银行经营活动的一项重要内容，就是频繁和大规模地在同业拆借市场上进行头寸调度。自中央银行法定存款准备金制度实施之后，银行同业拆借的另一主要目的是调剂准备金。美国最早于 1913 年以法律的形式规定，所有接受存款的商业银行都必须按存款余额计提一定比例的存款准备金，作为不生息的支付准备存入中央银行，准备数额不足要受到一定的经济处罚。由于清算业务活动和日常收付数额的不确定，总会出现有的银行存款准备金多余，有的银行存款准备金不足的情况，这样，在存款准备金多余和不足银行之间，客观上就存在互相调剂的需求，同行拆借市场便应运而生。

(二) 同业拆借市场的要素

1. 同业拆借市场的主体

同业拆借市场的主要参与者是商业银行，中小银行更是把同业拆借市场作为短期资金运用的经常性的场所；其他金融机构如证券商、互助储蓄银行、储蓄贷款协会等也是同业拆借市场上的重要参与者。

2. 同业拆借市场的媒体

同业拆借市场中的交易既可直接联系交易，也可通过中介媒体。其媒体可分为两类：一是专门从事中介业务的专业经纪商，如日本的短资公司；另一类是非专门从事中介业务的兼营经纪商，大多由商业银行承担。

3. 同业拆借市场的拆借期限与利率

同业拆借市场的拆借期限通常以1—2天为限。短至隔夜，多则1—2周，一般不超过1个月，拆借的拆款按日计息，拆借利息额占拆借本金的比例为“拆息率”。拆息率每天都不相同，甚至每时每刻都有变化，其高低灵敏地反映着货币市场资金的供求状况。

在国际货币市场上，比较有代表性的同业拆借利率有三种，即伦敦同业拆借利率、新加坡同业拆借利率和香港同业拆借利率。

（三）同业拆借的运作程序

同业拆借的运作程序因参与交易的关系人的不同而有所不同。同时，由于拆借目的不同，拆借期限不同，拆借的运作程序也会各不相同。

在直接拆借方式中，头寸拆借的运用方式，一般是由拆出银行开出支票交拆入银行存在中央银行，使拆入银行在中央银行的存款准备金增加，补足准备金差额。同时，拆入银行开出一张同等金额并加息的支票给拆出银行，并写明兑付日期。到期时，拆出银行将支票通过票据交换清单收回本息，整个拆借过程即告完成。

在通过经纪商拆借方式中，买卖双方先将其需要拆出或拆入的金额、利率、期限等告知经纪商，由经纪商为其寻找交易对象，一旦成交，即由买卖双方按规定的交易程序完成交易。

二、票据与贴现市场

货币市场中交易的票据有商业票据和银行承兑票据两种。商业票据一般是指以大型工商企业为出票人，到期按票面金额向持票人付现而贴现发行的无抵押担保的远期本票，是一种商业证券。商业票据的发行者一般为金融公司、非金融公司（如大企业、公用事业单位等）及银行控股公司等。只有资力雄厚，信誉卓著，经过评级被称作主要公司的一些企业，才能经常大量发行商业票据以筹集资金。商业票据的主要投资者是大商业银行、非金融公司、保险公司等。在商业票据的基础上，由银行介入，承诺票据到期时履行支付义务，就是银行承兑票据。银行承兑的票据，信用风险较小，银行为此要收取手续费。

（一）商业票据的发行要素

发行商业票据，通常并无法律规定的准则和程序，仅依据发行需要和商业惯例进行操作。一般要考虑以下几个要素：(1)发行成本；(2)发行数量；(3)发行方式；(4)发行时机；(5)发行承销机构；(6)发行条件；(7)到期偿付能力测算；(8)评级。

（二）商业票据的发行成本

商业票据的发行成本主要由以下几个方面构成：(1)按规定利率所支付的利息；(2)承销费。主要根据金额大小及时间长短计付，通常为0.125%至0.25%；(3)签证费。为证明商业票据所记载事项正确，通常由权威中介机构予以签证；(4)保证费。金融机构为发行商业票据提供信用保证，要收保证费，收费标准通常按商业票据保证金的利率1%计付，如发行量大，资信良好的公司酌减；(5)评级费。

(三) 票据贴现

用票据进行短期融资的主要方式是贴现(discount),指票据持有者以低于票价面值的价格出售票据,融入资金,票据到期时按面值偿还,其中的差额就是票据卖方(借款人)支付给买方(贷款人)的利息,利息率称为贴现率。故贴现市场可定义为银行、贴现公司等金融机构买进未到期票据,对持票人提供短期资金的市场。可贴现的票据有商业本票、商业汇票、银行承兑汇票、政府债券和金融债券等。票据贴现业务主要有三种类型:一是贴现,即票据的持票人将已承兑的未到期的票据转让给银行,银行按贴现率扣除自贴现日起到到期日为止的贴息后付给持票人现款的一种行为。贴现是持票人与商业银行之间进行的交换关系。二是转贴现,即贴现银行需要资金时,持未到期的票据向其他银行办理贴现的一种行为。转贴现的双方都是商业银行。三是再贴现,是中央银行对商业银行的已贴现过但是未到期的票据再一次贴现的行为,它体现了中央银行与商业银行之间的交换关系。

三、大额可转让定期存单市场

大额可转让定期存单(Negotiable Certificates Deposits)是 20 世纪 60 年代以来金融变革的产物,是商业银行发行的按一定期限并按一定利率取得收益的存款单据,是商业银行主动争取存款的新形式。

(一) 大额定期存单的产生

第一张大额可转让定期存单是由美国花旗银行于 1961 年创造的。其目的是为了稳定存款,扩大资金来源。当时商业银行存款受联邦条例制约,活期存款无利息或利率极低,定期储蓄存款利率亦有上限限制,由于市场利率上涨,存款纷纷从银行流出,转入收益高的金融工具。在这样的情形下,大额可转让定期存单这种新的金融工具诞生了,它绕开了联邦条例的限制,利率较高,又可在二级市场转让,对于银行吸收存款大有好处。银行从被动等待顾客上门存款变为主动发行存单以吸收资金,更主动地进行负债管理和资产管理。存单的购买者还可以根据资金状况买进或卖出,调节自己的资产组合。

(二) 大额定期存单的特点

同传统的定期存款相比,大额可转让定期存单具有以下几个特点:(1)不记名、可以流通转让;(2)金额较大,在美国大额可转让定期存单最少为 10 万美元,二级市场上的交易单位为 100 万美元。在香港最小面额为 10 万港元;(3)存单利率既有固定的,也有浮动的,一般来说比同期的定期存款利率高;(4)不能提前支取,但可在二级市场流通转让。

(三) 作用

大额可转让定期存单有助于银行吸收存款,克服定期存款利率低,不能周转的局限性,为投资者提供了一个流动性强、收益率高的投资场所,丰富了货币市场金融工具的品种,为银行实施资产负债管理提供了手段。

四、国库券市场

国库券是政府部门以债务人身份承担到期偿付本息责任,期限在一年以内的债务凭证。政府发行国库券的目的一般有两个:一是满足政府部门短期资金周转的需要。二是为中央银行的公开市场业务提供可操作的工具,国库券是中央银行进行公开市场操作的主要工具,是连接财政政策与货币政策的契合点。

（一）国库券的发行

国库券在市场上发行通常要通过专门的机构进行,其中最重要的机构是一级自营商(primary dealer),由政府按有关标准考核选拔出来的资金雄厚、信誉卓著的大投资银行和商业银行组成。国库券发行一般采取拍卖方式,当由发行代理人宣布国库券拍卖的有关信息(种类和数量等)之后,一级自营商即根据市场供求及自身状况提出购买的价格和数量,发行人对自营商的报价按从自高向低的价位进行排列,直到发售全部国库券。而自营商从发行代理人购入国库券之后,再出售给零售商或最终投资者。在成熟的国库券市场上,从宣布拍卖到全部推销完成,只需很短的时间。如美国财政部 3 个月和 6 个月期国库券每周发行一次,周二宣布拍卖,消息发出后的第一个星期一宣布拍卖结果,星期二中标的一级自营商按报价买进所承销的国库券并进行推销。一级自营商都有自己固定的销售网络,推销速度极快,整个销售过程大约只需一周时间。

（二）国库券的交易市场和利率

国库券的交易并不一定等到国库券发行完毕之后才开始进行。如美国的 WI (when-issued)交易就是在拍卖消息宣布之后到拍卖完成之前,对已宣布拍卖但尚未拍卖的国库券进行交易。这种交易方式有利于发行者和投资者双方发现价格。WI 交易意味着国库券交易向前延伸到发行过程之中,国库券一级市场和二级市场的界限不再是很清晰的了。

国库券利率是一种非常重要的利率,在一定范围和一定程度上起着基准利率的作用,反映货币市场上的供求状况和筹资成本。另外,它一般被看成是无风险利率,可以作为测算其他有价证券风险程度和价值的基本依据,也可以作为其他金融工具利率确定的基础,其他金融工具按照与国库券风险程度的差别,在国库券利率基础上,上浮一定的百分点,作为投资者承担较高投资风险的补偿。

五、回购市场

（一）回购协议的含义

回购协议(Repurchase Agreement)是指在出售证券的同时,与证券的购买商签定协议,约定在一定期限后按原定价格或约定价格购回所卖证券,从而获取即时可用资金的一种交易行为。还有一种逆回购协议(Reverse Repurchase Agreement),与回购协议相对应,是指买入证券的一方同意按约定期限以约定价格出售其所买入证券。回购协议交易的资产一般是货币市场上流通量较大、风险较小的证券,如国库券。

（二）回购市场的特点

1. 流动性强

回购协议主要以短期为主,最长的回购期限一般不超过一年。我国回购市场上，最长的不超过4个月，其中期限为3天、7天、14天的交易最为活跃。

2. 安全性高

这是由市场自身的性质决定的。回购协议的交易场所是经国家批准的规范性场内交易场所，只有合法的机构才可以在场内进行交易，交易的双方以出让或取得证券抵押权为担保进行资金拆借，交易所作为证券抵押权的监管人承担相应的责任。回购交易的对象是经货币当局批准的最高资信等级的有价证券，可以说，回购交易几乎是无风险交易。

3. 以机构参与者为主

回购协议市场的参与者主要是银行、非银行金融机构、企业和政府。对于商业银行来说，利用回购协议融入的资金不属于存款负债，不用交纳存款准备金。由于大型商业银行是回购市场的主要资金需求者，回购交易具有非常明显的优势，这些银行往往利用回购市场作为筹集资金的重要场所。

六、货币市场共同基金

货币市场共同基金(Money Market Mutual Funds)在1972年出现在美国，是一种投资理财工具。当时，由于美国政府出台了限制银行存款利率的Q项条例，银行存款对许多投资者的吸引力下降，投资者急于为自己的资金寻找新的能够获得货币市场现行利率水平的收益途径。货币市场共同基金应运而生。

(一) 货币市场共同基金及其特征

所谓共同基金(Mutual Funds)又称为投资基金(Investment Funds)，由多个投资者不等额出资汇集成一定规模的信托资金，然后交由专业性的投资机构管理，投资机构根据与客户商定的投资最佳收益目标和最小风险，把资金适度分散投资于各种有价证券和其他金融商品上，获得收益后由投资者按出资比例的大小来分享。对于主要在货币市场上进行运作的共同基金，称为货币市场共同基金。

货币市场共同基金是一种吸引家庭参与货币市场的理想工具。与一般的基金相比，除了具有一般基金共有的专家理财，分散投资等特点外，货币市场共同基金还具有如下特征：

1. 货币市场共同基金投资于货币市场中高质量的证券组合

为了确保收益稳定，货币市场共同基金通常投资于优质证券和短期证券，具有流动性高、收益稳定、风险小等特点。满足了一部分小额投资者投资货币市场获取稳定收益的要求，因此受到投资者的青睐。

2. 货币市场共同基金提供一种有限制的存款账户

货币市场共同基金的投资者可以签发以其基金账户为基础的支票来取现或进行支付。尽管其在某种程度上可以作为一种存款账户使用，但它们在法律上并不算存款，因此不需要提取法定存款准备金，不受利率最高限的限制。不过，货币市场基金账户所开支票的数额是有最低限额要求的，一般不低于500美元。

3. 同其他金融机构在资金来源的竞争中占有一定优势

货币市场共同基金所受到的法规限制相对较少，因而相比于银行等相关金融机构在资金来源的竞争中占有一定的优势。

（二）货币市场共同基金的发行及交易

基金的发行有“公募”和“私募”两种发行形式。具体来说，基金的发行可采取发行人直接向社会公众招募，由投资银行或证券公司承销或通过银行及保险公司等金融机构进行分销等办法。

货币市场共同基金的交易实际上是指基金购买者增加持有或退出基金的选择过程。货币市场共同基金，其购买或赎回价格所依据的净资产值是不变的，一般是每个基金单位 1 元。对基金所分配的赢利，基金投资者可选择转换为新的基金份额，或领取现金两种方式。

（三）货币市场共同基金的发展方向

货币市场共同基金的发展方向取决于其在金融市场中的作用。从目前的发展趋势看，由于银行不断推出新的更有吸引力的信用工具，以及政府监管机构开始逐渐加强对货币市场基金的监管，货币市场共同基金虽然仍具有一定的优势，但某些优势正逐渐被侵蚀。主要表现为：

1. 货币市场共同基金提供支票账户，但政府存款保险公司不为货币市场基金的投资者的资金提供存款保险，这就加大了投资者的投资风险。

2. 投资于货币市场共同基金的收益和投资于由银行等存款性金融机构创造的货币市场存款账户的收益差距正在消失。

尽管货币市场共同基金在发展中面临一些问题，但它仍将和其他存款性金融机构在竞争中一道发展。在这个过程中，货币市场共同基金市场将面临着兼并重组要求，通过优胜劣汰，不断创新，以求新的发展。

第三节　资本市场

在经济学原理的著作中，资本市场是一个与产品市场和劳动市场相对应的概念，指的是与经济的“真实面”相对立的“货币面”。在专业的金融学论著中，资本市场通常指的是期限在一年以上的资金融通活动的总和。其基本功能是实现并优化投资与消费的跨期选择。按市场工具来划分，资本市场通常由股票市场、中长期债券市场、抵押贷款市场和基金市场组成。

一、股票市场

股票市场是指股票发行和交易的场所。股票市场由两个相互联系的市场：股票发行市场和股票流通市场组成。

（一）股票发行市场

股票发行市场的运作过程通常由咨询和管理、认购和销售两个阶段构成。

1. 咨询与管理

这是股票发行的前期准备阶段，发行人须听取投资银行的咨询意见并对一些主要问题做出决策，主要包括：

(1) 发行方式的选择。股票发行的方式一般可分为公募(Public Placement)和私募(Private Placement)两类。公募，是指面向市场上大量的非特定的投资者公开发行股票，须按有关规定向管理部门和市场披露财务报表及相关信息，供投资人决策时参考。私募，则只向少数特定的投资者发行股票，其对象主要有个人投资者和机构投资者两类。私募手续简单，费用低廉，但不能公开上市。

（2）选定承销商。许多公司都与某一个特定承销商保持稳定的关系，承销商为这些公司发行股票提供必要的金融服务。但在某些场合，公司通过竞争性招标的方式来选择承销商，这种方式有利于降低发行费用，但不利于与承销商保持稳定牢固的关系。承销商除了销售股票外，还为股票的信誉作担保，这是公司试图与承销商保持良好关系的根本原因。

（3）准备招股说明书。招股说明书（Prospectus）是公司公开发行股票的计划书面说明，是投资者认购股票的主要依据。招股说明书必须包括财务信息和对公司经营历史的陈述、高级管理人员的状况、筹资目的和使用计划以及公司内部悬而未决的问题等。

（4）发行定价。定价是股票发行中非常重要的环节，承销商在为公司作价值评估和股票定价时要考虑多种因素。股票发行价定在什么价位，常常要考虑市场的接受程度，所以时机的选择很重要。为了吸引投资者，价格既不能定得太高，也不能太低。承销商所偏好的一种定价方式是“折价出售”，即将股价定位在低于真实市场价值的水平上，这样可以吸引投资者。

2. 认购与销售

发行公司完成准备工作之后即可按照预定的方案着手发售股票。对于承销商来说，就是执行承销合同认购股票，然后售给投资者。通常方式有两种：

（1）包销。包销是指承销商以低于发行价的价格把股票全部买进，再出售给投资者，这样承销商就承担了在销售过程中股票价格下跌的全部风险。承销商所得到的买卖差价是对承销商所提供的咨询服务以及包销风险的报偿，也称为承销折扣。

（2）代销。代销指承销商许诺尽可能多地销售股票，但不保证能够完成预定销售额，任何没有出售的股票可退给发行公司。这样，承销商不承担发行风险。

（二）股票流通市场

1. 股票上市的条件

股票流通市场是投资者之间买卖已发行股票的场所，通常可分为有组织的证券交易所和场外交易市场。并非所有的股票都可以在证券交易所上市交易，股票进入证券交易所挂牌买卖，须受严格的条件限制。例如，我国《公司法》规定，股份有限公司申请其股票上市，必须符合下列条件。

（1）股票经国务院证券管理部门批准已向社会公开发行。不允许公司在设立时直接申请股票上市；

（2）公司股本总额不少于人民币 5000 万元；

（3）开业时间在 3 年以上，最近 3 年连续盈利；

（4）持有股票面值人民币 1000 元以上的股东不少于 1000 人，向社会公开发行的股份须达到公司股份总额的 25%以上，公司股本总额超过人民币 4 亿元的，其向社会公开发行股份的比例为 15%以上；

（5）公司在最近3年内无重大违法行为，财务会计报告无虚假记载；

（6）国务院规定的其他条件。

2. 股票交易程序

股票交易程序是指投资者（或股东）从开户、买卖股票到股票与资金交割完毕的全过程。（1）开户。投资者在证券商或经纪人处开立委托买卖股票的有关账户；（2）委托。委托是指投资者在办理规定的手续后让证券商或经纪人代理股票买卖的行为；（3）受理和执行委托。证券商在受理委托后，应立即通知驻场交易员，由场内交易员进行整数交易。在证券交易中股票的买卖是以"竞价买卖"的方式进行，遵循价格优先，时间优先和市价委托优先原则；（4）清算。清算是指根据成交记录，计算确定参加交易的各方在交易中资金和股票数量变动的过程；（5）交割。交割是指股票买卖双方互相交付资金和股份的行为。

3. 股票价格指数

描述股票市场总体价格水平变化的指标称为股票价格指数，简称为股价指数。股价指数是即期（计算期或报告期）股价与基期股价相比的相对变化数。它的编制通常以某一时点为基期，选择若干种股票在基期的价格水平作为100（或为10，或为1000），然后用即期股价与基期股价相比，计算出升降的百分比，就是即期的股价指数。世界上重要的股票价格指数包括：道·琼斯股价指数、《金融时报》股价指数、日经225股价指数、香港恒生股价指数。我国的股价指数主要有上海证券交易所股价指数和深圳证券交易所股价指数。

专栏3-1　深沪两市简介

深市：深圳证券交易所（以下简称"深交所"）成立于1990年12月1日，是不以营利为目的，实行自律性管理的法人，由中国证监会直接监督管理。深交所致力于多层次证券市场的建设，创造公开、公平、公正的市场环境。主要职能包括：提供证券交易的场所和设施；制定本所业务规则；接受上市申请、安排证券上市；组织、监督证券交易；对会员和上市公司进行监管；管理和公布市场信息；以及中国证监会许可的其他职能。

作为中国大陆两大证券交易所之一，深交所与中国证券市场共同成长。十多年来，深交所借助现代技术条件，成功地在一个新兴城市建成了辐射全国的证券市场，为国民经济筹集了大量资金，对建立现代企业制度、推动经济结构调整、优化资源配置、传播市场经济知识，起到了十分重要的促进作用。

沪市：上海证券交易所成立于1990年11月26日，同年12月19日开业，为不以营利为目的的法人，归属中国证监会直接管理。秉承"法制、监管、自律、规范"的八字方针，上海证券交易所致力于创造透明、开放、安全、高效的市场环境，切实保护投资者权益，其主要职能包括：提供证券交易的场所和设施；制定证券交易所的业务规则；接受上市申请，安排证券上市；组织、监督证券交易；对会员、上市公司进行监管；管理和公布市场信息。

上证所市场交易采用电子竞价交易方式，所有上市交易证券的买卖均须通过电脑主机进行公开申报竞价，由主机按照价格优先、时间优先的原则自动撮合成交。新一代交易系统峰值订单处理能力约为80 000笔/秒，系统日双边成交容量不低于1.2亿笔/日，相当于单市场1.2万亿的日成交规模，并且具备平行扩展能力。同时，在技术上更加安全可靠，能够保证在峰值数据流量下系统的平稳运行。

上海证券市场上市公司数、上市股票数、市价总值、流通市值、证券成交总额、股票成交金额和国债成交金额等各项指标均居全国首位。一大批国民经济支柱企业、重点企业、基础行业企业和高新科技企业通过上市,既筹集了发展资金,又转换了经营机制。

二、中长期债券市场

债券市场是资本市场的另一基本形态,其发行和交易的债务工具与权益工具有着本质的区别,因而债券市场的特点也与股票市场有所不同。

(一)债券发行市场

债券的发行与股票类似,不同之处主要有发行合同和债券评级两个方面。同时,由于债券是有期限的,因而其一级市场多了一个偿还环节。

1. 发行合同书

发行合同书也称信托契据,是说明公司债券持有人和发行债券公司双方权益的法律文件,由受托管理人代表债券持有人监督合同书中各条款的履行。债券发行合同书中的各种限制性条款占很大篇幅,有限责任公司一旦资不抵债而发生违约时,这些限制性条款就是用来设法保护债权人利益的。

2. 债券评级

债券违约风险的大小与投资者的利益密切相关,也直接影响着发行者的筹资能力和成本。为了较客观地估计不同债券的违约风险,通常需要由中介机构进行评级。目前最著名的两大评估机构是标准普尔公司和穆迪投资者服务公司,它们根据各公司历史上的财务和清偿状况划分其所发行债券的级别。在具体等级的表示上,穆迪投资服务公司和标准普尔公司有所不同(见表 3-1)。从 Aaa(或 AAA)到 C 级信用等级依次降低,代表违约风险依次降低。以标准普尔评级为例,AAA—A 债券统称为 A 级债券,即高级债券,它们的本金和收益的安全性大,受外部因素影响程度较小,其中的 AAA 级债券为最高级别,信用最高,因此发行成本最低,BBB—B 级债券统称为 B 级债券,又称为"投资家的债券",这些债券受经济中不稳定因素的影响,投资有一定的风险,对收益水平可能较高,对那些甘愿冒些风险购买收益较高的债券的投资者来说特别具有吸引力;而 CCC 级及其以下债券属投机级债券,还本付息可能性极低,俗称为"垃圾债券",从正常的投资角度来看,没有什么价值。

表 3-1 债券信用评级

穆迪评级	标准普尔评级	评级质量	分类
Aaa	AAA	信誉极高	投资级债券
Aa	AA	高信誉	
A	A		
Baa	BBB		

续表

穆迪评级	标准普尔评级	评级质量	分类
Ba	BB	投机性	投机级债券
B	B		
Caa	CCC	信誉极低	
Ca	CC		
C	C		
D	D		

资料来源：www.standardandpoors.com 和 www.moodys.com

3. 债券的偿还

债券的偿还一般可分为定期偿还和任意偿还两种方式。(1)定期偿还。是在经过一定宽限期后，每过半年或一年偿还一定金额的本金，到期时还清余额。这一般适用于发行数量巨大、偿还期限长的债券，但国债和金融债券一般不使用该方法。(2)任意偿还。任意偿还是债券发行一段时间以后，发行人可以任意偿还债券的一部分或全部，具体操作可以用新债偿旧债，也可在二级市场上买回予以注销。

(二) 债券的二级市场

债券的二级市场与股票类似，这里不再赘述。

三、抵押贷款市场

抵押贷款是为个人或企业购买住房、土地或其他不动产而发放的贷款，以那些不动产或土地充当贷款的抵押品。在美国，抵押贷款市场是最大的债务市场，储蓄贷款协会和互助储蓄银行一向是抵押市场的主要贷款者，近年来商业银行也进入了这一市场。联邦政府通过三家政府机构——联邦全国抵押贷款协会(FNMA)、政府全国抵押贷款协会(GNMA)以及联邦住房抵押贷款协会(FHLMC)——在抵押市场上发挥积极的作用，这些政府机构通过出售债券并利用发债基金购买抵押贷款合约，来向抵押贷款市场提供资金。抵押贷款市场是资本市场最活跃的部分，数量庞大，并且涉及巨大的公共利益。

近年来抵押贷款证券的开发是抵押贷款市场最重要的发展。由于抵押贷款期限和利率各异，因而，若在二级市场上作为证券进行交易其流动性不高。为促进抵押贷款发展，1970 年，GNMA 想出了一种能够起转换作用的以抵押贷款为依据的证券，把一批标准化的抵押贷款捆在一起，担保其本息的支付。按照这样的办法，诸如储蓄贷款协会和商业银行等私人金融机构就可以把一批经 GNMA 担保的抵押贷款合成比如说 100 万美元的组合，作为一项证券出售给第三方，通常是像养老基金那样的大型机构投资者。当个人对这种由 GNMA 担保的抵押贷款向金融机构清偿付款时，后者就将款项转给这种证券的所有者，即按全部付款总额送交一纸支票。因为由 GNMA 担保付款，这种转换性证券的违约风险很小，因而颇受欢迎。

不仅政府机构发行上述以抵押贷款为基础的证券，私人金融机构也这样做。这种证券的确很成功，完全改变了抵押贷款市场的面貌。整个 20 世纪 70 年代，80%以上的住房抵押贷款直接归储蓄贷款协会、互助储蓄银行和商业银行所有。

四、基金市场

在资本市场上，可供投资者选择的投资工具除股票、债券外，还有一种就是投资基金了。需要说明的是，前面所讲的货币市场共同基金也是基金的一种，下面关于基金基本知识的介绍，并不排除货币市场共同基金。

（一）基金的涵义

基金是一种利益共享、风险共担的集合投资方式，它通过发行基金证券，集中广大投资者的资金，由基金托管人托管，基金管理人管理运用资金，从事股票、债券、外汇和货币等金融工具投资，以获得投资收益和资本增值。

从实质上分析，投资基金应包括三种含义：(1)基金是一种投资制度。是指它从众多的投资者手中募集资金，组建投资管理公司，由具有专门知识的人进行专业化管理和经营。(2)发行的基金证券是一种大众化的投资工具。投资基金利用投资组合原理分散投资风险，回报稳定，操作简便易行，所以对广大投资者来说，是一种较为理想的投资方式。(3)基金有投资的广泛性。基金可以广泛地选择证券市场上任何一种有价证券，如上市股票、各种公债、短期票据及金融期货等。

（二）基金的分类

基金经过一百多年的发展，已经形成一个种类繁多的庞大家族。根据不同的标准可以把投资基金划分为多种类型。

1. 根据基金单位是否可增加或赎回，分为开放型基金和封闭型基金

（1）开放基金。开放基金原则上只发行一种基金单位，发行在外的基金单位或受益凭证没有数额限制，可以随时根据实际需要和经营策略而增加或减少。投资者可以根据市场状况和自己的投资决策决定退回基金单位。开放基金的单位份额总数是不固定、不封闭的。目前国外的大部分投资基金都是开放型的。

（2）封闭型基金。封闭型基金是相对于开放型投资基金而言的。它是指基金规模在发行前已确定，在发行完毕后和规定的期限内，基金规模固定不变。如果投资者想购买基金，只能向基金持有者购买，若持有基金的投资者想将手中的基金变现，只能向其他投资者转。封闭型投资基金吸引的资金比较稳定，但这类基金周转速度较慢，灵活度较低，不适应大规模短线投资。

2. 证券投资基金根据其组织形式不同，可分为契约型投资基金和公司型投资基金

（1）契约型投资基金。契约型投资基金也称信托投资基金，是根据一定的信托原理，由基金发起人、基金管理人和基金托管人订立基金契约而组建的投资基金。契约型基金分为两种类型：一是单位型，有固定的规模和期限；另一种是基金型，规模和期限都不固定。

（2）公司型投资基金。公司型投资基金是指具有共同投资目标的投资者依据《公司法》组成的以盈利为目的，投资于特定对象（如各种有价证券、货币）的股份制

投资公司，这种基金通过发行股价的方式筹集资金，是具有法人资格的经济实体。美国的基金多为公司型基金。

3. 按照经营目标和投资目标不同，投资基金可以分为成长型基金和收入型基金

（1）成长型基金。成长型基金是主要投资于成长型股票、追求资产长期稳定增长目标的基金类型，是风险度较高的基金类型。成长型基金可以分为长期成长基金、积极成长基金、新兴成长基金、特殊性基金等。

（2）收入型基金。收入型基金追求的目标是稳定和较高的当期收入，而不强调资本的长期性和成长性。具体来说，收入型基金主要包括三种：债券基金、货币市场基金和平衡基金。其中货币市场基金在我国的基金市场上占有重要地位。

4. 根据投资对象的不同，投资基金可分为股票基金、债券基金、货币市场基金、期货基金、期权基金等

股票基金是指以股票为投资对象的投资基金，具有分散风险、费用较低的优点；债券基金是指以债券为投资对象的基金；货币市场基金是以国库券、大额可转让存单、商业票据、公司债券等货币市场短期有价债券为投资对象的基金；期货基金是指以各类期货品种为主要投资对象的投资基金；期权基金是指以能分配股利的股票期权为投资对象的投资基金。

（三）基金的组建与发行

1. 基金的组建

如何申请设立基金，目前世界各国的规定不尽相同。一般来讲，各国法律都对基金的发起人做出一定的资格条件限制，只有具备一定条件的人或企业，才能作为基金的发起人申请设立基金。

2. 基金的发行

基金发行是基金运行整个过程中的一个基本环节，也是基金市场的一个重要组成部分。基金的发行是指基金公司申请经主管机关批准同意后，将基金券或基金受益凭证向广大投资者推销出去的经济活动。由于基金分为公司型基金和契约型基金，对于公司型基金而言它表现为公司股票，称之为基金券；对契约型基金而言由表现为基金受益凭证。

封闭型基金的发行时，除规定了发行价格、发行对象、申购方式、认购手续费和最低认购额外，还需要规定基金的发行总额和发行期限。一旦发行总额认购结束，无论是否到发行期，基金就进行封闭，不再接受认购申请。倘若在规定的发行时间里，发行总额未被认购到基金总额的一定比例（我国规定 80%），则该基金不能成立。基金公司或基金管理公司应将已认购基金的款项及活期存款利息退还给认购者。

开放型基金的总额虽然是变动的，但在初次发行认购时，基金公司或基金管理公司必须设立基金的发行总额和发行期限。一般而言，基金按计划完成了预定的工作程序，正式成立三个月后，才允许投资者赎回。同封闭型基金一样，在规定的发行期限内无法募集到设定基金总额，则该基金不能成立。基金公司或基金管理公司有责任会同基金托管人将已收的认购款及活期存款利息退还给投资者。

第四节　外汇市场

外汇市场是金融市场体系中的重要组成部分，是进行外币和以外币计价的票据及有价证券买卖的市场，广义上也可以说是一切外汇交易业务的总和，包括外汇借贷、兑换、拆借及不同种外币的买卖等。

一、外汇与汇率

(一) 外汇

1. 外汇的涵义

外汇(Foreign Exchange)是国际汇总的简称。随着国际贸易和国际经济的发展，必然引起国际间的支付，即国际间的货币收支和债权债务的清偿，从而出现将一种货币兑换成另一种货币的金融活动，这种金融活动即为国际汇兑。

发展至今，外汇专指一国持有的外国货币和以外国货币表示的用以进行国际结算的支付手段。国际货币基金组织的解释是"外汇是货币行政当局(中央银行货币机构、外汇平准基金组织及财政部)以银行存款、财政部库存、长短期政府证券所持有的在国际收支逆差时可以使用的债权。"我国现行的《外汇管理暂行条例》指出外汇包括以下内容：(1)外国货币(钞票和铸币等)；(2)外币有价证券(包括政府公债、国库券、公司债券、股票、息票等)；(3)外币支付凭证(包括票据、银行存款凭证、邮政储蓄凭证等)；(4)其他外汇资金。

2. 外汇的种类

根据不同的分类标准，外汇种类可划分以下几种：

(1) 按能否实际支付划分，可分为自由外汇和记账外汇。

自由外汇是指可以自由兑换成其他货币，或向第三者办理实际支付的外币与支付凭证。记账外汇也叫双边外汇或清算外汇，是指政府间签署记账清算支付协定，规定用于记载各方银行账户上债权债务的外汇。结算期到时所发生的外汇收支差额，一般有三种处理办法：其一是转入下一结算期的贸易项下；其二是逆差国用价值相当于收支差额的黄金或自由外汇偿还；其三是顺差国从逆差国购买价值相当于收支差额的商品。可见，记账外汇不能进行实际支付，使用记账外汇的主要目的是为了节省自由外汇。

(2) 按外汇来源不同划分，可分为贸易外汇和非贸易外汇

贸易外汇是指通过出口有形商品取得的外汇，对于大多数国家来说，贸易外汇是非常重要的外汇，我国的贸易外汇占外汇收入的85%左右，影响极大。非贸易外汇是指通过出口无形商品如技术、第三产业产品、侨汇等而取得的外汇，对于瑞士、美国等少数国家来说，非贸易外汇所占的比重颇高。

(二) 汇率

汇率(Exchange Rate)又称汇价或外汇行市，是指一国货币兑换成另一国货币的比率。例如，中国某公司从日本进口一台设备，双方约定用美元支付，但中方只有人民币(RMB)，为解决支付问题，中方先用人民币向中国银行兑换美元，取得美

元汇票付给日方，日方持票向当地银行兑换日元，清偿了双方的债权债务关系。这里中国公司以人民币换美元，日本公司以美元换日元所使用的兑换比价，都叫做外汇汇率。

1. 汇率标价方法

外汇汇率具有双向表示的特点，也就是说，既可以用本币来表示外币的价格，也可以用外币来表示本币的价格。因此，就有两种基本的汇率标价方法。

（1）直接标价法。直接标价法（Direct Quotation）是指以一定单位的外国货币为标准，折算若干数量的本国货币来表示汇率的标价法，又称"应付标价法"。这种标价法，中心内容是"外币不动本币动"，即以外币为基准，本币的数额随着外币（或本币）币值的变化及外币供求情况而改变。目前，世界上绝大多数国家都采用直接标价法。我国人民币也采用此种标价法。如 100 美元＝800.80 元人民币。采用直接标价法，外汇汇率的升跌与本币数额的增减成正比，与本币币值的升跌成反比。即外币数量不变，本币数额增加，说明外汇汇率上升，本币贬值，外币升值；反之反是。

（2）间接标价法。间接标价法（Indirect Quotation）是以一定单位的本国货币为标准，用折合多少外国货币来表示汇率的标价法，又称"应收标价法"。中心内容是"本币不动外币动"。英国一直采用这种标价法。间接标价法下，本国货币折合外国货币的数量增加，表明本国货币行市上升（升值），而外币行市则相应下降（贬值），反之则相反。

除两种基本标价法外，在国际金融市场上，银行同业之间经常以美元为标准来表示各国货币的价格，有时称之为美元标价法，即以一定单位的美元为基准，计算应折合多少单位的其他货币。美元之外的其他货币间的汇率则由其与美元汇率套算求出。从 20 世纪五六十年代开始，西方各大金融中心多采用这种标价法。例如，美元对瑞士法郎的汇价为 1∶1.0018，美元对加拿大元的汇率为 1∶1.3324，则加拿大元对瑞士法郎的汇价为 1∶1.3324/1∶1.1.0018＝1∶0.7519。之所以采用美元标价法，是因为美元是国际市场上的主要货币，以美元为标准，便于国际金融市场上价格的比较和折算。

2. 汇率的种类

从外汇业务与外汇管理的角度分析，汇率有许多不同的种类。

（1）固定汇率与浮动汇率

固定汇率（Fixed Rates）是指本国货币与其他国家货币之间维持一个相对固定的比价，称为平价。在实际交易中，受外汇市场供求关系的影响，汇率围绕平价上下波动，但有一定的波动幅度。固定汇率制在过去曾一度在国际上通行，但目前除少数国家之外，大多数国家转行浮动汇率。

浮动汇率（Floating Rates）是指一国货币对外国货币的汇率随着外汇市场上的供求状况的变化自由浮动，各国政府或其货币当局原则上无义务进行干预。但是，出于本国在某一时期的需要，或者屈从于他国的压力，或者经由双边或多边协议，各国往往对汇率施加影响，绝对的完全自由浮动并不存在。

（2）买入汇率与卖出汇率

经营外汇买卖的银行，每天挂牌的外汇汇率有两个：买入价（Bid price）和卖出价(Ask price)。这里的“买入”和“卖出”都是从银行的角度来说的,是银行买入或卖出外汇时所使用的价格。二者之间的差价(Spread)就是银行买卖外汇时所得收益。例如,中国银行某日挂牌的美元汇率为:

	买入价(单位:人民币)	卖出价(单位:人民币)
美元 100	688.31	688.41

上述牌价表明:当银行从客户手中买入 100 美元时,只付给客户 688.31 元人民币;而当银行向客户出售 100 美元时,要收取客户 688.41 元人民币。

除了买入价、卖出价之外,还有一个中间价(Middle price),即买入价和卖出价的平均数。为方便起见,各种新闻媒体在报道外汇行情时,都采用中间价,人们在了解和研究汇率变化时也参照中间价。

(3) 官方汇率与市场汇率

官方汇率(Official Rate)是在外汇管制较严格的国家中,其外汇管理当局制定并公布的本国货币与其他各种货币之间的外汇牌价。而市场汇率(Market Rate)则表示在自由外汇市场上进行交易的汇率,也称为黑市汇率。

(4) 名义汇率与实际汇率

名义汇率是在市场上通行的、没有剔除通货膨胀因素的汇率。实际汇率是在名义汇率的基础上剔除了通货膨胀因素后的汇率,实际汇率比名义汇率更能反映不同货币实际的购买力水平。

二、外汇市场的组织形式

由于各自长期的金融传统和商业习惯,各国外汇市场的组织形式不尽相同,主要有以下两种组织形式。

1. 柜台市场方式

也叫抽象的或无形的外汇交易市场,这种组织方式无一定的开盘收盘时间,无具体交易场所,交易双方不必面对面地交易,只靠电传、电报、电话等通讯设备相互接触和联系,协商达成交易。柜台市场相对于交易所市场的优点主要是能节约交易的成本。因此,即便在欧洲大陆各国,其大部分当地的外汇交易和全部国际性交易都是用柜台方式进行的。世界上两个最大的外汇市场——伦敦外汇市场和纽约外汇市场就是用这种方式组织运行的。

2. 交易所方式

这种方式有固定的交易场所,外汇交易的参加者在每个营业日的营业时间,集中在交易所进行交易。这种方式的交易目的主要是用于调整即期的外汇头寸,决定对顾客交易的公定汇率,所以不是外汇交易的主要组织形式,通常只办理一小部分当地的现货交易。

三、全球外汇市场

外汇市场是从事外汇交易和外汇投机的系统。现在的外汇市场是全球化的市场。由于现代化通讯设备和电子计算机大量应用于金融业，外汇银行及经纪人之间通过计算机网络来进行外汇的报价、询价、买入、卖出、交割、清算，有效克服了地域的制约，各个金融中心在时差的作用下，其营业时间彼此连接，共同构成了形成了全球一体化运作，全天候不间断运行的国际外汇市场。

目前，世界上大约有 30 个主要的外汇市场，它们遍布于世界各大洲的不同国家和地区，它们相互影响又各自独立。一个市场当天营业结束后，就把定单传递到别的市场，有时可能就给下一市场的开盘定下了基调。这些外汇市场以其所在的城市为中心，辐射周边的其他国家和地区。由于所处的时区不同，各外汇市场在营业时间上彼此交错，它们相互之间通过先进的通讯设备和计算机网络连成一体，市场的参与者可以在世界各地进行交易，外汇资金流动顺畅，市场间的汇率差异极小，一个外汇市场的汇率变动就会立即波及其他市场。下面介绍世界主要的外汇市场。

1. 伦敦外汇市场

该市场的参与者主要是经营外汇业务的银行及外国银行分行、外汇经纪商、其他经营外汇业务的非银行金融机构和英格兰银行。交易时间从当地时间 9：00 至 17：00 左右（北京时间 17：00 至次日 1：00）。交易货币几乎包括所有的可兑换货币，规模最大的是英镑对美元的交易，其次是英镑对德国马克（现在为欧元）、瑞士法郎及日元的交易。

2. 纽约外汇市场

该市场的参与者主要是纽约的美国大商业银行，外国银行在纽约的分支行以及一些专业的外汇经纪商。交易时间从当地时间 9：00 至 16：00（北京时间约 22：00至次日 5：00）。纽约外汇市场是除美元以外所有货币的第二大交易市场，这些货币所占的交易比重依次是德国马克（现为欧元）、英镑、瑞士法郎、加拿大元、日元等。

3. 东京外汇市场

该市场的参与者主要是外汇银行、外汇经纪商、非银行客户以及日本银行。交易时间为当地时间上午 9：00 至 12：00，以及下午 13：30 至 15：30（北京时间 8：00至 14：30）。东京外汇市场的交易货币比较单一，主要是日元兑美元和德国马克（现为欧元）的交易。

4. 欧洲大陆的外汇交易市场

欧洲大陆的外汇交易市场由瑞士苏黎世市场、巴黎市场、法兰克福市场和一些欧元区面员方的小规模市场组成，主要是德国的法兰克福市场。按交易量来说现在它已成为世界第三大交易市场。交易时间为北京时间 14：30—23：00。

5. 香港外汇市场

香港外汇市场是 20 世纪 70 年代发展起来的国际性外汇市场。香港市场的参与者主要是商业银行和财务公司。香港市场中港币实行联系汇率制，主要交易的品种是“美电交易”（“美电”是行业术语，指美元/港币）。

另外还有大洋洲的两个市场：惠灵顿外汇市场和悉尼外汇市场。惠灵顿外汇市场是全球每天最早开市的市场，交易时间为北京时间 4：00—13：00。两个小时之后，悉尼外汇市场开市。主要交易是本国货币和美元的交易。

四、外汇交易

在外汇市场上存在许多不同的交易方式，其中最典型的交易方式有即期交易、远期交易、掉期交易和投机交易等。

（一）即期外汇交易

即期外汇交易（Spot Exchange Transaction）又称外汇现货交易，是指在买卖成交后当日或两个营业日以内进行清算交割的外汇交易。其中，外汇银行对一般客户买卖外汇，通常都是在银行柜台上当日办理交割；而外汇银行同业间买卖外汇，按照惯例是在成交后第二个营业日内办理交割，如果交割日恰逢银行例假日，则顺延一天。即期外汇交易是按买卖外汇当日的汇率成交的，其汇率为即期汇率（Spot Rates），它构成所有外汇买卖活动的基础，其他外汇交易汇率的确定都是在此基础上计算出来的。即期外汇交易的交割一般采用汇款，而不通过现金来进行。汇款方式一般分为电汇、信汇和票汇三种基本形式，目前银行之间的外汇买卖大多用电汇方式收付款项。

（二）远期外汇交易

远期外汇交易（Forward Exchange Transaction）又称期汇交易。指外汇买卖双方预先签订远期外汇买卖合同，规定买卖外汇的币种、数额、汇率及未来交割的时间，到了规定的交割日期，买卖双方再按合同规定，由卖方交汇而买方付款的预约性外汇买卖业务。通过远期外汇交易买卖的外汇称远期外汇或期汇。外汇市场上的远期交易期限，一般按月计算，有 1 月期、2 月期、3 月期、6 月期以及 1 年期等种类。但最普遍的是 3 月期的交易，1 年期以上的则很少见。

远期外汇交易中所使用的汇率称为远期汇率（Forward Rates）。在外汇市场上，同一种外汇有即期汇率和远期汇率这两种价格，两者之间有一差额。凡远期汇率高于即期汇率的，远期汇率与即期汇率之间的差额叫升水（Premium）；远期汇率低于即期汇率者，差额叫贴水（Discount）；二者相同时，叫持平（At Par）。

从事远期外汇交易的目的，主要是将一段时间内的浮动汇率转变为已知的固定汇率，以便预先确定业务的收益或成本，避免或减少未来市场汇率波动可能造成的损失和风险。如进出口商为了避免外汇变动的风险，预先买进或卖出远期外汇以保证支付安全；在国外投入短期资金者或负有定期债务者，为免遭汇率变动可能给债权、债务造成的损失，也可通过买卖期汇来防范风险等。

（三）掉期交易

掉期交易（Swap Transaction）是指外汇交易者在买进或卖出即期或远期外汇的同时，卖出或买进数额基本相同的同一货币的远期外汇，以防范汇率风险，又称互换交易。掉期交易的显著特征是，在一笔外汇交易中同时进行一笔即期交易和一笔远期交易，或同时进行两种不同期限的远期交易，而不是从事单独的远期交易或即期交易。

掉期交易通常是银行为抵补已从客户购入或向客户售出的某种外汇所可能发生的外汇头寸风险而进行的，并非完全出于获利的目的。例如，伦敦某银行因业务经营需要，用英镑购入2亿瑞士法郎存放于瑞士某银行，假定存期为3个月，为了防止在三个月后瑞士法郎贬值（不能换回原来数额的英镑）而蒙受损失，该银行可通过做掉期交易，即在买进2亿瑞士法郎现汇的同时，卖出相同数额的3个月的瑞士法郎期汇，则它只需承担即期汇率与远期汇率之间十分有限的买卖差额，从而有效地避免了在此期间内瑞士法郎下跌而蒙受损失的风险。掉期交易已成为一种行之有效的避免风险的手段。

（四）套汇交易

套汇交易是一种投机性较强的外汇交易方式，它是指套汇者利用两个或两个以上外汇市场某些货币的汇率差异，通过贱买贵卖以获取差价利润的交易方式。套汇者可在同一时间，利用不同外汇市场上同一外汇不同牌价的差异进行套汇活动以赚取利润。大商业银行是套汇市场的最大参与者，它们资金雄厚，有遍布全球的分支机构及代理行、信息灵通，因而具有从事套汇业务的便利条件。套汇买卖的数额一般较大，套汇利润颇丰。

大量套汇的结果，是使贱币变贵，贵币下跌，从而使不同外汇市场的汇率差异趋近于零，这一阶段的套汇活动也随之趋于消失。因此，套汇业务都利用电汇方式，这是因为汇率的差异是稍纵即逝的，只有用电汇方式才能捕捉到最佳套汇时机。

（五）套利交易

套利，又称利息套汇。在不同国家的金融市场短期利率发生差异的情况下，投资者将资金由利率较低的国家转移到利率较高的国家，以赚取利差收益。为了防止在投资期间汇率变动的损失，经常把套利与掉期结合进行，与掉期交易结合进行的套利交易通常称作保值套利。

例如，假定纽约市场的美元6个月期存款利率为年息12％，伦敦市场英镑的同类存款利率为年息14％。在不考虑其他因素的情况下，英美两国之间的这种利率差别将诱使投资者以美元购买英镑现货，并将这些英镑资金移至英国存放于伦敦银行，以获取年率2％的利差收益，这就是套利交易。但是，这种单纯的套利存在着汇率变动的风险。尽管半年期的英镑比同期美元存款多得2％，如果汇率发生不利于投资者的变动，这个收益就可能化为乌有。若下跌更多，则不仅没有收益，甚至会亏本。为了避免这种风险，套利者可以运用掉期交易，即一方面在即期市场购买英镑现货，另一方面同时在远期市场出售相应数额的英镑期货，这样，就预先确定了到期后英镑本息可以兑换美元的金额，可稳保实现套利的收益。

必须明确指出的是，不论是套汇交易还是套利交易，都是以自由外汇市场的存在为前提的。也就说，各国的资金可以完全自由移动，没有任何阻碍。如果任何一国对外汇交易采取限制措施，套汇和套利就无法进行，汇率、利率的均衡也就无法实现。

第五节　金融衍生工具交易市场

金融衍生工具是二十世纪七八十年代全球金融创新浪潮中的创新产品，是在金融市场基础工具基础上衍生出来的各种金融合约及其各种组合，又称为金融市场创新工具。由于金融衍生工具种类繁多，其对应的交易市场也有许多种，这里主要介绍一下金融期货市场、金融期权市场和金融互换市场。

一、金融期货市场(Financial futures market)

(一) 金融期货市场的概念和功能

金融期货市场是专门进行金融期货合约交易的场所，一般是指有组织、有严密规章制度的金融期货交易所。金融期货合约是协议双方同意在约定的将来某个日期按约定的条件(包括价格、交割地点、交割方式)买进或卖出一定数量的某种金融工具的标准化协议。金融期货市场具有三方面功能：

(1) 套期保值，转移价格风险的功能。利用期货市场进行套期保证，就是在现货市场上买进或卖出某种金融资产的同时，在期货市场上卖出或买进同质同量的资产的期货合约，利用期货市场和现货市场上价格变动的一致性，以期货交易的盈亏来抵消现货交易的亏盈。换言之，套期保值交易中，如果现货市场出现亏损，则期货市场必然存在盈利，可以加以抵补；反之，如果现货市场上有盈利，则期货市场上必然亏损，两相抵消，使得总的盈亏状况保持相对稳定。

(2) 投机牟利，承担风险，润滑市场的功能。期货市场上既有套期保值交易者，也存在纯粹的投机活动，两者的主要区别是投机者并无任何实际的贸易和投资等商业活动背景，其交易的唯一目的是利用市场价格的波动，从贱卖贵卖中获利。与套期保值者不同，投机者不回避风险，不追求固定的收益或成本，而是主要承担风险，并由此获利。投机活动既有助长价格波动的作用，同时也有润滑市场及造市、平市的作用。套期保值与投机是相互依存的，如果没有投机者，就没有人来承担套期保值者要转移的风险。由于对未来行情的预测存在着差异，套期保值者在期货市场上卖出或买进期货时，投机者根据自己的判断而欲买进或卖出期货，这样才使得套期保值成为可能。

(3) 价格发现功能。所谓价格发现，是由于期货是采取完全公开竞价方式成交的，期货交易所记录了世界范围内各种因素对所交易的金融证券的影响，将众多因素转化成一个统一的交易价格。从这点看，交易所起到了价格“晴雨表”的作用。期货价格基本上反映了市场上买卖双方对目前和未来供求状况的综合观点，因此，期货价格可以看作是相对合理的价格，为企业的生产和经营提供指导。期货市场发现的金融资产价格具有公正性、预期性的特点，在正常情况下对经济资源的配置和利用能起到正确的导向作用。

(二) 金融期货市场的主要规则

1. 规范的期货合约

期货交易合约具有法律约束力，必须规范化、标准化。包括合约品种、交易时间、交易数量及单位、价格变动单位、价位涨跌幅度的限定、每日交易限量、对冲规定、交割期限、违约罚款及保证金数额等。标准化的合约便于在公开市场上高效率成交，也便于在二级市场上转手。

2. 严格的保证金制度

金融期货交易采取保证金制度(margin system),即买卖双方都需缴纳保证金,其目的在于保障买卖双方的权利,以作为买卖双方都能履行其权利或义务的保证。因为金融期货市场通常会存在信用风险,若买卖双方直接达成交易,如果市场价格出现不利一方的情况下,则就会出现亏损,亏损达到一定的程度,亏损方很可能会违约。因此,期货市场采用保证金制度来防止买卖双方违约行为的发生,使金融期货市场能正常、有序地进行下去。所以保证金制度是金融期货市场的核心机制。

3. 逐日盯市制制度(market to market daily)

逐日盯市制是指期货清算机构对会员经纪商的保证金账户根据每日的收益与损失进行调整,以便实际反映当日价格的变化给其带来的损益情况,其目的是控制期市风险。会员的保证金通常是以持有合约净头寸计算的。因此清算机构在每日收市后就会对会员经纪商计算出应有的保证金以及变动的保证金,以便经纪商及时掌握自己持有期货合约的净头寸和应有的保证金。同样的道理,经纪商也采用此法对客户的保证金账户根据当日汇价的变化进行每日调整,以便及时掌握客户每日损益情况。如果保证金出现不足时,则立即通知客户补足;如果出现盈余,则可提走或继续增仓。

4. 现金交割制度

大多数金融期货交易者,并非以实际买卖期货为目的,其目的在于投机。因此大多数期货合约都在交割日以前以反方向交易方式冲销掉,即买进再卖出或卖出再买进。据估计,只有5%左右的外汇期货合约等到交割日到期时才进行实际交割。因此当合约进行现金结算时,就按冲销的汇价进行清算,计算出头寸了结的损益情况。

(三) 金融期货市场的交易对象

1. 外汇期货

外汇期货是最早出现的金融期货。其主要品种有美元、英镑、加拿大元、德国马克、法国法郎(现为欧元)等主要可兑换货币。外汇期货主要是用来防范汇率波动的风险。例如,某年5月1日,某公司有100万闲置的美元,可以进行3个月的短期投资,当时英镑的存款利率高于美元,所以该公司打算把美元换成英镑存款。但是它又担心3个月后英镑贬值,反而得不偿失,则这时候就可以利用期货市场来套期保值。该公司可以在现货市场上买进价值100万美元的英镑,并把它变成3个月的存款,同时在期货市场上卖出金额大致相当的9月份英镑期货。这样一旦3个月后英镑真的贬值,它的期货价格也将下降,该公司就可以在现汇市场卖出英镑的同时,在期货市场上买进与先前卖出数量相同的9月份英镑期货,从而消除其英镑期货的多头地位,并获得差价,以此来弥补它在现货市场上的损失。

2. 利率期货

最早出现的利率期货是1975年芝加哥交易委员会推出的政府全国抵押协会(GNMA)抵押担保证券期货合约,但是这种期货不久就被淘汰了,取而代之的是政府债券及欧洲美元定期存单期货合约。因为债券的价格是同其利率成反方向变化的，这些期货合约的价格都受利率波动的影响，所以它们被称为利率期货。利率期货可以用来防范利率风险。假定某人预计在 3 个月有一笔收入，准备用来购买短期政府债券，但又担心 3 个月后政府债券利率下降（这也就意味着政府债券的价格上升），使他蒙受损失。这时，他可先买入一定数量的政府债券期货。假定 3 个月后利率真的下降，他在现货市场上的损失可以在期货市场上得到弥补，因为此时债券期货的价格也必将随着现货价格的上升而上升，从而为他带来一定的价差收入。

3. 股票指数期货交易

最早出现的股票指数期货是 1982 年 2 月由美国堪萨斯交易委员会引入的价值线股票指数期货。紧随其后的是芝加哥商品交易所推出的标准——普尔 500 股票指数期货，该股票指数期货一经推出便受到许多机构投资者的欢迎，交易量迅速上升，成为最重要的股票指数期货。

股票指数期货交易是一种典型的“数字游戏”，它买卖的不是具体的商品或金融资产，而是根本无法实际交割的“数字”。以标准-普尔 500 指数期货为例，它的面值为某一指数乘以 500 美元，假定在 4 月的某一天，6 月份到期的指数期货为 420.80 点，那么该期货合约的面值就为 $420.80\times500=210400$ 美元。假如你断定在未来一段时间内，标准-普尔指数将上涨，你就可以在现在买进一份 6 月份到期的股票指数期货。如果一个月后，现货市场上的标准-普尔指数真的上涨了，那么它必然带动 6 月份到期的指数期货的上涨。假定该指数期货也跟着上涨到 435.80 点，此时你将先前买入的那份指数期货抛出，便可获利 7500 美元（$435.80\times500-420.80\times500$）。可见，股票指数期货交易和其他期货市场一样，能够为希望规避风险的人提供套期保值，而且它防范的是系统性的股票市场风险。

二、金融期权市场（Financial option market）

（一）金融期权市场的涵义

期权（option），又称选择权，是指持有者在规定的期限内按交易双方商定的价格购买或出售一定数量的某种特定商品或资产的权利。期权交易就是对这种选择权的买卖。所谓金融期权是指购买者在向出售者支付一定费用（期权费）后，就获得了能在规定期限内以某一特定价格向出售者买进或卖出一定数量的某种金融商品或金融期货合约的权利。期权的买方以支付一定数量的期权费为代价而拥有了这种权利，但不承担必须买进或卖出的义务；期权的卖方则在收取了一定数量的期权费后，在一定期限内必须无条件地履行相应的卖出或买进的义务。从事这种交易的市场就是金融期权市场。

（二）金融期权的基本类型

期权有两种基本形式，即看涨期权和看跌期权。

1. 看涨期权

看涨期权又称买入期权，指期权的买方具有在约定期限内按约定价格买入一定数量金融资产的权利。投资者之所以买入看涨期权，是因为他预期这种金融资产的价格在近期内将会上涨。如果判断正确，按协议价买入该项资产并在现货市场上以市价卖出，可赚取市价与协议价之间的差额；如果判断失误，则最多损失期权费。

2. 看跌期权

看跌期权又称卖出期权，指期权的买方具有在约定期限内按约价格卖出一定数量金融资产的权利。投资者之所以买入看跌期权，是因为他预期该项金融资产的价格在近期内将会下跌。如果判断正确，可从现货市场上以较低的价格买入该项金融资产，再按协议价卖出，将赚取协议价与市价的差额；如果判断失误，也将损失期权费。

（三）金融期权交易的功能

金融期权的作用主要是规避金融资产价格波动的风险和投机。从规避风险的角度看，期权是一种非常独特的工具。因为期权给予其买方的是一种权利而不是义务，使买方既可以避免不利的结果，又可以保留有利的结果。因此，期权为控制风险、管理风险，而不是避免风险提供了一个理想的解决办法。例如，进口商为防范支付货币汇率上升的风险，可以购买看涨期权。若到期对外币汇率真的上涨了，他们可以执行合约买进对外支付或还贷所需的外币，避免了汇率波动造成的损失；但如果到期时外汇汇率不升反降，进口商可以放弃履行期权合约，而在现汇市场上按较低汇价买入外汇，从而利用了有利的市场机会，降低了进口成本。

投机者通过预测价格，可以利用金融期权交易来进行投机。例如，若预测某外币的汇率看涨，投机者就购买看涨期权，当汇率真的上涨了，他就执行合约买进外币。然后再把买进的这些外币按上涨了的市场汇率卖出，从中可以获取汇率差价利润。反之，若预测某外币的汇率看跌，投机者就购买看涨期权，当市场汇率下跌后，他就可以在市场上以低价买进外币执行合约，从而他可以获得可观的利润。假如投机者预测汇率走势出现错误，则他的最大损失是其向外汇银行支付的保险费。

三、金融互换市场（Financial swap market）

（一）金融互换概述

互换（Swap）是指合同双方就在未来按某种预先确定的规则互换现金流的一种协议，它可以把与资产或负债相关的现金流转换成为公司所需要的形态，从而达到规避汇率风险或降低融资成本的目的。互换也有商品互换和金融互换，金融互换是指交易双方为了确定在未来某一段时间内交换一系列的货币流量而签订的远期合同，又分为利率互换和货币互换。

（二）利率互换

利率互换（IRS：Interest rate swap）是指当事人双方为交换以同种货币表示、以不同种利率基础计算的现金流而签订的一种协议。它产生于20世纪80年代，是目前最大的互换类保值金融工具，也是一种防范利率风险的金融工具，具有价格发现、规避风险及资产配置等功能。

最常见的利率互换形式是一方对名义本金支付一笔固定利率利息，同时收到对方支付的按浮动利率计算的利息，两笔支付款是同一币种；当然，另一方收到的是固定利率利息，支付浮动利率利息，不交换本金的现金流量。固定利率在互换之初商定,浮动利率参照互换期内某种特定的市场利率加以确定。例如,一方同意支付名义本金为1000万美元的固定利率为10.5%,期限为5年的利息,通过交换,该方收到名义本金相同,利率为6个月期的伦敦银行同业拆放利率的利息支付金额。在实际利率互换交易中,由于互换双方交换的利息币种是同一的,故一般采取净额支付的方法来结算。如上例中,若利息支付时6个月的伦敦银行同业拆放利率为9.5%,则根据利率互换原理,互换方A应支付52.5万美元(10.5%×1000万×1/2)的利息给互换方B,而应从互换方B取得47.5万美元(9.5%×1000万×1/2)的利息,因此,在这一次利息交换期,只要交换方A支付利息总金额5万美元(52.5－47.5)给交换方B就可以了。显然,在某一既定时期中,如果伦敦银行同业拆放利率低于10.5%,那么固定利率的支付方A将蒙受损失。反过来,如果伦敦银行同业拆放利率高于10.5%,互换方A将获益。

2006年2月9日中国人民银行发布《中国人民银行关于开展人民币利率互换交易试点有关事宜的通知》,以国家开发银行与中国光大银行完成首笔人民币利率互换交易为标志,我国人民币利率互换市场正式创立。这是我国利率市场化和金融市场建设取得的重大进展,对金融市场发展具有重大意义。

（三）货币互换

1. 货币互换的涵义

货币互换是交易双方在一定期限内将一定数量的货币与另一种一定数量的货币进行交换,即以一种货币贷款的本金和固定利息交换另一种货币贷款的本金和固定利息。交易双方在一定期限内相互交换不同的货币和利率的债务,以达到规避未来汇率和利率变动的风险,并以降低筹资成本为目的的交易。世界上第一笔互换交易是1981年IBM公司与世界银行所做的德国马克和瑞士法郎债务对美元债务的互换,现在货币互换交易已成为衍生金融市场上最为活跃的品种之一,每年的交易量达数亿美元之多。

2. 货币互换的功能

货币互换是一项常用的债务保值工具,主要用来控制中长期汇率风险,把以一种外汇计价的债务或资产转换为以另一种外汇计价的债务或资产,达到规避汇率风险、降低成本的目的。例如:某公司有一笔10亿日元的贷款,期限7年,利率为固定利率3.25%,付息日为每年6月20日和12月20日。1996年12月20日提款,2003年12月20日到期归还。公司提款后,将日元买成美元,用于采购生产设备。产品出口得到的收入是美元收入,而没有日元收入。

从以上的情况可以看出,公司的日元贷款存在着汇率风险。具体来看,公司借的是日元,用的是美元,2003年12月20日时,公司需要将美元收入换成日元还款。如果到时日元升值,美元贬值(与期初汇率相比),公司就要用更多的美元来买日元还款。这样,由于公司的日元贷款在借、用、还上存在着货币不统一,就存在着汇率风险。

公司为控制汇率风险,决定与中行做一笔货币互换交易。双方规定,交易于1996年12月20日生效,2003年12月20日到期,使用汇率为USD1＝JPY113。

(1) 在提款日(1996年12月20日)公司与中行互换本金:公司从贷款行提取

贷款本金，同时支付给中国银行，中国银行按约定的汇率水平向公司支付相应的美元。

(2) 在付息日(每年 6 月 20 日和 12 月 20 日)公司与中行互换利息：中国银行按日元利率水平向公司支付日元利息，公司将日元利息支付给贷款行，同时按约定的美元利率水平向中国银行支付美元利息。

(3) 在到期日(2003 年 12 月 20 日)公司与中行再次互换本金：中国银行向公司支付日元本金，公司将日元本金归还给贷款行，同时按约定的汇率水平向中国银行支付相应的美元。

从以上可以看出，由于在期初与期末，公司与中行均按预先规定的同一汇率(USD1＝JPY113)互换本金，且在贷款期间公司只支付美元利息，而收入的日元利息正好用于归还原日元贷款利息，从而使公司完全避免了未来的汇率变动风险。

在货币互换中，期初的本金互换可以省略，即上例中的(1)步骤可以没有，但对应的美元利率水平可能会有所不同。这样，对于那些已经提款使用的贷款，仍然可以使用货币互换业务来管理汇率风险。

四、金融衍生工具的双重作用

从理论上讲，金融衍生工具的应用能够改善市场效率和使用者的风险收益特征，使参与者实现避险、降低成本、增加收益的目的。但必须强调的是，人们不能因此忽略金融衍生工具实际运用的复杂性及其自身蕴藏的巨大风险。

随着资本市场的不断深化和发展，投资者对避险、对冲机制的需求日益增强，证券市场的衍生工具创新成为各方关注的焦点。同时，金融衍生工具自身的高风险也日益得到投资者的认识和重视。在金融衍生工具交易中，除投资过程中的系统风险和非系统风险外，还存在管理人在经营管理和资金运作中由于操守、操作、技术等因素所导致的“内部风险”。

使用金融衍生工具是以组合资产和衍生工具基础资产、衍生工具基础资产和衍生工具之间的稳定、可准确估计的统计关系为基础的，当这样的关系无法建立或不可靠时，金融衍生工具就单纯成为投机工具，衍生工具基础资产和衍生工具之间就无法进行基于改善效率的制衡操作，组合资产也就无法得到有效保护或投资者难以达到自己的使用目的。衍生工具交易由于其杠杆性而具有高风险性和信用风险的相对集中性，衍生工具的虚拟性和定价复杂性使得其交易策略比现货交易要复杂得多，如果不恰当使用或风险管理不当则导致巨大的风险，严重的可能使投资者破产倒闭或诱发金融市场动荡，这方面的案例不胜枚举。

专栏 3-2 “2.23”国债期货事件

上海证券交易所在 1993 年 10 月 25 日向社会公众开放国债期货交易。327 品种是 1994 年 7 月上海证券交易所推出的国债期货品种，其标的物是财政部于 1992 发行的 3 年期国债，票面利率为 9.5%，到期本息 128.50 元，享受两年保值贴补。在保值贴补率不断升高等题材刺激下，327 品种的价格屡屡被炒高。1994 年 7 月 327 上市时价格为 131.05 元，到 1994 年 12 月 30 日，价位一路冲到 147.95 元。

1995 年初，某些大公司基于对中央宏观调控措施的估计，认为 1995 年 1 月通货膨胀已见顶回落，保值贴补率也将自 4 月起逐步回落，可流通的新债发行规模较大，于是开始较大规模的做空。然而进入 2 月份后，由于市场盛传保值贴补率将上升较多，327 品种为市场人士看好，价格继续上升。被套空头主力大肆出击压盘，但即便如此，市场价格仍维持在 148 元以上。1995 年 2 月 23 日，财政部发布了 1995 年度新债发行的公告，其中可流通部分远远低于市场原先的预期，被视为利多消息。当日上午，先开市的北京、武汉、深圳等地的证券交易中心的 327 品种价格全线上涨 2 至 3 元。沪市开盘后，327 品种的价格跳空高开至 149.50 元，随后又一路上冲到 151.30 元处盘整。

这一情形对握有大量空头头寸的上海万国证券公司极为不利。由于对价格趋势的错误预期，到 1995 年 2 月 23 日，万国证券共持有 180 万口的空头头寸，是上海证券交易所核定其最高持仓量的两倍多。在价格不断上扬的压力下，万国证券试图平仓撤退，但由于持仓量过大，23 日上午平仓未果。同时，由于 327 价格上涨造成的巨额亏空，万国证券必须追加巨额保证金。下午，不甘心失败的万国证券总裁管某孤注一掷，做出了一个极为错误的决策，即试图通过继续大量卖空来压低 327 品种的结算价格。从下午 4 点 22 分 12 秒开始，万国证券在明知严重违反交易规则的情况下，在短短 8 分钟内，抛出 2070 万口空单，成交 1044.92 万口。大量抛压使得 327 品种价格直线下泻，从 151.30 元直至 147.50 元收市，市场一片混乱。

对这种蓄意违规的行为，上海市委、市政府和中国证监会采取了紧急措施：(1) 上海证券交易所通过全国专用信息系统宣布，2 月 23 日下午 4 时 22 分 12 秒后 8 分钟的 327 品种交易无效；(2) 暂停国债期货的竞价交易，改为在场内办理协议平仓；(3) 实行涨跌停板制度；(4) 为防止挤兑风潮，由工商银行上海分行向万国证券短期拆借资金 5 亿元人民币。

根据 1995 年 2 月 25 日公布的 3 年期国债保值贴补率公告，如果不取消 23 日最后 8 分钟的 327 品种交易，万国证券将有约 100 亿元人民币的巨额亏损。即便不计最后 8 分钟的交易损失，万国证券也仍有巨额亏损，难以为继。4 月，万国证券被上海申银证券公司收购。

本章小结

1. 资金的融通有两种方式，一是直接融通，二是间接融通。两种融资形式相结合，共同构成金融市场整体，两者相辅相成，相互促进。

2. 金融市场由各主体、客体、价格及组织方式等要素构成。金融市场最常见的分类是按交易标的物划分为货币市场、资本市场、外汇市场和黄金市场。金融市场在经济系统中具有转储蓄为投资功能、配置功能、调节功能和反映功能。

3. 货币市场是一年期以内的短期金融工具及交易所形成的供求关系及其运行机制的总和。就交易品种而言，可分为同业拆借市场、银行承兑汇票市场、商业票据市场、大额可转让定期存单市场、回购市场、短期政府债券市场、货币市场共同基金等若干个子市场。

4. 资本市场通常指的是期限在一年以上的资金融通活动的总和。按市场工具来划分，资本市场通常由股票市场、中长期债券市场、抵押贷款市场和基金市场。

5. 外汇市场是金融市场体系中的重要组成部分，其交易方式有即期交易、远期交易、套期保值和投机交易等。由于现代电子技术在金融业的应用，使外汇市场成为了统一的全球市场。

5. 金融衍生工具是在金融市场基础工具基础上衍生出来的各种金融合约及

其各种组合。金融衍生工具交易市场主要有金融期货市场、金融期权市场和金融互换市场等。

中英文对照专业名词

1. 金融市场	Financial market
2. 货币市场	Money market
3. 资本市场	Stock market
4. 初级市场	Primary market
5. 二级市场	Secondary market
6. 同业拆借市场	Inter-bank credit market
7. 大额可转让定期存单	Negotiable certificates deposits
8. 回购协议	Repurchase agreement
9. 货币市场共同基金	Money Market Mutual Funds
10. 外汇市场	Foreign exchange market
11. 即期外汇交易	Spot exchange transaction
12. 远期外汇交易	Future exchange transaction
13. 基金市场	Fund market
14. 金融期货市场	Financial futures market
15. 金融期权市场	Financial option market
16. 金融互换市场	Financial swap market

复习思考题

1. 什么是金融市场？其特征是什么？
2. 为什么说直接融通和间接融通是相辅相成、相互促进的？
3. 金融市场的构成要素是什么？
4. 金融市场有哪些功能？
5. 试述同业拆借市场的运作特征。
6. 何为回购协议？回购市场的交易原理如何？
7. 外汇的标价方法有哪些？各有什么特点？
8. 常见的外汇交易方式有哪几种？
9. 金融期货市场具有哪些功能？
10. 举例说明用金融期权来规避风险方面有什么特别的优点。
11. 试述中国金融市场体系的建立和发展。

第五章　金融中介机构

金融市场最基本的功能是对资金进行时间上和空间上的配置，而联结资金供给与需求的纽带是金融市场上的各类金融机构，我们称之为“金融中介”(Financial Intermediaries)。本章在概括了金融中介机构的产生、发展以及金融中介机构构成的基础上，对现代各类金融机构的业务和功能、金融机构体系的监管及我国金融体系作了简单介绍。

第一节　金融中介机构概述

一、金融中介机构的含义

金融中介机构可简称为金融机构(Financial Institution)，在资金的流通过程中扮演着极其重要的角色，是资金盈余者与资金需求者之间融通资金的信用中介。在前面章节我们已经了解到，资金从盈余单位到资金短缺单位的流动可以有两种渠道：一种是直接金融，另一种是间接金融。在这两种融资方式中，都存在金融中介机构的活动，不过它们各自发挥的作用不同。在间接融资领域中，盈余单位把资金存放在银行等金融机构，再由这些中介机构以贷款或证券投资的形式将资金转移到短缺单位。在直接融资领域中，短缺单位直接在证券市场向盈余单位发行某种信用凭证，如债券或股票等进行筹资，因而不需要借助银行的活动。但是，在直接融资的过程中，投融资双方仍需要金融机构为其提供其他服务，如寻找交易对象、咨询和策划、证券销售和经纪服务等等。这就导致了在直接融资领域里活跃着大量的金融机构，如证券公司、投资银行、证券经纪人、基金管理公司等。此外，从事保险业、信托业、金融租赁业等活动的机构也是金融市场上重要的参与者，在资金融通中发挥了重要作用，可统称为金融中介。

需要说明的是，传统的金融中介指的是信用关系中借方和贷方之间的中介，也就是银行。直到现在，这样的用法仍然比较普遍。但是，在国外的金融研究和国际组织的文件中，金融中介是个广义的概念，泛指参与金融活动的各种组织，本教材采取这一用法。

二、金融中介机构的分类

随着社会经济的发展，不断有新的金融中介机构被创造出来。目前，世界各国的金融中介机构呈现出缤纷多姿的形态。同样，在分类上，金融中介机构的分类角度也多种多样。

（一）依据金融中介机构是否具有信用创造功能来分类

依据金融中介机构是否具有信用创造功能，金融中介机构可分为货币性金融机构和非货币性金融机构两种。这也是金融中介的最早出现的分类方法。

1. 货币性金融机构

货币性金融中介机构是指负债为“货币”的金融机构，货币是指在一定时间和区域内被人们普遍接受的交换媒介，通常指通货和支票。

2. 非货币性金融机构

非货币性金融机构是指负债不是货币的金融机构。由于非货币性金融机构在资产、负债和业务等方面均各有特色，又可进一步细分为三类：第一类是储蓄机构，如储蓄银行、信用合作社等；第二类是保险组织；第三类是各种各样其他金融机构，主要有融资租赁公司、投资公司、二级金融中介机构、证券经纪公司以及货币贷款商等。

（二）按金融中介机构所从事业务的不同分类

金融中介机构最通常的分类方法是按其所从事业务的不同，将金融中介机构划分为四类。

1. 以融资业务为主的存款类金融中介机构。包括商业银行、政策性银行、储蓄银行、城市信用合作社、农村信用合作社、财务公司、金融信托投资公司、金融租赁公司等。

2. 以投资服务业务为主的投资类金融中介机构。包括证券公司（投资银行）、投资基金管理公司、证券交易所等。

3. 以保障服务业务为主的保障类金融中介机构，包括各类保险公司和养老基金、政府退休基金、失业保险基金、医疗保险基金等各类可用于融资的保障性基金的管理机构等。

4. 以金融信息咨询业务为主的信息咨询服务类中介机构，主要有信用评估公司、征信公司等。

（三）按金融中介机构的资金来源来划分

如果按金融中介机构的资金来源来划分，则可把金融中介机构划分成两大类：一类是存款性金融机构，一类是非存款性金融机构。其详细内容将在本章第三节、第四节讲述。

三、金融中介体系的一般构成

尽管各国的金融中介体系（Financial Institution System）各具特色，而且一个国家在不同时期的金融机构体系也会有所不同，但从基本构架来看，各国大致还是相同的，尤其在世界经济一体化趋势越来越明显的今天，很多国家金融机构体系的构架也越来越趋于一致。概括而言，世界大多数国家金融中介体系主要由银行和非银行金融机构等共同组成。

从银行机构体系来看，主要包括：中央银行、商业银行和专业银行。中央银行居于一个国家金融体系的“中心”，是统领一国金融机构体系、控制全国货币供给、实施国家货币政策的最高金融机构。商业银行是以经营各种存款、放款和汇兑为主要业务，并以利润为主要经营目标的金融机构。与其他金融机构相比，商业银行是从事各种银行业务的综合性银行，它的业务范围较广、服务对象较多；直接与工商企业等发生业务联系，并能吸收可签发支票的活期存款，还能办理贴现和汇兑业务；尤为重要的是它能以派生存款的形式创造和收缩信用。因此，商业银行是金融体系的主体，对国民经济的发展起着重要作用。专业银行是只经营特定范围内的业务和提供专门性服务的金融机构。目前各国的专业银行主要有：储蓄银行、投资银行以及其他具有特殊职能的银行。与商业银行相比，专业银行虽然业务种类少，服务范围也有限，但由于它的业务更为专业化，因此在整个金融体系中也占据了一席之地。

非银行金融机构是指除银行以外，其他经营金融业的各种机构。概括各国金融机构体系中非银行金融机构的种类，主要有：保险公司、信托公司、信用合作社、证券公司、财务公司、租赁公司以及各种基金组织等。这些非银行金融机构种类繁杂、数量较多，在整个金融体系中也发挥着不可替代的作用，与银行机构体系共同组成了完整的金融机构体系。

第二节　存款性金融机构

所谓存款性金融机构，是指其资金来源主要是吸收各类存款的金融机构，包括商业银行、储蓄机构、信用合作社，其中商业银行属银行机构。

一、商业银行

商业银行(Commercial bank)主要通过发行支票存款、储蓄存款和定期存款来筹措资金，用于发放工商业贷款、消费者贷款和抵押贷款，购买政府债券，提供广泛的金融服务。无论在哪个国家，商业银行都是最重要的一种金融中介机构，它们所拥有的资产最大，提供的金融服务也最全面。在第六章将集中讨论这类金融机构的业务和管理，在此仅就商业银行的一般性问题作简单介绍。

（一）商业银行的性质

1. 商业银行具有一般企业的特征

商业银行具备普通企业的基本要素，如有一定的自有资本、向社会提供特定的商品和服务、依法经营、独立核算、自负盈亏、照章纳税等。

2. 商业银行是一种特殊的企业

商业银行的特殊性主要表现以下方面：(1)特殊的经营对象与经营内容。一般经济单位的经营对象是具有一定使用价值的商品或普通劳务，主要从事商品生产与流通活动；而商业银行的经营对象是货币资金这种特殊的商品，经营内容则是货币的收付、借贷及各种与货币资金运动有关或与之相联系的各种金融业务。(2)特殊的经营关系与经营原则。一般经济单位与客户之间是商品或劳务的买卖关系；而商业银行与客户之间主要是货币资金的借贷或投资关系。商业银行在经营中必须遵循安全性、流动性和盈利性原则。(3)特殊的经营风险及影响。一般经济单位的经营风险主要来自于商品生产、流通过程，集中表现为商品是否产销对路。单个企业破产造成的损失对整体经济的影响较小。而商业银行因其业务大多是以还本付息为条件的货币信用业务，故风险主要表现为信用风险、挤兑风险、利率风险、汇率风险等。商业银行因经营不善而导致的危机，有可能对整个金融体系的稳健运行构成威胁，甚至会引发严重的社会和政治危机。

（二）商业银行的职能

现代商业银行是金融体系的重要组成部分，在整个国民经济运行中起着举足轻重的作用，通过疏通、引导资金的流动，促进资源在经济社会中的分配，提高了全社会经济运行的效率。商业银行作为金融活动中起中介作用的主体，其功能主要有以下几方面。

1. 信用中介

这是商业的基本职能，即商业银行一方面通过吸收存款集中社会上的闲散货币资金；另一方面又通过贷款投资等方式将集中起来的货币资金投放给企业、个人、政府等。商业银行充当贷款人和借款人的信用中介职能，对于国民经济的正常运转和发展有重要意义，它克服了经济主体之间直接借贷的局限性，使货币资金得到最充分、最有效的应用。

2. 支付中介

商业银行通过为各个社会组织和个人开立账户，充当社会经济活动中的货币结算和货币收付的中心。即商业银行在为活期存款（即转账结算存款）的所有者办理转账结算等与货币资金运动有关的技术性业务时，在不同经济主体间传递或转移了货币，发挥了货币资金支付的中介作用。

商业银行在信用中介和支付中介的基础上，为社会经济活动创造诸如支票、银行汇票、信用证、信用卡等代替通货流通的信用工具。这不仅节省了结算成本，而且避免了使用现金所带来的各种风险。

3. 信用创造

这是商业银行的特殊职能，即通过在其日常业务活动中发行银行券和支票等信用工具，以及借助于支票流通，整个商业银行体系可以超出自有资本和吸收的存款总额而扩大信用。

银行券最初是由银行开出的可随时兑现的不定期的债务凭证，现已成为信用货币的主要形式。银行券一方面使银行能超过其实有的资本数量而扩大信用业务，另一方面又能满足因生产发展而引起的流通对货币的追加需要。

支票被存款人用来提取现金时，它只是一种普通的信用凭证。当支票被存款人用来向第三者支付贷款或偿还债务时，它就作为信用流通工具而发挥作用了。在很多国家里.支票是支付货款、清偿债务以及在存款人之间进行转账结算的主要工具，其流通量远远超过纸币。借助于支票的流通，银行可以超过其资本总额而扩大信用，从而满足流通中对流通手段和支付手段的需要。利用支票账户，银行还可以通过其贷款和投资等业务，衍生出更多的存款，使其作为扩大信用的基础，并增加社会货币供给总量（有关商业银行的信用货币创造原理详见第六章第五节）。

4. 金融服务

银行可以向社会提供最广泛的金融服务，除了传统的存款、贷款、结算汇兑等业务外，银行还可提供代理收付、保管、信息咨询等其他金融服务。

5. 调节经济

基于经营范围的扩大、资产和机构规模的扩大以及货币金融关系的不断深化，现代商业银行已对企业乃至整个经济发挥着重要的经济控制和调节功能，成为现代市场经济中引导资源配置和经济运行的一股重要力量。例如，银行通过制定贷款政策和差别利率，利用信贷和利率杠杆调节经济结构，促进某些产业、行业、部门的发展速度。

二、储蓄机构

储蓄机构(Savings institution)又称节俭机构。储蓄机构的性质和最终目标与商业银行没有根本差别。但是其经营方针和经营方法不同于商业银行。人们一般认为，凡是以吸收存款作为主要资金来源，以发放贷款作为主要资金运用的金融中介机构就是银行。但储蓄机构却是非银行金融中介机构，因为，虽然其资金来源主要靠存款，但其资金运用中有相当大一部分是用于投资，其贷款的对象主要是其存款客户，而不是像商业银行那样，面向全社会提供贷款。因而将储蓄机构归入非银行金融机构。

(一) 储蓄机构的特点

1. 资金来源为流动性大的储蓄存款，资金运用为期限长的贷款与投资

储蓄机构的资金来源主要是居民储蓄，占资金来源总量的80%－90%以上。居民将暂时不用的闲散资金存入储蓄机构的目的是获取利息收入，储蓄存款的流动性虽不及活期存款，但远远高于定期存款。近几十年来，西方国家储蓄机构开办了"股份"式存款业务，发行一种契约性股份，但又允许购买该股份的投资者可通过开出汇票提取股金的方式退出，所以这种股份又称"股票汇金账户"。实质上是一种储蓄存单，只有当投资者持有这种账户达到一定期限后，才能参与分红，这就使得储蓄银行所吸收的资金比较稳定。

储蓄机构的资金运用主要是发放不动产抵押贷款、消费贷款和投资于公债、股票，其中以房地产抵押贷款为主，一般占其资产总额的70%以上。这些资金运用大都是长期的，其中的不动产抵押贷款期限可长达15－25年。因此，储蓄机构常被政府用于为实现其房地产政策目标服务。

2. 储蓄机构的利率风险大

储蓄机构资金运用以长期为主，所得到的利息通常在契约中确定，在期满之前是不能变动的，如果市场利率上升，则储蓄机构就会有较多的利息损失。储蓄机构资金来源大多流动性高，当市场利率上升时，储蓄机构支付的利息就会增加，这使得储蓄机构比商业银行要面对更大的利率风险。遇到严重的通货膨胀或其他原因使存款利率提高，而贷款利率不能跟着上浮，就会使储蓄机构的存贷利差缩小，甚至出现倒挂和亏损。

3. 储蓄机构的业务受政策影响较大

各国的储蓄机构有不同的名称，如在美国有储蓄贷款协会、互助储蓄银行；在英国有信托储蓄银行、房屋互助协会；在法国、德国和意大利有储蓄银行等。从其

名称可以看出，储蓄机构的主要业务是为存款人提供消费贷款和房屋抵押贷款。政府对储蓄机构的非抵押贷款通常有严格限制。有时，政府为利用储蓄机构贯彻其住房政策，也给储蓄机构的不动产抵押贷款以税收优惠。

（二）储蓄机构的风险规避原则

由于储蓄机构资金来源和运用的特点，决定其面临较大的利率风险，因此在经营过程中要特别注意风险防范，注重资金运用的安全性。比如，储蓄机构发放不动产抵押贷款，一般应选择机构所在地附近，便于监督管理。在选择贷款人时，注意调查其资信情况和抵押品质量，当发现贷款人不能按期还本付息且催收无效时，可及时申请拍卖抵押品，以减少损失。

此外，储蓄机构要特别注重利率的预测。储蓄机构往往投入较多人力预测利率走势，其目的是在正确预测利率变动的基础上，确定可以获利的贷款利率水平，避免出现利率差过小甚至倒挂的现象。

（三）储蓄机构的发展历程及困境

从历史上看，储蓄机构经历了发展、鼎盛和衰落三个阶段。一般认为，19 世纪末到 20 世纪 40 年代是储蓄机构缓慢发展时期，这一时期消费信贷尚不发达，储蓄机构的业务有限。20 世纪 50 年代到 70 年代末是储蓄机构发展的鼎盛时期，储蓄机构大量增加。这主要得益于西方国家推行的需求管理政策和鼓励消费政策，国家鼓励消费贷款和住房贷款。而自 20 世纪 80 年代以来，储蓄机构陷入困境，步入衰退阶段。

20 世纪 70 年代后，由于市场利率上升，储蓄机构的经营成本大幅度提高，储蓄机构面临的信用风险增大。例如，美国储蓄贷款协会发放抵押贷款的利率从 1978 年的 9.54%提高到 1982 年的 14.72%。贷款利率上升的结果，使储蓄机构的贷款回收率下降。因为贷款利率较低时，人们为改善住房条件，会在贷款到期前卖掉旧房，归还贷款，重新申请贷款购买新房，这样储蓄机构的贷款回收率保持在较高水平。但贷款利率提高后，人们在住房价格看涨的情况下，不愿意频繁地置换住房。结果导致实际贷款期限延长，储蓄机构的贷款回收率下降。此外，随着金融创新的发展，其他金融机构如商业银行与储蓄机构展开激烈的资金争夺战，使储蓄机构资金来源减少，许多储蓄机构经营陷入困境，直到现在，一些储蓄机构仍处于困难之中。

三、信用合作社

信用合作社（Credit cooperation，credit Union）是一种互助合作性质的金融机构，由某些具有共同利益的人自愿集资联合组成。其经营目标是以简便的手续和较低的利率，向社员提供信贷服务，以帮助经济力量薄弱的个人解决资金困难。

最早的信用合作社是 1849 年在德国莱茵河地区建立的农村信用合作社。其资金主要来源于成员交纳的股金和向社员吸收的存款，还有一部分是非会员存款，这部分资金只占一小部分。资金运用主要是向社员发放贷款。现在，一些资金充裕的信用社已开始为解决生产设备更新、改进技术等提供中长期贷款，并逐步采用以不动产或有价证券为担保的贷款方式，此外还开展收受有价证券、支付利息、红利分配、保护性寄存等业务。

按地域不同，信用合作社一般分为城市信用合作社和农村信用合作社。最初，农村信用合作社是由农民或农村的其他个人集资联合组成的合作金融组织，以互助为宗旨，以扶植农业生产为主要业务。各国都对农村信用社实行各种优惠鼓励政策。随着农村产业结构调整和非农业人口增加，农村信用合作社的成员逐步扩大到农村的小工商业者、农场工人和职员，其业务也发展到办理农、林、牧、渔和农村工商业及社员消费性的短期贷款。城市信用社是城市居民集资建立的合作金融组织，其主要目的是为城市小型工商企业提供信贷服务，以帮助它们解决资金困难，促进发展。城市信用合作社的自有资金主要由股金、公积金和从盈利中提取的信贷基金构成，也吸收单位和个人的一部分存款。

信用合作社是一国信用体系中重要的组成部分，由于信用合作社大多设在城市的社区或农村人口相对集中、交通相对便利的地方，与会员联系紧密，所以信用合作社能起到弥补其他金融机构网点不足的作用。

专栏 5-1　一种特殊的民间金融组织：合会

合会是一种古老的互助性民间金融组织，在许多发展中国家都以不同的形式存在过，在我国也有上千年的历史。目前在我国南方地区的农村较为常见，因地区不同而有不同的叫法，如摇会、邀会、标会等。合会一般有一名会首（发起人）和若干会脚（参加合会的会员）组成。合会成员定期举会，交纳一定的会费归一人所有。每个参会者都有获得一期会款的权利，同时又有在其余各期缴纳会费的义务。第一次举会的会款归会首所有，每个会员缴纳的会费是一个事先规定的基准会金；此后各期会款的归属和会费的高低由所有尚未获得会款的会员竞标决定，竞标的对象就是每个会员应缴的会费，谁要求每个会员缴纳的会费最低，谁就获得该期的所有会款。不管各期的实际会费是多少，都按照基准会金入账，其间的差额就是一种利息。由于资金的时间价值，一般离会期结束越近，会费越高，最后一期的会金将上升到基准会金水平（由于无人竞争，他会要求所有会员缴纳基准会金）。因此，除会首外，一般先得会款者到的会款要小于其支付的会费总额，而后得会款者得到的会款则会高出其支付的会费总额。先得会款者相当于整借零还，而后得会款者则相当于零存整取。会首在第一次举会时就得到高于其后来支付的会费总额的会款，是对其组织工作的一种报酬。合会正是以这种方式实现资金融通的。

举例来说，某合会有会员 10 人，规定基准会金为 100 元，每月 12 日晚 7 时举会（由于会员共 10 人，所以共举会 10 次，会期共 10 个月）。第一次举会每人缴纳 100 元基准会金共 1000 元归会首所有。从第二次举会起开始竞标，竞标的对象是该次举会每人应缴纳的会费，标价最低者获得会款。如第二次举会张三以 80 元中标，则每名会员该月就缴纳 80 元会费共计会款 800 元归张三所有（实际上扣除张三本人所交的 80 元，他获得资金 720 元），账面上仍记每人上缴会金 100 元，其间的差额 20 元反映了后得会款的会员的利息收入。当然大部分会员会在会期结束前以低于 100 元的要价取得会款，从而在该笔会费上的利息会不足 20 元。只有最后获得会款的那个会员会得到全部的 20 元利息。

作为一种互助性组织，合会的优点是运转简单，手续简便，方式灵活，因此能够弥补银行等正式金融机构的某些不足，特别是在满足个人之间的小额资金融通要求方面具有重大意义。但是和所有自发的金融组织一样，它也伴随着极高的违约金，因为这一点，合会的利息往往也要比银行存款的利息高出许多。事实上，它在很大程度上依赖于会首的个人威信，这就使得合会很容易为犯罪分子所利用。我国 80 年代中期发生的几次涉及面较大的“倒会”事件充分说明了这一点。

第三节 非存款性金融机构

有些金融机构的资金来源不是由资金所有者自愿缴存的，而是根据契约规定缴纳的，这种资金来源是非存款性来源，以接受这种资金为主要来源的金融机构称为非存款性金融机构，主要包括保险公司(Insurance Company)、养老金基金(Pension Fund)、共同基金(Mutual Funds)、金融公司(Financial company)、投资银行(Investment Bank) 等。

一、保险公司

(一) 保险公司的产生及特点

在日常生活和经济活动中，发生意外损失的风险是必然存在的，但这一风险发生在谁身上，在什么地方发生以及什么时候发生却带有很大的偶然性。正是因为风险发生存在的这种必然性和偶然性，人们才有被保险的需求，保险公司(Insurance Company)也才有经营和发展保险业务的积极性。

英国是保险业的发源地，早在 1668 年英国就有了海上保险业务，1769 年，英国出现了几十名保险商人联合起来共同经营一项海上保险，但当时还没有固定的保险机构。到 1871 年，英国议会通过了一项特别法令，成立"劳埃德保险社"(简称"劳合社")，从此，保险机构取得法人资格，正式登上历史舞台。以劳合社为代表的英国保险业一直居世界保险业前列。

保险以社会互助形式对因各种自然灾害和意外事故造成的损失进行补偿。保险公司就是经营保险业务的金融机构。在世界各国特别是市场经济发达的国家，保险公司是除银行外最重要的金融机构，在国民经济中发挥着重要作用。

保险公司的资金来源是投保人交纳的保险费，保费是保险公司通过概率进行精确计算后所确定的。资金运用主要分成两部分，一部分用于应付赔偿所需，另一部分用于投资证券(如政府债券、企业债券和股票)、发放不动产抵押贷款和保单贷款等。发达国家的保险公司都是金融家，它们不仅承保，还从事各种投资活动，乃至于购买古玩字画。1987 年，名不见经传的日本安田保险公司以 2250 万英镑的高价竞拍到梵高的《向日葵》，不仅大赚其钱，还使自己名声大噪。随着竞争加剧，保险业利润变薄是普遍的趋势，为了生存，保险公司必然更注意资金运营，在资本市场大量投资以获取收益。

(二) 保险公司的类型

1. 人寿保险公司

人寿保险公司是为投保人的意外事故或伤亡提供经济保险的金融机构。其资金来源是按不同的保险品种确定的保险费；其资金运用主要是理赔和购买公司债券。由于人寿保险金支付具有可预期性，一般只有规定的事件发生或到了约定日期才支付保险金，在收进保费和支付赔偿金之间会形成较大的资金余额，因此人寿保险公司常有大量资金用于投资。由于人寿保险公司不必保持太多的现金和流动性较高的资产，因而可以投资于长期债权和公司股票，还可以用来发放房地产抵押贷款。

人寿保险的品种较多,常见有如下三种形式:(1)定期人寿保险。这是有一定承保期的人身险,承保时间可从几周到几十年。在承保期内,一旦发生事故,造成投保人丧失收入能力或死亡、伤残,便可获得保险公司的赔偿。(2)终身人寿保险。是投保人在整个期限内按固定保险费率缴纳保险费,当投保人死亡后,由保险公司一次性支付保险金总额给投保人的指定人。(3)长期人寿保险。是保险公司在投保人达到规定年龄时,由保险公司支付一笔款项给投保人,其保费率是随投保人年龄的增长而提高的。

2. 财产保险公司

财产保险公司是对法人财产和家庭财物提供保险的金融机构。当投保人的财产在保险期内由于灾害及其他原因遭受损失时,保险公司负责赔偿。财产保险承保范围十分广泛,主要险种有:自然灾害险、汽车险、运输险、责任赔偿险、防盗险等。财产保险公司与人寿保险公司相比,各种灾害的发生事先不好预测,因此所持现金及流动性资产的比重要高一些。财产保险公司的资金一般用于购买政府债券,也有少部分用于购买公司股票。

二、养老基金

养老基金(Pension Funds)是一种类似于人寿保险公司的专门金融机构,是作为社会保障制度的一个组成部分而发展起来的。由企业等单位的雇主或雇员交纳基金,它是西方国家首创的,是实行福利制度的一个重要内容。

养老基金可以分为私人养老基金和公共养老基金。私人养老基金通常是企业为其雇员设立的,养老金预付款由雇员和雇主共同分担,同时政府还给予某些税收优惠。私人养老基金通常由商业银行的信托部、人寿保险公司或专门的养老基金来管理,往往大量投资于公司股票。公共养老基金包括各级政府为其雇员所设立的养老基金和社会保障系统。在美国,联邦政府及州和地方政府也像私营企业一样,为其雇员设立养老基金。这些基金在管理上和私人养老基金并没有太大的不同,只是在资金投向方面受限制,所以不像私人养老基金那样大量投资于股票。此外,社会保障系统(Social Security System)在许多发达国家都存在。美国的社会保障系统建立于1935年,它几乎涵盖了在私有部门就业的所有人员,资金来源主要是雇主和雇员交纳的社会保障税。社会保障系统的主要任务是向年老、伤残、疾病、失业人员及死亡者家属提供必要的援助。和私人养老基金不同的是,社会保障系统的资金援助是根据需要发放的,不是根据个人所交纳的预付款发放的。

养老基会的资金来既不还本付息,也不分红。很多国家都规定这笔资金由劳资双方共同缴纳,如新加坡规定劳资双方各一半,也有的国家是由雇主单独缴纳。养老基金实质上是公众为退休后的生活而准备的储蓄,所以养老基金的支付可以预先精确测算,对流动性要求不高。其资金运用主要是投资于公司股票、债券、购买已发放的贷款、不动产抵押贷款等。

专栏 5-2　中国养老基金的国际投资

在中国养老基金进入国际市场投资的初期阶段，对养老基金国际投资适用严格数量限制规则是必要并且可行的。

社保基金、企业年金和个人自愿养老保险基金这三大养老基金支柱，由于其养老保障性质、养老保障地位的不同，国际市场投资损益形成后果的不同，因此在实行数量限制规则时，对这三大养老基金支柱国际投资应适用差别化的数量限制安排。一般而言，第一养老基金支柱即社保基金在国家整个养老体系中占有第一重要的地位，其国际市场投资损益状况对整个国家养老保障状况的影响重大，因此对第一基金支柱应实行比较严格的数量限制；第二养老基金支柱即企业年金在国家养老体系中占有次重要的地位(对第一支柱起重要的补充作用)，因此对第二基金支柱应实行次严格的数量限制；第三养老基金支柱在国家养老体系中起着补充或再补充的作用，因此对第三基金支柱则可实行比较宽松的数量限制。

对三大养老基金支柱适用有差别的数量限制安排，可以达到三个目的：

第一，充分考虑到了三大养老基金支柱在国家养老体系中的地位差别、在资产负债管理和风险收益特征上的不同要求，有助于降低和控制整个养老体系面临的风险。

第二，为监管机构观察和比较三大养老基金支柱不同数量限制政策所产生的不同经济社会效应的机会，从而可以根据国内外市场环境变化情况和养老基金管理人自身能力的变化情况，适时修正和调整数量限制政策。

第三，为将来某一时期我国养老基金国际化，由适用数量限制规则稳步地向适用谨慎人规则过渡提供了循序渐进的途径。一般而言，原本实行比较宽松的数量限制规则的个人自愿养老保险基金将率先适用谨慎人规则；紧接着，原本实行次严数量限制规则的企业年金将在参考前者成功经验的基础上也采取谨慎人规则；最后，在前两者成功经验的基础上，第一养老基金支柱也最终取消数量限制，稳步地转向实行谨慎人规则。

无论是从养老基金的投资收益还是从监管实效和演变趋势来看，谨慎人规则都是养老基金投资监管模式的较优选择。因此，当前我国对企业年金基金投资监管实行的数量限制应当随着年金规模的不断扩大和资本市场发育的逐步成熟，有计划、有选择地加以放宽。有研究表明，当养老基金资产达到一国 GDP 的 5%时，就可以放宽对养老基金投资的数量限制；当养老基金资产达到一国 GDP 的 20%时，就可以允许养老基金投资于国外资产。

在将来中国养老基金积累较丰富的投资经验，特别是国际市场投资经验，并且自身具备了较强的国际投资风险控制能力的时候，就可以逐步放松对养老基金国际投资的数量限制。数量限制逐步放松的前提是，养老基金管理人自身从事国际投资的谨慎管理能力有了相应的提高。从全过程来看，数量限制规则逐步放松的过程，自始至终应该就是养老基金管理人自身从事国际投资的谨慎管理能力不断提高的过程。

资料来源：《国际金融报》

三、共同基金

共同基金通过向个人出售股份来筹集资金，然后用于购买多样化的股票和债券组合。它把中小投资者的资金集中起来，通过专家进行管理，可降低交易成本和信息成本，并通过投资的多样化而降低风险，因而受到了广大投资者的欢迎。

投资基金起源于 19 世纪中期的英国，当时英国人对海外投资非常向往，但苦于许多不便，就委托金融机构代劳。后来，英国政府立法加以规范，从而产生了契约型基金。这种基金主要有三个当事人，一是投资者(受益人)；二是基金管理公司

(委托人),三是基金保管公司(受托人)。他们签订协议,明确各自的职责,投资者购买受益凭证,并取得相应的收益,基金管理公司发行凭证,筹集资金,并根据契约运用信托财产进行投资;基金保管公司(投资信托公司或银行)负责保管信托财产,且对基金有监督权。由于契约型基金不具有法人资格,所以它不能向投资人发行股份,而只能发行受益凭证。

基金有两种形式:封闭式基金和开放式基金。前者有固定存续期,(一般至少五年),到期后才能还本付息,在这期间,纵然业绩波动很大,投资者也只能在二级市场出售,不能中途撤资,基金管理人自由度大,从事长期投资,也无顾虑。开放式基金则无存续期,可自由进出,追加投资,也可以撤资。如此一来,投资者得到方便,但管理人必须保留一定的现金,应付挤兑,故开放式基金对管理人员水平要求更高,一旦决策失误,收益下降,投资者中途撤退,基金将无法维系。开放式基金的股份价格取决于该基金所持有的全部证券组合的净价值,即基金的净资产价值。因此,当证券的价格发生变动时,基金股份的价格也会跟着上下波动。在美国,大多数共同基金都是开放型基金。

四、金融公司

金融公司(Financial Company)又称财务公司,是以支持小企业和消费者贷款为主的金融机构。其资金来源主要是借款,短期借款主要靠向银行借入,长期借款主要通过发行债券和大额定期存单,此外,还通过在公开市场上卖出商业票据来获得一部分资金。其资金运用主要是向中、小企业发放贷款和向消费者发放消费贷款,常见的有汽车贷款、住房贷款和耐用消费品贷款。近年来,金融公司在发达国家显得异常活跃,有的还经营证券业务,比如包销和代销证券;有的还兼营外汇业务,提供金融咨询和其他服务。

金融公司可分为销售金融公司、消费者金融公司和商业金融公司。(1)销售金融公司是由一些大型零售商或制造商建立的,旨在以提供消费信贷的方式来促进企业产品销售的公司。例如福特汽车信贷公司便是福特汽车公司为了促进汽车销售而建立的。(2)消费者金融公司专门发放小额消费者贷款,由于规模小,管理成本高,贷款利率也比较高。它的主要作用是为那些在别的渠道很难获得贷款的消费者提供资金。(3)商业金融公司主要向企业发放以应收账款、存货和设备为担保的抵押贷款。

五、投资银行

货币市场上最活跃的是商业银行,而在资本市场上最活跃的机构是投资银行。说起投资银行,有人会望文生义,认为是专门出资上项目的银行,其实,投资银行主要不是拿自己的钱去投资,而是牵线搭桥,协助政府、企业、外国机构等筹集资金;或帮助投资者管理财产,向客户提供有关财务和投资方面咨询服务。投资银行是资本市场上的一种高级形态的中介机构,在重新组合生产要素、优化资源配置方面起着重要作用。

投资银行在不同的国家,称谓也有所不同。在美国,称为投资银行;在英国称为商人银行（Merchant Bank）；在日本称为证券公司（Security Company）。投资银行之所以被称作"银行"，一方面是因为它本身是金融体系中的重要一员，更重要是在历史上与商业银行融合产生的惯性作用。其实，从现代投资银行的经营活动来看，"投资银行"只是金融领域中理论上的一个称谓，而不是实际操作中的称呼。实际操作中的投资银行并不称作"××投资银行"，而是叫作"××证券公司"或"××公司"。例如：世界最有名的投资银行有美林公司（在基础设施融资和证券管理享有声誉）、高盛公司（以研究能力和承销著称）、所罗门兄弟公司（以商业票据发行和公司并购见长）和第一波士顿公司（组织辛迪加贷款和安排私募）等。

投资银行与商业银行不同，不吸收存款，也不发放贷款。其资金来源主要依靠发行股票和债券来筹集，即使有些国家的投资银行被允许接受存款，也主要是定期存款。投资银行的主要业务是承销各类证券（政府债券、企业债券和股票；国际金融机构的证券），以佣金为主要收入。有时也用自有资金进行投资，或对客户进行融资。并购业务是现代投资银行的另一项重要业务，20 世纪 60 年代，企业并购盛行，既有大鱼吃小鱼式的，也有蛇吞象式的，还有巨无霸式的强强联合。投资银行在其中发挥了不可缺少的作用，表现在两个方面，一是策划和咨询，在并购发起方和目标企业之间充当中介，左右游说，达到双方满意的条款，并帮助兼并方融通资金，使兼并落到实处。二是炒产权，投资银行亲自出马，先投资买下企业产权，然后再整体转让或分拆卖出，或包装上市抛售股票套现，从中赚取买卖差价。此外，投资银行也兼营短期贷款业务和其他业务。投资银行通过这些业务，成为证券市场关键环节，在筹资者与投资者之间架起一座桥梁。

第四节　分业经营与混业经营

所谓分业经营和混业经营是从机构职能方面理解的，分业经营指的是银行业、证券业、保险业、信托业各自经营与自身职能相对应的金融业务。混业经营是国家对商业银行的经营范围，比如间接金融与直接金融业务、短期信贷与长期信贷业务、银行业务与非银行业务之间不作或很少作法律方面的限制，导致银行业务领域多元化。

一、分业经营模式与混业经营模式的形成

从世界各国商业银行的发展过程来看，大致有两种发展的模式：

一是英国式融通短期资金的模式。英国作为最早的资本主义强国，其资本市场比较发达，企业的项目投资主要依靠资本市场募集，向银行要求的贷款主要是用于商品流转过程中的临时性贷款。另一方面，早期银行的资金来源以流动性较大的活期存款为主。所以，英国商业银行形成了以提供短期商业性贷款为主的业务传统。这种传统的优点是能较好地保持银行清偿能力，银行经营的安全性较好。缺点是银行业务的发展受到限制。这种模式最初本来是自然形成的，并不是法律监管所导致。但到后来采用这种模式的国家一般都通过立法对商业银行的经营范围作出严格的限制，实行分业经营。包括英国在内，美国和日本等国也都长期限制

商业银行涉属于投资银行经营范围的证券投资业务。

二是以德国为代表的综合式商业银行模式。德国作为一个后起的资本主义国家，面临与英、法等老牌资本主义国家的竞争，德国企业需要足够的资金以支持其迅速发展。但是，德国的资本市场起步晚，发展落后，因此，德国银行和企业建立了全方位、综合性的业务模式。这种模式的商业银行除了提供短期商业性贷款外，还提供长期贷款，甚至直接投资于企业股票和债券、从事证券承销、参与企业决策与发展。除德国之外，瑞士、奥地利等国家也采用这种模式。

二、现代银行业的全能化趋势

20 世纪 30 年代大危机之后，英国、美国、日本等国对商业银行的业务范围（尤其是对商业银行从事投资银行业务）进行了严格的限制，从而形成了一种职能分工型的银行体制。在这种银行体制下，法律对各种金融机构的业务范围进行具体的分工，有的专门从事长期金融，有的专门从事短期金融，还有的专门经营证券的买卖或信托业务。其中最重要的是，银行业必须和证券业分离，商业银行不能从事股票和公司债券的承销和交易。根据这种分工，商业银行主要从事的是短期工商业贷款。而与此同时，欧洲大陆的德国、奥地利和瑞士等国则继续奉行全能型银行体制，商业银行可以不受限制地从事各种类型的存款、贷款以及全面的证券业务。在相当长的时间内，关于金融业分业经营和混业经营究竟孰优孰劣的问题一直是经济学家们争论不休的话题。

20 世纪 80 年代以后，职能分工型的银行体制已经逐渐向全能型银行体制转变。在美国，商业银行与投资银行的相互渗透也发展得非常迅速。人们认识到，混业经营相对于分业经营模式的优点，使之特别适合现代金融环境。在国际上，混业经营模式已成为银行业的发展趋势。

与混业经营模式相比，分业的模式明显地存在着许多弊端：(1)分业经营人为地造成了金融业在市场、机构、资金、从业人员上的分隔，阻碍了资金的自由流动和有效配置；(2)分业经营限制了竞争，将金融体制内全面的竞争细划分割成为每一类机构、每一块业务的竞争；(3)分业经营使不同性质的金融机构对同样的客户提供一系列服务，而不同的金融机构对这一客户的认知却不能共享，要进行许多重复劳动，而且，对该客户来说，这些金融服务是割裂的，服务不到位的情况不可避免。总之，分业增加了社会的成本，影响了竞争，从而最终影响了金融体制的效率。

混业经营并不是对各类金融机构职能的绝对否定，而是随着融资技术的发展，同一种金融新产品可以被具有不同职能的机构共同使用，即不同金融机构之间出现业务相互交叉和渗透，是对旧的职能分工的扬弃。与分业管理模式相比较，混业经营有以下优势：(1)混业经营使金融机构的市场变化能力增强。多元化经营为银行的金融产品开发和业务市场的开拓提供了巨大的发展空间，增强了银行对金融市场变化的适应性，有利于整个银行体系保持稳定，降低国家的系统性金融风险。(2)混业经营使金融机构能提供全方位的金融服务，成为“金融百货公司”，从而降低服务成本。(3)混业经营条件下的金融机构拥有稳定客户群。混业经营有利于形成银企之间的利益制衡关系，即在银企双方共同利益基础之上的持久信用机制。

专栏 5-3　混业经营对美国及世界金融业的影响

在全球金融自由化发展和金融业竞争加剧的背景下，美国于 1999 年通过了《金融服务现代化法案》，该法案的通过与实施对美国乃至国际金融业未来发展的影响极为深远。

首先，美国以法律形式重新确立金融业的利益格局，这必然导致美国金融业乃至国际金融市场的整个利益格局的重大调整。有专家分析，随着这一法律的通过和实施，预计美国各大银行将出巨资来并购本国各大投资中介机构和保险商，以期使自己成为超级银行。各投资银行也在等待时机，期望在下一波的金融机构并购潮中大显身手。也有分析家认为，美国金融业全面放开后，最初的并购可能只会在银行和保险商之间发生，其中地区性银行与全国大型保险商之间联姻的可能性最大。可见，新法案实施后，美国金融业的剧烈竞争不可避免，新的利益格局自然会出现。

其次，对美国的消费者来说，新法案的实施必然会促使集各种金融于一身的超级银行的出现，这种超级银行必然会给人们的生活带来各种便利，因为只要走进任何一家超级银行的分支机构，就可以享受到所有金融方面的各种服务。在一个速度制胜的时代，金融业中间环节的减少会大大节省时间、降低成本、提高效率。因此，新法案的实施对民众的好处是不言而喻的。同时也必然进一步推动金融业一体化的快速发展。

再次，美国作为金融分业制的鼻祖和世界上最大的金融强国，金融分业制在美国退出历史舞台，必将在美国乃至世界范围内引发一场包括金融制度改革、金融机构整合、金融服务创新、经营理念重塑的金融革命，从而对全球金融业的未来发展产生全面而深远的影响。也是在这个意义上说，金融业从分业经营向混业经营的回归将是 21 世纪全球金融业发展的必然趋势，也是 21 世纪银行业得以生存的最终选择。

（本文节选自易宪容. 混业经营：21 世纪全球金融业的发展趋势. 中国金融理论前沿Ⅱ.）

三、我国金融业走向混业经营的必然性

就我国的具体情况来看，目前金融业中仍主要采取分业经营模式。党中央、国务院于 1993 年提出分业经营原则，但在 1994 年到 1996 年的三年中，在金融界并没有得到彻底的贯彻，出现假回购真拆借、银行资金进入股票市场、诈骗资金、携款潜逃等现象，导致银行资金、居民钱财血本无归。1997 年后，鉴于我国金融监管法规尚不健全，金融经营者素质低，金融机构内部风险控制机制不完善，金融监管体制和监管水平还远未达到混业监管的要求，我国强调分业经营和管理的原则，在我国实施分业经营的合理性体现在以下方面：

（1）分业经营有利于建立起完善的多元化的金融市场体系。我国的金融体制改革经历了中央银行与专业银行分离，银行业与证券业离，三大政策性银行与专业银行分离等关键性步骤，形成了当前的金融市场体制和格局，实践证明，这种体制是适合我国经济发展需要的。

（2）分业经营有利于专业银行改革和投资银行成长。发展投资银行，建立资本市场，推进直接融资体制的形成，将缓解国有商业银行改革的难度。同时分业经营，有利于减少金融业的竞争，为投资银行提供宽松的成长环境。

（3）分业经营有助于证券市场的健康发展。我国证券市场法规不健全，在实际操作上和市场监管上，没有形成有效的运行机制，因此有必要从法律上切断信贷资金流入股市的渠道。

(4) 分业经营分散了整个金融系统的风险。一方面分业经营后，商业银行不再是全国唯一的资金融通主体，高风险的长期资本融资由投资银行来完成。另一方面，由投资银行实现的企业资本金社会化分散了金融体系的风险。

虽然现阶段我国存在分业经营的合理性，但随着我国经济进一步市场化、国际化，加上混业经营模式本身的优势和科学合理性，我国金融业势必会顺应国际金融业发展的潮流，向混业经营方向发展，其理由主要是：

1. 开展混业经营是我国金融体系迎接全球金融市场竞争的需要

在全球金融市场激烈的竞争中，成本低，业务全、规模大、竞争力强的全能银行体制因具有明显的竞争优势而逐渐胜出。混业经营成为一种世界性的发展趋势。尽快开展混业经营是我国面对金融业开放后保证国家金融安全，提高金融机构竞争力的迫切要求。

2. 开展混业经营有助于降低我国商业银行的风险

在趋利避害原则下，实现盈利最大化是商业银行的经营目标，特别是在当今金融证券化、电子化、信息化和一体化发展的格局下，把银行业务发展的空间仅定位于传统的存款、贷款、和汇兑结算等中间业务，不但有悖于商业银行的本质，而且由于利润来源的空间狭小使银行风险增大。混业经营由于业务多样化而具有的内在稳定性特征，它能利用内部补偿机制来稳定银行的利润收入。因此，发展混业经营对于改善我国商业银行，尤其是国有商业银行的收入结构、减少金融风险具有特别重要的意义。

3. 开展混业经营是我国国有企业的改革的需要

目前，国企改革的重点和难点是对国有企业实行战略性重组。国有企业重组要求商业银行为其提供全方位、多功能的金融服务，扫清金融方面的障碍。同时，国有企业重组需借助资本市场的融资工具来完成，须有全能银行通过资本运营、证券上市、资产证券化等投资银行业务支持国企转机建制。

我国也已经开始银行混业经营的改革，根据混业经营的股权架构不同，我国银行混业经营的改革模式分为金融控股公司模式和银行母公司模式两种。

其中，金融控股公司模式是在同一机构框架内通过相互独立的子公司来从事其他金融业务。这种模式中，“混业”主要体现在集团层面，各子公司实质上并不算“混业”，这种形式的混业经营也是我国目前已经试水的混业经营模式，中信集团、光大集团和中国平安都属于金融控股公司模式。银行母公司模式则是以银行作为母公司，下设证券、保险等子公司，进而涉足多个金融领域。可见，与金融控股公司模式相比，银行在集团中地位更高，进而决定了集团的经营战略可能会偏向银行业务。

与金融控股公司不同，银行母公司的经营模式在我国是违背《商业银行法》规定的。对此，银行多采用海外控股和信托控股的方式控股证券公司，实现多牌照混业。工商银行和中国银行采取海外投资的方式，获得全牌照证券子公司，兴业银行则通过信托子公司实现对证券公司的控制权。

随着交通银行入股华英证券一事获得批准，交行成为了首家获得券商牌照的银行。券商牌照放开，则意味着我国银行业在实现全面混业经营上又进一步。

本章小结

1. 金融中介机构是指在金融活动中起中介作用的主体。在一国的国民经济中发挥着重要的作用。

2. 金融机构体系是由相互联系、相互依赖的若干个金融机构组合而成的具有特定功能的整体。存款性金融机构是指资金来源主要是吸收各类存款的金融机构，包括商业银行、储蓄机构、信用合作社。以接受非存款性资金为主要来源的金融机构称为非存款性金融机构。包括保险公司、养老金基金、投资公司、金融公司等。

3. 由于金融业的特殊性和金融在现代经济体系中的特殊地位，随着金融业的发展，其中风险急剧增大，金融监管越来越重要，具体而言，金融监管包括市场准入的监管、市场运作过程的监管、市场退出监管等。

4. 商业银行是以经营各种存款、放款和汇兑为主要业务，并以追求最大限度利润为经营目标的金融机构。

5. 分业经营和混业经营是金融业两种不同的经营模式，各有自身的优势。就现阶段来看，由于受各种条件的制约，我国实行分业经营有更多的优势。但随着金融业的国际化，混业经营模式的实施势在必行。

关键词汇

金融中介机构	Financial Intermediaries
金融中介体系	Financial Institution System
商业银行	Commercial bank
储蓄银行	Savings institution
信用合作社	Credit cooperation
保险公司	Insurance Company
养老金基金	Pension Fund
共同基金	Mutual fund
投资银行	Investment bank
金融公司	Financial company
金融监管	Financial Supervision

复习思考题

1. 在现代经济中，金融中介机构的地位如何？
2. 简述金融机构体系的构成。
3. 为什么储蓄机构存在较高的利率风险？
4. 保险公司产生的背景怎样？
5. 商业银行只从事商业贷款吗？
6. 试述解放前夕国民党统治区的金融体系构成。
7. 试述 1979 年以来我国金融机构体系的主要变革。
8. 谈谈应如何适应混业经营要求，进一步改革和完善我国的金融机构中介体系。

第六章　商业银行

商业银行是在市场经济中产生和发展起来的，是为适应市场经济发展和社会化大生产需要而形成的一种金融组织。经过几个世纪的演变，现代商业银行已成为各国经济活动中最主要的资金集散机构，并成为各国金融体系中最重要的组成部分。

第一节　现代商业银行的产生和发展

商业银行是以追求利润最大化为目标，以多种金融资产为其经营对象，能利用负债进行信用创造，并向客户提供多功能、综合性服务的金融机构。在各类金融机构中，商业银行的历史最悠久、业务范围最广泛、对社会经济影响最大。

一、商业银行的产生和发展

银行的英文"Bank"来源于意大利语"Banca"或者"Banco"，原意是指银行交易所用的长凳和桌子，英文移植为"Bank"，原意指存放钱物的柜子，后来就泛指专门从事货币存款、贷放和办理汇兑、结算业务的金融机构。

银行是个古老的行业，萌芽状态的银行业早在古巴比伦及古罗马时期就存在。早期的银行发源于意大利，中世纪的欧洲各国商业往来频繁，意大利成为当时的贸易中心。但是由于封建割据，不同国家和地区之间使用的货币存在很大差异，为实现商品的顺利交换，就出现了专门的货币兑换商从事铸币兑换业务。

随着商品经济的发展，铸币兑换的规模不断扩大，货币兑换商开始利用自己的安全保管设施经营货币保管业务，后来又发展到办理支付和汇兑。货币的兑换业务和货币的保管及汇兑业务是古代货币经营业发展的两个阶段。由于保管货币业务和汇兑业务的扩大和发展，货币兑换商就转换为货币经营业者，在他们手中集聚了大量的货币资金，这些货币资金成为他们进行放款的基础。由于放款可以生利，货币经营者开始有意吸收存款。当货币经营者不仅经营货币兑换、保管，办理汇兑，而且还吸收存款，发放贷款并牟取利息的时候，他们便以信用中介人身份出现，货币经营业就演变成为银行业了。

1272 年，意大利的佛罗伦萨就已出现了巴尔迪银行，1310 年，佩鲁齐银行成立。此后 1397 年设立了麦迪西银行，1407 年出现热那亚乔治银行，比较具有现代意义的银行则是 1587 年设立的威尼斯银行。

早期银行的授信业务都有明显的高利贷特征，极大地影响了工商业的发展，高利贷的银行业不能满足资本主义发展对信用的需求。随着资本主义经济的发展，对资金的巨大需求在客观上要求建立起资本主义银行，以便汇集闲置的货币资本，同时按照适度利率向资本家提供贷款。为了同高利贷做斗争，维护新兴资产阶级的利益，1694年英国政府成立了第一家股份制银行——英格兰银行，并规定英格兰银行向工商企业发放贷款的利率大约在5%～6%。这极大地动摇了高利贷在信用领域的垄断地位，迫使其进行转变。此后，其他各国纷纷仿效，因此，英格兰银行的成立，标志着现代商业银行的产生。

从最初意义上讲，商业银行主要是通过接受活期存款来为工商企业和其他客户提供短期贷款，并从事短期投资的金融机构。商业银行这一名称发源于英国，因为英国早期的银行专门融通短期性商业资金。之所以使用"商业银行"一词，是因为银行仅仅承接短期性、基于商业行为自动清偿的贷款，这类放款是建立在真正的商业行为之上的，而且以商业票据作为凭证，一旦产销完成，贷款即可偿还，即所谓贷款具有"自偿性"。因此，这类贷款偿还期短，流动性高，对银行来讲比较安全可靠。但是，经过长期的发展和经营行为的演变，现在的商业银行早已不是只融通短期性商业资金的银行，它不仅发放短期贷款，也发放长期性投资贷款以及消费贷款。20世纪80年代，随着西方各国对金融管制的放松，各国商业银行又纷纷开办较长期限的证券投资业务，并从事外汇经营、租赁、信托等业务。正如西方经济学家所指出的，商业银行已成为一种"金融百货公司"。很显然，现代商业银行无论在业务结构、经营内容，还是在产权结构、组织方式、经营管理机制等方面，均已不同于原来的商业银行。但是由于约定俗成的原因，商业银行的概念已为人们广泛接受和使用。值得一提的是，在不同的国家，商业银行的名称各不相同，如英国称之为存款银行、清算银行；美国称之为国民银行、州银行；日本称之为城市银行、地方银行等。

二、现代商业银行的发展趋势

1. 银行业务全能化成为国际银行的发展潮流

在20世纪30年代危机之前，西方商业银行经营范围的拓展并没有受到监管法规的限制。但在此之后，西方主要国家对商业银行的业务范围都进行了限制，最为典型的是美国1933年颁布的《格拉斯一斯蒂格尔法案》，该法案对银行业和证券业进行了分离，形成制度上的分业经营的防火墙"Fire Wall"。然而，自20世纪70年代以来，西方商业银行展开大规模的金融创新活动以规避监管当局对经营范围的限制。80年代以后，伴随着金融放松的浪潮，商业银行业务活动的领域不断扩大。1999年美国颁布了《金融服务现代化法案》，废止了危机之后制定的有关分业经营的法规，进一步推动了银行业全能化、多样化的发展，促进了银行、证券公司和保险公司之间的联合经营。

商业银行业务全能化的重要原因是由于直接融资和非银行金融机构的发展形成的"脱媒"现象。货币市场和资本市场投资基金的发展、各种财务公司的出现，分流了大量的银行存款资金来源；股票市场、商业票据市场、企业债券市场（甚至垃圾债券）的发展，又使银行丧失了传统信贷业务的大量借款企业。商业银行传统的信用中介功能受到严重侵蚀和挑战。为适应环境变化，增加利润来源，西方商业银行纷纷进行业务创新，开始进入投资银行业和保险业等领域，为客户提供全方位、多功能的服务，增强竞争力和银行抗风险能力。随着金融监管的日臻完善，商业银行内控管理日益科学，高科技手段广泛应用，西方国家开始放松对银行经营范围的监管，以增强本国银行在国际金融市场上的竞争力，这也是推动混业经营的原因之一。

如今，很多金融机构之间的界限日益模糊，除了零售金融业务和资金清算活动外，有些国家的商业银行和投资银行的业务范围已经深深地相互渗透了。

2. 商业银行金融创新不断

商业银行金融创新的形式是极为丰富的，从引发金融创新的原因来看，有以下几个方面：

(1) 规避风险的创新

从 20 世纪 70 年代以来，在通货膨胀的背景下，各国的市场利率剧烈波动。例如美国 1979 年的消费物价上涨率是 11.3%，1980 年是 13.5%，1981 年是 10.3%。短期国库券利率在 70 年代在 4%～11.5%之间波动，80 年代在 7%～15%之间波动，不断上升和波动的利率使银行经营面临困境。除了利率风险，70 年代布雷顿森林体系崩溃以来国际外汇市场的汇率大幅度浮动，也给商业银行带来汇率风险。为降低风险，商业银行创造了一系列浮动利率的债务债权品种，如浮动利率贷款、浮动利率存单、浮动利率债券等，此外它们还纷纷开发和运用远期交易、期货、期权等金融衍生产品，对冲和管理利率风险与汇率风险。80 年代以来产生和发展的资产证券化业务，从某种程度上来说也是规避风险的一种创新，它为转移银行信贷风险，增强银行资产的流动性提供了新的渠道。(具体内容见本章第三节)

(2) 规避管制的创新

前面已谈到，20 世纪 30 年代的大危机以后，西方国家尤其是美国，对银行业经营进行了极为严格的管理和限制。在激烈的竞争中，银行业为谋求自身的生存和发展，推出很多创新的业务形式来规避法规的限制。例如，为规避禁止银行对活期存款支付利息的银行法及对定期存款和储蓄存款实施利率上限管理的 Q 条例，美国银行界推出“可转让支付命令账户”(NOW a/c)，使储蓄存款在保持较高利息收入的同时具备了支票使用的功能；而“自动转账服务账户”(ATS a/c)在具备活期存款交易功能的基础上又有利息的收入；可转让定期存单(CD)让定期存款在保持高息的同时享有灵活和流动的便利。针对美国许多州禁止跨州设立分行和限制银行业进入证券业的规定，商业银行通过设立银行持股公司(bank holding company)的形式进行扩张。20 世纪 90 年代以来西方国家加强了资本充足性监管，商业银行就通过一些表外业务的创新，将表内业务转移至表外，以规避补充资本的压力。

(3) 技术进步推动的金融创新

20 世纪 60、70 年代以来，以计算机技术为核心的现代信息、通讯技术的迅猛发展和普及应用，有力地推动了金融创新的发展。例如，技术进步引起银行结算、清算系统和支付制度的创新，进而引起金融服务的创新。各种形式的银行卡、ATM(自动柜员机)、POS(销售终端机)、自助银行和银行电子资金转账系统，都是建立在技术进步的基础上的。尤其值得一谈是网络银行的发展。网络银行(Internet Bank, eBank, Online Bank)即指以互联网技术为基础所展开的银行业务。网络银行有两种形式，一是传统的商业银行开办的网络银行业务，二是新出现的纯粹的网络银行，例如 1995 年美国成立的“安全第一网络银行”。网络银行具备速度快、品种多样、经营成本低、可以提供多样化和个性化的服务品种、很强的吸引客户能力等优势。"从砖墙到鼠标"(From Bricks to Clicks)使银行业长期以来的经营模式和理念正在发生巨大的变化。

(4) 金融竞争引起的金融创新

在金融创新过程中,提高创新者的市场竞争能力始终是创新的重要动力。为了突破利率管制和吸收日益增加的民间储蓄,非银行金融机构大量增加,且其业务在金融机构中所占份额逐渐上升。非银行金融机构的成长使之与商业银行之间竞争越来越激烈,二者的界限也在逐渐消失,金融创新成为商业银行与非银行金融机构的主要筹码。"影子银行"是这类创新的典型代表,按照金融稳定理事会的定义,影子银行是指游离于银行监管体系之外、可能引发系统性风险和监管套利等问题的信用中介体系(包括各类相关机构和业务活动)。目前"影子银行"有三种最主要存在形式:银行理财产品、非银行金融机构贷款产品和民间借贷。

3. 商业银行的国际化和全球化发展

银行业的国际化和全球化既是世界经济一体化的结果,又是世界经济一体化的直接推动力。随着经济全球化的发展,西方商业银行伴随着客户的全球化而走向全世界,通过在世界各地建立代表处、分行、子公司、合资企业等方式,逐步建立庞大的海外机构网络,为从事跨国经营的客户提供服务,并拓展当地客户,实现进入和占领当地市场的目标。在银行业务和机构网络国际化发展中,网络银行的发展为其提供了重要的技术支撑和服务手段。

以美国为例,美国商业银行的国际化和全球化起步虽然比较晚,但是发展速度却很快。据统计,1950 年,美国只有 7 家商业银行在海外一共设有 95 个分支机构。但从那时起,美国的商业银行迅速扩展其海外业务,在数百个国外市场建立分支机构、子公司和与当地公司的合资企业。到 1999 年,美国在海外设立分支机构的商业银行达到 200 多家,其分支机构总数超过 4000 家。

商业银行机构和业务的全球化改变了银行的利润来源结构。据资料显示,美国运通银行 2001 年海外业务收入占全部收入的比例达到 95.37%,渣打银行为 90%,花旗银行每年 150 多亿美元的利润结构中,有 60%是海外市场贡献的。其他世界级的大银行,如德意志银行、瑞士联合银行、汇丰银行、J. P. 摩根大通银行等,其海外收入都已超过其本土业务收入。

银行股东全球化也是银行业全球化的一种表现。由于西方大的商业银行都是在股票市场上市的股份有限公司,不少银行在国内上市的同时还在海外上市,从而形成股东全球分布的格局。此外,跨国银行在全球设立机构网络时,也通过全球化的雇员结构和管理模式更好地适应全球化的经营。

4. 银行规模不断增大

近二十年来,西方银行的规模不断扩大,商业银行兼并扩张浪潮迭起,世界排名不断更新。银行规模扩大有两种方式,一种是通过自身的产品创新和服务水平吸引客户,扩张市场,通过增加积累和上市融资的方式,增加资本金。另一种方式是通过资本市场运作,进行相应的并购活动"M&A"(Merger and Acquisition),后者已成为西方商业银行扩张的主要手段。

1998年11月，德意志银行动用102亿美元收购了美国的信孚银行，从而在1999年以总资产7325.34亿美元名列世界第一。1998年4月花旗银行(City Corp)和旅行者集团(Travelers Group)合并成立花旗集团(City Group)，其全资子公司花旗银行在2001年一级资本列全球第一位，以9002.10亿美元总资产列全球第二位。1998年6月原瑞士联合银行和瑞士银行合并而成的瑞士联合银行(UBS)，在1999年全球大银行排名中以6858.37亿美元总资产列第二位。1999年8月日本三大银行——第一劝业银行、富士银行和日本兴业银行达成协议，成立联合金融控股公司——瑞穗金融集团，从而出现新的全球最大金融航空母舰。按2000年7月公布排名，这三家日本银行的总资产合计为13942.42亿美元，远高于当时排名第一的德意志银行的8437.61亿美元的总资产。

欧美及日本等西方国家银行界对规模扩张的追求是有多方面的原因的。

首先，银行规模扩大能增强竞争力，扩展业务范围，开发新市场。例如德意志银行收购美国信孚银行的行动为其打开美国市场，更全面进军投资银行业务铺平了道路。花旗银行和专长于保险业务和投资银行业务的旅行者集团合并后成为全球范围规模最大、服务领域最广的金融全能集团。原瑞士联合银行是瑞士最大的经营零售私人银行业务的银行，瑞士银行以投资银行业务而著称，两大银行的合并实现了优势互补。

其次，银行规模的扩大可以增强银行的抗风险能力。随着银行规模的扩大，业务形式更加丰富多样，这都能提高银行的抗风险能力。而且，当银行规模达到一定水平并对市场有足够的影响力后，其对社会的影响也比较重要。如果它倒闭将会造成重大社会负面影响，所以在面临重大困境时大银行更容易受到政府的帮助挽救。由此形成这样一种说法，“大则不倒”(Too big to fail)。

专栏 6-1

中资银行按一级资本在《银行家》全球1000家大银行中的排名(2013—2016年)

排名	银行名称	2016年排名	2015年排名	2014年排名	2013年排名
1	中国工商银行	1	1	1	1
2	中国建设银行	2	2	2	5
3	中国银行	4	4	7	9
4	中国农业银行	5	6	9	10
5	交通银行	13	17	19	23
6	招商银行	27	28	36	50
7	浦东发展银行	29	35	44	53
8	中信银行	30	33	37	47
9	兴业银行	32	36	49	55

续表

排名	银行名称	2006 年排名	2005 年排名	2004 年排名	2003 年排名
10	中国民生银行	33	38	47	54
11	邮政储蓄银行	39	54	63	未参加
12	中国光大银行	46	57	59	75
13	平安银行	60	72	82	97
14	北京银行	77	87	99	105
15	华夏银行	79	81	92	102
16	广东发展银行	86	92	108	118

资料来源：中国银监会网站

第二节　商业银行的资产负债业务

商业银行是经营货币资金的金融企业，其基本业务构成可以通过银行的资产负债表来分析。资产负债表是任一经济实体在给定时点的资产、负债和净值情况的报告书。与其他工商企业一样，资产是银行所拥有的财产，即银行对外部实体的负债是银行所欠的财产，即外部实体对银行的求偿权。银行的负债主要由存款和借款构成；资产与负债的净值就是资本，或称为所有者权益，是所有者对银行资产的净求偿权。负债和资本共同构成银行的资金来源，而资产则是银行的资金运用，三者之间的关系可以用简单的会计恒等式表示：

资产—负债＝资本

或　资产＝负债＋权益

但是，作为经营货币的信用中介，银行与一般工商企业有很大的不同。自有资本是银行创办和经营的前提，然而不同于一般企业的是，银行的自有资本相对于总资产的比例要低得多，银行是高负债的特殊企业，由存款和借款等构成的负债是商业银行最大的资金来源。另一方面，银行的资金运用主要形成各种金融资产，包括贷款和投资等，而非运用于实物资产投资。下表列出了 2002 年和 2003 年我国商业银行的资产负债业务情况。

表 6-1　我国商业银行的资产负债状况

	2002 年	占总资产的比例(%)	2003 年	占总资产的比例(%)
金融资产	135496.0	100	156400.1	100
库存现金	753.9	0.556	834.1	0.533
准本金存款	11189.2	8.26	12673.4	8.1

续表

	2002年	占总资产的比例(%)	2003年	占总资产的比例(%)
对特定存款机构债权	4385.8	3.24	5358.9	3.43
对非金融机构债权	81548.6	60.19	96400.8	61.64
央行债券	586.4	0.433	2548.8	1.63
对政府债权	8379.2	6.18	9013.1	5.76
对其他金融机构债权	7623.7	5.63	11377.4	7.27
国外资产	9594.9	7.08	8386.2	5.36
其他资产	11434.4	8.44	9807.4	6.27
总负债	135496.0	100	156400.1	100
对非金融机构负债	110251.9	81.37	127119.8	81.28
活期存款	32934.3	—	37797.0	—
定期存款	8415.9	—	10038.1	—
储蓄存款	56655.4	—	66850.4	—
其他存款	2851.5	—	3475.4	—
外币存款	9394.8	—	8958.8	—
对中央银行负债	3165.3	2.34	2610.7	1.67
对特定存款机构负债	202.8	0.15	197.6	0.13
对其他金融机构负债	5420.4	4.00	5769.1	3.69
国外负债	1884.7	1.39	1985.5	1.27
债券	208.5	0.15	0.4	0.0002
其他负债	9280.1	6.85	12044.6	7.7
实收资本	5082.3	3.75	6672.4	4.27

数据来源:国家统计局网

(注:在衡量资本充足性的分析中,不建议用此方法中的比率作为标准)

从上表中我们可以看到,我国商业银行自有资本相对于总资产的比例是比较低的,在负债项目中,存款和借款是商业银行资金的主要来源形式。我国商业银行的资金来源中存款为主要部分,各种存款构成的对非金融机构的负债占总资产的80%以上,借款的比重不高,而且2002年到2003年我国商业银行发行的债券非常少;另一方面,从资产项目来看,银行资金的运用主要在工商业贷款、流动性资产和证券投资方面。我国商业银行对非金融机构的债权达到总资产的60%以上,证券投资比例不高,并且以政府证券投资为主。

银行通过多种形式以相对较低的利率获得资金，然后将这些资金以较高的利率发放贷款和进行证券投资，由此获得的利差收益是银行收入的主要部分。除此之外，银行还从事一些资产负债表以外的业务，即后面我们要介绍的表外业务，表外业务的收入属于非利差收入。虽然近年来商业银行表外业务发展很快，非利差收入的重要性不断提高，但是存贷业务仍是发挥商业银行经济功能的基本业务，利差收入也仍是银行利润的主要决定因素。因此，我们对商业银行业务的研究首先就从资产负债表中的业务开始，具体分析商业银行的负债业务、资本项目和资产业务。

二、商业银行的负债业务

商业银行的资金来源中，90%以上来源于负债，负债业务是商业银行资产业务开展的前提和条件。负债结构和成本的变化，极大地影响着银行资金运用价格的高低和期限的安排，因而极大地影响着银行的盈利水平和风险状况。

（一）银行的存款

存款是商业银行的传统业务，是银行资金来源的重要部分，它体现了银行对客户的负债。这种负债的规模和期限在一定程度上取决于客户本身，而非银行主动决定，所以一般认为银行吸收的存款属于被动型负债。

商业银行为满足社会需要，设计了多种类型的存款品种。银行存款的传统品种有活期存款、定期存款和储蓄存款，此外，近几十年来银行存款的品种也在不断创新，品种非常丰富。下面对典型存款品种分类进行介绍：

1. 交易存款（transaction deposits），也称为支票存款账户（checkable deposits），是客户可以据以签发支票，满足其日常交易支付需要的存款账户。随着银行存款品种的创新，交易存款有多种形式。

活期存款（demand deposit）。活期存款是商业银行传统的交易存款，存户可以随时存取和转让，没有期限规定，银行一般不支付利息。持有活期存款账户的存款者可以用多种方式提取存款，如开立支票、电话转账、使用自动取款机等。活期存款是商业银行存款的重要构成部分，因为活期存款的资金成本低，并且是客户转账结算的基础，银行通过客户的活期存款与其保持密切的关系，并有助于发展对客户的其他银行服务。

可转让支付命令账户（Negotiable Order of Withdrawal Accounts，NOW a/c），该账户产生于1970年美国马萨诸塞州的一家储蓄银行。由于70年代通货膨胀加剧，市场利率不断上升，储蓄机构受到Q条例的利率上限管制，面临资金来源急剧减少的危机。NOW a/c以支付命令书取代支票，实际上是一种不使用支票的支票账户，存款者还可以获得利息受益。这种账户只适用于个人和非盈利组织。1982年，美国一些银行创造了超级NOW账户，它具有更方便地签发支票和享受货币市场利率的好处。

自动转账服务账户（Automatic Transfer Service Accounts，ATS a/c），它是由美国商业银行在1978年由电话转账服务发展而来的。存户可以同时在开户银行开立两个账户：即计息的储蓄账户和无息的活期存款账户。存户可利用其活期账户开立支票进行支付，当支票账户的存款余额不足时，由银行自动地从该存户的储蓄存款账户中把相应的金额转入支票账户。这种账户使客户既可以利用支票账户的便利，又可以获得一定的利息收入，因此很受欢迎。

货币市场存款账户(Money Market Deposit Account, MMDAs)。为提高商业银行在资金市场上的竞争力，80年代西方一些国家对商业银行交易存款账户的利率管制有所放松。在这一背景下，1982年出现了货币市场存款账户。它的特点是：账户存款有最低限额要求，存款利率没有上限限制，并且利率随市场利率浮动，存户每月可以六次使用自动转账服务，其中可以三次使用支票。客户提前取款必须提前(至少7天)通知银行。这种账户可以使客户享受到市场利率上升而增加利息的好处，同时也具有一定的支票使用功能。

2. 储蓄存款

储蓄存款(Savings Deposits)是公众为了将来的消费，将当前暂时不用的收入积蓄起来而形成的存款。一般而言，储蓄存款账户计算和支付利息，但不能使用支票。储蓄存款也有活期和定期之分。储蓄存款通常属于商业银行的零售业务，具有小额和分散的特点。在我国，储蓄存款专指居民个人在银行的存款，政府机关、企业单位的所有存款都不能称为储蓄存款，公款私存则被视为违法。传统的储蓄存款品种有整存整取、零存整取、存本取息以及定活两便等。围绕储蓄存款特点的创新品种也较多，如特种储蓄存款，我国曾经推出的保值储蓄等。

3. 定期存款

定期存款是客户和银行预先约定期限的存款，多采用定期存单的形式。定期存款提前支取将不计利息或扣减罚息。目前，我国定期存款提前支取是以活期存款利率计息，所以定期存款的流动性低。定期存款的期限有多种，从30天到若干年不等。在美国最短为7天，在我国通常为3个月、6个月、1年和3年不等，期限长的可达5年或10年。定期存款利率视期限长短而高低不等，期限越长，利率越高，以补偿客户的流动性损失。定期存款对于客户而言，是一种收入稳定而风险很小的投资方式，而且存单可以作为动产质押取得银行贷款。

传统的定期存单是不能转让的，近几十年来，随着银行经营环境的变化，定期存款有了许多改进和创新，可转让大额定期存单就是最典型的代表。可转让定期存单(Negotiable Certificate of Deposits, CDs)在60年代由美国纽约花旗银行发明，这种按照某一固定期限和一定利率存入银行的资金凭证，最大的特点是可以在二级流通市场上转让，这使得大额存单同时具备了收益性和流动性的优点，成为货币市场投资者喜爱的投资品种，很快在欧美市场流行起来，并且不断改进。如美国最初对CDs规定的最短期限为6个月，现改为1个月，另外面额也降低了，并出现了浮动利率的计息方式。可转让定期存单为银行提供了主动获得资金来源的一种手段，促使银行经营管理思想从资产管理向负债管理转变。

中国交通银行于1986年首先引进了大额可转让存单，但是利率优惠取消后，推销就比较困难。大额可转让存单在我国未能成功主要是因为定期存单的转让市场难以形成，“可转让”这一主要特征不能充分显现的缘故。

从上述存款品种的介绍可以看出，传统的存款品种如活期存款和定期、储蓄存款，要么具有较好的流动性而收益性较差，要么具有较好的收益性而流动性较差。而新型的存款品种注重将收益性和流动性统一起来，通过一定程度的重新组合来赢得存款人的欢迎。

（二）借款

借款是商业银行的主动性负债，它不同于被动性的存款。20 世纪 60 年代开始，西方商业银行在负债方面的创新加强，主动负债在银行业务发展中的地位越来越重要，借款成为银行资金来源的重要组成部分。根据借款期限的长短，银行借款可以分为短期借款和长期借款两种。

1. 短期借款

短期借款是指期限在一年以内的借款。银行短期借款可以弥补短期资金缺口，满足流动性要求；发展和客户的关系，维持和扩大市场份额。银行短期借款的主要渠道有同业借款、向中央银行借款、回购协议和欧洲货币市场借款等。

银行同业拆借。银行同业拆借是指商业银行为解决临时性的资金短缺及满足流动性需求，而进行的银行间的短期资金融通。最初，同业拆借主要用于商业银行之间调剂其在中央银行存款账户上的准备金头寸，以满足法定存款准备金的要求。随着资金转移技术的进步和经济环境的变化，银行同业拆借市场已经成为商业银行稳定的资金筹措场所。银行同业拆借的期限较短，大多数国家同业拆借为 1 到 7 个营业日，我国的同业拆借市场由 1～7 天的头寸市场和期限在 120 天内的借贷市场组成。一般情况，大的商业银行和中心城市银行多为资金拆入行，而小银行、边远地区银行以及长期业务比例较高的金融机构，多为资金的拆出行。由于同业拆借一般是通过商业银行在中央银行的存款账户进行的，实际上是超额准备金的调剂，因此又称为中央银行基金，在美国则称之为联邦基金，其利率基本上在存款利率和短期贷款利率之间。

向中央银行借款。当市场上资金紧张时，商业银行可以向中央银行借款以维持资金周转。中央银行向商业银行提供短期性的贷款主要有短期调节性贷款、季节性贷款和紧急贷款，一般以两种形式发放，一是再贴现，二是再贷款。再贷款是中央银行向商业银行的直接信用放款，再贴现指商业银行将其在票据贴现业务中买入的、尚未到期的贴现票据向中央银行申请再次贴现，这属于间接借款。在商业票据流行和贴现业务广泛开展的国家，再贴现是商业银行向中央银行借款的主要途径；而在商业票据信用不普及的国家，再贷款则是主要形式。目前，随着我国商业票据市场的不断发展，我国中央银行正逐步以再贴现取代再贷款方式。

回购协议。回购协议（Repurchase Agreements）就是通过出售金融资产取得资金的同时，证券的出售方同意在一定日期按照预定价格再购回此项金融资产。大多数回购协议以政府债券作为担保。商业银行利用回购协议可以充分利用金融市场，灵活调节准备金，进行有效的负债管理。有些国家对政府证券担保的回购协议资金没有准备金要求，这可以大大降低融资成本。同时，回购协议的期限从 1 天到数月，期限非常灵活，而且有证券作为抵押，安全性也较好，这些对商业银行都具有吸引力。

欧洲货币市场借款。在国内金融市场资金紧张的情况下，大商业银行还可以从国际金融市场上借入资金。国际金融市场主要指欧洲货币市场，对市场所在国而言，是非本国居民之间以境外货币进行融资和投资的场所。由于欧洲货币市场是非本国货币交易的市场，或者其交易只限于非居民的融资活动，欧洲货币市场是一个受到管制较少、自由开放和富有竞争力的市场，融资业务的规模大，是国际间大企业和政府机构融资的重要渠道，对各国商业银行也有较大的吸引力。

2. 长期借款

这是指偿还期限在一年以上的借款。商业银行的长期借款主要采取发行金融债券的形式。为了增加长期资金来源和满足特定用途的资金需要，银行会有计划地发行债券。金融债券的利率一般要高于同期存款的利率，以增强对客户的吸引力，提高筹资效率。由于金融债券有明确的偿还期，一般不能提前还本付息，资金的稳定性高。

金融债券可分为资本性债券、一般性金融债券和国际金融债券。资本性债券是银行为筹措附属资本而发行的次级债券（详见下文中的债务资本部分）。一般性金融债券包括担保债券和信用债券。大商业银行由于信用可靠，一般都发行信用债券。担保债券包括由第三方担保的债券和以发行者自身财产为抵押的担保债券。国际金融债券是指在国际金融市场上发行的面额以外币表示的金融债券，它的内容和形式广泛，常见的有外国金融债券、欧洲金融债券和在几个国家同时发行的平行金融债券。

（三）商业银行的资本

商业银行的资本是指银行为了正常营运而自行投入的资金。商业银行的资本主要包括股本、盈余/资本公积、债务资本和其他资金来源。商业银行广义的负债业务指商业银行吸收资金的业务，除了外来资金之外，也包括银行的自有资本。

1. 股本（Equity）。股本是银行资本的最基本、最稳定的部分，包括普通股和优先股，股东是银行的所有权者。普通股的持有人享有对银行管理控制的参与权和对资产收益的要求权，及对银行新发股票的优先认购权。银行对普通股红利的支付是不固定的，视银行经营情况而定。优先股的股东对银行资产的收益和索赔有优先于普通股的权利，优先股的股息是事先固定的，但是优先股股东对银行的业务经营没有控制权。

2. 盈余（surplus）。盈余也是银行资本的重要组成部分，分为资本盈余和留存盈余，它们一起构成银行权益资本的重要部分。资本盈余主要由投资者的超缴资本形成。在银行发行股票募集股本时，如果采用溢价发行的方式，股票的发行价格高于股票面值，银行超额筹集的股票溢价部分就是资本盈余。此外，资本盈余还包括银行接受捐赠所引起的资本增值部分。资本盈余是调节银行资本金、制定股息政策的一个重要依据。当银行决定增加注册资本时，可将资本盈余通过划转股本来实现或部分实现。在企业不盈利或少盈利情况下，企业可以动用资本盈余发放股息。

留存盈余是尚未动用的银行累计税后利润部分，又称为未分配利润。未分配利润是银行增加自有资金的重要方法，尤其是对于那些较难进入股票市场融资的银行更是如此。另外，当经济发展缓慢，股票市场需求低迷时，或者为规避较高的所得税税率，银行业可以选择将留存盈余股本化。

3. 债务资本。和一般企业仅将所有者权益作为资本不同，银行还可以将债务资本作为附属资本。债务资本是20世纪70年代起西方发达国家银行广泛使用的一种外部补充资本的形式。债务资本主要是发行资本票据和资本债券两类债券所筹集的长期资金。资本票据(capital notes)的期限较短，一般为7～15年，发行面额较小。资本债券形式较多，期限较长，发行面额较大。这些债券又被称为后期偿付债券、次级债券，因为这种债务资本所有者的求偿权安排在存款和借款等债权人之后。但是，这类长期资金又不同于股本，它们是有偿还期限的债务，因此这类债务只能作为银行的补充资本和附属资本。国际金融监管的规则规定债务资本的比重不能超过股本的比重。债务和股权双重资本的存在，可以减轻商业银行补充股本以满足资本充足性监管要求的压力，为资本管理提供了更大的余地，使银行在保证股东权益的条件下，通过调节资本结构，提高资本比率，降低资金成本，满足监管当局的资本充足性管制的要求。

三、商业银行的资产业务

商业银行的资产业务是其把通过负债业务所筹集的资金进行运用的业务，是商业银行获得收入的主要来源。但是，由于资金来源以负债为主的特殊性，商业银行在资金运用时必须要把盈利性和流动性、安全性有机地结合。商业银行的资产业务主要有流动资产、贷款和证券投资业务。

1. *流动资产*

商业银行是高负债经营的金融企业，在经营活动中为了保持清偿能力和获取有利的放贷和投资机会，商业银行必须持有一定比例的流动性资产。流动性资产(Liquid Asset)是由现金和一些可以迅速变现为现金的金融资产组成的。各国对流动资产的划分标准不尽相同，但是一般都有以下项目：

现金项目(Cash)。包括库存现金、在中央银行的存款、存放同业资金和托投收过程中的资金。库存现金用来应付客户提现和银行本身的日常零星开支。保持一定的库存现金可以保证银行的清偿力，但是由于库存现金不能给商业银行带来任何受益，而且需要花费保管费用，所以商业银行必须对库存现金的规模进行有效的管理和控制。

商业银行在中央银行的存款是其现金资产的主要部分，是银行的存款准备金。商业银行的存款准备金由库存现金和在中央银行的存款组成，而商业银行在中央银行的存款是准备金的主要部分。为保证商业银行有足够的流动性准备以避免清偿力危机，作为金融监管权威部门的中央银行对商业银行做出按强制性的缴存比率要求，对所吸收的存款留存现金准备，在正常情况下一般不得动用，这部分准备金就是法定存款准备金 。银行准备金中超出法定准备金的部分称为超额准备金，是商业银行可以动用的资金，可用于贷款和投资。

存放同业资金是银行存放在代理行和相关银行的存款，其目的是为了便于银行在同业之间开展代理业务和结算收付。托收过程中的资金是银行应收的清算资金，它的最终结果或者增加该银行在中央银行准备金账户上的存款余额，或者增加存放同业的余额。

短期证券。短期证券指的是期限在一年以内、具有高度可销性的证券，主要包括国库券、政府机构短期证券、市政短期证券、高品质商业票据和银行承兑汇票等。这些证券在发达的货币市场上很容易转手变现，使银行在实现流动性需要的同时，还可以获得短期证券投资带来的收益。

2. 贷款

贷款（Loan）是指商业银行作为贷款人按照一定的贷款原则和政策，以还本付息为条件，将一定数量的货币资金提供给借款人使用的一种借贷行为。贷款是银行传统和最主要的盈利资产，大约占其全部资产业务的 60%左右。同时，贷款又是风险较大的资产业务，贷款管理是商业银行经营管理的重点和难点。

在经营管理中可以按照不同的标准对贷款进行分类。

（1）按照贷款的期限分类，贷款可以分为活期贷款、定期贷款和透支三类。

活期贷款是不确定偿还期限，可以随时由银行发出通知收回的贷款。定期贷款是指具有固定偿还期限的贷款。按照偿还期限的长短，固定贷款又可以分为短期贷款、中期贷款和长期贷款。近年来由于竞争的加剧，为了获得更多的利息收入，银行中长期贷款增长很快，这对银行的风险管理提出了更高要求。透支是指活期存款户依照合同约定额度向银行透支的款项，它实质上是银行的一种短期贷款。

（2）按照贷款的保障条件分类，贷款可以分为信用放款、担保放款和票据贴现。信用贷款是指商业银行完全凭借客户的信誉而发放的贷款，借款人不需要提供抵押物或第三者担保。从理论上讲，这类贷款的风险较大，因而对借款人的要求比较高，一般只向银行所熟悉的资信度好的大公司提供，而且银行还要收取较高的利息。

担保贷款指的是以一定的财产或者第三方信用作为还款保证的贷款。根据还款保证的不同，担保贷款通常可以分为三种：抵押贷款、质押贷款和保证贷款。抵押贷款是指按照规定的抵押方式以借款人或者第三方的财产作为抵押而发放的贷款。在抵押方式中的抵押物多为不动产，如土地、房产等，债务人或第三者不转移对抵押财物的占有，但在抵押期限内转移抵押物的所有权。质押贷款是指按照质押方式以借款人或者第三方的动产或者权利作为质押物而发放的贷款。质押有两种基本形式，动产质押和权利质押，在质押期内诸如存货、运输工具的质押品或股票、存单等权利凭证必须转移给质权人，出质人不能占有、使用质物。保证贷款是指按照规定的保证方式以第三方承诺在借款人不能偿还贷款时，承担约定的责任而发放的贷款。担保贷款由于有财产或第三方承诺作为还款的保证，所以贷款风险相对信用贷款要小，但担保贷款的手续复杂。

票据贴现是指银行应客户的要求，以现款买进客户持有的未到期商业票据的行为。票据贴现实行预扣利息制。票据到期后，银行可向票据载明的付款人收取票款。票据贴现表面上是一种票据买卖行为，实际上是银行以商业票据为抵押，向企业发放短期信贷的一种特殊的贷款方式。

（3）按照贷款的用途划分，可以依据行业分为工业贷款、商业贷款、农业贷款、科技贷款和消费贷款。

工商贷款(Commercial and Industrial Loans，C&I Loans)是银行的主要贷款，其适用对象很广泛，包括从工商企业生产和流通中的短期存货资金贷款、季节性流动资金贷款，到设备投资和建筑投资的中长期固定资金贷款。消费贷款是我国商业银行近年来发展迅速的一个贷款品种，它是向个人或者家庭提供的，以商品购买和消费为对象的贷款。消费贷款主要有住房购买和修缮贷款、汽车贷款、助学贷款和其他生活支出贷款，另外还包括信用卡业务中的透支等。

(4) 按照贷款的偿还方式分类，贷款可以分为一次性偿还和分期偿还贷款。

一般短期的临时性、周转性贷款大多采用的是一次性偿还方式，分期偿还贷款大多针对的是中长期贷款。

(5) 按照贷款的质量分类，银行贷款可以分为正常贷款、关注贷款、次级贷款、可疑贷款和损失贷款。

正常贷款是指借款人能够履行借款合同，有充分的把握按时足额偿还贷款本息的贷款。这类贷款的借款人的财务状况良好，贷款的本息偿还不会发生任何问题；关注贷款是指贷款的本息偿还仍然正常，但是发生了一些可能会影响贷款偿还的不利因素，如果这些因素继续存在下去，则有可能影响贷款的偿还，因此，需要对其进行关注或监控；次级贷款是指借款人依靠其正常的经营收入已经无法偿还贷款的本息，不得不通过重新融资或拆东墙补西墙的办法来归还贷款，表明借款人的还款能力已出现了明显的问题；可疑贷款是指借款人无法足额偿还贷款本息，即使执行抵押或担保，也肯定会要造成一定损失。可疑贷款具备了次级贷款的所有特征，但是程度更加严重；损失贷款是指在采取了所有可能措施和一切必要的法律程序之后，本息仍然无法收回，或只能收回极少部分。这类贷款银行继续保留在资产账面上已经没有意义，应当在履行必要的内部程序之后将其冲销。

长期以来，我国银行按照贷款是否到期及过期的长短将贷款分为逾期贷款、呆滞贷款和呆账，即“一逾两呆”，这种方法着重对贷款的事后判断，不利于对贷款风险进行主动有效的管理。1998 年 5 月，我国开始实施《贷款风险分类指导原则》，将贷款按照风险度分为五级。中国银监会成立后，国有独资商业银行、股份制商业银行从 2004 年起，全面推行五级分类制度，发挥五级分类在真实反映贷款质量、改善信贷管理、增强抵御风险等方面积极的作用。

3. 投资业务

商业银行的投资业务一般指的是商业银行将资金用于购买有价证券的活动，即通过证券市场买卖股票、债券进行投资。商业银行的证券投资业务具有分散风险、保持流动性和提高收益的作用。商业银行证券投资包括国库券、中长期国债、政府机构债券、市政债券以及公司债券等等。商业银行从事证券投资业务有利于增加收益，分散风险和保持流动性。商业银行投资于高信用等级的证券，可以获得稳定收益，分散银行的资金运用，防止承担过多的信贷风险。另外，可销性很强的短期证券即可以随时变现，又有一定的利息收入，是商业银行流动性管理的有力手段。

商业银行的证券投资业务不同于信贷业务，证券投资业务的资金一般来自于银行的资本金和盈余资金，不同于信贷业务中的资金运用来源于存款和借款构成的负债，商业银行在证券投资业务中按照投资风险与收益的状况，根据市场行情的判断来进行证券的投资交易，而一般与存款来源和客户关系没有联系。

在20世纪初，西方商业银行与证券业之间的业务发展不存在政府的管理限制，但是1929～1933年由于证券市场大崩溃引起的严重经济危机，暴露了银行业与证券业合业经营的弊端，此后以美国为代表的西方国家制定了严格分离银行业和证券业的法律，银行的证券投资业务受到严格限制。进入70年代以来，由于金融管制的逐步放松和金融技术、金融创新的发展，以及国际金融一体化的冲击，各国金融管理当局纷纷放松了银行业和证券业的分离限制，使商业银行的证券投资业务得以迅速发展，商业银行和资本市场的联系日益密切，银行业和证券业之间的界限日益模糊。然而在混业经营的趋势下，各国仍然还有许多对商业银行从事投资银行业务的法律和监管规则，尤其对于商业银行直接从事股票交易方面，目前许多国家还是禁止商业银行购买公司股票，其目的是在银行信贷市场和证券市场之间构筑一道"防火墙"，防止股票市场上较大的价格波动风险传导至商业银行体系，危及存款资金的安全和信贷规模的控制。所以，商业银行的证券投资仍以各类债券，特别是政府债券为主要类别。

4. 资产业务的创新——资产证券化

资产证券化是为解决流动性问题的一种创新。传统上的商业银行资产以贷款为主，并且贷款形成后只有到期才能收回资金，银行资产的流动性很低。随着金融市场的发展，商业银行可以利用信贷资产证券化将未到期的贷款转让出去，从而实现商业银行资产的流动性。资产证券化的具体操作是把抵押贷款等资产标准化，以此为抵押发行抵押担保证券在市场上出售，将非流动性的资产转化为流动资产，商业银行提前获得了资金。资产产生的现金流用于偿付证券本息和交易费用，一般由专门成立的机构负责抵押资产和流通债券本息支付的各期现金流管理。资产证券化最初是为鼓励银行发放住房抵押贷款，在20世纪70年代由美国政府国民抵押协会创造的。商业银行后来又推出了以其他资产担保贷款为基础的抵押担保证券，例如分期付款和信用卡因收款、不良贷款等。现在，美国储蓄性金融机构的资金来源中至少有50%以上是来源于抵押贷款证券化。

贷款证券化兼有资产业务创新和负债业务创新两重性质，它既加强了商业银行资产的流动性，又为银行获得新的资金来源创造了捷径，有利于商业银行完善资金运用结构、加强风险管理。经过多年的理论探讨和实践摸索，在中国实施资产证券化的条件已逐步成熟，2005年3月国务院批准中国建设银行和国家开发银行进行资产证券化试点，2005年4月21日中国人民银行、中国银行业监督管理委员公布了《信贷资产证券化试点管理办法》，这标志着中国资产证券化业务正式进入规范实施的阶段。

第三节　商业银行的表外业务

一、表外业务的含义

表外业务(Off-Balance Sheet activities)是指商业银行从事的、按通行的会计准则不列入资产负债表内,不影响其资产负债总额,但能影响银行的当期损益,改变银行资产报酬率的经营活动。表外业务有广义和狭义之分。狭义的表外业务指那些未列入资产负债表,但同表内资产业务和负债业务关系密切,并在一定条件下会转为表内资产业务和负债业务的经营活动。这些经营活动通常被称为或有资产和或有负债,它们是有风险的经营活动,应当在会计报表的附注中加以揭示。广义的表外业务指商业银行从事的所有不体现在资产负债表上的业务,即除了狭义的表外业务(有风险的表外业务)以外,还包括中间业务,即金融服务类业务。中间业务不涉及银行的资产和负债,商业银行不需要运用自己的资金而代理客户办理各种委托事项,以收取手续费为目的,商业银行一般不承担风险或风险较低。

近二三十年来,西方商业银行表外业务发展迅速,表外业务收入已经成为西方商业银行最主要的盈利来源,其原因主要有:

(1) 规避资本管制,增加利润来源。为了维护银行体系的安全,西方国家从法律、法规上对商业银行的资本充足性做出要求,尤其是20世纪80年代末期开始执行的《巴塞尔协议》对银行资产规模扩张方面提出了更高的资本充足比率要求。商业银行为了维持盈利水平,纷纷设法规避资本管制对银行经营造成的制约,通过发展对资本没有要求或者资本要求很低的表外业务,使银行在不增加资本金的情况下,仍可以扩大业务规模,增加营业收入和利润。

(2) 顺应金融环境的变化,增强竞争能力。20世纪70年代以来,自由化的市场环境导致竞争的加剧,进一步加深了融资证券化和"脱媒"现象,银行的资金来源减少,贷款需求下降,传统信贷业务的利差收缩。为摆脱困境,增强竞争能力,一些商业银行利用自身的人才、网络优势,大力发展表外业务,以适应和利用融资证券化的新环境。

(3) 转移和分散风险。20世纪70年代之后,西方国家经济陷于滞胀状态,利率的上升和变动导致利率风险加大。而布雷顿森林体系崩溃后,国际金融市场汇率风险凸现。80年代出现的拉美国家债务危机,使西方商业银行的国际信贷业务中面临更大的风险。因此,风险管理成为了商业银行经营管理的核心。而许多表外业务都有分散风险、对冲风险的功能,可以作为银行控制资金成本和套期保值的工具。这些都推动了商业银行积极开展表外业务。

(4) 满足客户需求。各种非银行金融机构业务的多样化发展给商业银行带来巨大的压力,为吸引客户,满足客户对银行服务多样化的需求,商业银行大力发展各种金融服务产品,提供一站式、多样化、个性化的服务,以巩固和发展与客户的关系。

(5) 银行自身拥有的有利条件和科技进步的推动。商业银行和其他金融机构相比,具有信誉高、信息处理能力强,业务存在规模经济效益、专业人才集中等优势,这使银行在发展表外业务时成本较低、风险相对较小,客户基础比较好。同时,电脑技术和信息产业的迅速发展,对商业银行开展表外业务起到了极大的支持和推动作用。

二、中间业务

中间业务是指商业银行为客户办理的各种金融服务类业务。这些业务不体现在资产负债表中,盈亏由客户承担,商业银行从中收取手续费或佣金。这些业务对于银行来说具有收入稳定、风险较低的特点,集中体现了商业银行的金融服务功能。常见的金融服务类业务有结算业务、代理业务、信息咨询业务等。

1. 结算业务

结算业务是银行应客户要求对其经济往来所引起的货币收付进行了解和清算。结算业务是由银行存款业务衍生出来的,对于银行获取服务费用,发展对客户的其他业务有重要意义。商业银行结算的工具主要有支票、汇票和本票,其中支票结算是同城结算的主要方式。支票收付双方不在同一银行的同城结算业务需要经过票据清算所进行(可参见第七章第三节)。异地结算中主要采用汇款、托收、信用证和电子资金划拨系统等结算方式。随着电子计算机技术的引进及清算网络的建设,商业银行结算的效率大为提高,资金周转大大加快,费用大为降低。

2. 代理业务

代理业务是指商业银行接受客户的委托,以代理人的身份代表委托人办理一些经双方议定的经济事务的业务。商业银行代理业务种类繁多,随着经济和金融的发展,在传统的代理业务不断改进和完善的基础上,商业银行还在源源不断地推出新的代理品种。常见的代理业务有:

(1) 代理收付款业务。

商业银行利用自身结算便捷的优势,接受客户委托,代为办理指定款项的收付事宜。常见的代收代付业务有:代发工资和养老金;代收企事业单位公用事业费、税款、劳务费、学费、水电费、有线电视、通讯费等;代收医疗保险费和管理支付医疗保险费;代理保险产品销售等。

(2) 代理融通业务

代理融通又称代收账款或应收账款权益售与,指商业银行接受客户委托,以代理人的身份代为收取应收账款,并为委托者提供资金融通的一种代理业务。在现代市场经济环境下,企业间商业信用普遍存在,工商企业通过一定手续把应收的赊销账款转让给银行,由银行向企业提供资金融通并到期向顾客收账,银行可以获得利息收入和手续费收入。银行从事代理融通业务有较高的利息收入和手续费收入,并且银行在接受代理融通业务前进行资信调查,确定授信额度,对代理客户拥有法律追索权,所以业务的风险较小。

(3) 代理行业务

代理行业务指的是商业银行的部分业务由指定的其他银行代为办理的一种业务形式。国内银行之间在其分支机构尚未覆盖的地区或领域,可以通过其他银行来代理。随着我国各中小股份制商业银行和城市银行的发展，为突破机构网点的限制，银行国内业务越来越多地通过代理行形式办理，我国的三大政策性银行的很多业务都是通过其他国内商业银行代理的。而随着国际经济一体化发展，商业银行开展国际业务也需要代理行的方式，因为即便是一家规模巨大的跨国银行，也不可能在世界范围内遍设海外机构。通过国际间代理行关系的建立，代理行为对方银行或对方银行客户提供各种银行服务，如为对方接受存款、发放贷款、调拨资金、进行国际结算、买卖有价证券等。一般情况下，一家银行的代理行数量要远远超过其海外机构的数量。

（4）保付代理业务

保付代理(Factoring)业务简称保理，指商业银行通过购买票据的方式购买借款企业（即以赊销方式出售商品的企业）的应收账款，向企业提供资金融通，并提供多种服务。保理业务分为有追索权的保理业务和无追索权的保理业务。有追索权的保理业务中，如果账款到期无法收回，银行可以向办理保理业务的企业进行追索。对于无追授权的保理业务，商业银行买断商品出售企业的应收账款，从而承担到期不能收回账款的风险。为控制风险，银行在签订保理协议之前会对商品买方进行资信调查，在确定可靠后签订交易协议，并对办理保理业务的商品出售企业确定一个额度，将部分比例的资金留存银行，以充抵可能的风险。和一般的代理融通业务不同的是，保理业务中商业银行除为企业进行资信调查外，还提供托收、催收账款、代办会计处理等一系列综合服务，获取手续费收入。

（5）其他代理业务

现金管理，即商业银行帮助企业分析现金流量、使企业能高效、合理地管理现金余额，增加收益。

证券代销及兑付，即商业银行利用自己的网点及专长，代理委托单位发行政府债券、企业债券等，或代为办理债券到期及利息支付的兑付及转账业务；

代客理财，指客户将一定金额交存银行，委托银行代为管理，银行则利用专业优势将该资金运用于较高报酬率的资产，到期按协议支付给客户高于同期存款利率的收益。

个人外汇买卖，指银行接受个人客户委托，代理外汇买卖，或提供外汇交易服务，以赚取手续费收入。

代理保管，指银行利用自身所拥有的保管箱，接受客户委托，代为保管各种贵重金属、契约文件、珠宝文物和有价证券等。

3. 信息咨询业务

商业银行的信息咨询服务指的是商业银行运用自身所积累的大量信息资源，以专门的知识、技能和经验为客户提供所需信息和多项智力服务。常见的信息咨询有评估类信息咨询、委托中介类信息咨询。

（1）评估类信息咨询有以下几种：

工程项目咨询，包括市政工程项目、建筑项目、企事业单位和个人的固定资产投资项目、企业技术改造项目等。银行对工程项目的市场前景、技术设计、投资计划、财务预算及效益、社会经济效益、不确定性等方面进行分析，并提出总结和建议；

企业信用等级评估，按照国际惯例，银行根据企业的资金信用、经济效益、经营管理和发展前景等各个方面，对企业进行信用等级划分。银行利用其信誉及专业权威，提供严肃公正的信用认定，对企业完善经营、推动信用环境建设、提高银行信贷管理质量都有很高的意义。

验证企业注册资金，指银行应委托，对准备登记开业及已开业的新老法人企业，就其自有资金数额的真实性和合法性进行核实和验证的业务。

（2）委托中介类信息咨询

委托中介类信息咨询主要包括技术贸易中介咨询、资信咨询、专项调查和委派常年咨询顾问等业务。

技术贸易中介服务，指银行与科研技术部门合作，对技术转让、技术开发和技术合作等方面提供评价和咨询。

资信咨询指银行站在中间人的角度，通过对企业主要财务资料和企业资信的评价，满足企业在生产经营活动中对交易对手信用程度了解的需求。

专项调查咨询，是指银行根据特定的目的和要求，在指定的范围内，由银行专业人员通过信息收集、整理和分析，为经济部门和工商企业提供建议服务。

委托常年咨询顾问指客户委托银行对其日常经营管理提供经常性或定期性的信息咨询。

三、有风险的表外业务

有风险的表外业务指的是狭义的表外业务，这些业务不会在当期直接形成资产或负债，但却是潜在的资产或负债，在一定条件下会向表内业务转化，给银行带来收益和风险。如果这些业务在一定条件下转成表内的资产项目或负债项目，则使银行面临信用风险、市场风险、流动性风险和操作风险等多种风险，这些业务的规模大，透明度低，而且通常存在较高的杠杆比率，所以是有风险的表外业务。由于表外业务的风险性，各国金融监管部门和商业银行自身都加强了对表外业务的监管。

有风险的表外业务只有少数是传统品种，如承诺类、担保类业务，其余绝大部分是近20年来出现的新兴业务，它们的发展与现代经济、金融环境变化导致的利率、汇率变动相关，并依靠现代电信技术进步作为支撑。

（一）传统的表外业务

传统的风险类表外业务主要有承兑业务、担保业务、商业信用证业务和贷款承诺业务等。

1. 担保业务

担保业务是指银行以自己的信誉为申请人提供履约保证的行为。担保业务不占用银行的资金，但形成银行的或有负债，当申请人（被担保人）不能及时完成其应尽义务时，银行就必须代为履行付款或承担赔偿责任。常见的担保业务品种有：履约担保书、投标保证书、预付款保函、贷款担保、备用信用证等。

履约担保书是银行应申请人的请求，向受益人开立的保证申请人履行约定合同项下义务的书面保证文件。投标保函是银行为客户(投标人)开立的保证投标人履行招标文件所规定的各项义务的书面担保文件,如果投标人违约,银行在受益人提出索赔时,必须按照保证书的规定履行赔偿义务。贷款担保是担保银行应借款人的要求,向贷款人出具的保证借款人按照贷款协议偿还本息的书面保证书。备用信用证是一种特殊的信用证,实质是银行对客户的一种担保行为。

在担保业务中,银行是第二责任人,只有被担保人不履行其义务时,银行才履行付款的职责。对受益人进行支付之后,银行随即取代受益人,具有向被担保人要求赔偿所垫付资金的权利。银行在提供担保时,要承担违约风险、市场风险和国家风险等多项风险。

2. 承诺类业务

承诺类业务指银行根据协定承诺,在申请人提出要求时向其提供借款融资。这些业务成为银行的或有资产。常见的承诺类业务有信用证业务,贷款承诺和票据发行便利等。

(1) 信用证

信用证(letter of credit)是银行应买方的要求向卖方开出的付款承诺书,在卖方提交符合信用证规定的合格单证的条件下,银行保证承兑或支付卖方提交的汇票单据。在信用证业务中,银行承担第一付款人的责任,在付款后,银行要求买方付款赎单。信用证业务是国际贸易中一种重要的结算方式,属于中间业务,但同时它又具有承诺付款的特征,银行可能面临开证申请人无力付款的违约风险和信用风险,因而又属于有风险的表外业务。

(2) 贷款承诺

贷款承诺(Loan Commitment)是银行与借款客户之间达成的一种具有法律约束力的正式契约,银行将在有效承诺期限内,按照双方约定的金额、利率,随时准备应客户的要求向其提供信贷服务,并收取一定的承诺佣金。贷款承诺安排为客户提供了资金来源的保障,有利于其资信度的提高,并使借款人能够灵活高效地使用资金。由于借款人通常把贷款承诺作为后备性的保障,并不会经常使用,银行在不动用资金的情况下,仅凭信誉实力就可赚取手续费收入。

(3) 票据发行便利

票据发行便利(Note-Issuance Facilities)是一种具有法律约束力的中期周转性票据发行融资的承诺。依据协议,在一个中期内(5～7 年),借款人以自己名义周期性地发行短期票据,银行承诺负责承购借款人未能按期售出的全部票据或承担提供备用信用的责任。票据发行便利虽然不直接形成银行的负债,但是银行可能面临提供票据转期融资时的流动性风险和借款人资信状态下降的信用风险。票据发行便利是 20 世纪 80 年代后出现的表外业务创新品种,我国商业银行由于从事票据发行和包销的经验与条件不足,这项业务在我国开展得还不成熟。

承诺业务可能不会形成实际的资金运用,银行可以不动用资金而获得收入。但是,如果申请人的信用状况恶化或市场流动性条件发生变化,银行也必须在申请人提出要求时履行承诺,由此商业银行必须对可能的流动性风险和信用风险加强管理。

（二）创新型表外业务

商业银行创新型表外业务主要指20世纪80年代以来所创新的与利率或汇率有关的衍生金融工具，主要有金融期货、期权、互换和远期利率协议等。

金融期货、期权交易和互换交易在第五章中已有详细介绍，在此不再赘述。下面简要介绍远期利率协议。

远期利率协议（Forward Rate Agreement，FRA）是交易双方通过预先固定远期利率，防范未来利率波动，实现稳定负债成本或资产保值的一种金融工具。远期利率协议的交易双方因借贷状态不同而对未来期间利率变动的趋势预测或需求相反，通常，远期利率协议的买方预测未来时间内利率将要上升，希望将利率固定在目标水平而防范利率风险，而协议的卖方对利率的防范方向正好相反，它希望防范未来期限内利率下降导致的损失。双方商定未来一定时间段的协议利率，并指定一种参照利率，在将来清算日按照规定的期限和本金数额，由一方向另一方支付协议利率和届时参照利率之间的差额利息。当未来利率上升时，卖方向买方支付利息差额以弥补买方因利率上升而导致的融资成本上升的损失，而当未来期限内利率下降时，买方实际筹资利息减少的部分将支付给卖方，弥补卖方因利率下降而遭受的损失。可见，由于远期利率协议的交易双方对利率变动的需求状况正好相反，具有互补的特点，获得利率有利变动好处的一方将利息差额部分支付给蒙受损失的另一方，交易双方都放弃了利率有利变动时收益增加的机会，防范了利率不利变动导致的损失，从而实现固定未来利率的目标，以稳定融资成本或资产收益。

进入20世纪80年代后，国际金融市场利率的变化无常给商业银行经营带来更大的风险，远期利率协议为商业银行进行利率风险管理提供了新的手段。另外，日益重视利率风险管理的企业之间也有开展远期利率协议的巨大需求，商业银行利用自身的优势充当远期利率协议的交易中介和市场制造者，并从中获得收益。远期利率协议是交易双方之间的信用交易，对交易双方的信誉有着很高的要求，为防止信用风险，商业银行必须对交易方的进行严格审查。

第四节　商业银行的存款货币创造

当我们将1000元钱存入银行后，银行会创造出成倍的新存款。这听上去似乎不可理解，然而通过下面的对银行存款创造过程的学习，我们就可以理解商业银行在整个货币形成中所占有的重要地位，由此也可以解释为什么在所有的金融中介机构中，商业银行是最为重要，并成为金融监管重点的原因。

一、相关概念和前提

1. 银行体系存款货币创造的前提

（1）部分准备金制度

制定存款准备金制度的目的是为了保证存款金融机构的支付和清偿能力。商业银行等存款性金融机构在吸收存款后，只需按照规定的一定比率提取准备金，其余的资金可以灵活使用，如发放贷款或进行证券投资等。如果法律规定全额的准备金要求，则商业银行对于吸收的存款必须全额保留，商业银行就没有多余的资金进行贷款和投资，也就不可能创造出新的存款货币。虽然商业银行的存款可能被客户随时提取，但是一般情况下都会有相对稳定的余额停留在银行账户上，监管部门都只规定部分准备金的要求，即在维护银行体系安全的同时，也使商业银行能通过资产业务获得收益，并满足社会对银行信贷资金的需求。

（2）部分现金提取

在部分准备金的条件下，公众存入银行的资金，银行在留下法定存款准备金后，多余的部分发放贷款。如果借款人在获得贷款后立即以现金的形式全部提走，并长期持有或始终在公众手中流通，则银行只是充当了信用中介，而不具有信用创造的功能。在以银行活期存款为基础进行转账结算的现代支付体系下，现金交易的比重越来越小，银行通常是将发放的贷款转到借款人在该行的存款账户上，借款人使用贷款资金时主要采用支票等转账方式，而不提取现金，从而绝大多数的资金都在银行体系内运行。部分现金提取是银行创造存款货币的重要前提。

2. 几个重要概念

在理解商业银行创造存款货币的原理之前，我们还需理解原始存款和派生存款这两个概念。

原始存款（original deposit），是指从银行体系外部注入商业银行的存款，主要包括银行吸收的现金存款和中央银行对商业银行贷款所形成的存款。

派生存款（derivative deposit）是相对于原始存款而言的，是指由商业银行以原始存款为基础发放贷款而引申出的超过原始存款部分的存款。

3. 几个假设

为了简化分析过程，我们先做几个假设：

（1）银行的超额存款准备金（以 E 表示，则 $E=0$）为零。银行吸收存款之后，要按照有关法律规定提取一定比率的准备金以备客户提现需求，其余的部分才可用于贷款和投资。银行的存款准备金分为两个部分，一是法定准备金，即银行按照法定准备金比率提取的准备金，二是超额准备金，即商业银行出于经营上的安排而保持的超过法定部分的准备金 。

在此我们假设银行系统内所有的银行均处于“贷满”状态，即银行按法定存款准备金率留足法定存款准备金后，全部剩余存款都用于贷款和投资。

（2）银行体系没有现金外流（以 C 代表现金，则 $C=0$），即银行的存款人和借款人均使用支票转账，不提取现金。通过银行的托收和清算系统，资金只在银行体系内循环。

（3）银行没有储蓄存款和定期存款（以 D_t 表示，则（$D_t=0$）），即假设银行仅开办支票存款账户。

显然，这三个假设都是不符合现实的，做出这样的假设是为了简化分析过程。

二、存款货币的创造过程

我们假设法定存款准备金率为 10%，有一客户甲将其现金 1000 元存入银行

A,则银行A新增加了1000元的原始存款,银行A的现金准备也增加了1000元,其中10%的部分即100元为法定存款准备金,其余的900元为超额存款准备金。我们以简化的资产负债表T型账户来表示银行A此时的资产负债状况:

表6-2 银行A的T账户(1)

资产		负债	
法定准备金	100	活期存款	1000
超额准备金	900		
合计	1000		1000

如果银行A最初获得的原始存款是从中央银行的借款,则反映为银行A在中央银行的准备金存款增加1000元,其T型账户如下:

表6-3 银行A的T账户(2)

资产		负债	
法定准备金	100	从中央银行获得的贷款	1000
超额准备金	900		
合计	1000		1000

仍以现金存款为例,为了获得更高收益,银行A将超额准备金900元全部用于放款(或投资),这里假定银行A将900元贷款都给了客户乙,则A银行的T型账户显示为:

表6-4 银行A的T账户(3)

资产		负债	
法定准备金	100	活期存款	1000
贷款	900		
合计	1000		1000

在得到这笔贷款后,客户乙将它存入其开户的银行A,根据没有现金外流和只开支票存款账户的假设,客户乙通过支票转账的方式将所获得的贷款资金支付给和其有经济往来关系的客户丙,客户丙将收到的900元货款存入其开户银行B。由此,银行B获得一笔新增的活期存款900元,这笔资金通过银行清算体系体现为银行B在中央银行的准备金存款增加900元。同样,基于超额存款准备金为零的假设,银行B按照10%的法定存款准备金率,留下90元的法定准备金,而将超额准备金810元以贷款形式发放给客户丁,银行B的T型账户表现为:

表 6-5　银行 B 的 T 账户

资产		负债	
法定准备金	90	活期存款	900
贷款	810		
合计	900		900

显然,银行 B 在中央银行准备金的增加正是银行 A 的减少部分,整个银行体系的准备金没有变化。但是,从银行 B 开始,其吸收的新增活期存款是由上一级银行的贷款派生而来的,银行体系的存款开始扩张。

客户丁获得贷款后,存入自己的往来银行,又会转化成下一级银行的新增活期存款。类似的过程将无限持续下去,每一级银行都会产生新的派生存款。我们把这一过程中各银行的情况汇总如下:

表 6-6　存款创造过程

商业银行	存款增加额	准备金增加额	贷款和投资增加额
A	1000.00	100.00	900.00
B	900.00	90.00	810.00
C	810.00	81.00	792.00
D	729.00	72.90	656.10
E	656.10	65.61	590.49
F	590.49	59.05	531.44
G	531.44	53.14	478.30
H	478.30	47.83	430.47
·	·	·	·
·	·	·	·
·	·	·	·
银行系统总计	10 000.00	1 000.00	9 000.00

从上面的分析我们可以发现,在法定准备金率为 10%的情况下,最初注入银行体系的 1000 元原始存款,经过银行体系内一系列的存贷活动,各级银行的新增活期存款构成了一个无穷递减的等比数列,利用等比数列的求和公式可以计算出整个银行体系的活期存款增加额为 10000 元,其中 9000 元为派生存款。

同时,我们还可以发现,法定准备金增加的总额等于最初的原始存款增加额,这表明从外部注入银行体系的原始存款,经过银行体系内"存款—贷款—派生存款"的过程,逐步地转变为各级银行所持有的不能动用的法定存款准备金,当原始存款全部转化为法定存款准备金后，整个存款货币扩张的过程就达到极限。

我们用 Dd 表示活期存款增加额，以 R 表示原始存款的增加额（即准备金增加额），rd 表示法定存款准备金率，则可以得到存款扩张的基本模型：

$$D_d = \frac{1}{r_d} \cdot R$$

从公式来看，法定存款准备金率的高低对银行创造存款货币的能力有直接的影响，法定准备金率越小，银行体系内派生创造货币的能力就越强；法定准备金率越高，银行体系扩张创造货币的能力就越弱。

我们把在一定法定准备金率下活期存款增量与准备金增量之间的倍数关系定义为存款扩张倍数（deposit multiplier），以 k 来表示，它是法定存款准备金率的倒数。即：

$$k = \frac{1}{r_d}$$

值得强调的是，此处的存款扩张倍数是基于前面几个假设而得出的，所以它又被称为简单货币扩张倍数或简单货币乘数。在第八章的货币供给理论中我们还会介绍更为复杂的货币乘数。

三、存款货币的缩减

活期存款的收缩过程与扩张过程相似，只是方向相反，在此我们只作简单的说明。银行存款流出银行体系可能是由客户提取现金造成的，也可能是中央银行在业务中减少商业银行在中央银行的准备金存款造成的，例如中央银行向商业银行出售债券或外汇。这些都能引起商业银行的准备金减少。在无超额存款准备金的情况下，会引起银行体系内存款的收缩。因为准备金减少后，银行为达到法定存款准备金率的要求，会要求客户提前归还贷款，或者出售证券以补充准备金的短缺，这些活动必将引起相关银行存款和准备金的减少，相关银行也将同样地收缩贷款和投资，从而引起银行体系内的连锁反应。准备金减少和不足的情况随着各级银行存款的减少和贷款的收缩而停止，最终结果是相对于最初减少的存款额，整个银行体系的存款将呈现数倍的收缩。（读者可仿照上述存款货币扩张的例子，自己分析存款收缩的过程）

四、存款货币创造能力的限制因素

简单存款扩张模型和简单存款扩张倍数是在若干个假设下得出的，它表明存款扩张能力受法定存款准备金率的有力影响。但是在现实经济社会中，存款创造的过程受到很多现实因素的影响，存款创造的过程要复杂得多。

在商业银行以派生存款创造货币的过程中，存在的多种因素的“漏损”，从而影响银行存款实际的扩张倍数。

首先，银行持有超额存款准备金对存款创造的限制。一般情况下，商业银行除了满足法定存款准备金的要求外，为了保持满足客户提取存款和维持新增贷款发放的能力，都会保留一定比例的超额准备金，超额准备金的多少取决于各家商业银行。持有超额准备金会削弱商业银行体系扩张存款货币的能力。

其次，现金漏损对存款创造的限制。在银行存款派生创造的过程中，必然会有客户提取现金而不再流回银行体系。由于现金外流使银行可以用于贷款或投资的资金减少，从而削弱了银行体系创造货币的能力。现金漏损与经济发展、支付制度和信用环境等多种因素有关。

第三，定期存款准备金对存款创造的限制。在前面我们假设社会公众和企业只开立可使用支票的活期存款账户，但是在现实社会中，企业等经济主体既会持有活期存款账户，也会开立定期存款账户。银行对于定期存款也必须按照规定提取准备金，定期存款准备金和活期存款准备金一样都不能用于贷款或投资，从而也会削弱银行进一步派生创造活期存款的能力。

由此可见，从银行体系外部注入的原始存款在银行体系内循环派生的过程中，由于银行持有的超额准备金和定期存款准备金，以及发生的现金漏损，使银行派生创造存款货币的能力受到削弱，实际扩张倍数要小于理想状态下的简单存款创造倍数。直观上而言，当外部注入的原始存款在各级银行之间全部转化成准备金和外流现金后，整个扩张倍数到达极限。

第五节 商业银行经营管理

一、商业银行经营管理原则

商业银行作为企业，必然以利润最大化为其经营目标。而由于特殊的资金结构和经营方式，商业银行在经营管理中必须重视安全性和流动性。因此，安全性、流动性和盈利性成为各商业银行通常都遵循的经营管理原则。

1. 安全性原则

安全性是指银行的资产、收益、信誉以及经营生存发展的条件免遭受损失的可靠程度。安全性的反面就是风险性。

商业银行作为经营货币的特殊企业，其资金来源中自有资本所占比重很小，负债率高，商业银行极其依赖负债来筹集资金。所以商业银行在经营中必须保持足够的清偿能力，以随时应付客户提存的需要，并应付重大风险和损失。商业银行在经营中面临各种类型的风险，如流动性风险、信用风险、市场风险、操作风险、政策风险等。

例如，贷款发放到期，由于借款人的信用问题而无法收回本息；证券投资由于市场利率变动导致证券价格下降，投资亏损；或者资产与负债的期限结构不匹配而导致流动性不足等。这些风险一旦转变为现实，就会给银行造成损失，甚至使银行面临倒闭的可能。所以，风险管理是商业银行面临的永恒课题。对于商业银行而言，必须有效度量和管理风险，正确处理业务发展和风险管理的关系，加强内部风险管理体系建设，采取有效的措施转移和分散风险，并针对风险建立一定的风险准备，如资本金、呆账准备等，以有效防范和化解风险。

2. 流动性原则

银行的流动性指的是银行随时应付客户提现和满足客户借贷的能力。银行作为高负债的企业，必须保持资金的流动性，随时满足客户提取存款的需要，偿还到期的债务。另一方面，银行必须保持满足新增贷款要求的能力，否则就会导致银行客户流失，市场份额下降，市场竞争能力被削弱的后果。流动性包括两方面的含意，即资产的流动性和负债的流动性。资产的流动性指的是银行资产在不受损失的前提下随时变现的能力。负债的流动性是指银行经常以合理的成本获得所需资金的能力。为维持流动性，商业银行要通过两方面的管理来实现。一方面，商业银行要保留足够的流动性资产；另一方面，商业银行应加强负债管理，拓展多渠道、低成本的融资来源，保持较好的融资能力。

3. 盈利性原则

盈利并追求利润最大化是商业银行作为一个企业的根本目标，是银行生存发展的内在动力和根本原因。银行获得充足的盈利可以扩充资本，扩大经营，提高银行信誉，提高银行的竞争能力。如果银行的盈利能力差，必将导致投资者信心丧失，银行信誉下降，业务发展能力减弱，甚至引发银行的信用危机，导致客户挤兑，危及银行的生存。

银行的盈利是指业务收入减去业务支出的净额。业务收入包括贷款利息收入、投资收入和各种服务收入，资产收入是商业银行最主要的收入来源，而近年来，服务性收入在商业银行利润构成中的地位不断上升。商业银行的业务支出包括各种存款的利息支出、银行营运成本和费用等。商业银行提高盈利性的渠道包括提高贷款收益，发展表外业务，增加服务费收入，降低负债成本，提高管理水平，降低管理费用等。

4. “三性”的对立统一

安全性、流动性和盈利性是商业银行经营管理中缺一不可的经营原则，这三个原则间存在着矛盾和统一的关系。一般来说，流动性和安全性通常是正向关系，流动性越好的资产，其风险就越小，安全性也越高。此外，安全性和流动性是银行盈利的前提和基础，因为银行要想盈利，前提是必须能够生存下去。同时，盈利给商业银行带来了更多的资金和更强的融资能力，更能确保其流动性，并能通过盈利弥补经营中的亏损，保证了银行经营的安全性。但是“三性”之间又存在着矛盾和冲突，一般来说，盈利性越高，往往风险越大，安全性、流动性越低。而安全性好、流动性强的资产盈利性较低。例如，由政府担保的长期贷款，虽然安全性较高，但流动性不足；而银行的库存现金的流动性最强，几乎没有风险，但却没有任何受益。因此，商业银行在经营管理中要兼顾和协调三性之间的关系，找到风险和收益的最佳平衡点，即在保证安全性的前提下，通过灵活调整流动性，以实现赢利目标。

二、商业银行的管理理论和方法

围绕着如何协调处理安全性、盈利性和流动性之间的关系，西方商业银行的经营管理理论和方法经历了资产管理、负债管理和资产负债管理三个阶段。

1. 资产管理理论

资产管理指的是商业银行主要通过调整资产负债表的资产方项目进行管理，将银行资金在现金、贷款和证券等各种资产业务中进行合理分配，寻求其最佳组合。在20世纪60年代以前，商业银行的资金来源以活期存款为主，银行的管理中心是维护流动性，而资金来源和结构方面被认为是商业银行控制能力之外的，所以银行便把管理的重心放在资产的管理上。资产管理理论依次经历了三种演变。

商业贷款理论。商业贷款理论是早期的资产管理理论，也称为真实票据论或生产性贷款理论。其基本观点是：存款是商业银行贷款资金的主要来源，而银行存款大多数是随时可能被提取的活期存款，为了保证资金的流动性，银行只能发放短期的与商业周转有关的、与生产物资储备相适应的有偿性贷款，而不能发放不动产等长期贷款，更不能进行证券投资。这类贷款用于生产和流通过程中的短期资金融通，一般以三个月为限，它以商业活动为基础，以商业票据为凭证，随着商品周转的完结而自动清偿，因此能保障贷款的按期归还。然而，这一理论未考虑到银行短期存款的沉淀部分，忽略了银行资金来源中长期存款比重上升的潜力；并且商业贷款的自偿性是相对的，自偿性贷款随商业周期而波动，在经济不景气时，即便有真实商业交易为背景的票据为依据，由于商品滞销，也未必能保证贷款的收回。

资产转换理论。第一次世界大战以后，金融市场进一步发展和完善，金融资产流动性加强，银行对流动性有了新的认识，提出了资产转换理论。这种理论认为，只要保持足够的流动性，商业银行的资产就不必局限于短期商业贷款。只要商业银行持有的有价证券易于在市场出售或向央行进行再贴现，或者只要贷款有可以拍卖的抵押品，即只要商业银行持有的资产能够较容易地转让变现，商业银行就不必固守自偿性的贷款。资产转换理论推动了商业银行证券持有量的大量增加，同时带动了证券市场的发展。但这种理论也存在缺陷，资产转换理论片面强调证券的转手，忽视了证券质量，同时，由于证券价格受市场价格波动的影响大，银行投资证券保持流动性的目标在证券市场价格大幅下降时难以实现，

预期收入理论。第二次世界大战之后，随着经济的重建和高速发展，企业生产设备投资的贷款需求大量增加，同时，消费贷款需求也在增长，预期收入理论应运而生。该理论认为，银行的流动性应着眼于贷款的按期偿还或资产的顺利变现，以未来的收入为基础。如果某项贷款的未来收入有保障，即使期限长也可以保证其流动性；反之，如果未来收入没有保障，即使是短期贷款也存在无法偿还的风险。这一理论意味着银行资产可以不考虑资产的自偿性和转换性，只需强调预期收入。正是在这一理论的影响下，二战后，商业银行业务范围扩大，资产结构更加丰富，中长期设备贷款、住房抵押贷款、消费贷款和租赁等资产业务迅速发展起来，成为支撑经济增长的重要因素。但这一理论也有其局限性。首先，它把资产经营完全建立在银行预测的基础上，缺乏足够的可靠性。其次，在资产期限较长的情况下，不确定性增加，债务人的经营状况可能恶化，到时并不一定具有偿还能力。

以上三种理论各有侧重，但核心都是为了保持资产的流动性。商业贷款理论强调贷款的用途；资产转移理论强调资产的期限和变现性；预期收入理论强调银行资产投向的选择。它们之间存在着互补的关系，每一种理论的产生都为银行资产

管理提供了新的思路，促进了银行资产管理理论的不断完善和发展。

2. 负债管理理论

负债管理理论产生于20世纪50年代末期，当时世界经济处于繁荣时期，对银行贷款的需求不断增加。另一方面，各种非银行金融机构迅速的成长和资本市场的发展，使银行在资金来源上受到较大的挑战。尤其到了60年代，通货膨胀的问题和西方许多国家实行的利率管制对商业银行吸收资金的能力造成很大的影响。在这一背景下，美国花旗银行推出可转让定期存单，这一创新之举诱发了负债管理理论的兴起。

负债管理是指银行主要通过调整资产负债表的负债方项目，来实现银行的经营目标。负债管理认为负债不是既定的，银行以负债为经营重点，通过主动借入资金的方式保持流动性，可以满足存款的提取和增加贷款的需要，并获取更大利润。

负债管理理论在发展过程中也经历了几个阶段。首先出现的是购买理论，它兴起于20世纪60年代滞胀的背景下。购买理论将被动的存款观念转变为主动的借款观念，它认为银行对于负债不是消极被动，无所作为的，而是可以主动地负债，主动地购买外界资金，以实现增强流动性的目标。购买的对象十分广泛，除一般公众外，金融同业机构、中央银行、国际货币市场或财政机构等，都可以成为资金的供应者。

购买理论代表了银行业经营思想的创新和革命，它使银行更加主动地吸收资金，有助于银行的信用扩张和竞争实力。但是另一方面，它又助长了银行片面扩大负债，导致银行业的恶性竞争，并加重了债务危机和通货膨胀。

在金融改革和金融创新的趋势下，20世纪80年代产生了一种新的负债管理理论，即销售理论。销售理论的中心是推销金融产品。银行是金融产品的制造企业，银行不仅提供资金，还应该努力适应顾客的需要，创造多种形式的金融产品。银行负债管理的中心是推销这些金融产品，从中获得所需的资金，同时又获得应有的报酬。销售理论是现代营销观念与负债管理的融合，即银行围绕客户的需要来设计资产类或负债类产品，并通过不断改善金融产品的销售方式来完善服务，达到吸收资金的目的。销售理论贯穿着市场观念，反映了80年代以来金融业和非金融业相互竞争和渗透的情况，标志着金融机构正朝着多元化和综合化发展。

3. 资产负债管理理论

无论资产管理理论还是负债管理理论，在保持商业银行安全性、流动性和盈利性的均衡方面都有一定的片面性。资产管理理论过分偏重于安全性和流动性，在一定条件下以牺牲盈利性为代价，不利于鼓励银行进取经营；而负债管理理论则过分依赖外部条件，往往给银行带来经营风险。

20世纪70年代末，金融管制逐渐放松，银行业务范围扩大，竞争加剧，使银行在资金结构安排和获取盈利方面的困难增加。80年代后，利率管制的放松使银行面临利率的风险，利率波动对银行资产和负债方都会产生影响。在这样的背景下，银行经营管理思想再次出现重大转变，产生了资产和负债均衡管理的资产负债管理理论。

资产负债联合管理理论的基本思想是：从资产和负债两方面综合考虑，根据经营环境的变化进行动态的管理，协调各种不同的资金来源和资金运用在利率、期限、风险和流动性等方面的搭配，创造最优化的资产负债组合，以满足盈利性、安全性和流动性的要求。

常见的资产负债联合管理的方法有缺口管理方法，即根据利率或期限等指标将资产和负债进行分类，然后对同一类型的资产和负债的缺口（差额）进行分析管理。它又细分为两种，一种是利率敏感性缺口管理方法，另一种是持续期缺口管理方法。

利率敏感性缺口指的是在一个既定的时期内，浮动利率资产与浮动利率负债之间的差额。可能出现的缺口如下图所示的三种情况。

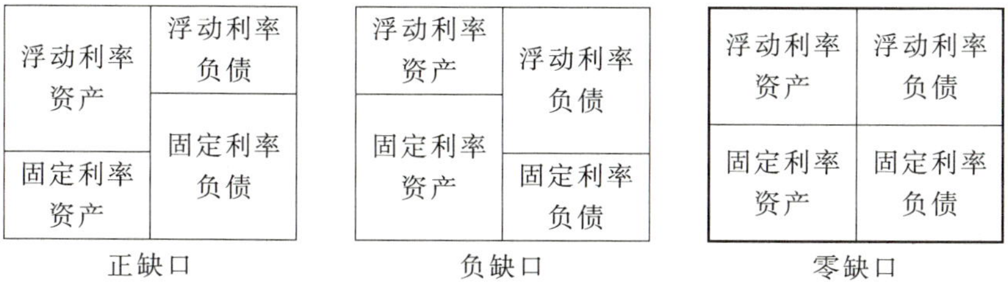

图 6-1　利率敏感性缺口

当浮动利率资产等于浮动利率负债时，利率敏感性缺口为零，银行的净利差收益不受利率变化的影响。

当浮动利率资产超过浮动利率利率负债时，利率敏感性缺口为正。当市场利率上升时，由于按较高利率重新制定利率的浮动利率资产超过浮动利率负债，银行的净利差收益变大。反之，当利率下降时，正缺口的状况会使净利差变小。

当浮动利率资产少于浮动利率负债时，利率敏感性缺口为负。当市场利率下降会使银行的净利差收益增加，而利率上升则相反。

利率敏感性缺口管理方法指银行应根据对利率未来走势的判断，选择不同的缺口配置，以实现保值避险甚至更大的利差收益的目的。例如，当商业银行预测市场利率将要上升时，银行可以增加浮动利率贷款的发放，减少吸纳浮动利率的存款或借款，形成对应期限内资产负债的正缺口状况。而当银行预测利率将下降时，银行可以创造负的资金缺口从中获利。在利率走势不明显时，银行也可以通过保持零缺口来规避利率风险。

另一种缺口管理方法是持续期缺口管理方法。由于在利率波动的环境中，银行的利差收入不仅会受到影响，银行的资产和负债的市场价值也会产生波动，从而造成银行股东权益净值的变化，所以银行必须对总资产和负债进行调整。持续期是从一种金融工具中获得所有现金流量的加权平均时间（以年表示）。持续期缺口的计算方法是：自任何一个既定时期，加权计算资产和负债的平均到期日，即资产的持续期和负债的持续期，资产和负债持续期的差额即为持续期缺口。持续期缺口的计算方法如下：

$$DGAP = Da\text{-}WDL$$

其中，DGAP ＝ 持续期缺口

Da ＝资产的持续期
DL ＝负债的持续期
W ＝ 总负债与总资产的比率

由于一般情况下，金融工具的市场价值与市场利率的变动成反方关系，所以，在持续期缺口为正的情况下，利率上升时，银行资产的市场价值下降的幅度超过负债市值减少的幅度，从而使银行的净值减少；相反，利率下降时，正持续期缺口则使银行净值增加。在持续期缺口为负的情况下，利率上升使银行的净值增加，利率下降使银行的净值减少。如果银行的持续期缺口为零，即资产价值的变化正好被负债价值的变化抵消，银行的净值不受利率变化的影响。

持续期缺口管理中，银行可以采取主动的战略，在预测利率将上升时，调整资产和负债的配置，形成负的持续期缺口，在预测利率将下降时，向正的持续期方向调整，以控制和防止由总体资产负债配置不当给银行带来的风险，维持银行正的权益净值。

三、商业银行的风险管理

1. 商业银行面临的风险

商业银行不同于一般的工商企业，由于特殊的资产负债结构决定了其面临着高经营风险。商业银行在经营中通常面临的风险有信贷风险、流动性风险、市场风险、操作风险等。

信贷风险是指接受信贷者不能按约偿付贷款的可能性。信贷风险是商业银行面临的主要和传统的风险。信贷风险会导致银行产生大量的无法收回的呆账贷款，而这常常又会影响银行的流动性，过度的信贷风险甚至可能使银行倒闭。

流动性风险是指商业银行由于流动性的不确定变化而遭受损失的可能性。商业银行的流动性管理包括应付存款客户提取现金的能力和满足合理新增贷款和投资的能力。当商业银行不能满足客户提取存款的要求时，会引发储户的恐慌而导致挤兑现象进而可能危及银行的生存。而商业银行如果不能满足客户合理的贷款要求，就可能丧失客户、市场从而导致业务发展的萎缩。

市场风险主要指利率风险和汇率风险。由于市场利率的波动会影响商业银行的负债成本和资产收益从而影响银行的业务收益，还会通过影响商业银行的资产负债的市值进而影响银行的资产负债净值，所以在利率市场化逐步普及的情况下，商业银行对利率风险的管理非常重要。此外，商业银行在外汇交易和外汇结算业务中，由于变化莫测的外汇市场汇率变动而可能遭受汇率风险的损失。随着商业银行与非银行金融机构竞争的加剧和金融放松，商业银行越来越多地开发和从事与汇率和利率变动相关的创新产品，而监管部门对许多创新业务品种的监管还缺乏经验和统一标准，在利率和汇率多变的市场环境下，商业银行经营中的市场风险日益加大。

随着电子计算机系统在银行业中的普及，银行业务中资金转移的规模和速度都极大地增长，由此对于操作中的失误造成的损失也可能非常巨大。

由此可见，现代商业银行在经营中面临着多种风险，加强风险管理是商业银行管理的核心。同时，由于金融一体化的发展，银行经营风险的国际间传导的可能性加大,国际间也在不断地加强商业银行监管的合作。

风险与收益具有对称性,商业银行风险与其收益成正比例关系,银行面临风险越高,银行遭受损失的可能性越大,而取得超额收益的机会也随之增加。银行不能过于追逐高收益而承担多大的风险,但是银行如果过分强调风险的规避,可能对银行的盈利造成影响。所以银行的风险管理就是要处理好风险和收益的关系,在既定的收益目标下将风险管理控制到最低水平,或者是在一定的收益目标下将风险进行有效的管理控制。

2. 信贷风险管理的6C原则

信贷业务是商业银行最主要的资产业务,信贷业务中的风险是商业银行所面临的最传统和主要的风险。在对信贷风险的防范管理中,对借款人的贷前资信调查至关重要。商业银行对借款人资信的分析主要包括6个方面的内容,即品德(character)、能力(capacity)、资本(capital)、担保(collateral)、环境(condition)、连续性(continuity),这就是通常所说的6C原则。

(1) 品德(character)

对借款人品德的考察,主要是判断借款人对贷款本息偿还的意愿。如果借款人是个人,则品德主要表现在此人的道德观念、个人习惯和偏好、经营方式、经营业务、个人交往以及以往在社区中的地位和声望等;如果借款人是企业,那么品德就是企业在管理上的完善性,在同行和金融界的地位和声望,经营方针和政策的稳健性等。不论是个人还是企业,履行借款合同的历史纪录,在其品德的评价中起着非常重要的作用。

(2) 能力(capacity)主要考查借款人是否具有签订有法律约束力的贷款协议的法律地位。例如,公司代表是否有公司董事会申请贷款的授权,合伙人企业是否有合伙人的确认协议等。

(3) 资本(capital),资本的数量是体现借款人的还款能力的一个重要因素。借款人资本越雄厚,承受风险的能力越强,银行最终收回贷款就越有保障。

(4) 担保品(collateral),由于在借款人出现还款困难时,担保抵押品的处置是维护银行利益的重要手段,所以银行可能要求借款人提供抵押品或担保,并对担保品的价值和所有权状况进行严格审查。

(5) 环境(condition),银行信贷员要密切关注借款人及其行业的发展现状和趋势,对借款人在行业中的竞争地位和市场份额,借款企业对经济周期、通货膨胀和技术变化等经济环境变化的适应能力进行调查。

(6) 连续性(continuity),连续性是指借款人经营前景的长短。由于科学技术更新的日益加快,产品更新换代的周期变得越来越短,市场竞争更加激烈。企业只有能够适应不断变化的市场需求,才能生存与发展。

传统上,商业银行对借款人信用分析技术以定性分析居多。而现代许多大的商业银行和金融机构都在不断开发和完善各种内部模型来更为准确地度量信用风险,为风险的防范和贷款利率的确定提供更为精确的依据。商业银行完善内部信贷风险管理的重要方面是制定统一明确的贷款政策。根据贷款政策形成贷款后,商业银行应遵循严格的贷款检查程序,定期检查,密切关注出现的问题,及时采取措施，最大程度地保证银行信贷资金的安全收回。

3. 商业银行风险管理与《巴塞尔协议》

20世纪80年代以来跨国银行业日益发展，金融风险国际扩散的可能性和严重性加大，这就要求国际间加强金融监管和金融风险防范的国际合作，在此方面影响和作用最大的是巴塞尔委员会及其制定的相关文件。

由于80年代以来的拉美债务危机对西方银行产生的巨大冲击，传统的以资产大小为实力象征的观念受到挑战。1987年由十国集团中央银行行长建立的“巴塞尔银行监管委员会”通过了《关于统一国际银行的资本计算和资本标准的协议》，即著名的《巴塞尔协议》。《巴塞尔协议》通过制定资本的统一定义和资本充足的统一标准，加强国际银行体系的风险防范能力，并消除国际金融市场上各国银行间的不平等竞争。《巴塞尔协议》将银行资本分为核心资本和附属资本两类，核心资本指的是银行所有者权益，主要由股本和留存盈余构成，附属资本指的是债务资本，商业银行可以发行资本债券和票据作为资本的补充。协议对银行资产负债表中各种资产和各项表外项目制定了风险权重的标准，要求到1992年底，银行资本对风险加权资产的标准比率达到8%，其中核心资本至少为4%。自1988年实施以来，这个《巴塞尔协议》在面员方和非面员方间产生广泛而深远的影响，成为国际社会所认可的银行风险监管的标准，“资本为帝”成为银行抗风险的重要尺度。我国的商业银行法中明确规定，商业银行的资本充足率不得低于8%。

进入20世纪90年代中期以来，许多国家银行系统由于巨额坏账、违规操作引发严重损失、倒闭甚至连锁的破坏性反应等问题，使强化银行风险监管再次成为关注焦点。

《巴塞尔协议》强调资本充足管理主要针对的是银行传统的信贷风险，即信用风险，但对市场风险和操作风险考虑不足。然而，市场风险和操作风险对银行的破坏力越来越大，许多资本充足的银行由于衍生金融产品的市场风险导致巨额损失甚至倒闭，这些事实表明原有的资本充足标准需要改进。巴塞尔委员会对1988年协议进行了长期、大量的修改与补充。如1997年巴塞尔委员会通过的《有效银行监管的核心原则》，开始引入全面风险管理的思想。同时，近十年来国际银行界在银行风险衡量评价和管理上也取得了一些重要成果，例如以VAR为基础的市场风险计量模型、信用风险计量模型(Creditmetrics)等现代风险量化模型，为巴塞尔委员会制定新资本框架提供了技术依据。

2002年，巴塞尔委员会在全球范围内征求意见和多次修改的基础上，公布了《新巴塞尔协议》，全面取代1988年的版本。《新巴塞尔协议》成为各国银行进行风险管理的最新准则。《新巴塞尔协议》不仅强调资本充足率标准的重要性，还通过互为补充的“三大支柱”以更有效地提高金融体系的安全和稳定。新资本协议的第一大支柱是最低资本要求。新协议继承了以资本充足率为核心的监管思路，将资本金要求视为最重要的支柱，在维持有关资本定义和8%最低资本比率要求的同时，拓展了风险范畴，对市场风险和操作风险都要求资本配置的要求，总的风险加权资产在原有的根据信用风险计算的风险加权资产基础上，再加上根据市场风险和操作风险计算的风险加权资产。巴塞尔协议的新调整反映了资本约束对银行风险管理的作用。

第二大支柱是监管当局的监管。监管当局要对银行的风险管理和化解状况、不同风险间相互关系的处理情况、所处市场的性质、收益的有效性和可靠性等因素进行监督检查，以全面判断银行的资本是否充足。

第三大支柱是市场纪律。市场纪律的核心是信息披露。健全的信息披露制度能有效地发挥市场的约束作用。因为资本充足和风险控制能力及记录良好的银行能以优惠的价格和条件从市场获取资源。《新巴塞尔协议》对市场纪律的应用范围、资本构成、风险披露评估和管理过程以及资本充足率等四个方面提出了定性和定量的信息披露要求。

巴塞尔协议的新变化，反映了对银行进行全面风险管理的思想，并且强化了资本约束对银行风险管理的重要作用。

在雷曼兄弟破产两周年之际，《巴塞尔协议Ⅲ》在瑞士巴塞尔出炉。最新通过的《巴塞尔协议Ⅲ》由 2008 年全球金融危机直接催生，草案于 2010 年提出，几经波折，终于 2013 年 1 月 6 日发布其最新规定。与前两版本相比，新规定主要提高了对资本充足率的要求，建立了流动性监管标准，并且更加重视系统性风险。

专栏 6-2　巴塞尔协议关于风险权数的规定

巴塞尔委员会认为，要评估银行资本是否充足，可以根据其广泛的相对风险，将资本与资产负债表上不同种类资产以及表外项目进行加权，制定出风险加权比率。表内资产项目的风险分为从“无风险”到“十足风险”四级，以 0、20%、50%、100%给定风险权数。表内风险资产的计算公式为：表内风险资产 $=\sum$ 表内资产 $\times$ 风险权数。表外资产项目的风险按“信用换算系数”划分为“无风险”到“十足风险”四级，以 0、20%、50%、100%给定信用换算系数。表外风险的计算公式为：表外风险资产 $=\sum$ 表外资产 $\times$ 信用换算系数 $\times$ 表内相对性的资产的风险权数。此外，表外项目与外汇和利率有关的或有项目用现实风险暴露法和初始风险暴露法予以处理。

本章小结

1. 商业银行是以利润最大化为目标，以资产负债业务为主，并向客户提供多种金融服务业务的机构。业务全能化、国际化、规模扩大及金融创新不断是近十几年来商业银行发展的重要特点。

2. 商业银行的资金来源中，资本是由股本、盈余和债务资本构成的，监管要求资本充足率为 8%。存款是商业银行负债中的传统和主要部分，除传统的活期、定期和储蓄存款外，围绕受益性和流动性的组合产生了多种创新的存款品种。借款属于主动负债，在银行资金来源中的作用也在提高。资产业务是银行的资金运用业务，是获得收入的主要来源，银行资金在现金资产、贷款和证券投资等资产方面运用时必须处理好流动性、安全性和收益的关系。

3. 表外业务是商业银行从事的不体现在资产负债表上的业务，非利差收入成为现代商业银行重要利润构成，广义的表外业务包括中间业务和狭义的表外业务，中间业务是金融服务类业务，风险小。狭义的表外业务在一定条件下会转成表内业务，使银行面临多种风险，其风险性值得关注。

4. 商业银行具有以派生存款创造货币的能力。商业银行作为主要的吸收支票存款账户的存款机构,其存款创造的能力与法定存款准备金率的大小紧密相关。

5. 安全性、流动性和盈利性是商业银行经营管理的基本原则,为协调处理好三性的关系,商业银行经营管理的方法经过了资产管理、负债管理和资产负债管理的演变。作为高风险的特殊企业,风险管理是商业银行经营管理的重点,除信贷风险管理外,现代商业银行还面临着市场风险、操作风险等。以巴塞尔协议为代表的国际银行风险管理的文件突出了资本充足性对银行风险管理的重要。

关键词汇

商业银行	Commercial Bank
网络银行	Internet Bank、eBank、onlineBank
交易存款	Transaction deposits
可转让支付命令账户	Negotiable Order of Withdrawal Accounts, NOW a/c
自动转账服务账户	Automatic Transfer Service Accounts, ATS a/c
可转让定期存单	Negotiable Certificate of Deposits, CDs
流动性资产	Liquid Asset
现金项目	Cash
资产证券化	Securitization
工商贷款	Commercial and Industrial Loans, C&I Loans
表外业务	Off-Balance Sheet activities
原始存款	Original deposit
派生存款	Derivative deposit
存款扩张倍数	Deposit multiplier
资产管理	Assets management
负债管理	Liability management
资产负债综合管理	Comprehensive management of assets and liability
《巴塞尔协议》	Basle Agreement
资本充足率	Capital adequacy ratio

思考题

1. 商业银行的业务如何分类?
2. 商业银行存款创新的典型品种有哪些?
3. 表外业务对于商业银行的意义和作用。
4. 商业银行的存款创造倍数,商业银行存款创造受哪些因素影响?
5. 如何理解商业银行的经营原则?
6. 商业银行的经营管理理论是如何发展和演变的?
7. 如何理解巴塞尔协议与商业银行风险管理的关系?

第七章　中央银行

中央银行(Central Bank)作为一国银行体系的核心,制定和执行国家的货币金融政策,是一国信用制度的枢纽和金融管理最高当局。本章将对中央银行制度的形成、中央银行的职能、中央银行的业务与基础货币调控等问题进行介绍。

第一节　中央银行概述

任何一种制度都是历史的产物,中央银行制度也不例外。中央银行最早萌芽于17世纪中后期,而中央银行制度的形成,则在19世纪初。中央银行的产生有其历史必然性,自诞生以来,经过不断完善,中央银行在实践中逐渐成长起来,最终发展成为如今这样体系健全,能够掌握和运用多种手段,对国民经济进行调节的机构,在现代金融体系和经济体系中起到不可忽略的重要作用。

一、中央银行的产生和发展

(一) 中央银行产生的必然性

15世纪,欧洲资本主义制度开始形成,到17世纪,西欧的商品经济已比较发达,按照资本主义生产方式组织起来的工商企业和新式农业已占据社会生产的主导地位,科学发明和技术革新极大地促进了生产力的发展。伴随着商品经济的快速发展,银行业也逐步兴盛起来。这一时期的银行业在业务活动方面比先前的银行前进了一大步,某种程度上具有了现代银行的性质。当时银行信用的发展,主要表现为银行经营机构不断加,银行业逐步走向联合、集中与垄断。这为中央银行的产生奠定了基础。

18世纪初,虽然信用制度和银行体系已成为当时商品经济运行体系的重要支撑,但这时的信用制度特别是银行信用体系还比较脆弱,各种问题和矛盾频繁出现,严重影响了正在蓬勃发展的商品经济。这些情况说明,经济的发展客观上要求建立一个超出于一般商业银行之上的、具有较高权威的机构来管理货币和银行体系,这一机构就是中央银行。

1. 统一货币发行的需要

在银行业发展初期,差不多每个银行都有发行银行券的权力。与金属货币相比较,银行券是一种信用货币,它的流通支付能力取决于兑换金属货币的能力,即取决于发行银行的信誉。许多小银行的信用能力不强,它们分散地发行银行券,遇到银行经营不善或爆发经济危机,就会引起银行券不能兑现,无法保证银行券的信誉和流通的稳定性,从而导致信用危机。同时,小银行信用活动领域有限,它们发行的银行券只能在国内有限的地区流通,这给商品生产和流通造成了很多困难,与商品经济发展和统一市场的形成产生了尖锐矛盾。总之,分散发行、多种信用货币同时流通与货币作为“一般等价物”的本质属性相矛盾,客观上要求信用货币的发行权走向统一,由一个实力雄厚并在全国范围内享有权威的银行掌握货币的发行权。

2. 解决政府融资的需要

在资本主义经济发展的过程中,政府职能逐渐强化,政府经常性和临时性开支日益增大,政府融资便成为一个重要问题。在各自独立发展的银行体系中,政府融资要与多家银行建立联系,且这种联系也是极其松散的,这就为政府融资带来不便。为了保证和方便政府融资,发展一个与政府有密切联系,能够直接或变相为政府筹资的银行机构就成为政府十分关注的问题。1694 年创立的英格兰银行在成立之初就取得了半国家机关的地位,享有接受政府存款和向政府提供贷款的特权,标志着代表“国家银行”的资本主义初期信用制度的形成。

3. 保证银行支付的需要

随着资本主义生产发展和流通扩大,对贷款的要求不仅数量增多,而且期限延长了。商业银行如果仅用自己吸收的存款来提供贷款,就远远不能满足社会经济发展的需要,如果将吸收的存款过多地用于提供贷款,又会削弱银行的清偿能力,加大银行发生挤兑和破产的可能性。因此有必要适当集中各家银行的现金准备,当某家商业银行发生支付困难时给以必要支持。准备金需要有一个集中存放的地方,还需要有专门的管理。掌握准备金的任务理所当然地落在中央银行身上,这样,中央银行就成为所有银行的“后台”,能够在商业银行资金发生困难时,给予贷款支持。

4. 建立票据清算中心的需要

随着商品经济的发展和银行业务的不断扩大,银行收授票据的数量也急速增长,各银行之间的债权债务关系日益复杂,票据的交换业务变得繁重起来。由各个银行自行轧差进行当日清算已比较困难。不断增长的票据交换和清单业务与原有的票据交换和清算方式产生较大矛盾,不仅异地结算时间延长,即使同城结算也遇到很大困难。这在客观上要求建立一个统一的、权威的、公正的清算机构作为全国支付体系的核心,以便快速清算银行间的各种票据,保证资金顺畅流通。这个中心也自然要由中央银行来承担。

5. 统一金融监管的需要

为了保证银行和金融业的公平有序竞争,保证各类金融业务和金融市场的健康发展,减少金融运行的风险,政府需要出面进行必要的管理。而有效的方法就是通过一个专门的机构来实施政府监管。这个监管机构要有一定的技术能力和操作手段,在业务上与商业银行有密切的联系,还能依据政府的意图制定一系列金融政策和管理条例,以此来统筹、管理和监督全国的金融活动。这一使命显然只能由中央银行承担。

综上所述,以上诸多方面的客观要求直接推动了中央银行的产生,但这些客观要求并非是同时提出的,其迫切程度也并不是完全相等的。因此,中央银行的形成与发展经历了一个较长的历史过程。

（二）中央银行的产生和发展

中央银行的产生基本上有两条渠道：一是由信誉好、实力强的大银行逐步发展演变而成。政府根据客观需要，赋予这家银行某些特权，从而使这家银行逐步具有了中央银行的某些性质并最终发展成为中央银行；二是由政府出面直接组建中央银行。

一般认为最早的两家中央银行是瑞典银行（Sveriges Riksbank）和英格兰银行（Bank of England）。瑞典银行成立于1656年，是由私人创办的欧洲第一家发行银行券的银行，但没有独占发行权。1668年由政府出面改组为国家银行，对国会负责，开始履行中央银行职责，成为真正的中央银行，它是现代中央银行的萌芽。但是，公认的最早全面发挥中央银行作用的是1694年成立的英格兰银行，它虽然比瑞典银行晚成立40年，但被人们称为现代中央银行的鼻祖。英格兰银行是在政府帮助下设立的一家私人股份银行，其成立初衷是为政府筹集和提供资金，作为交换条件，政府授权该银行发行同等数额的银行券。这个特权仅限于伦敦地区，伦敦以外的地区，其他银行有发行权。1844年，英国国会通过《皮尔条例》（Peel's Act），规定英格兰银行作为唯一的货币发行银行，将英格兰银行分成发行部和银行部两个部分，发行纸币与银行业务分开，银行业务不干预货币发行，从此奠定了现代中央银行组织的模式。随着英格兰银行地位的提高，许多商业银行之间的债权债务关系，通过英格兰银行来划拨清算。1854年起，英格兰银行成为银行业的票据交换中心。在英国几次周期性经济危机中，英格兰银行对一般银行提供贷款，充当“最后贷款人”的角色。随着发行权的集中，英格兰银行与政府及国库的关系越来越密切。这样，英格兰银行就逐步确立其中央银行的地位，成为中央银行的典范，被其他国家纷纷效仿。至1900年，主要的西方国家都设立了中央银行。

进入20世纪以后，特别是第一次世界大战后，为了稳定战后币制、汇率和消除金融混乱的局面，1920年，在布鲁塞尔举行的国际金融会议敦促，凡是尚未成立中央银行的国家，都应尽快成立中央银行。此后，几乎所有独立的国家，都先后设立了中央银行，中央银行制度得到了极大的发展和完善。1929—1933年世界性经济危机使西方各国开始强调中央银行作为“最后贷款人”的职能，强化中央银行对金融体系的集中统一管理。1930年，在瑞士巴塞尔成立国际清算银行，各国中央银行作为本国金融机构的代表，加强国际合作，中央银行制度进一步得到强化和完善。

第二次世界大战以后，中央银行发展进入了一个新阶段。随着国家干预经济的加强，政府利用中央银行来推行财政金融政策，干预国民经济，稳定货币；同时，各国纷纷加强了对中央银行的控制，许多国家的中央银行都先后实行了国有化。1945年12月，法国将法兰西银行收归国有，原股东的股票换成政府债券；1946年，英国政府宣布英格兰银行收归国有，英国财政部将股份全部收购，并以法律明确其关系；1957年联邦德国建立德意志联邦银行，这是国家直接投资创建的中央银行。各国还纷纷制定新的银行法，明确中央银行的主要职责是贯彻执行货币金融政策，维持货币金融的稳定。1946年美国国会通过《充分就业法》，规定联邦储备银行职责是促进经济增长、充分就业、稳定货币和平衡国际收支。日本的新银行法规定中央银行必须“以谋求发展全国的经济力量，适应国家政策的需要，调节货币、调整金融及保持并扶植信用制度为目的”。这些都从立法上加强了国家对中央银行的控制。

二、中央银行制度的类型

目前世界上大多数国家都实行了中央银行制度，虽然形式上各不相同，但大体上可以分为四种类型：单一型中央银行制度、复合型中央银行制度、准中央银行制度和跨国中央银行制度。

（一）单一型中央银行制度

单一型中央银行制度是指国家单独建立中央银行机构，使之全面、纯粹行使中央银行职能的制度。单一型中央银行制度中又有如下两种具体情形：

1. 一元式中央银行制度：这种制度是在一个国家内只建立一家统一的中央银行，机构设置一般采取总分行制。目前世界上绝大部分国家的中央银行都实行这种体制，我国也是如此。

2. 二元式中央银行制度：这种体制是在一国内建立中央和地方两级中央银行机构，中央级的机构是最高权力或管理机构，地方级中央银行机构也有一定的独立权利。根据规定，中央和地方两级中央银行分别行使职权。属于这种类型的国家有美国、德国等。

（二）复合型的中央银行制度

复合型的中央银行制度是指国家不单独设立行使中央银行职能的机构，而是由一家集中央银行与商业银行职能于一身的国家大银行兼行中央银行职能的制度。这种中央银行制度往往与中央银行初级发展阶段和国家实行计划经济体制相对应，苏联和 1990 前的多数东欧国家即实行这种制度。中国在 1983 年以前也实行这种制度。

（三）准中央银行制度

准中央银行制度是指只设置类似中央银行的机构，或由政府授权某个或几个商业银行，行使部分中央银行职能的体制。新加坡、我国香港地区属于这种体制。如新加坡设有金融管理局和货币委员会（常高机构为货币局）两个机构来行使中央银行的职能，前者负责制定货币政策和金融业的发展政策，执行除货币发行以外的中央银行的一切职能；后者主要负责发行货币、保管发行准备金和维护新加坡货币的完整。香港过去长时期并无一个统一的金融管理机构，中央银行的职能由政府、同业公会和商业银行分别承担。1993 年 4 月 1 日，香港成立了金融管理局，它集中了货币政策、金融监管及支付体系管理等中央银行的基本职能，但它又不同于一般中央银行。在货币发行方面，香港政府授权汇丰银行、渣打银行和中国银行共同履行。

（四）跨国中央银行制度

跨国中央银行制度是由参加某一货币联盟的所有面员方联合组成的中央银行制度。第二次世界大战后，许多地域相邻的一些欠发达国家建立了货币联盟，并在联盟内成立统一的中央银行。这种跨国的中央银行发行共同的货币，并为面员方制定统一的金融政策，成立的宗旨在于推进联盟各国的经济发展及避免通货膨胀。比如，由贝宁、象牙海岸、尼日尔、塞内加尔等国组成的西非货币联盟所设的中央银行，由喀麦隆、乍得、刚果、加蓬和中非共和国组成的中非货币联盟所设的中非国家银行等，都是实行的跨国中央银行体制。

欧共体(现为欧盟)面员方为适应其内部经济金融一体化进程的要求,在 1969 年 12 月就提出建立欧洲经济与货币联盟,经过多年的努力,终于于 1998 年 7 月正式成立欧洲中央银行。欧洲中央银行的建立受到全球关注,是跨国中央银行制度成功的典范。

专栏 7-1　欧洲中央银行

欧洲中央银行是一个典型的跨国中央银行。它是欧洲一体化进程逐步深入的产物。

二战之后,处于苏联和美国两个超级大国夹缝之间的欧洲各国走上了互相联合以谋求共同发展的道路。法国、联邦德国、意大利、荷兰、比利时和卢森堡六国于 1951 年签订的《欧洲煤钢联营条约》标志着欧洲一体化进程的开始。1957 年,上述六国又在罗马签订了《欧洲原子能共同体条约》和《欧洲经济共同体条约》(合称《罗马条约》)。在这些条约的基础上,经过多年的建设,形成了一个迄今为止一体化程度最高、影响最大的地区经济集团——欧洲共同体(European Communities),也就是今天的欧洲联盟(European Union).

欧共体面员方于 1991 年的《马斯特里赫特条约》中正式提出建立欧洲共同体货币联盟(EMU)的计划,该计划的核心是在共同体内实现只有一个中央银行、一种单一货币的欧洲货币联盟。1994 年 1 月 1 日,欧洲中央银行的前身——欧洲货币当局在德国法兰克福建立,它在规定的时间内完成了未来欧洲中央银行货币政策运作框架的设计工作。在 1998 年 5 月 2 日至 3 日的欧盟特别首脑会议上,根据《马约》规定的入盟条件,欧盟 15 个面员方中的 11 个率先取得了加入欧洲货币联盟的资格,荷兰中央银行前任行长威廉·杜伊森贝赫被推选为欧洲中央银行行长。根据欧盟制定的时间表,从 1999 年 1 月 1 日起,未来的单一货币——欧元将以支票、信用卡、电子钱包、股票和债券方式流通,欧洲中央银行将开始正式运作,实施独立的货币政策。从 2002 年开始,欧元钞票和硬币将进入流通,取代所有联盟参加国的货币。

欧洲中央银行行址设在法兰克福。其基本职责是制定和实施欧洲货币联盟内统一的货币政策。从制度架构上讲,欧洲中央银行将由两个层次组成:一是欧洲中央银行本身,二是欧洲中央银行体系。后者除欧洲中央银行外,还包括所有参加欧元区面员方的中央银行,类似联席会议。前者具有法人身份,而后者没有。欧洲中央银行与各面员方中央银行之间的关系可以粗略地理解为决策者和执行者的关系,也就是说,欧洲中央银行为欧元区内所有国家制定统一的货币政策,然后交由各面员方中央银行执行。所有欧元区面员方都必须按其人口和国内生产总值的大小向欧洲央行认购股本。

欧洲中央银行的日常管理机构是执行委员会,决策机构则是理事会。前者由 4 至 6 名成员组成,其中包括行长和副行长各一名,他们由欧盟首脑会议直接任命;后者除执行委员会成员外,还包括欧元区各面员方中央银行行长。理事会每年至少要举行 10 次会议,以作出有关欧元利率、汇率和货币投放量等方面的重大决策。

1991 年的《马约》为欧洲中央银行的独立性提供了法律上的保障。条约第 107 条及附件第 7 条明确指出:"欧洲中央银行、欧洲货币联盟内所有面员方中央银行及其决策机构的成员不得向任何欧共体机构、组织、面员方政府以及其他决策机构寻求或接受指令。"条约还禁止欧洲中央银行和面员方中央银行为面员方政府的财政赤字提供资金融通。

欧洲中央银行的成立标志着欧盟国家的一体化迈上了一个崭新的台阶。各国为实现欧洲合众国的梦想,不惜以放弃本国货币政策独立性为代价来支持欧洲建设。这是一次伟大的尝试。但是和人类所有的伟大实验一样,欧洲中央银行未来的道路充满各种难以预料的困难和不确定性。

参考资料:《欧洲中央银行及其货币政策》,《国际金融研究》1998 年第 1 期。

第二节　中央银行的职能

中央银行是国家干预经济、调节全国货币流通与信用的金融管理机关，它代表国家管理金融，制定和执行金融方针政策，其基本职能一般归纳为发行的银行、银行的银行和政府的银行三大类。中央银行的管理职责是寓于金融业务的经营过程之中的，中央银行正是通过自身独特的经营活动来影响货币供给量、利率、贷款量等指标，对金融领域乃至整个经济领域的活动进行管理、控制和调节。

一、中央银行的特性

中央银行是特殊的金融机构。一方面，中央银行的主要业务活动具有银行固有的办理"存、贷、汇"业务的特征；另一方面，它的业务活动又与普通金融机构有所不同，主要表现在其业务对象不是一般的工商客户和居民个人，而是商业银行等金融机构；同时，国家还赋予中央银行一系列特有的业务权利，如垄断货币发行、管理货币流通、集中存款准备金、维护支付清算系统的正常运行、代理国库、管理国家黄金外汇储备等。从中央银行发挥的作用看，它是保障金融稳健运行、调控宏观经济的国家行政机构。中央银行通过国家特殊授权，承担着监督管理普通金融机构和金融市场的重要使命。由于中央银行处于整个社会资金运动的中心环节，是国民经济运行的枢纽，是货币供给的提供者和信用活动的调节者，作为国家管理金融业和调控宏观经济的重要部门，中央银行自然具有一定的国家机关的性质，负有重要的公共责任。随着国家对金融和经济实施干预或调控的加强，中央银行的国家机关性质也趋于强化

中央银行的这些性质决定了其活动的特征为：(1)不以盈利为目的。中央银行以金融调控为己任，稳定货币、促进经济发展是其宗旨。如果以盈利为目的，势必导致为追求利润而背离金融管理的宗旨。(2)不经营普通银行业务，即不对社会上的企业、单位和个人办理存贷、结算业务，只与政府或商业银行等金融机构发生资金往来关系。(3)在制定和执行货币政策时，中央银行具有相对独立性，不应受到其他部门或机构行政干预和牵制。

二、中央银行的基本职能

(一) 发行的银行

中央银行是发行的银行(bank of issue)，这具有两方面的含义：首先，它是指中央银行垄断银行券的发行权；其次是指中央银行作为货币政策的最高决策机构，在决定一国货币供应量方面具有至关重要的作用。

发行银行券是中央银行基本职能之一，也是中央银行最重要的资金来源。中央银行独占货币发行权，是中央银行发挥其他职能作用的基础。由中央银行发行出来的银行券，一部分形成银行等金融机构的库存现金，大部分则形成流通中的现金。流通中的现金是货币的重要组成部分，但不是全部。

中央银行不仅发行银行券，而且是存款货币创造的源头，我们在第五章讲述过

商业银行创造存款货币的原理，在本章第四节我们将进一步讨论中央银行在存款货币创造中的作用。中央银行在现代货币供给中居于关键的地位，通过控制货币发行，可以直接地影响整个社会的信贷规模和货币供给总量。货币有如经济中的“血液”，中央银行掌握货币发行权，控制着货币供应量，也就掌握着经济“血液”的输入和输出，从而成为经济体系运行的心脏。

货币发行是有法律规定的程序，各国不尽相同，但都是根据中央银行法的规定，依据经济发展的进程制定操作程序，以配合货币政策的执行。货币发行一般遵循以下原则：一是垄断原则，即货币发行权高度集中于中央银行；二是信用保证原则，指中央银行的货币发行必须要有一定的准备金作保证，并建立发行准备制度；三是适度弹性原则，即中央银行要根据经济发展状况有伸缩性地供应货币，避免引起通货膨胀或通货紧缩。

（二）银行的银行（Bank of bank）

中央银行一般不与工商企业和个人发生往来，只与商业银行和其他金融机构直接发生业务关系，在业务上和政策上对所有金融机构进行指导、管理和监督，同时也为金融机构提供各种服务，中央银行作为银行的银行，其职能主要表现在以下几方面。

1. 集中保管各商业银行及其他存款机构的准备金

为了保证存款机构的清偿能力，各国银行法都规定存款机构对其存款保留一定比例的准备金，即法定准备金①。这些准备金（包括一部分超额准备金）除一小部分以库存现金形式由商业银行持有之外，大部分要交由中央银行保管。各存款机构在中央银行设立准备金账户，这样做有两个好处：一是便于中央银行了解和掌握各存款机构的准备金状况；二是可使中央银行组织起全国范围内的资金清算。值得指出的是，在多数国家，存款机构在中央银行的准备金存款是没有利息收入的，但我国的中央银行对存款机构的准备金支付利息。

2. 组织全国范围内的清算

由于各存款机构都在中央银行设有准备金账户，中央银行便可以通过借记或贷记它们的准备金账户来完成存款机构之间的款项支付。例如，若甲银行要支付100万元给乙银行，中央银行只需在甲银行的准备金账户上减少100万元，在乙银行的准备金账户增加100万元即可。对于同城或同一地区的支票，一般先由票据交换所进行票据交换，再由中央银行清算其交换之后的差额。票据交换所可由中央银行组织，也可由商业银行自行组织。异地之间的支票清算则由中央银行的清算中心统一办理。随着金融电子的发展，许多大笔资金的划拨并不是通过支票来进行，而是通过中央银行或商业银行同业之间建立的电子资金转账系统进行。中央银行办理资金清算一般要收取一定的手续费。

3. 最后贷款人（Lender of last resort）

当某一金融机构面临资金困难，而别的金融机构又无力或不愿对它进行援助

---

① 随着金融自由化的发展，这一规定也有了例外，例如英国和加拿大的商业银行就没有法定准备金要求。可参见专栏10-1。

时,中央银行将扮演最后贷款人的角色。传统上,中央银行对商业银行的贷款主要是通过对商业银行办理再贴现的方式进行,而现在的中央银行在向商业银行发放贷款时,有很多并不是采取再贴现的形式,但它们也都被笼统地称为贴现贷款,其利率则被称为贴现率。通过变更贴现率,中央银行可对整个社会的资金供求状况和利率发生影响。因此,中央银行的最后贷款人角色有助于形成一个富有弹性的货币供给机制,同时也是防止金融危机的一道"防波堤"。

专栏 7-2　发放贴现贷款,防止金融危机:1987 年的黑色星期一

被称为"黑色星期一"的 1987 年 10 月 19 日,将被当作迄今为止股价下跌幅度最大(道琼斯工业平均指数下降了 500 多点)的一天写入历史。在 1987 年 10 月 20 日,即星期二,金融市场几乎停止运转。Felix Rohatyn,一位华尔街最著名的人士,平静地说:"星期二是 50 年来我们经历的最危险的一天。"在黑色星期一之后,大量用来防止市场垮台的信贷要求被提到联邦储备委员会主席艾伦·格林斯潘面前。

在 10 月 19 日星期一股价暴跌期间维持市场正常运行的巨大压力,意味着许多经纪机构和专家经纪商(维持证券交易所有序交易的交易商和经纪商)需要额外的资金来保障他们的交易活动。然而,可以理解,对证券公司的财务稳健情况变得高度紧张的纽约银行界以及外国和美国地方银行,在最需要的时候,却开始削减向证券业的贷款,危机一触即发。一家大型专家经纪商公司的主席评论道,在星期一,"从下午 2 点开始,有的只是绝望。整个投资界都逃离市场,只有我们孤零零地留在战场上。"是美联储像个骑士一样出来拯救的时候了。

一知道证券业的困境,艾伦·格林斯潘和杰拉尔德·科里根——当时的纽约联邦储备银行行长以及和华尔街保持最密切联系的美联储官员,就担心会发生大规模的证券公司倒闭。为了防止这种事情的发生,格里斯潘在 10 月 20 日即星期二股市开盘之前宣布,联邦储备体系"愿意充当支持经济和金融体系所需的流动性的来源"。除此之外,美联储还明确表示会向任何愿意向证券业贷款的银行提供贴现贷款,虽然这种做法不是必然的。如一位纽约银行家所说,美联储的信号是"我们在这儿,无论你需要什么,我们都会给你"。

美联储及时行动的结果是金融危机被遏制了。市场在星期二继续运行,市场的恢复使得道琼斯工业平均指数在当天爬升了 100 多点。

本文选自米什金《货币金融学》第六版

(三) 政府的银行

政府的银行(Government's bank)是指中央银行既是政府管理金融业的工具,又为政府提供金融服务。其具体内容包括以下几方面。

1. 代理国库(Fiscal agency)

中央银行经办政府的财政收支,保管国库的存款,兑付国库签发的支票,代理收缴税款,经办政府公债的发行、还本付息以及其他有关国库的事务,充当国库的出纳。此外,中央银行还保管国家黄金和外汇储备,进行黄金外汇的买卖和管理。

2. 对政府提供信贷支持

中央银行作为政府的银行,负有对政府融通资金,解决政府临时资金需要的义务。但中央银行仅向政府提供短期贷款,用以弥补财政收支的临时性差额,这种信贷对货币流通总的影响一般不大。在财政赤字长期化的时候,政府如果利用中央银行的信用弥补自己的支出,就会破坏货币发行的独立性,从而使这部分贷款成为威胁货币稳定的因素。所以许多国家为了稳定货币流通，对政府向中央银行财政贷款的数量及期限都用法律加以规定，限制政府向中央银行无限制借款。

3. 制订和执行货币政策

作为政府的银行，中央银行不以盈利为目的，不受某个经济利益集团的控制，处于一个比较超脱的地位，这样就可以较好地保证一国的货币政策的制定、实施符合国家利益，为经济发展的长远目标服务。关于货币政策的有关问题，在第十章有专门讨论。

4. 管理金融活动

中央银行是管理金融机构和金融市场的最高当局，负责监督和管理各金融机构和境内金融市场的业务活动。此外，中央银行还代表政府处理涉外金融事务，参加国际金融组织、从事国际金融活动。在金融立法方面，一般除国会之外，中央银行作为代表政府管理全国金融的机构，是全国唯一具有金融立法权的机构。

三、中央银行的独立性问题

（一）中央银行独立性的涵义

中央银行的独立性指的是中央银行在法律授权的范围内制定和执行货币政策的自主程度。中央银行的独立性集中反映为：在中央银行和政府的关系上，两者所追求的宏观经济目标是一致的，但又存在分工和协作，在实现目标的措施选择上也有所不同。中央银行独立性的实质就是如何处理中央银行和政府之间的关系，是中央银行对政府直接负责还是对政府相对负责的问题。

（二）中央银行独立性的内容

一般来说，中央银行的独立性主要体现在以下几个方面：

1. 建立独立的货币发行制度，以维持货币的稳定。

这里包括了三层含义：(1)货币发行权必须高度集中于中央银行，必须由中央银行垄断货币发行，不能搞多头发行，不能由政府或财政来发行。(2)一定时期内，中央银行发行多少货币，什么时间发行，货币的地区分布、面额比例等，应由中央银行根据国家的宏观经济政策以及经济发展的客观需要自行决定，而不应该受来自政府或其他部门以及党派、个人的干扰，以保证中央银行独立地发行货币，从而保护货币的稳定。(3)中央银行不应在政府的干预和影响下搞财政发行，也没有向财政长期无限地提供资金或为财政透支的义务。

2. 独立地制定和执行货币金融政策

这里包括了以下几个内容：(1)货币政策的制定权和操作执行权，必须是掌握在中央银行手中，而不是掌握在政府及政府其他部门的手中。当然，中央银行在制定货币政策时，必须体现或考虑政府的宏观经济政策及意图，尽可能地使中央银行的货币政策与国家的宏观经济政策保持一致性，但是在货币政策的执行过程中，必须保持高度的独立性，不受各级政府和部门的干预。(2)中央银行的货币政策在制定和执行上与政府发行分歧时，政府应充分尊重中央银行在这方面的经验和意见，尽可能地采取相互信任、相互尊重、平等讨论问题的方式来解决，以防止由政府对中央银行的行政干预而造成宏观决策的失误。(3)在中央银行货币政策的执行过程中，各级政府及有关部门应尽可能给予配合，以便中央银行的货币政策能更有效地发挥作用，而不应采用各种直接或间接的方式来抵消货币政策的作用。

3. 独立地管理金融体系和金融市场

中央银行应在国家法律的授权和法律的保障下，独立地行使对金融体系和金融市场的管理权、控制权和制裁权。所谓管理权，就是说中央银行有权管理金融市场的交易，有权管理金融机构的建立和撤并，有权对金融机构的业务活动、经营状况进行定期或不定期的检查，并做出一些具体的规定。所谓控制权，就是说中央银行有权把金融体系和金融市场的业务活动置于自己的监督和控制之下，使整个金融活动按货币政策的需要而正常地进行。所谓制裁权，就是指中央银行有权对违反金融法规、抗拒管理的金融活动和金融机构给予经济的、行政的制裁。

（三）对中央银行独立性的争论

为解决重大经济问题，政府往往要求中央银行更多地按照政府的安排行事，而主张中央银行必须保持独立性的意见认为，只有保持中央银行的独立性，解决特殊的金融问题，才能实现国家的经济目标。关于中央银行独立性的问题，不仅是理论问题，也是实践中争论的焦点。

1. 支持独立论的观点

主张独立论者认为，货币政策的制定和执行是非常专业的技术性职责，因而不适宜交给政治家来进行决策。他们认为，央行受制于政府，很可能导致通货膨胀。关于央行独立性与通货膨胀的关系历来是一个争论的热点。在许多人看来，政府的行为具有短期性，政治家为了自身目的（例如为了赢得下一次选举）会追求短期目标。他们只想在自己的任期内创造出较好的政绩，而不考虑政策的长期效果，不愿意采取那些见效较慢，但是却对经济长期发展有利的措施。例如，他们不大会专注于像物价稳定这样的长远目标，为了获得长期的物价稳定而忍受暂时的高失业。相反，他们更热衷于对短期目标的解决，如失业率和利率，这样的短期解决方案可能在长期具有不良后果。为了讨好选民以便获得连任，他们也不愿采取那些容易招致反对的措施，例如通过增加税收、削减政府支出的方式来减少预算赤字。相反，他们更愿意采取增发货币的方式来为政府支出筹措资金，减少失业。因此，如果货币政策较多地受政府意志的影响，便会带有较强的通货膨胀倾向。有些政治学家还提出了所谓的政治商业周期（political business cycle）理论来描述政治家行为对经济活动的影响。该理论认为，在选举之前，政府倾向于采取扩张性的货币政策，从而降低失业率，以便获得选民的支持。到上台以后，再采取紧缩性的政策来对付先前货币扩张所导致的通货膨胀和名义利率上升。直至下一任选举时，再重复先前的循环。这种理论获得了某些实证性证据的支持，但是仍存在着许多争论。

2. 反对独立论的观点

持这种观点的人首先认为，金融体系是整个经济总体的一部分，而政府是对整个经济运行状况负责的，因此金融体系也应该由政府来统一管理。如果政府无法控制中央银行，也就无法控制决定经济运行的一个最重要因素，那么政府就无法对整个经济总体负责。并且，货币政策必须和财政政策相配合才能发挥作用。财政政策是政府控制的，只有把这两种政策置于同一个机构的管理之下，才能防止两种政策之间相互冲突。同时，货币政策影响的长期性不应该成为中央银行独立于政府之外的理由，因为政府的许多决策都涉及到这个问题，例如政府的外交政策、国防政策都有着长期的影响，但是却很少有人对政府在这方面的权力提出过质疑。

反对独立论的人还认为，中央银行如果不对任何人负责，那么，把货币政策这样一种会影响到社会整体利益的重要工具交给中央银行的少数所谓"精英人物"控制是不民主的。政府或其成员工作绩效不佳可能导致下台或撤换，而央行货币政策即使效果不佳也不受这样的处罚。这样，央行的货币政策行为似乎不受任何约束。总之，中央银行的独立性只能是相对独立，不能脱离政府及政治的影响。

第三节　中央银行业务

中央银行虽然是一个特殊的银行，但依据其资产负债表所反映的资金运动关系，其资金运动仍然表现为资产（Assets）和负债（Liabilities）这两大块主要业务。此外，组织全国银行间清算是中央银行另外一项主要业务。通过这一节的学习，我们可以进一步理解中央银行的职能。

一、中央银行负债业务

中央银行的负债业务是中央银行的资金来源业务，是指中央银行对政府、金融机构、社会公众等负有的债务。中央银行负债业务主要包括流通中的通货、金融机构存款、国库及公共机构存款、外国存款、其他负债和资本项目等。

（一）流通中的通货

流通中的通货是指中央银行发行的流通在外的中央银行券。所谓通货（currency），按国际货币基金组织的口径是指钞票和硬币，我国习惯上称为现金。但 currency 的用法很广泛，在日常生活中，常常是泛指货币。中央银行所发行的货币主要是中央银行券，即信用货币，其中，一部分形成银行的库存现金，大部分则形成流通中的现金。此外流通中的通货还有一小部分现钞纸币和用作辅币的金属铸币。无论是哪一种货币都是一种债务凭证。所以，中央银行券的发行构成了中央银行的一项重要负债。

（二）金融机构存款

金融机构在中央银行的存款即准备金存款，是中央银行存款业务中最主要的业务，是中央银行资金的重要来源。准备金存款由两部分组成：一部分是法定准备金存款，即商业银行按照法律规定将吸收存款的一定比例上存中央银行。另一部分为超额准备金存款，即商业银行在中央银行的存款中超过法定准备金的部分。在现代存款准备制度下，中央银行集中商业银行和其他金融机构的存款准备金。最初，中央银行集中存款准备金只是为了应付商业银行和其他金融机构的存款人大量挤兑存款的需要，以保证商业银行的清偿能力和金融业的稳定。后来中央银行利用提高或降低存款准备率来调节商业银行放款能力，使法定存款准备率发展成为中央银行执行货币政策的一个重要工具。

中国人民银行于 1984 年行使央行职能后开始办理准备金存款业务。中国人民银行对各类金融机构的准备存款按旬平均余额计提。我国现行对存款准备率的调整不作明确规定，根据货币政策的操作规程需要而进行调整。

（三）国库及公共机构存款

政府和公共部门在中央银行存款也包括两部分：一是财政金库存款，二是政府和公共部门经费存款。中央银行代理国家金库和财政收支，经常大量的财政存款构成了中央银行的负债业务之一。这部分存款经财政分配，下拨机关、团体单位作为经费后，形成机关、团体的存款，这部分存款是财政性存款。国库的资金以及财政资金在收支过程中形成的存款均为中央银行资金的重要来源，属于中央银行负债。

（四）外国存款

外国存款包括外国政府、外国中央银行、国际机构（如世界银行）的存款。

值得一提的是，中央银行负债业务中最重要的两项：流通中的通货和金融机构的存款准备金，两项相加即为基础货币，这个关系到货币供给和货币政策的重要概念将在本章第四节中进行介绍。

二、中央银行资产业务

中央银行的资产业务是中央银行运用货币资金的业务，也是央行调控信用规模和货币供应量的主要手段。它主要包括对商业银行的贴现贷款、政府债券和财政借款、国外资产和其他资产。

（一）对商业银行的贴现贷款

中央银行对商业银行放款可采取两种方式，一种是中央银行再贴现，即商业银行以未到期的商业票据向中央银行申请贴现取得融资的业务。中央银行的再贴现是解决商业银行短期资金不足的重要手段，再贴现率（Rediscount rate）对市场利率影响很大。另一种方法是再贷款，是中央银行发放贷款最主要的渠道。它是中央银行为了解决商业银行在信贷业务中发生临时性资金周转困难而发放的贷款，是中央银行作为“银行的银行”职责的具体表现。在国外再贷款多为有政府债券或商业票据为担保的抵押放款。一般贷款利率比较优惠，贷款期限较短。中央银行通常定期公布贷款利率，商业银行提出申请后，由中央银行对其数量、期限、用途和申请者资信进行审查。

我国于 1986 年由中国人民银行上海分行开办了再贴现业务，随后此业务在全国其他城市逐步推开，1994 年月 10 月人民银行总行开始办理再贴现业务，但业务量很小。中国人民银行向国内金融机构的再贷款多为短期贷款。自人民银行行使中央银行职能以来再贷款一直是人民银行的主要资产业务。目前对金融机构的再贷款由中国人民银行总行直接对商业银行总行发放。人民银行向商业银行发放再贷款也是我国实现货币政策目标的重要间接调控手段。

（二）政府债券和财政借款

中央银行对政府融资的方式包括财政借款和购买政府债券两种。财政借款是在政府财政收支出现失衡时，中央银行提供贷款支持的应急措施，多为短期的信用放款。由于这种贷款会威胁货币流通的正常和稳定，削弱中央银行宏观调控的有效性，因而各国法律对此都有严格的时间规定和数量限制。在我国，中国人民银行法规定中国人民银行不得对政府财政透支，不得直接认购、包销国债和其他政府债券，不得向地方政府和各级政府部门提供贷款。因此，中央银行对政府融资主要是通过间接购买国债的方式。

中央银行通过证券市场公开买卖各种政府证券，称为公开市场业务（open market operation），其目的不是为了盈利，而是调节和控制社会货币供应量，进而影响整个宏观经济。当市场需要扩张时，中央银行即在公开市场买入证券，以增加社会的货币供应量，刺激投资和生产；反之则反向操作。

1996 年中国人民银行开始在二级市场买卖短期国债。买卖对象不是个人与企业，而是由人民银行根据条件在参与国债交易的金融机构中选定的一级交易商，主要是采取公开投标方式，进行国债的回购交易。目前人民银行证券业务数量占资产的比例还很低，但已出现逐年增长趋势。2003 年 4 月，我国中央银行正式发行中行票据，增加了公开市场业务的操作品种。

（四）国外资产

作为政府的银行，中央银行受政府委托管理一国的国际储备。国际储备是指国际间广泛接受的各种形式资产的总称，主要由外汇、黄金组成，其中外汇储备是最重要的部分。国际储备能起到平衡国际收支，干预外汇市场，维护汇率稳定，增强国际信誉度，增强本国货币的国际信誉的作用。

由于近年来中国国际储备的迅速增加，在中国人民银行的资产负债表中，国外资产目前已成为最主要的资产项目，央行大量持有外汇，形成所谓外汇占款，中央银行购入外汇时以本币进行支付，构成发行货币的一种重要渠道。

三、中央银行体制下的支付清算系统

（一）中央银行支付清算系统（payment and clearing system）简介

作为银行的银行，现代中央银行负有组织全国银行间支付清算的职责。尤其是在中央银行制度步入成熟发展阶段以来，商业银行等金融机构都在中央银行依法开立存款准备金账户，这样，各银行之间发生的资金往来或应收、应付款，通过中央银行划拨转账就是自然而然的事情了。

中央银行通过组织全国银行系统的清算，一方面为各家银行提供服务，提高了清算效率，加速了资金周转；另一方面，有利于中央银行对全国金融情况及各商业银行等金融机构的资金情况加以了解，从而有助于中央银行监督、管理职责的履行。

中央银行组织全国银行支付清算包括同城或同地区和异地两大类。同城或同地区银行间的资金清算，主要是通过票据交换所（clearing house）来进行。票据交换所，在有些国家是由各银行联合举办的，在有些国家则是由中央银行直接主办的。但无论哪种，票据交换应收应付最后都得通过中央银行集中清算交换的差额。

异地银行间的资金清算需由中央银行统一组织实施。由于各国银行制度、支付工具、资金转移规则和技术手段的差异，异地资金清算的具体程序和方法各不相同，但其依据的原理仍与票据交换所相似。

（二）票据交换所的工作原理

通过票据交换所来进行资金清算是同城或同地区银行间的清算。因为在统一城市或地区内，任何一家银行的应收款一定是其他银行的应付款，所以对所有银行来说，应收总额一定等于应付总额，每一家银行的应收差额之和一定等于其他银行的应付差额之和。这样所有银行间的清算可以转变为只对应收或应付差额的清算，所有参加交换的银行分别汇总轧出本行是应收还是应付的差额，就可据以结算全部债权债务，由应付差额的银行把差额交给票据交换所即可，有应收差额的银行则从票据交换所取得资金。其工作原理示意图如下：

表 7-1　票据交换所的工作原理

	A 银行	B 银行	C 银行	D 银行	应收总额	应付差额
A 银行	—	20	10	40	70	—
B 银行	30	—	50	20	100	20
C 银行	20	80	—	10	110	—
D 银行	10	20	40	—	70	—
应付总额	60	120	100	70	350	×
应收差额	10	—	10	—	×	20

（三）中国的支付结算系统

中国的支付结算体系由银行账户体系、支付结算工具体系、支付清算系统和支付结算管理体系等四部分组成。其中银行账户是办理支付结算业务的基础和门户，各种支付结算工具是转移资金的载体，支付清算系统是最终实现资金融通的渠道，统一的支付结算管理，是我国支付结算体系正常运行的重要保障。支付结算体系的这四个组成部分是密不可分的有机整体。

1. 银行账户体系

银行账户集中反映整个社会经济活动资金支付结算的起点与终点，存款人进行各项经济活动产生的支付结算，主要是通过银行账户之间的资金划转完成的。

2. 支付结算工具体系

为了使支付工具满足多元化经济发展的要求，中国逐步建立了以票据和信用卡为主体、以电子支付工具为发展方向、满足多种经济活动和市场经济发展需要、适应社会各阶层使用的支付结算工具体系。

3. 支付清算系统

中国目前的支付清算系统主要分为以下四个子系统：商业银行行内资金汇划系统、同城票据交换所、中国人民银行全国电子联行系统和正在建设推广的中国现代化支付系统。

4. 支付结算管理体系

包括支付结算的法规制度性管理、银行账户管理、支付结算风险控制管理、结算纪律监督管理、支付结算纠纷协调管理和反洗钱工作管理。

中国人民银行作为中央银行，组织和管理全国银行支付结算是一项重要职责。中国人民银行有专门的内设机构管理支付结算，建立和完善支付结算法规制度，强化对制度及结算纪律执行的日常管理，维护了经济、金融秩序。

第四节　中央银行与基础货币

中央银行是制定和执行货币政策的机构，如何恰当地控制货币供给是其面临的首要任务，要想知道中央银行如何控制货币供给就必须透彻理解基础货币的作用。中央银行的货币政策工具正是通过对基础货币的影响来改变货币供给的。本节将详细讨论中央银行与基础货币的关系。

一、基础货币及其供应

基础货币（base money）等于流通中的通货加上商业银行在中央银行的存款准备金，通常又称为货币基础（monetary base）。常用下式表达：

$$B=R+C$$

式中，B 为基础货币；R 为商业银行持有的存款准备金，包括商业银行对库存现金、在中央银行的法定准备金以及超额准备金；C 为流通于银行体系之外的现金。

在现代信用货币制度下，信用货币的供应和调节很大程度上是由一国中央银行通过变动基础货币进行的。当中央银行向商业银行扩大基础货币供应时，商业银行的派生存款能力就加强；当中央银行收缩基础货币或停止供给时，商业银行的信用创造能力就减弱，所以，基础货币又被人们称为高能货币（high power money）。

现金进入经济生活的渠道是商业银行的客户从自己的存款账户提取现金。每一个商业银行，在其日常经营中，都有现金不断流入和流出。如果现金的提取可以由现金的存入来满足，存款货币银行则不必补充现金。如果存入的现金满足不了提取的要求，存款货币银行必须补充现金。补充的基本途径就是到中央银行从自己的准备存款账户提取；如果银行库存的现金过多，则会及时存入自己在中央银行的准备存款账户。为了保证存款货币银行可以及时地从准备存款账户提取现金，中央银行则必须印制足够的钞票、铸造足够的硬币。由此可以理解，已经存在于流通过程中的现金，就是过去存款货币银行从中央银行的准备存款账户上陆续提取现金所形成的。当商业银行总体向中央银行提取的现金多于存入的现金，是现金发行量的增长，简称现金发行。当商业银行总体向中央银行存入的现金多于提取的现金，是现金发行量的减少，称现金回笼。总的来看，年复一年，现金的发行都是增长的，根本原因是经济的增长。

当现金的增发是必然趋势时，那就意味着商业银行从准备存款账户不断地提取现金，准备存款相应下降。但经济增长必然同时要求存款准备增大以支持存款货币有足够的增长。所以，在经济增长的条件下，准备存款必须不断得到补充。

要使存款货币银行整体的准备存款总额增加，必须有中央银行资产业务的增加。

商业银行从中央银行补充准备存款的途径有：(1)向中央银行再贴现和直接取得贷款；(2)向中央银行出售自己持有的债券；(3)向中央银行出售自己持有的外汇。

在这个连续的过程中，中央银行一方面积累了自己的资产；另一方面则形成两大负债项目：(1)不断补充、不断提取现金的准备存款余额；(2)由一笔笔现金漏损所累积形成的流通中现金。在中央银行资产负债表上的表现为：

表 7-2　中央银行资产和负债

资产	负债
贴现和贷款	商业银行等金融机构存款
政府债券	流通中货币
外汇储备	

二、中央银行资产规模与基础货币量

(一) 中央银行资产规模与基础货币量的关系

由于基础货币实际上是中央银行的货币负债，因此，通过中央银行的资产负债表来考察影响基础货币的因素是最为方便的。下面我们给出一张简化的中央银行资产负债表(见表 7-3)，并在此基础上讨论影响基础货币的因素。

表 7-3　中央银行资产负债表

资产	负债
证券(A_1)	发行在外的现金(L_1)②
贴现贷款(A_2)	银行存款(L_2)
财政借款或透支(A_3)	财政性存款(L_3)
黄金、外汇和特别提款权(A_4)	其他负债(L_4)
在途资金(L_5)①	中央银行资本(L_5)
其他资产(A_6)	
合计	合计

根据定义，基础货币(B)等于非银行公众手中的现金，即流通中现金(C)加上银行准备金(R)，而银行准备金又包括银行在中央银行的准备金存款及银行库存现金两部分。因此基础货币实际上等于非银行公众和银行手中的现金加上银行在中央银行的存款，也就是等于表 7-3 中的 L_1 加上 L_2，用公式表示，就是：

$$B = C + R = L_1 + L_2 \qquad \text{式(7-1)}$$

① 包括流通中的现金和银行等金融机构的库存现金。对于那些不负责硬币发行的中央银行而言，还应减去其中的硬币。这里我们假定所有现金均由中央银行发行。

② 在途资金由收款过程中的现金项目减待付现金项目而得，它代表中央银行在清算过程中产生的净债权。当然若该项目为负值，则代表中央银行在清算过程中有净债务。

根据“资产＝负债”的会计恒等式，我们有

$$B = L_1 + L_2 = (A_1 + A_2 + A_3 + A_4 + A_5 + A_6) - (L_3 + L_4 + L_5) \qquad 式(7\text{-}2)$$

由 7.2 式很容易可以看出：

（1）在除基础货币项目外的中央银行负债不变的条件下，任何中央银行资产的增加都会引起基础货币的增加。

（2）在中央银行资产项目不变的条件下，除基础货币项目外的中央银行负债的减少也将引起基础货币的增加。

为直观起见，我们可以将影响基础货币的主要因素归纳在表 7-4 中。

表 7-4　影响基础货币的因素

影响因素	影响因素的变化	对基础货币的影响
证券	上升	上升
贴现贷款	上升	上升
财政借款或透支	上升	上升
黄金、外汇及特别提款权	上升	上升
在途资金	上升	上升
其他资产	上升	上升
财政性存款	上升	下降
其他负债	上升	下降
中央银行资本	上升	下降

上述因素均为中央银行资产负债表上的项目，这表明中央银行可以通过调整自己的资产和负债来变动基础货币。由于除基础货币项目外的中央银行负债一般不易进行主动调整，中央银行改变基础货币主要是通过资产渠道来实现的。

（二）中央银行控制基础货币的主要方式

中央银行控制基础货币的主要方式有两种，即公开市场业务和贴现贷款。前者在发达国家非常重要，后者则在许多金融市场不发达的发展中国家起主导作用。

1. 公开市场业务

现在我们来具体地考察中央银行在公开市场买进或卖出证券对基础货币的影响。

先来看一看公开市场买入。假定中央银行决定通过公开市场买入来增加 1000 元的证券持有量，那么有以下几种可能：

（1）证券出售者是一家银行。如果该银行将出售证券所得的中央银行支票存入中央银行，则中央银行和该银行的 T 形账户分别为：

中央银行

资产	负债
证券＋1000	银行存款　＋1000

银行

资产	负债
证券－1000 在中央银行存款＋1000	

如果中央银行支付的是现金，则 T 形账户为：

中央银行

资产	负债
证券＋1000	发行在外的现金＋1000

银行

资产	负债
证券－1000 库存现金＋1000	

（2）证券出售者是一家非银行企业或个人，即非银行公众。如果中央银行付给证券出售者 1000 元支票，出售者将支票存入一家银行，该银行又将支票存入中央银行，则 T 形账户为：

中央银行

资产	负债
证券＋1000	银行存款＋1000

银行

资产	负债
在中央银行存款＋1000	存款＋1000

非银行公众

资产	负债
证券－1000 存款＋1000	

如果证券出售者收到支票后，拿到一家银行去兑现，银行付出现金，并将收到的支票存入中央银行，则 T 形账户为：

中央银行

资产	负债
证券＋1000	银行存款＋1000

银行

资产	负债
库存现金－1000 在中央银行存款＋1000	

非银行公众

资产	负债
证券－1000 现金＋1000	

上述几种情形中，基础货币的增加都为 1000 元。总之无论中央银行采取何种方式向银行或公众购入一定数额的证券，都会使基础货币增加相应的金额。

至于公开市场卖出的情形，可以照此类推。其结果是，无论中央银行采取何种方式向银行或公众卖出一定数额的证券，都会使基础货币减少相应的金额。

由于公开市场业务能够精确地使基础货币发生一定数量的增减，从而达到中央银行的预期目的，所以它成为发达国家中央银行控制基础货币最重要的手段。

2. 贴现贷款

中央银行贴现贷款的原意是指银行将它为客户办理贴现业务而收进的各种票据拿到中央银行去再贴现，以获得暂时的资金融通。但事实上，中央银行对银行的贴现贷款并不一定是以票据贴现的方式进行。

贴现贷款的增加直接表现为获得贷款银行的准备金的增加。假定某银行从中央银行获得了 1000 元的贴现贷款，这 1000 元贷款就成为该银行可以运用的准备金。从而整个经济中的基础货币就增加了 1000 元。用 T 形账户表示就是：

中央银行

资产	负债
贴现贷款　＋1000	银行存款＋1000

银行

资产	负债
在中央银行存款＋1000	贴现贷款＋1000

显然，当该银行将这 1000 元贴现贷款归还中央银行时，这新增的 1000 元基础货币将随之消失。

中央银行主要通过调整贴现贷款的利率来影响银行的贷款需求，从而影响贴现贷款量。在 19 世纪至 20 世纪 30 年代间，贴现贷款曾是中央银行影响货币供应的最主要的政策工具。目前它的位置已经为公开市场业务所取代，贴现贷款量在中央银行资产中所占的比例微不足道。但是在一些发展中国家，如中国，开展公开市场业务的条件还不成熟，贴现贷款（连同中央银行对整个银行体系的信贷规模控制）仍是中央银行控制基础货币的主要手段。

三、中央银行对基础货币的控制能力

中央银行可以通过调整自己的资产来变动基础货币。但这并不等于中央银行可以对基础货币实行完全的控制。中央银行对基础货币的控制能力因其控制基础货币的方式而有所不同，总的来说，中央银行对贴现贷款量的控制远不如对公开市场业务量的控制那样精确。

（一）公开市场操作与基础货币

在发达国家里，中央银行影响基础货币变动的主要方式是在公开市场上买卖政府债券。假定中央银行买卖政府债券的对象是一家银行，那么公开市场业务的结果将只影响银行的准备金，而不影响流通中的现金。例如当中央银行从一家商业银行购买 1000 元政府债券，将使该银行的政府债券减少 1000 元，而准备金增加 1000 元；反之亦然。这时候因为流通中现金并没有什么变化，所以基础货币的变化就等于银行准备金的变化。

但是中央银行也可以向一般的非银行公众买卖政府债券。当中央银行这样做时，公开市场业务对基础货币的影响就不一定等同于对银行准备金的影响了。假定中央银行向某个人购买 1000 元的债券，同时付给他一张 1000 元的中央银行支票。如果这些出售者将支票存入某家银行，其结果将使基础货币和银行准备金都增加 1000 元。但是如果他把这张支票拿到某家银行去兑现呢？银行在收进这张支票，也就是获得对中央银行 1000 元债权的同时，付给他 1000 元的现金，其结果，银行的准备金并没有变化——它付出的 1000 元现金被收进的 1000 元支票所抵消，但是基础货币却增加了 1000 元，因为流通中现金增加了 1000 元。从这个例子中不难看出，中央银行的公开市场业务对基础货币的影响是确定的，它每天买入或卖出一定数量的政府债券，就会使基础货币发生等量的增加和减少；但是它对银行准备金的影响却是不确定的。公开市场业务对基础货币的影响，可以只表现为银行准备金的变化，也可以只表现为流通中现金的变动，还可以表现为二者的同时变动（当公众将出售政府债券所得的支票进行部分的兑现时，情形即为这样了）。

此外，数以万计的存款者每天的存款、取款行为也都在影响着银行准备金的数量。假定你在银行存入 100 元现金，你就使流通中现金减少了 100 元，同时使银行准备金增加了 100 元；反之亦然。对于每天都在银行的储蓄所大厅发生的这种现金和存款的转换，中央银行一般都很难加以控制的。但是它并不影响中央银行对基础货币的控制，因为它只影响基础货币的构成，而不影响基础货币的数量。由此不难看出，基础货币是一个比银行准备金更易为中央银行所控制的变量。

（二）贴现贷款与基础货币

当中央银行向商业银行发放贴现贷款时，基础货币也会受到影响。如上例中央银行向某银行发放 1000 元的贷款，该银行在中央银行的存款准备金账户将增加 1000 元，意味着基础货币同等数量的增加。反之，当银行归还中央银行贷款时，它在中央银行的存款准备金减少，从而基础货币相应减少。但是，中央银行对基础货币的控制是不完全的，因为它不能单方面决定商业银行从中央银行借款的金额。中央银行确定向商业银行的贴现贷款利率，然后由银行自己决定是否借款与借款的规模，银行借款决策虽然受贴现率的影响，但并不完全由央行决定。

据此，可以将商业银行准备金分为两部分：一部分是由央行贴现贷款给商业银行增加的准备金，称为借入准备金；另一部分是公开市场业务所形成的准备金，称为非借入准备金。基础货币也可相应地分为借入基础货币和非借入基础货币，前者（央行的贴现贷款）不能完全由央行控制，后者则处于中央银行控制之中。

本章小结

1. 中央银行制度是在经济和金融发展过程中逐步形成的，其历史起源大致可以追溯到 17 世纪中后期。中央银行的产生有一定的历史必然性。

2. 虽然目前世界各国基本都实行中央银行制度，但并不存在一个统一的模式。归纳起来，大致有单一式、复合式、类似中央银行制度和跨国中央银行制度等四种类型。

3. 中央银行是一国金融体系的核心和最高管理机关。中央银行的性质决定了其发行的银行、银行的银行和政府的银行三大职能。

4. 中央银行履行职责时的自主程度即中央银行的独立性，比较集中地反映在中央银行与政府的关系上。关于中央银行独立性的问题，不仅是理论问题，也是实践中的争论焦点。

5. 中央银行的性质和职能通过其资产负债业务体现出来，中央银行的资产业务包括贷款、再贴现、公开市场业务和国际储备；负债业务包括货币发行、存款和经理国库。

6. 作为银行的银行，现代中央银行负有组织全国银行间清算的职责。目前我国已构架了比较完善的支付结算体系。

7. 中央银行的现金发行与商业银行的存款准备金之间有着密切的关系。当商业银行总体向中央银行提取的现金多于存入的现金时，是现金发行；当商业银行总体向中央银行存入的现金多于提取的现金，是现金回笼。

8. 基础货币就是银行准备金加上流通中的现金。中央银行控制基础货币的主要方式有两种，即公开市场业务和贴现贷款。

关键词汇

中央银行	Central bank
英格兰银行	Bank of England
发行的银行	Bank of issue
银行的银行	Bank of bank
政府的银行	Government's bank
最后贷款人	Lender of last resort
通货	Currency
国际储备	International reserve
基础货币/货币基础	Base money/ monetary base
高能货币	High power money
再贴现	Rediscount
公开市场操作	Open market operation
支付清算系统	Payment and clearing system

复习思考题

1. 简述中央银行产生的经济背景和客观要求。
2. 中央银行制度有哪些类型？
3. 中央银行有哪些主要职能？
4. 什么是政治商业周期理论？
5. 中央银行有哪些主要业务？与商业银行的业务有何不同？
6. 为什么说基础货币是高能货币？它与中央银行资产规模之间有什么的关系？
7. 为什么说基础货币比银行准备金更容易为中央银行所控制？

第三篇

金融调控与金融监管

第八章　货币供求和均衡理论

货币是金融活动必要的载体，在经济和金融的运行中占有不可或缺的地位。正因为这种基础性作用，我们需要研究在经济生活中，到底需要多少货币、货币供给系统如何向我们提供货币、这个供应量是否合理等。在本章中，我们先从分析货币的需求和供给的相关理论开始，然后在需求和供给理论的基础上研究货币均衡的形成，以及货币市场均衡与商品市场均衡、货币供求与社会总供求间的联系等问题。

第一节　货币需求

一、货币需求与货币需求量

货币需求指的是在一定时间内，社会的经济主体为满足正常的生产、经营、消费以及其他经济活动需要而保留或占有一定货币的动机或行为。这里货币需求指的是购买愿望和购买能力的统一，和一般的经济理论中对需求的定义是一致的，只有购买愿望没有购买能力是不能形成货币需求的。

货币需求量是指在一定时期内社会各部门在既定的社会经济和技术条件下需要的货币数量的总和。这里我们需要区分一下货币需求和货币需求量：货币需求指的是一种动机的分析，而货币需求量是对货币需求的一种数量的界定。根据研究货币需求量角度的不同，我们可以将货币需求量分为以下几种类型。

1. 微观货币需求量和宏观货币需求量

微观货币需求量是指个人、家庭或企业等微观经济主体在既定时间内，在既定的收入水平、利率水平和其他经济条件下，因生活或生产经营活动而需要的货币数量。宏观货币需求量是指一个国家在一定时间内因经济发展和商品流通需要而引起的对货币需求的数量。

2. 主观货币需求量和客观货币需求量

主观货币需求量是指微观经济主体在主观上希望自己能拥有的货币的数量，这种希望是一种对货币的欲望。由于微观经济主体在认识上的局限性，人们一般认为货币是万能的，可以同世界万物进行交换，所以对货币具有无限大的主观需求。客观货币需求量是指在现有的社会经济、技术水平下，微观主体为获得最大的经济利益而希望并已经形成的货币需求量。这种货币需求量是客观存在的，由多种因素共同决定，不以微观经济主体的个人意志为转移。

在现实中，这两种类型的货币需求都是存在的。但理论研究注重的是客观货币需求，而不是主观货币需求。主观货币需求是一种无约束的货币需求，它在很大程度上是无效需求。在我们的学习和研究中应该注重对客观货币需求和客观货币需求量的研究。

3. 名义货币需求量和真实货币需求量

在现实生活中，由于存在通货膨胀现象，货币的名义购买力和实际购买力是不相符的，这就形成了对货币需求量的两种不同的表示方法。名义货币需求量是指各经济单位或整个国家在没有剔除物价变动影响情况下的货币持有量，它是用货币的名义购买力表示的货币需求量。因此，名义货币需求量是因物价的上升而增加的。真实货币需求量是指经济主体所需要的货币量扣除物价变动后的实际余额，即用货币的实际购买力表示的货币需求数量。如果从名义货币需求量中剔除物价变动的影响，就可以求出真实货币需求量。

二、分析货币需求的宏观角度和微观角度

货币需求研究的核心是识别货币需求的决定因素并分析各因素对货币需求量的影响。许多经济学家对货币需求进行了研究，形成了多种多样的货币需求理论。但依据不同的货币需求理论，研究货币需求问题的角度或采用的分析方法不同，考虑的因素也不完全一样。这里介绍一下货币需求分析的宏观角度和微观角度，以及在两种分析视角下影响货币需求的因素，以便我们更好地理解货币需求理论的发展。

（一）分析货币需求的宏观角度

货币需求的宏观分析，指的是货币当局的决策人为了实现一定时期的经济发展目标，确定合理的货币供给增长量，从总体上考察货币需求的方法。判断总体货币需求的变动是决定货币供给的关键。一般而言，影响货币需求的宏观因素如下：

1. 全社会商品和劳务的总量。它主要取决于产出的效率和水平，反映了一定时期内全社会的市场供给能力。商品和劳务的供给量越大，对货币的需求量就越大；反之，则越少。

2. 市场商品供求结构变化。商品供给一方面决定于产出的效率和水平，另一方面又受制于人们对它的需求，只有真正满足人们需要的商品供给，才会产生真实的货币需求。商品供给结构经常发生变化，因而货币需求也随之发生变化。

3. 价格水平。对商品和劳务的货币支付总是在一定的价格水平下进行的，价格水平越高，需要的货币就越多；反之，则越少。

4. 货币流通速度。它是指单位货币在一定时期内被周转使用或流通支付的次数，反映了单位货币在流通中发挥作用的程度。货币流通速度越快，单位货币所实现或完成的交易量就越多，完成一定的交易量所需要的货币就越少；反之，货币流通速度越慢，需要的货币量就越多。

5. 信用制度的发达程度。由于信用的发展和信用工具的运用会在一定程度上节约对货币的使用，如一定时期内以赊销方式进行的商品买卖、以支票账户完成债务的支付、以信用卡代替现金支付等等，信用制度和信用工具越发达，对货币的需求量就越少。

6. 人口数量、人口密集程度、产业结构、城乡关系及经济结构、社会分工、交通

运输状况等客观因素。比较而言,人口密集地区货币需求量较大;人口的就业水平提高,货币需求也会增加;生产周期长的部门占整个产业部门的比重大,资金周转慢,对货币的需求量就大;社会分工越细,进入市场的中间产品越多,经营单位也越多,货币需求量就越大;交通、通信等技术条件越好,货币支付所需的时间越短,货币周转速度越快,对货币的需求量也就越少。

在主要的货币需求理论中,从宏观角度来研究货币需求的理论有马克思的货币必要量公式、费雪的交易方程式等。费雪对货币需求的研究是在一系列宏观经济条件的假设下,通过对经济运行中货币流通需求的研究来进行的;马克思货币需求理论认为,执行流通手段职能的货币量取决于价格水平、进入流通的商品数量和货币流通速度三个因素。这些宏观模型的共同点是不考察微观主体的行为,只是从市场供给和收入这类规模指标来研究货币需求的决定。此外,它们都很重视货币流通速度这个变量。对此,在后文中将做进一步的介绍。

(二) 分析货币需求的微观角度

所谓货币需求分析的微观角度,就是从微观主体的持币动机、持币行为考察货币需求变动的规律性。影响货币需求的微观因素如下:

1. 收入水平。家庭和个人、机关、团体、企业在一定时期内的收入水平是决定他们为各种交易、营业活动、财富储藏而持有货币的首要因素。一般来说,收入水平越高,以货币形式保有的资产总量也就越多。

2. 收入的分配结构。在收入量既定时,收入的分配结构不同将影响持币者的消费和储蓄行为,由此对交易和储藏的货币需求产生一定影响。一个家庭或个人,原来以工薪为主要收入来源,后又加进了额外劳动报酬等其他收入,使其收入结构发生变化,这种变化就可能使他原来的货币需求数量和结构发生变化。例如,他可能减少用于购买商品的货币需求,增加用于预防或投资牟利的货币需求等。而在一个企业的收入分配中,当改变了原有的上缴税金、支付职员报酬、支付股息、提取公积金等各部分比例后,其货币需求也会受到相应的影响。

3. 价格水平及其变动。这一般是市场供求状态的反映,即商品供不应求时,价格趋于上升;供过于求时,价格趋于下降。这种市场供求状态对货币需求的影响,主要是通过改变人们的预期而产生的,如商品供应短缺会使人们产生物价上涨预期,要求以实物代替货币,用于储藏的货币需求减少。

4. 利率和金融资产收益率。银行存款利率、债券利率、股票收益率等金融资产收益率的存在,使持有货币产生机会成本,利率和各种资产的收益率越高,持有货币就越不划算,因而人们会减少货币需求;反之,货币需求会增加。

5. 心理和习惯等因素。人们的消费倾向上升时,对应于交易活动的货币需求就会上升;当越来越多的单位和个人习惯于运用支票账户来完成其收付活动时,货币周转速度就会提高,货币需求量就会减少。

在西方经济学中,著名的剑桥方程式、凯恩斯货币需求模型、弗里德曼货币需求函数,都是从微观角度分析货币需求的典型。剑桥方程式是从收入水平变动和收入的分配结构角度着手的;凯恩斯则在货币需求模型中明确地引入了利率这个影响货币需求的重要因素,使对货币需求的研究更为切合实际;弗里德曼在前人的基础上，通过引入心理习惯、个人收入等众多微观因素，使货币需求函数的表述更为具体。

（三）微观分析与宏观分析的结合

上面我们介绍了货币需求分析的宏观方法和微观方法。对货币需求的微观分析，主要是为了建立可以更充分反映客观实际的模型，并据以剖析货币需求变化的原因；对货币需求的宏观分析的目的则在于根据可以解释货币需求的变量，来估算总体货币需求，以此作为货币供给决策的依据。由于在实际经济运行中，微观和宏观因素是同时对货币需求产生影响的，所以我们不能片面地从某个方面来研究货币需求。

如果只对货币需求进行宏观分析，那么考察的视野就只局限在作为流通手段和支付手段的货币上，不能反映货币需求的全貌。而从微观角度分析，考察的范围不仅包括作为流通手段和支付手段的货币，还包括了发挥价值储藏职能的货币。

只从微观角度来分析货币的供给同样也是行不通的。虽然从理论上说，微观主体货币需求的总和就是总体的货币需求，但是在实践中的情形要复杂得多，因为在实际统计中要正确区分各种微观主体的类型并进行逐一地抽样调查、分析计量和汇总几乎是不可能的；调查的成本、数据统计的时滞和偏差，使得从微观主体的货币需求推算总体货币需求的想法无法实现或无法使人信服。因此，微观角度的货币需求分析并不能排斥宏观角度分析的作用，在研究中两者需相互配合、相互推动。

三、货币需求理论的发展

货币需求理论的历史可以追溯到19世纪末20世纪初古典经济学家发展起来的货币数量论。货币数量论思想早在16世纪就已经出现，当时的法国重商主义者让·博丹(Jean Bodin，1530—1596)在对16世纪后半叶法国物价上涨做解释时认为，物价上涨的主要原因在于：金银流入数量过多，金银的价值被降低。后来人们还普遍认为，货币本身并不存在价值，而只是存在交换价值，即作为货币的价值。货币只是披盖于“经济生活躯体上的外衣”。综合20世纪前的经济学家关于货币数量论的观点，其核心命题是：货币数量的变动与物价或货币价值的变动之间存在着因果关系，即在其他条件不变的情况下，物价水平或货币价值由货币数量决定，它们之间存在反方向变化关系。

进入20世纪初，货币数量论在理论上得到长足的发展。美国耶鲁大学经济学教授欧文·费雪继承了前人的成果，在1911年出版了《货币购买力》(The Purchasing Power of Money)，该书是西方货币理论史上第一部专门论述货币数量学说的著作。费雪的“现金交易数量说”揭示了对既定数量的总收入应该持有的货币数量，因此被认为是一种货币需求理论。与此同时，英国剑桥大学经济学教授阿尔弗雷德·马歇尔和庇古在对货币需求理论的探讨中，开创性地采用微观分析的方法，将微观主体的持币动机纳入了考察的范围，提出了“现金余额数量说”。从而使人们对货币数量的分析从宏观角度拓展到了微观角度，使货币需求理论研究发生了质的变化，在影响货币需求的因素中纳入了更加丰富的变量，货币需求理论也被推到更精深的层次。

（一）古典学派的货币需求理论

1. 现金交易数量说

欧文·费雪（Irving Fisher，1867—1947）在 1911 年出版的《货币购买力》一书中提出了著名的“交易方程式”（Equation of Exchange）（也称费雪方程式），即：

$$M \cdot V = P \cdot Y \qquad 式(8\text{-}1)$$

其中，P 为物价水平，Y 为实际总产出，因此，P×Y 代表了名义总收入或名义 GDP。M 表示一定时期内流通货币的平均数量，V 代表货币的流通速度，也就是货币周转率，即每一单位货币一定时期内用于购买经济中最终产品和劳务的平均次数。交易方程式表示：货币数量乘以给定时期内货币被使用的次数必定等于该时期的名义总收入。反过来也可以说，交易方程式揭示了名义收入与货币数量及货币流通速度之间的关系。

费雪认为货币流通速度 V 是由经济中影响个人交易方式的制度所决定的，例如，银行及信用机构的组织结构和效率、工业集中程度、人们的货币支出习惯等。制度因素变动缓慢，在短期内可以视为不变，因此货币流通速度相当稳定。这样一来，交易方程式就转换为了货币数量论，即名义收入取决于货币数量的变动，当货币数量 M 翻番时，M×V 也翻番，从而名义收入 P×Y 一定翻番。

进一步地，由于古典经济学家（包括费雪）认为工资和价格是完全弹性的，因而相信实际总产出 Y 总是保持在充分就业的水平上，故在短期内，Y 也是不变的量。因此，在 V 和 Y 都是常量的情况下，如果 M 翻番，P 也必定翻番，即：

$$P = \frac{MV}{Y} \qquad 式(8\text{-}2)$$

在这个表达式中，P 的值取决于 M、V、Y 这三个变量，由于 V、Y 是常数，故货币数量的变动会直接引起物价水平成正比例变动。因此，费雪交易方程式实质上是一种货币数量理论，即用货币数量来揭示价格水平变动。

但是，对交易方程式进行一定的变形，可以揭示在既定数量总收入下应该持有的货币数量，因此它也是一种货币需求理论，将交易方程式两边同时除以 V 可得到货币需求方程式：

$$M = \frac{PY}{V} \qquad 式(8\text{-}3)$$

该方程式表明，决定一定时期名义货币需求量的主要因素是这一时期全社会一定价格水平下的总交易量 Y 和同期的货币流通速度 V。由于 V 是个常量，故 1/V也是常量，又由于费雪假定实际产量全部进入流通，实际交易数量就是产出量或充分就业产量，因此，费雪的货币数量论可以简单表达为：货币需求仅为名义总收入的函数。

应当注意的是，这里的货币需求仅仅考察了执行交易媒介职能的货币，并未从货币的其他职能，如价值贮藏方面进行考察；另外，费雪并没有完全否定 V 和 Y 的变动，在长期内它们都会发生变化，但这种变化的速度很慢，并且是实际因素面的作用，其影响在短期内可以忽略不计。

2. 现金余额数量说

在欧文·费雪发展其货币需求数量论的同时，以阿尔弗雷德·马歇尔和A.C.庇古为代表的剑桥学派经济学家也在从事同样的研究，并提出了现金余额数量论。剑桥派强调人们对货币的主观需求因素。与现金交易说以分析货币的支出为重点不同，现金余额数量说以分析货币的持有为重点，认为人们对货币的需求实际上是选择以何种方式保持自己财富或收入（资产）的问题；人们之所以愿意持有货币，是因为货币具有交易媒介和价值储藏功能。他们同意费雪的观点，即货币需求与交易水平正相关，由交易引起的货币需求与名义收入成正比。另一方面，他们注意到人们的财富水平也影响到对货币的需求，财富水平的增加需要更多贮藏手段，货币正是一种重要的价值贮藏工具。剑桥经济学家认为名义财富水平同名义收入之间成正比，因而由财富引起的货币需求与名义收入之间也成正比。

由此他们推出了著名的剑桥方程式（Cambridge Equation），即：

$$Md = KPY, 0 < K < 1 \qquad \text{式(8-4)}$$

式中的Md为名义货币需求量，也被称为现金余额，P表示价格水平，Y表示总收入，系数K表示以货币形式持有的财富占名义收入的比例，常称为“剑桥K”，是由人们的资产选择行为决定的，它受到利率、通货膨胀率等多种因素影响。虽然剑桥经济学家常常把K视为常量，并同意费雪的货币数量决定名义收入的观点，但他们却强调了个人对于货币的意愿持有量的选择权，是否选择以及选择多少货币用于储藏财富取决于其他可以作为财富储藏手段的财产的回报率，因此当利率发生变化时，人们的意愿货币持有量也随之发生变化，即短期内K可能会受利率的影响而发生波动，这一点与费雪强调制度与技术因素并排除短期利率对货币需求影响的理论是完全不同的。

由此可见，尽管剑桥方程式与费雪的货币需求方程式在表达形式上相近，前者为Md＝KPY，后者为$M=\frac{1}{V}PY$；而且也确实能够得出相同的结论，即认为货币数量与名义收入成比例，但是，其研究方法却大相径庭：费雪强调了货币的交易媒介功能，着重于支出流量分析，重视货币支出的速度和流量，并排除了在短期内利率对货币需求的影响；而剑桥学派经济学家则强调货币的价值储藏功能，着重于从以货币形式保有的资产存量的角度进行分析，强调微观主体的持币动机和个人选择，没有排斥利率的影响。值得指出的是，剑桥学派关于个人持币动机以及利率对货币需求的重要性方面的分析，后来得到了梅纳德·凯恩斯的发展。

专栏8-1　中国货币流通速度的变化

古典经济学家得出的名义收入由货币供给的变动决定的理论，建立在他们将货币流通速度视为常量的基础上。将货币流通速度视为常数合理吗？我们来看下图中1979—2003年中国货币流通速度逐年变化情况（其中，V0表示M_0的流通速度，V1表示M_1的流通速度）。在下图中我们可以看出，即使是在短期内，货币流通速度变动也相当的剧烈，因而不能将货币流通速度看作常数。在2000年前，中国的货币流通速度总体趋势是在下降的，这种情况到2000年后有比较大的改善，货币流通速度变得比较平稳，但并不完全是常数。相比较于 M_0 的变化来说，M_1 的变化相对比较平稳。

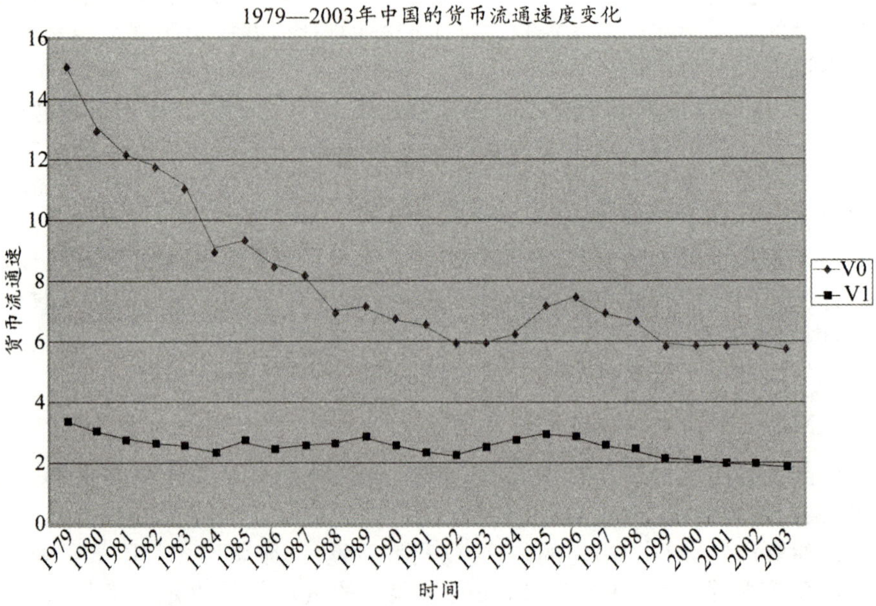

数据来源：《中国金融年鉴》

中国的货币流通速度总体逐年变慢的原因是多方面的，下面是几个主要的原因：

1. 经济货币化的进程。经济货币化是指在市场经济条件下，在各种经济活动中货币的使用程度。改革开放以前，中国实行的是计划体制，商品供应和货币供应等都受到严格的管制，这段时间的经济货币化进程是停滞的。改革开放后，生产力得到极大提高，经济货币化进程重新得到启动，在货币化过程中，各经济主体对货币吸收不断增加，尤其是用于价值贮藏的货币比重增大，在名义国民收入不变的情况下，导致货币平均流通速度长期呈下降趋势。

2. 货币的内生性。由于我国目前的经济体制，支付习惯，文化传统等因素的影响，导致我国的货币内生性很强。中央银行一段时间对货币政策运用不恰当，导致了基础货币的增发，超额货币游离于市场之外，导致货币流通速度的减慢。

3. 制度性紧缩。1992 年之后，为了防止通货膨胀，中央实行适度从紧的货币政策。紧缩的结果虽然降低了通货膨胀，但也使银行内部产生了大量的坏帐。同时商业银行也制定了系统内存贷比例目标，来抵制信贷扩张行为。从而使商业银行的存贷差不断加大，使货币流通速度降低。

（二）凯恩斯的货币需求理论

1936 年，凯恩斯出版了他的划时代著作《就业、利息和货币通论》（简称《通论》）。在该书中，凯恩斯把货币、利息问题与产量、就业和收入等宏观经济问题联系在一起，系统地提出了他自己的货币需求理论。凯恩斯认为：货币需求是指一定时期经济主体能够而且愿意持有的货币数量。人们取得货币收入之后，通常会作出两种选择：一种是消费和储蓄之间的选择，又叫时间偏好选择；另一种是储蓄形式的选择(包括现金储蓄和债券储蓄),又称流动性偏好。凯恩斯认为,货币具有完全的流动性,而人们普遍存在着流动性偏好的心理倾向。因此,人们更愿意持有现金而不愿意持有其他缺乏流动性的资产。这一流动性偏好便构成了对货币的需求。所以,凯恩斯的货币需求理论又称为流动性偏好(Liquidity Preference)货币需求理论。

1．流动性偏好理论

凯恩斯认为人们愿意持有现金,即流动性偏好形成的货币需求,取决于三个方面的动机:交易动机、预防动机和投机动机,前两个动机是他从庇古等人那里继承过来的,投机动机则是他独创的。正是以投机动机为出发点,凯恩斯才发展出其独树一帜的货币理论。

(1) 交易动机。凯恩斯认为,充当交易媒介是货币的一个十分重要的功能,因为人们为了应付日常的商品交易必然需要持有一定数量的货币,这个持币动机就是交易动机,它可以分为个人收入动机和企业经营动机。基于个人收入动机和企业经营动机而产生的货币需求,凯恩斯称之为货币的交易需求。这种货币需求与古典学派所研究的货币需求是一脉相承的。

(2) 预防动机。凯恩斯认为,人们持有货币的动机除了完成当期交易之外,另一动机则是为了应付预料之外的需求。生活中经常会出现一些未曾预料的、不确定的支出,好的方面如不期而至的购物良机,坏的方面如生病或汽车的修理等,都要求人们进行现金支出。为此,人们也需要保持一定量的货币在手中,这类货币需求可称为货币的预防需求。

凯恩斯认为,预防动机引起的货币需求主要取决于人们对未来交易水平的预期,可以看作是交易的准备金。就实质来说,预防动机与交易动机可以归入一个范畴之内,由这两个动机所引起的货币需求与收入水平存在着稳定的关系,是收入的递增函数。

(3) 投机动机。投机动机是凯恩斯货币需求理论中最具创新的部分。凯恩斯认为,人们持有货币除了应付交易需求和意外支出之外,还有一个动机是为了储存价值或财富。凯恩斯把用于储藏财富的资产分为货币和债券两种,并认为影响人们在两者间进行选择的主要因素是利率。

凯恩斯假定货币的预期收益为零,而债券的收益来自于利息收入和预期资本利得两部分。我们知道,债券的价格和利率是反方向变动的关系,当预期利率上升时,债券的预期价格就会下降,从而资本利得为负值,持有债券就有可能遭受损失,因此,人们会更多地选择货币作为财富储藏的手段。相反,如果人们预期利率下降,债券价格的预期上升将会使得持有债券的预期资本利得增加,因此人们会用货币购买更多的债券。

凯恩斯假定每个经济个体都认为利率会趋向某个正常值。当利率高于这一正常值的时候,经济个体预期未来利率将会下降,债券预期价格将会上升,从而增加对债券的购买,货币需求会降低;相反,当利率低于这一正常值的时候,人们的货币需求会增大。由此可以推论:利率上升将导致货币需求下降,利率下降将导致货币需求上升,货币需求与利率水平负相关。一种极端的情形是利率降低到极低的水平，这时人们预期利率只会上升不会下降，因此人们只会持有货币而彻底放弃债券，即对货币的需求为无限大。这就是所谓的“流动性陷阱”。

2. 凯恩斯的货币需求函数

凯恩斯认为交易动机和预防动机所引起的货币需求主要取决于收入，是收入的增函数，与利率没有直接关系。若以 L_1 表示这两种动机的货币需求，Y 表示收入，则其函数式为：

$$L_1 = L_1(Y), \frac{dL_1}{dY} > 0$$

投机动机的货币需求主要取决于利息率，是利率的减函数。若以 L_2 表示投机动机的货币需求，r 表示利率，则其函数式为：

$$L_1 = L_2(r), \frac{dL_2}{dr} < 0$$

这样，基于这三种动机的货币总需求为：

$$L = L_1(Y) + L_2(r) \qquad \text{式(8-5)}$$

这就是凯恩斯根据对人们持有货币动机的分析所提出的货币需求函数，图示如下：

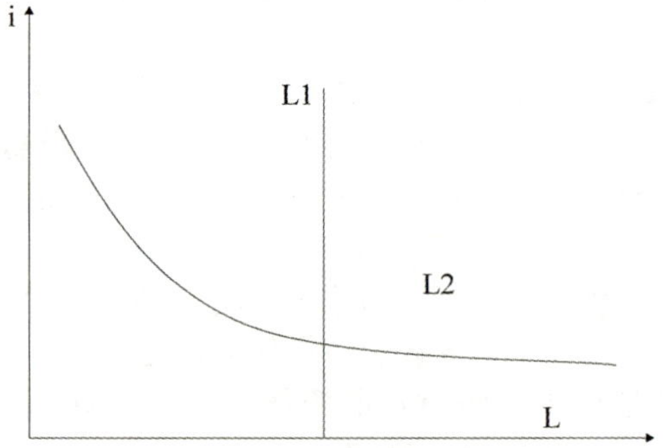

图 8-1　凯恩斯的货币需求函数

在图 8-1 中，货币的交易需求曲线（包括预防需求）L_1 与利率无关，故表现为一条垂直线，货币的投机需求曲线 L_2 为利率的减函数，故从左至右向下倾斜，随着利率下降，投机需求曲线趋于水平，则表明进入“流动性陷阱”阶段。将 L_1 与 L_2 两条曲线相加，可得出货币总需求曲线。

凯恩斯货币需求函数中的前半部分 $L_1(Y)$ 与剑桥方程式中的 KPY 相似，这两者都假定人们是按名义收入的一定比例持有货币的，持有这些货币的目的是为了购买商品或劳务。凯恩斯货币需求函数中的后半部分 $L_2(r)$ 则是传统货币数量论所没有的。这部分货币需求取决于利率，是利率的减函数，持有这些货币的目的是为了购买证券，以赚取利息。

凯恩斯认为，传统货币数量论的一个重大缺陷就是忽略了投机性的货币需求。

凯恩斯认为，投机动机产生的关键在于未来利率的不确定性，而这又根源于货币经济的不确定性。由于在短期内，收入是相对稳定的，因此，决定货币需求量的主要因素是利息率的变动。由于利息率的变动是经常的，所以经济社会对货币的需求量是不稳定的。当利率提高时，货币需求会减少，即人们抛出货币，结果就加快了货币流通速度；反之，当利率下降时，货币需求增加，人们就持有更多的货币，结果减缓了货币流通速度。因此，货币流通速度 V 或其倒数 K(即剑桥“K”)都极不稳定，它们并非是传统货币数量论所设想的常数。这样，凯恩斯就将传统货币数量论中的 V 或其倒数 K 从假定为常数，变换成取决于利率的变数，从而直接将利率列入影响货币需求的因素中去，这是凯恩斯货币理论的一个重要特点。

（三）凯恩斯学派对货币需求理论的进一步发展

虽然凯恩斯的货币需求理论提出了很多新的见解，但仍存在缺陷。凯恩斯的继承者对不同动机的货币需求变动进行了进一步研究，从以下两个方面补充和发展了凯恩斯的货币需求理论，一是发现交易性货币需求和预防性货币需求同样也是利率的函数；二是研究了人们多样化的资产选择对投机性货币需求所产生的重要影响。

1. 交易性货币需求

凯恩斯认为，交易性货币需求取决于收入，而与利率无关。但在 20 世纪 40 年代美国经济学家汉森就对这一观点提出了质疑，他认为，当利率上升到相当的高度时，货币的交易余额也是具有利率弹性的。随后 50 年代的经济学家鲍莫尔在其发表的论文《现金的交易需求——存货的理论分析》中，第一次深入地分析了交易性货币需求同利率之间的关系，从而提出了著名的“平方根定律”，该定律也被称为鲍莫尔模型。

在这个模型中，鲍莫尔将管理科学中最适度存货控制技术运用于货币交易需求的研究。模型的具体表达式是：

$$\frac{M}{P}=\frac{1}{2}\sqrt{\frac{2bY}{i}} \qquad \text{式(8-6)}$$

其中，M 为名义交易性货币需求量，P 为一般物价水平，b 为出售非现金资产的手续费，Y 为收入水平，i 为利率。公式表明：

(1) 货币的交易需求是收入 Y 的函数，随着收入的增加，用于交易的货币需求量也会增加，但货币交易需求并不与收入按同样的比例变化，而是与收入的平方根依同一方向变化，这称为“平方根定律”；

(2) 货币的交易需求与利率有关，利率的上升会导致货币交易需求下降，但也不是同比例的变动。货币的交易需求与利率的平方根成反比，在这点上鲍莫尔补充和发展了凯恩斯的货币需求理论；

(3) 由于存在着交易成本 b，所以人们需要持有一定比例的货币。b 越大，货币的交易需求越大。如果 b 可以为零，即不存在交易成本，人们也就没有持有货币的必要，这也就说明了货币作为交易媒介的功能。

鲍莫尔将存货管理理论应用于货币需求理论，对货币需求理论的发展做出了很大贡献：

(1) 论证了即使是作为最基本货币需求的交易需求也会受利率的影响，这一论证不仅为凯恩斯主义的以利率作为传导机制的理论提供了进一步的证明，而且向货币政策的制定者们指出，货币政策如果不能影响利率，那么它的作用就很小，甚至无效。

(2) 根据“平方根定律”，假定其他条件不变，货币需求的变动在比例上小于收入水平的变动。这意味着增加一定量的货币供应将会导致收入更高比例的增长，即货币政策对国民收入的作用远比所预期的要大，由此强调了货币政策的重要性。

但也有学者对鲍莫尔模型中的结论提出了批评。他们认为鲍莫尔模型对影响交易性货币需求的这些因素所做的定性分析有相当大的启发意义，但他所作的定量分析则有一定的局限性。

2. 预防性货币需求

同交易性货币需求一样，凯恩斯认为由预防动机产生的货币需求也一样是由收入所决定的，与利率无关。但 1966 年美国经济学家惠伦发表的《现金的预防需求的合理化》一文中提出，预防性的货币需求同样受利率变动的影响。

惠伦认为，预防性货币需求产生于未来的不确定性，人们无法保证他们在某个时期的货币收入和货币支出与事先预料的完全一致，所以实际中就要保持比预期所需要多一点的货币来预防实际支出超出实际收入，或发生意外情况临时需要货币的风险。但另一方面，持有过多的预防性货币余额又会导致利息损失，即增加机会成本。因此，对于理性的人来说，必定要选择一个最优的预防性货币余额。惠伦用下列模型来解释这个最佳预防性货币余额：

$$M=\sqrt[3]{\frac{2S^2b}{i}} \qquad \text{式(8-7)}$$

其中，M 代表预防性货币的平均持有额，i 代表利率，S^2 为净支出(支出—收入)的方差，b 代表每次将非货币资产转换成货币的手续费，也就是流动性成本。

惠伦模型的结论是：最佳预防性货币余额的变化与净支出分布的方差(S^2)，变现的手续费 b 和持有货币的机会成本 i 成立方根的关系，故惠伦模型又称为“立方根定律”。惠伦模型证明了预防性货币需求和利率呈反方向变动关系：利率越高，则持币的机会成本越大，预防性动机的货币需求就越小。由模型知预防性货币需求的利率弹性为$-\frac{1}{3}$。即在其他因素不变时，利率每提高一个百分点，则预防性货币需求下降 1/3 个百分点。

西方经济学家普遍认为惠伦模型比较符合经济中的一般情况。但同时也认为该模型把预防性货币需求看作是固定的，只作静态的定量分析是不够的。一些学者认为，预防性货币需求实际上是一个随机变量，和影响它的因素并不存在固定的立方根关系，其收入和支出弹性、利率弹性也不应该是一个固定的数值，而应该是在一个区间波动的。

3. 投机性货币需求的发展

对于投机性货币需求，凯恩斯认为它只受利率变动的影响。这实际上隐含着这样一个假定，即个人对于未来利率变化趋势的预期是确信不疑的，每个人都将根据他预期利率上升还是下降来决定是持有货币还是持有债券。当利率低时，人们预期利率会上升，于是人们就持有货币；反之，当利率高时，人们预期利率会下降，因此就持有债券。这就是说人们在货币和债券之间只能两者择其一，而不能同时兼有，这显然与现实不符。事实上，人们对自己的预期往往并不完全有把握，一般人是既持有货币又持有债券的。为弥补凯恩斯货币需求理论的这一缺陷，托宾在1958年发表的《作为应付风险之行为的流动性偏好》一文中，用投资者避免风险的行为动机重新解释了对现金货币余额的需求，并开创了资产选择理论在货币理论中的应用。

图8-3的曲线向下倾斜，表示利率i(即收益率)与现金持有比例c之间的反向变动关系。但这条曲线和凯恩斯的流动性偏好曲线有所不同，它是以资产多样化的选择为前提的。因此有经济学家称之为“托宾曲线”。

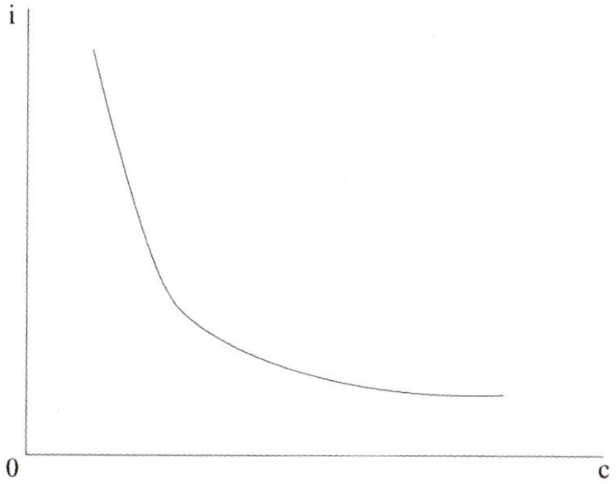

图8-2 持有现金比例与利率的关系

托宾对于投机性货币需求的解释是以资产选择理论为基础的。一般而言，人们选择资产的方向主要是购买生利的金融资产、购买具有保值性的实物资产，或者是持有现金。持有现金既不能生利，又不能保值，但是它具有高度的流动性，是其他任何资产都无法替代的。托宾的资产选择理论研究的主要问题是：在各种资产的收益率不确定的情况下，人们究竟如何将其财富在安全性和风险性资产之间进行分配。人们的这种选择，往往取决于对资产的收益和风险两者的权衡。

(四) 弗里德曼的现代货币数量论

1956年，现代货币主义的代表人物米尔顿·弗里德曼发表了著名的“货币数量论：一种新的阐释”一文，发展了货币需求理论。同以前的经济学家一样，弗里德曼以微观主体行为分析起点，探索人们持有货币的原因，但与凯恩斯不同的是，他不再分析持有货币的具体动机，而是将资产需求理论应用到货币方面，认为货币需求是个人财富(资产)相对于货币的预期收益的函数。弗里德曼将他的货币需求函数表述为：

$$\frac{M_d}{P}=f(y,w,r_m,r_b,r_e\ \frac{1}{P}\cdot\frac{dp}{dt},u) \qquad 式(8\text{-}8)$$

在该式中，M_d为名义货币需求量，M_d/P 为实际货币需求，y 为实际恒久性收入，w 为非人力财富占个人总财富的比率，r_m为货币预期报酬率，r_b为固定收益的债券利率，r_e为非固定收益证券(股票)的预期收益率，$1/p \cdot dp/dt$ 为预期物价变动率，u 为其他变量(如主观偏好、社会风尚及客观技术与制度等其他因素)。这些复杂的变量可以划分为三大类：收入水平(y 和 w)、持有货币的机会成本(包括 r_m，r_b，r_e和 $1/p \cdot dp/dt$)及效用(u)。下面将逐一考察这些变量及其对货币需求的影响。

1. 收入水平。在诸多因素中，作为各种资产形式综合的总财富是最重要的变量。由于总财富的衡量实际上很难做到，所以用收入来代替。但这种收入不是指现期收入，而是作为长期收入代表的"恒久性收入"。因为现期收入受各种不规则因素波动的影响，带有很大的片面性，不能反映一般性的情况；而恒久性收入表示一个人所拥有的各种财富在相当长的时期内获得的稳定的收入流量，可以理解为长期收入的平均预期值。由于资产的需求与财富大小正相关，因此货币需求与恒久性收入也正向相关。弗里德曼将恒久性收入作为货币需求的一个决定性因素。

弗里德曼还把财富分为人力财富和非人力财富两大类。人力财富指个人获取收入的能力，包括先天和后天的才能与技术，其大小与受教育的程度密切相关。非人力财富是指物质性的财富，如房屋、生产资料、耐用消费品等各种财产。对大多数财富持有者来说，他们的主要资产来自个人的能力，即人力财富。但人力财富给人们带来的收入是不稳定的，所以很难转换为非人力财富，如失业时人力财富就无法取得收入。这两类财富在总财富中的构成比例，制约着它们所带来收入，进而也就影响货币需求。所以，在总财富中人力财富占的比例越大，出于谨慎动机的货币需求就越大；而非人力财富占的比例越大，货币需求则相对较小。这样，非人力财富占个人总财富的比率(用 w 表示)与实际货币需求呈负相关关系。

2. 持有货币的机会成本。持有货币的机会成本变量包括预期的货币名义收益率 r_m、预期的债券名义收益率 r_b、预期的股票名义收益率 r_e及预期的物价变动率 $1/p \cdot dp/dt$，从这几个变量的相互关系中可以衡量出持有货币的潜在收益或损失。

其中，r_b，r_e与债券利息和股票红利等经常性支付有关，也与资产价格变动所得到的资本利得有关。在其他条件不变的情况下，债券和股票的预期收益率越高，货币相对预期收益越小，货币需求量也越小。

弗里德曼将货币考察的范围扩展至 M_2，因而货币的名义收益率 r_m可以为零，也可以为正的收益或成本。预期的价格变动率反映了持有实物资产的预期收益率变化。例如，发生通货膨胀时，商品价格上涨，通货贬值带来的损失就是持币的机会成本。因此，物价上涨越快，持币的机会成本越高，对货币的需求就越小。

3. 持有货币给人们带来的效用。对个人和企业来说，持有货币可以用于日常交易，可以应付不测之需，还可以抓住获利的机会，这些就是货币所提供的效用。这种流动性效用及其影响因素，如人们的嗜好、兴趣等，合起来用符号 u 来表示。

以上是指财富持有者个人的货币需求函数。至于企业对货币的需求，弗里德曼认为，只须将 w 排除在外(将财富区分为人力财富和非人力财富对企业来说没有什么意义，因为企业都需通过市场购买这两种财富，因此 w 对企业的货币需求没有影响)，则上述函数同样适用于企业。弗里德曼还认为，如果略去 y 和 w 在分配上的影响，而将 M_d/P 和 y 分别看作人均货币持有量和人均实际收入，w 为人均财产收入，那么，上述函数也可以适用于整个社会。

上面所列的货币需求函数就是弗里德曼对货币数量论的"重新表述"，从弗里德曼所提出的货币需求函数来看，其货币需求理论一方面以传统货币数量论为基础，承袭了传统货币数量论的基本结论，即非常重视货币数量和物价水平之间的关系。弗里德曼的货币需求函数虽然复杂，但如经简化，就与 $MV=PT$ 或 $M=KPY$ 相似，只不过弗里德曼并不将 K 或 V 当作一个固定的常数，而是当作某些变量(如各种金融资产的收益率，预期的物价变动率等)的一个稳定的函数。另一方面他又吸收了凯恩斯的流动性偏好理论并加以发展。弗里德曼的货币需求函数是在凯恩斯的货币需求函数 $L=L_1(Y)+L_2(r)$ 基础上的进一步发展，只不过在弗里德曼货币需求函数中的 r 不只限于债券利息率，而是包括了各种金融资产以及实物资产的收益率。另外，Y 也不是当期收入，而是指恒久性收入，并作为财富的代表。

尽管如此，弗里德曼的货币需求函数仍然有自己鲜明的特点，其主要特点有两方面，一是强调恒久性收入对货币需求的主导作用。弗里德曼认为，一个人的消费支出不是取决于他现在的收入水平，而是取决于他一生中间、或较长时间的平均收入，由此提出了反映长期因素影响的恒久性收入概念。二是强调货币需求函数的稳定性。由于恒久性收入具有高度的稳定性，且货币流通速度也相对稳定，所以货币需求也是稳定的。既然如此，就必须以稳定的货币需求函数为基础，从货币供应的变动来研究货币对产量和物价的影响。

专栏 8-2　长期内货币需求是否稳定?

货币需求函数是否稳定，对于货币政策的选择是很有意义的。按照凯恩斯的观点来看，货币需求函数是不稳定的，货币需求经常会发生不可预测的变动，由此导致货币流通速度的不可测性，货币数量与总支出也没有密切的关系，因而中央银行不能以货币供应量作为货币政策的选择依据。但是，如果货币需求函数像现代货币数量论所说的那样是稳定的，那么中央银行就可以选择货币供应量来对总支出进行宏观调控。

布伦纳和马尔兹对货币需求的研究涉及了货币需求的稳定性问题。他们用 20 世纪 30 年代的数据估算的货币需求函数能够准确预测 50 年代的货币需求。这一实证结果说明，货币需求函数在长期内是稳定的。弗里德曼运用自己的货币需求函数对美国和英国整整 100 年的经济数据进行统计检验，发现这个函数能够相当准确地描述货币需求。这个结论进一步为货币需求稳定性的观点提供了证据。

在 20 世纪 70 年代初期，经济学家使用狭义货币 M_1 作为货币供给的定义，以二战后美国的经济数据作为依据，对货币需求进行实证分析，其结果完全支持了货币需求函数的稳定性结论。于是，M_1 货币需求函数成为了经济学家使用的传统的货币需求函数，而且直到 1974 年，M_1 货币需求函数的稳定性一直都是作为一个公认的事实而被予以承认的。

但是，自 1974 年后，经济学家发现传统的 M_1 货币需求函数严重高估了美国的货币需求。经济学家将货币需求函数中的这种不稳定现象称作“货币失踪”。经济学家无法用传统的货币需求理论来解释这一现象。这种情况对于将货币需求函数作为理解货币政策对总体经济影响关键的观点提出了严峻的挑战。

有的经济学家试图通过寻找被传统的货币定义错误地排除在货币需求之外的信用工具，以此来解释“货币失踪”。他们认为金融创新有可能是导致货币需求函数不稳定的原因，在货币需求函数中加入隔夜回购协议等金融工具所拆放出来的货币之后，可以大大减少货币需求函数的高估程度，使货币需求函数得以稳定。但是，很多新近的证据又使得一些经济学家怀疑使用这种方法是否能真正获得货币需求函数的稳定性。

另外一些经济学家则试图寻找新的变量来使货币需求函数得以稳定。汉伯格(M. Hamberg)发现，若将普通股票的平均“红利/价格”比率作为利率的一种计量值的话，将会得到一个稳定的货币需求函数。还有研究学者发现，若将利率的全部期限结构作为一种新的变量加入到货币需求函数中，也能够得到一个稳定的货币需求函数。

但是这些经济学家的研究也招致了一些批评。批评者认为：将这些变量放入货币需求函数没有足够的理论依据，并不能够精确地反映持有货币的机会成本。

总之，货币需求函数是否是稳定的，还需要我们的进一步研究和分析。到目前为止，还没有找到一个真正能让人满意的货币需求函数。

参考资料：艾洪德，范立夫．《货币银行学》第 265—266 页．东北财经大学出版社，2005 年。

四、中国的货币需求理论

改革开放前，中国对货币需求的探讨主要是围绕着对马克思的货币必要量公式的理解和应用，其间虽然并没有形成系统的货币需求理论，但一些应用性研究成果在当时的历史条件下却发挥过重要的作用。

（一）马克思的货币必要量公式及其理论研究

马克思的货币需求理论主要反映在货币必要量公式中。马克思的货币必要量主要是在前人对货币流通中货币数量的研究的基础上总结而形成的。

为了分析方便，马克思以完全的金币流通为假设条件。他的论证是：(1)商品价格取决于商品的价值和黄金的价值，而价值取决于生产过程，所以商品是带着价格进入流通的；(2)商品数量的多少和价格的高低，决定了需要多少金币来实现它；(3)商品和货币交换后，商品退出流通，金币却留在流通之中可以使另外的商品得以出售，从而一定数量的金币，流通几次，就可以使相应倍数价格的商品出售。因此，有

$$\text{执行流通手段职能的货币量}=\frac{\text{商品价格总额}}{\text{同名货币的流通次数}} \qquad \text{式(8-9)}$$

公式表明：货币量取决于价格的水平、进入流通的商品数量和货币的流通速度这三个因素。它与商品价格总额成正比、与货币流通速度成反比变化。

马克思的货币必要量公式强调商品价格由其价值决定，商品价值总额决定货币必要量，而货币数量对商品价格没有决定性影响。这个论断适用于金属货币流通时代。这是因为在金币流通时代，金币是有价值的。但是到了纸币时代，因为纸

币或者说信用货币本身并没有价值，它只有进入流通之后才有价值。在商品价值量既定时，流通中的纸币数量对商品价格有决定作用，即商品价值量不变时，流通中的纸币越多，商品价格就越高；反之亦是。这一点正是费雪的古典经济学家所强调的。马克思货币必要量公式同一般古典经济学的货币需求理论有共同的缺陷，即只注重执行流通手段职能的货币需求量，没有考虑货币的其他职能。

（二）"1∶8"公式的产生及其现实意义

除了对马克思的货币必要量公式进行理论研究之外，中国对货币需求的研究集中在政策选择和操作层面，其中比较有代表意义的是"1∶8"公式的诞生。所谓的"1∶8"，就是指每8元零售商品供应需要1元人民币实现其流通。这个"1∶8"公式是20世纪60年代初由银行工作者根据多年商品流通与货币流通之间的关系进行实证分析得出的结论。直到80年代初期，这个公式都是马克思货币必要量原理在中国的具体化。

应该肯定的是，"1∶8"公式虽然只是个单一比例关系，也就是现金流通量与零售商品总额间的比例关系，但却反映了商品供给金额与货币需求之间的本质联系。而事实上，任何货币需求理论都直接或间接地肯定着这种联系，因此对这种联系进行实证分析，并取得有效数据，在方法论上是成立的。实际上，在解放后第一个五年计划期间，货币流通速度比较正常，这个数值在这几年只是稍高于8；十年动乱期间的市场供应一直紧张，使那些年的数值明显低于8；粉碎"四人帮"后经济迅速好转，这个比值很快就又接近于8。以上实际情况说明在这段时期"1∶8"公式还是比较适合中国货币需求实际情况的 。

"1∶8"公式之所以能在那个时期作为一个标准来判断货币供应是否合适是有条件的，那就是计划经济体制以及与之对应的运行机制，在那样的体制下，生产、分配等各种重要比例关系的格局稳定，整个经济货币化程度低且比较稳定，计划价格体制保证了价格水平稳定，现金管理制度保证了现金使用范围稳定，甚至是一些体现经济体制及其运行机制性质和要求的重要规章法令都是相当稳定的。由于所有这些条件的配合，才使得人们确信在去社会商品零售总额与流通中现金存量之间存在着一个稳定的对应关系。

但随着改革开放的展开，中国社会经济条件发生了巨大变化，"1∶8"公式已不能适应现有的社会经济体制。在80年代初，这个比值下降到1∶6以下，此后还在继续下降。显然，用货币存量与零售商品总额流量简单对比并求出一个固定值的方法已不能满足剖析货币流量状况和经济发展状况的需要。

（三）改革开放后货币需求理论研究的发展

改革开放后，中国的经济学家开始探索如何简便和准确地衡量货币需求的方法，以取代已经过时的"1∶8"公式，下列公式是其中流传比较广的一个：

$$\dot{M}=\dot{Y}+\dot{P} \qquad \text{式(8-10)}$$

其中，$\dot{M}$表示货币供给增长率，$\dot{Y}$表示经济增长率，$\dot{P}$指的是计划的（或预期的）物价上涨率。这个公式和"1∶8"公式一样，旨在解决如何确定年度计划货币供给增长率，但它考虑的因素比"1∶8"公式要丰富得多。比如经济增长率比社会零售商品总额指标的范围大得多；而计划的（或预期的）物价上涨率加入模型，显示出计划体制中的隐性通货膨胀已经开始转化为显性的通货膨胀，并对名义货币需求产生了不可忽视的影响。但是，与西方货币需求理论对照，这个公式仍然是比较简单的，由于我国改革开放后的很长时间都仍然是一种计划体制，所以利率在经济生活中的作用根本就没有反映，货币需求决定中也就看不到利率变量。此外，有人对把$\dot{P}$作为货币需求量的重要决定因素之一提出了质疑，认为如果在计划现金发行或货币供给增长时考虑物价上涨因素，那就等于将货币政策当成了助长通货膨胀的工具。

这个公式潜在的前提是货币流通速度是稳定不变的，但改革开放后我国的货币流通速度变化很大，考虑这个因素，公式(8-10)可进行如下的修改：

$$\dot{M}=\dot{Y}+\dot{P}-\dot{V} \qquad 式(8\text{-}11)$$

这里，$\dot{V}$代表货币流通速度的增长率。在其他条件不变的情况下，如果货币流通速度加快，那么货币供给增长率应该相应降低；反之，如果货币流通速度放慢，货币供给增长率应该相应提高。

需要指出的是，上面的修订式是经过费雪方程式 MV＝PY 演化过来的。所以在一定程度比较符合古典经济学的货币需求理论。但是，随着我国市场经济程度的逐渐深入，对我国货币需求的理论和实证研究有待于进一步推进。

第二节　货币供给

货币供给分析是货币理论中与货币需求理论相对应的部分。表面上看，货币供给比货币需求问题更容易引起人们的关注，因为货币供应的状况和变动关系到整个经济的运行及微观主体面临的经济环境。个人、企业和政府部门都需要理解货币供给是由谁控制，如何决定的，什么因素会影响货币供给的变化，如何改善对货币供给的管理。我们在第六、第七两章中已经详细描述了商业银行创造存款货币的原理，以及中央银行在货币创造中的作用。本章将继续对货币供应中其他主体的作用进行阐述，并对有关货币供给的一些主要理论和现实问题作进一步讨论。

一、货币供给和货币供给量

严格地说，货币供给指的是一国经济中货币的投入、创造和扩张（收缩）的过程。货币供应量则指由政府、企事业单位、社会公众等持有的，由银行体系所供应的债务总量。但在一般情况下，人们往往将货币供应量简称为货币供给。本章将遵从这一惯例。

（一）狭义货币供给和广义货币供给

货币供给有狭义和广义之分。20 世纪 50 年代的经济学家普遍接受的是狭义货币供给的概念，即认为只有现金和活期存款才是货币供给。但 50 年代过后，尤其进入 70 年代以来，由于金融创新如火如荼地进行，创造了一大批货币化的信用工具，使货币与资产之间的界限显得十分模糊。所以各国根据资产的流动性的大小，也就是货币作为流通手段和支付手段的方便程度为标准，对货币的层次进行了划分。在本书第一章第四节已经指出，货币供给包括多种口径，可以按口径依次加大顺序，划分为 M_1、M_2、M_3…若干层次，M_1 称为狭义的货币供给，M_2、M_3 等则称为广义的货币供给。

由于银行存款构成货币供给中的大部分，因此理解存款货币的创造是学习货币供给理论中非常重要的一步。在第六章里我们以商业银行为核心介绍了存款货币的创造原理，而在第七章中则以中央银行为核心，阐述了中央银行如何向银行体系提供追加的准备金即货币创造的源泉，同时也介绍了基础货币的概念（包括流通中的通货和存款准备金）及现金的发行。可见，在不同场合谈到货币供给时，货币口径常常是不统一的，学习时需要特别注意。

（二）名义货币供给和实际货币供给

前面讲过，货币需求可以区分为名义货币需求和实际货币需求。相应地，我们也应该区分名义货币供给和实际货币供给这两个概念。名义货币供给（nominal money supply）是指在一定时点上不考虑物价因素影响的货币存量（money stock）；实际货币供给是指剔除物价影响之后的货币存量。一般习惯于用 M_s 来表示名义货币供给，而用 M_s/P 来表示实际货币供给。在我们的实际生活中，一般讲的都是名义货币供给，例如我们经常提到的货币供应量的增长率，都是指的名义货币供给。但是在我们进行经济分析和政策选择的时候，就必须剔除通货膨胀对货币供给的影响，得出实际货币供给的确切数据，这样才能比较准确地判断经济形势。

二、货币供给模型

在漫长的实物货币和金属货币流通的时代，流通中货币量的形成是一个自发的过程，它由不同的经济单位提供，也为不同的利益群体和个人所接受，历史上也很少发生货币过多或过少的情形。而 20 世纪 60 年代前的经济学家也认为，货币供给是一个可以由货币当局控制的外生变量，不需要花精力研究如何供给和控制货币规模。所以，货币供给理论的研究在一定程度上比货币需求理论的研究相对不足。早期在中央银行制度产生以后，由于信用创造学说的形成，逐渐有了一些货币供给理论提出，但在 20 世纪 30 年代凯恩斯经济理论提出后，西方大多数经济学家都成为其理论的追随者。凯恩斯认为货币供应是外生的，货币供给大小取决于政府的货币政策。直到 20 世纪 60 年代中后期，西方各国普遍采用凯恩斯的扩张性经济政策，出现了日益严重的通货膨胀现象，同时金融创新导致大量的金融工具出现，货币供给理论才得到真正飞速的发展。

下面我们将从货币供给的基本模型出发，逐步引申出比较复杂的，能比较准确地反映现实经济运行状况的货币供给模型，并对货币供给的决定因素，以及各经济主体行为对货币供给影响的相关理论进行介绍。

（二）基本模型

在第六章第四节我们已经了解到，狭义货币供应量 M_1 是由通货和活期存款组成的，其中通货由中央银行发行，它是中央银行的负债，活期存款则是商业银行和其他存款性金融机构的负债。因此，银行系统中性质完全不同的中央银行和商业银行在货币供应量的决定中起到不同的作用。由于现代银行都实行部分准备金制度，作为盈利性企业的商业银行只需对其新增原始存款保留一定比率的法定准备金，就可以将其存款余额的大部分用于向公众贷款或投资于有收益的证券资产，从而创造出派生存款，使货币供应量扩张。所以经济学家们在讨论货币供应量的决定因素时，常把准备金数量和法定存款准备金比率作为货币供应量的限制因素，从而形成简单的货币乘数理论，它用公式表示为：

$$D_d=\frac{1}{r_d}\cdot R$$

其中，D_d为经过派生的存款总额(包括原始存款)，R 为原始存款；r_d为准备金率。上式说明，全部活期存款在原有的准备金的基础上扩大了 $1/r_d$倍。上面的公式只是说明了一种信用扩张过程，下面我们将根据这个基本思想来表述货币供给的基本模型。

货币供给模型最基本的公式就是：

货币供应量＝货币乘数×基础货币

如果用 Ms 表示货币供应量，k 表示货币乘数，B 表示基础货币，则公式表示为：

$$Ms=k\cdot B \qquad \text{式(8-12)}$$

(二) 信用创造中的漏损

在上面的简单的货币乘数模型中，我们是假设除了流通中的现金和存款准备金外，其余的所有货币都参与银行体系的信用创造过程，但实际情况显然并非如此。下面我们将介绍几个使货币退出信用创造机制的所谓“漏损”的因素。

(1) 超额准备金。商业银行出于稳健经营的考虑，除了保有法定准备金外，还常常会持有一定的超额准备金。银行增加超额准备金是为了增加自身的安全性，但提取超额准备金和提取法定准备金对银行体系的信用创造机制的作用是一样的，都会降低商业银行创造存款货币的能力。

(2) 现金漏损。现金漏损指的是借款人在取得商业银行的贷款后，并不一定将所有的贷款都存入商业银行。通常的做法可能是一些货币作为存款又进入到商业银行资金循环的体系，而另一部分则作为现金持有在手中，退出了信用创造过程。显然，现金漏损的存在也会削弱商业银行的信用创造能力。

(3) 定期存款准备金。在许多国家现有的银行法中，都有商业银行必须持有一定比例的定期存款准备金的规定。同样的，这部分货币也退出了银行体系的派生存款创造机制。

(三) 复杂的货币供给模型

如果用 C 代表现金，D 代表存款货币，R 代表商业银行准备金存款，由于狭义货币供给量 Ms＝C＋D，而 B＝C＋R，代入上式则可推导出下面的表达式：

$$M_s=\frac{C+D}{C+R}\cdot B=K\cdot B=\frac{1+\frac{C}{D}}{\frac{C}{D}+\frac{R}{D}}\cdot B \qquad \text{式(8-13)}$$

其中，$\frac{C+D}{C+R}$就代表货币乘数 k，表示货币供给与基础货币之间的倍数。

从上式可以看出，与货币乘数密切相关的有两个比率，C/D 和 R/D。其中，C/D是存款通货比率，R/D 是存款准备金率。显然，存款通货比率的上升，意味着更多的现金从银行体系中"漏出"，这将使货币乘数变小，从而削弱了存款货币的创造。而存款准备金率上升，无论是由于法定准备金比率上升，还是超额准备金比率上升，都会使商业银行提取更多准备金，这也会使货币乘数变小，银行创造存款货币的能力减弱。

（四）不同货币层次的货币乘数

由于对货币的统计口径的不同，所以对货币供给量的衡量也是不尽相同的，以下我们就对各个货币口径的货币乘数给以简要的介绍。

1. M_1层次上的货币乘数

M_1是指流通中的现金和活期存款。在 M_1 这个层次上，我们设 B 为基础货币，C 为流通中的现金，R 为准备金总额，R_d为活期存款的法定存款准备金，R_e为超额准备金，R_t为定期存款的法定准备金。我们就可以得到：

$$B=C+R=C+R_d+R_e+R_t$$

再设 c 表示流通中的现金比率，即通货比率，r_d为法定存款准备金率，e 为超额准备率，r_t为定期存款的法定存款准备金率，D 表示活期存款，t · D 表示定期存款，那么基础货币又可以表示为：

$$\begin{aligned}B&=c\cdot D+r_d\cdot D+e\cdot D+r_t\cdot t\cdot D\\&=D\ (c+r_d+e+r_t\cdot t)\end{aligned}$$

对于 M_1 来说，$M_1=C+D$，而 $C=c\times D$，则 M_1 的货币乘数为：

$$k_1=\frac{M_1}{B}=\frac{D(1+c)}{D(c+r_d+e+r_t\cdot t)}=\frac{1+c}{c+r_d+e+r_t\cdot t} \qquad \text{式(8-14)}$$

由上式可以得出，M_1层次上的货币乘数和货币供应与下列因素相关：(1)与法定准备金率和超额准备金率负相关。(2)与通货比率负相关，因为在其他条件不变时，通货比率的上升意味着存款人将部分支票存款转为通货，不再进行存款的多倍扩张，使多倍扩张的总体水平下降，乘数也必然下降。(3)与定期存款率(t)及定期存款的法定存款准备金率负相关。

2. M_2层次上的货币乘数

M_2是指 M_1 加上所有不能直接开出支票的储蓄存款(D_s)和小额定期贷款(D_t)及货币市场基金。我们设从 M_1 增加到 M_2 的这部分准货币为 D_m。对于广义货币供应量，假设其货币乘数为 k_2，我们定义广义货币供应量：

$$M_2 = M_1 + D_m = C + D + D_m$$

我们同时定义增加的这部分货币供应量与活期存款D的比率用m来表示，即$D_m = m \times D$，依据上面的方法可得：

$$k_2 = \frac{M_2}{B} = \frac{D(1+c+m)}{D(c+r_d+e+r_t \cdot t)} = \frac{c+m+1}{c+r_d+e+r_t \cdot t} \qquad \text{式(8-15)}$$

这样，我们得到与M_1货币乘数相似的结论，M_2层次上的货币乘数和货币供给与法定准备金率、超额准备金率、通货比率和定期存款率负相关，而与新增货币供应量与活期存款的比率(m)正相关。

分析上述货币乘数的表达式可以得知，由于法定准备金率是由中央银行决定的，如果通货比率，超额准备金率，定期存款数量能保持足够的稳定，中央银行就可以通过调整法定存款准备金率来准确地控制货币乘数，进而控制货币供给量。但实际上，如果说中央对于基础货币还有一定的控制能力的话，它要对货币乘数进行控制就困难得多。因为就如前面所说的一样，超额准备金率e取决于银行的行为，流通中现金大小和定期存款等主要取决于非银行公众的行为，这些行为在一定程度上都是在中央银行控制之外的。也就是说，货币供给是由中央银行，商业银行系统与社会公众三部门共同作用的结果。因此，我们在下文中将分析对货币供给起重要影响的各个主体的行为。

三、货币供给中的四个"角色"

从货币供给模型可知，货币供给等于基础货币和货币乘数之积。中央银行就是通过这两者来间接调控货币供给量。在简单的货币供给模型中，货币乘数等于法定存款准备金率的倒数，所以，中央银行既可以控制基础货币，又可以控制货币乘数，因而也就可以控制货币供给总量。但是，在复杂的货币供给模型中，虽然基础货币的投入主要还是由中央银行(或类似于中央银行的职能部门)操作的，但货币乘数是由法定存款准备金率、通货比率、超额准备金率、定期存款比率等因素共同决定的，因而货币创造过程不再只是中央银行或者银行系统的事情，而是涉及中央银行、商业银行、居民和企业等各个部门，可形象地称为货币创造中的四个"角色"。下面将对这四个角色行为进行分析以了解它们各自在货币创造过程中所发挥的作用。

(一) 中央银行行为与货币供给

在典型的市场经济条件下，中央银行作为监督银行体系并执行货币政策的政府机构，可以从两个环节来调控货币供给：对基础货币的调控和对货币乘数的控制。在第七章第四节我们已经了解中央银行控制基础货币的方式和能力。总的来说，中央银行可以通过调整自己的资产来变动基础货币，但并不能对基础货币实行完全的控制。

中央银行对基础货币的控制能力因其控制基础货币的方式而有所不同，对于公开市场操作而言，主要是通过在金融市场买进或卖出有价证券，借以改变商业银行等存款机构的准备金，进而影响货币供应量。当中央银行在公开市场买入证券时，如果债券购买者将所得货币存入银行，则银行的准备金增加；如果证券持有者自己保留现金，则流通中现金增加。无论怎样，中央银行买入证券的行为会使得基础货币增加，从而使货币供给扩张。而当中央银行卖出证券时，效果正好相反。另一方面，当中央银行向商业银行发放贴现贷款时，基础货币也会受到影响。但是中央银行对基础货币的控制是不完全的，中央银行通过确定向商业银行的贴现贷款利率可以影响银行借款决策，但它不能单方面决定商业银行从中央银行借款的金额，银行最终是否借款与借款多少还是由银行自己决定。由此可知，中央银行对贴现贷款量的控制远不如对公开市场业务量的控制那样精确。

如果说货币当局对于基础货币还存在一定的直接调控能力，那么对货币乘数的影响力就间接多了。中央银行影响货币乘数的主要途径是调整法定存款准备金率，在前面我们对此进行了比较深入的介绍，法定存款准备金率的变动会改变货币供给乘数，进而导致货币供给总量的变化。但法定存款准备金率仅是影响货币乘数的因素之一，货币乘数的最终变动还要取决于其他的因素。

（二）居民行为与货币供给

在长期的实践中，人们逐渐认识到，中央银行动用货币政策工具来调控货币供给，需要通过改变微观主体（居民、企业和商业银行等）的行为才能发挥作用。也就是说，微观主体的行为与货币政策实施的效果之间有密切的关系。从居民行为来看，居民是决定通货比率（即 C/D）的重要力量。当居民普遍增加现金也就是通货持有量的时候，通货比率会提高，反之则下降。而通货比率的改变会直接影响到货币乘数和货币供给。

影响居民持有通货多少的因素包括财富的大小、预期报酬率的变动、商业银行经营状况、管制政策，以及一些为非法目的而持有现金的需求等。

（1）当财富增加的时候，通常居民对通货需求增长的比率低于财富增长率，也就是说，随着财富的增长，人们将更多持有支票存款而不是通货，通货持有量相对于支票存款下降，从而使通货比率下降。

（2）居民手持现金不能获得利息，因此，当储蓄存款利率上升时，人们愿意持有的通货相对下降，通货比率下降。但如果存在其他投资方式，例如证券投资，当证券的预期报酬率增加的时候，支票存款可能由于相对收益水平下降而减少，如果人们的现金持有量不变，那么通货比例反而相对提高。

（3）如果银行出现了信用不稳定的苗头，居民就会大量提取存款，通货比率会因而增大；而有些非法经济活动（包括逃税）为了逃避法律监督，倾向于用现金进行交易。因此，当一个社会非法活动上升时，通货相对于支票的比率会上升。

（4）政府税收和管制政策也会影响到居民的持币行为。在政府实施管制，不允许银行向支票存款账户支付利息时，支票存款相对于通货的预期回报率降低，吸引力下降，通货的持有量上升，从而通货比率上升。

（三）商业银行行为与货币供给

这里的商业银行不仅指商业银行本身，也包括从私人和机构处接受存款或发放贷款的金融中介机构、信用社、互助储蓄银行及储蓄贷款协会等。

一般情况下，商业银行主要通过两种行为影响货币供给：一是超额准备金率，二是向中央银行借款的规模。我们在前面已知道，商业银行持有超额准备金越多，存款货币创造乘数就越小，从而货币供应量也越小；反之，乘数变大，货币供应量增加。而商业银行向中央银行借款，会增加准备金存款，扩大基础货币的数量，从而能支持更多地创造存款货币。反之，商业银行减少中央银行借款会减少货币供应量。

商业银行持有超额准备金的大小取决于成本和收益的对比，当持有超额准备金的成本增大（如市场利率上升），或者收益下降时（如预期存款外流减少），商业银行就会减少持有超额准备金。另一方面，商业银行向中央银行借款也可用同样的方法来分析，商业银行运用借入资金的收益率与借入成本差距越大，越有利可图，商业银行从中央银行的借款也就越多。以市场利率代表借入资金的收益率，贴现率代表借入成本，很明显，商业银行向中央银行借款的数量与市场利率正相关，与贴现率负相关。

（四）企业行为与货币供给

企业行为主要在两个方面影响货币供给：企业经营规模的扩大或收缩及企业经营效益的好坏。当经济处于高涨阶段，大量企业经营扩大需要补充货币资本，这种需求会通过向银行要求追加贷款反映出来，成为银行扩张信用的基础，货币供应量相应扩大。反之，在经济不景气时期，如果企业普遍缺乏经营愿望，即便利率再低也不能刺激它们对贷款的需求，货币供给量就不可能扩大。

另外，如果企业经营不善，造成资金周转率降低，信贷资金占用时间过长，在相同的产出水平上会增加对贷款的需求从而增加货币供应量。如果企业出现减缩经营规模甚至有破产清理行为时，一部分的贷款会被勾销，从而收缩一部分货币供给。但是，如果企业仍然亏损经营，并继续要求得到贷款支持，其结果则是货币供给被迫增加。

四、货币的外生性和内生性之争

货币供给的外生性和内生性，或者说货币供应量是内生变量还是外生变量，是货币金融理论中的一个争论已久的问题。其实质也就是争论中央银行能否有效地控制货币供给量的问题。

货币的内生性是指货币供给的变动，主要取决于经济体系中的实际变量如收入、储蓄、投资、消费等因素以及公众和商业银行等微观主体行为，而不是取决于货币当局的意愿。货币的外生性是指货币供给的变动主要取决于货币当局的政策行为，而不是取决于经济体系中的实际变量和微观主体。

（一）货币外生变量论

在西方货币金融理论中，主流的凯恩斯主义和货币主义学者都是将货币作为外生变量来处理的。这些理论认为中央银行可以决定基础货币的水平，而货币供给又是基础货币的稳定函数，因此货币供给就由中央银行决定，中央银行对货币供给有绝对控制权。

凯恩斯是从货币本质来说明货币外生的观点的。他认为，货币只是一种用于债务支付和商品交换的符号，是一种观念上的东西，它本身并没有实际价值。他进一步认为，货币之所以能流通，完全是凭借这国家的权力，依靠国家的法令规定强制流通，因此，货币是国家的创造物，任何经济中的微观经济主体和经济变量都只能接受货币供给变化带来的影响，而无力影响货币供给。在此基础上，凯恩斯进一步分析了货币的供给弹性几乎为零的特征，提出了外生货币供应论，认为货币供给是由国家授权的货币当局控制的外生变量，货币供给的变化影响经济运行，但自身并不受经济因素的制约。

以弗里德曼为代表的货币主义学者通过对货币供给决定因素的分析，得出了货币供给基本可控的结论。弗里德曼和施瓦茨通过对货币供给方程式的分析。认为基础货币(H)、存款—准备金比率(D/R)和存货—通货比率(D/C)三个因素共同决定货币供给量，即货币供给量是由中央银行、商业银行系统与社会公众三个部门的共同行为决定的。但实际上，他们认为在影响货币供给的三个因素中，基础货币完全由中央银行所控制，并且中央银行通过直接决定基础货币会对存款—准备金比率和存货—通货比率产生决定性影响，这样，货币供应量主要取决于基础货币的变动，货币乘数是相对稳定的，货币供给完全是外生的。

新古典综合派在 20 世纪 60 年代后金融创新活动大量涌现之后，对货币进行了重新定义，认为货币本质上只是“流动性”，并指出流动性的最大源泉是大量的非银行金融中介机构。这些非银行中介机构能创造某种特殊的金融债券凭证，通过放款和投资与商业银行分享着扩张信用的能力。所以，对于整个货币流通来说，货币流通速度具有可变性。决定整个社会支出的是整个货币体系的流动性状况，而不仅仅是货币供给。中央银行已经不能试图控制货币供给，一定意义上也就说明了货币供给的外生性。

（二）货币内生变量论

虽然一些著名学者认为货币是外生的，但是这个论断并没能被理论界普遍接受。许多经济学家反对货币供给外生变量论，特别是后凯恩斯主义经济学家把货币供给内生性作为其基本命题。

新剑桥学派不赞成货币外生供应论。他们认为，虽然从形式上看，现有的货币供应量都是从中央银行渠道出去的，但实质上并不完全由中央银行自主决定，在很大程度上是中央银行被动地适应公众需求的结果。在当前，各金融机构尤其是银行在货币供应量方面起着决定性影响。这是因为公众的货币需求经常大量地表现为贷款需求，而银行贷款和货币供应是紧密联系在一起的，银行经营获得的扩张或者收缩实际地增减了现有货币供应量。总之，对货币供给发生决定性影响的主要是货币需求，而货币需求的大小取决于经济的盛衰以及人们的预期，从而使中央银行难以自主地决定货币供应量。因此，中央银行对货币供应量的控制能力是有限度的，货币供给的外生性只是形式上的，实质是内生的。

另外，以罗宾逊等人为代表的新剑桥学派还提出了货币供应量的内外性共生论，认为从形式上看，全社会的货币量都是从中央银行出去的，因而它在形式上是一个外生变量，但实质上供应多少货币并不完全取决于中央银行的意志，在很大程度上是经济系统内各因素变动的结果。因此，货币供给在形式上是外生性的，但却有浓厚的内生性特征。

货币的内生性和外生性的争论之所以重要，是因为其中渗透着很强的政策含义。如果认为货币供给具有内生性，就等于说货币供给是被动地决定于客观经济过程，货币当局并不能有效地控制货币供给，货币政策特别是以货币供给变动为操作目标的货币政策，其调节作用是有限的；如果认为货币供给具有外生性，就等于说货币供给可以由中央银行自主决定，货币政策的调节作用是决定性的。

虽然双方在这个问题上分歧很大，但他们在强调各自主要观点的同时，并没有完全否定对方，货币供给外生论者强调中央银行可以有效控制货币供给，但并不否认经济活动对货币供给会产生影响以及中央银行控制货币供给的艰巨性；内生论者强调中央银行难以控制货币供给，也并不认为中央银行的政策完全无效。

事实上，货币到底是内生还是外生的问题是一个很复杂的问题，不可能用“非此即彼”来进行判断。两种观点的对立和差异，实际上只是强调的重点和主次的不同。

第三节　货币均衡

20 世纪以前的经济学家重点讨论的问题是货币需求理论，这是因为在当时的金属货币制度下，货币供给被普遍看作是由贵金属的自然蕴藏量和生产量决定的外生变量，流通中实际的货币供给取决于货币需求。在这种情况下，考察货币需求也就是在考察货币的供求均衡问题。随着 20 世纪 30 年代大危机的爆发和在世界范围内不兑现信用货币制度的普遍建立，凯恩斯将货币均衡的研究拓展到货币数量和物价、利率、国民收入以及就业量等问题上。从此经济学家继承了凯恩斯这一研究方法，把货币均衡理论和整个宏观经济均衡联系了起来。

一、货币均衡的含义

货币均衡是指货币供给与货币需求相等的状态，即 $M_s = M_d$；而货币失衡是指货币供给超过或满足不了货币需求，即 $M_s \neq M_d$。由于货币需求可分为名义需求和实际需求，因此需要说明，货币失衡既可以是由于实际货币需求变动，而货币供给量未作相应的调整引起的，也可能是实际货币需求没有发生变动，只是因为价格水平变化导致名义货币需求改变，但货币供给量同样未作相应调整而引起的。

在市场经济条件下，货币均衡实现和失衡的调节过程都离不开利率的作用。利率是一种价格，在古典经济学家那里，利率是由储蓄和投资的对比决定的，但当两者出现不均衡时，利率反过来又会对储蓄和投资进行调节以恢复均衡状态；而在凯恩斯看来，利率反映并调节的是公众愿意以货币形式持有的财富总量（即货币需求）和现有的货币存量（即货币供给）的关系。当利率过低时，人们放弃流动性却得不到满意的报酬，因此他们宁愿持有货币，这使得人们愿意持有的货币量超过现有的货币供给量，出现货币的超额需求；反之，当利率过高时，人们为了较高的收益将把货币转换为债券，从而使得货币的意愿持有量小于现有货币存量，出现货币的超额供给。只有在均衡利率水平上，货币供给和货币需求才达到均衡。可见，在市场经济条件下，货币均衡是货币供给和需求对比关系相互适应和自发调节和的结果。利率的决定取决于货币的供求，货币均衡的过程也就是均衡利率产生的过程。

根据凯恩斯的流动性偏好货币需求理论，利率的提高会减少投机性货币需求。在假设收入不变的情况下，货币需求和利率呈反向变动关系。如果我们考虑货币供给是外生决定的，也就是说货币供给是由中央银行控制的一个常量。这时的货币均衡就如图 8-4 所示。

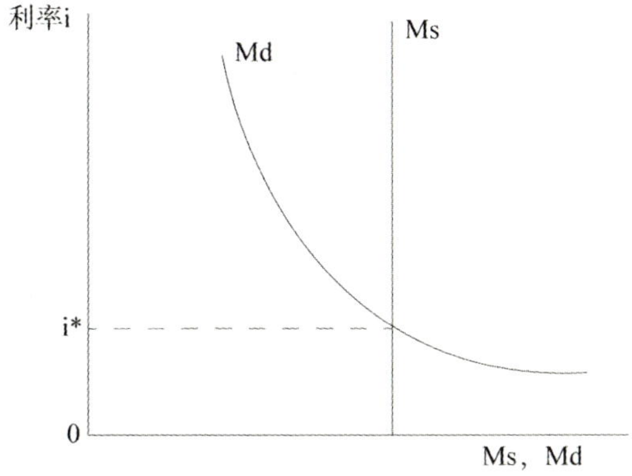

图 8-4　货币供给为外生变量的货币均衡

但是，如果我们认为货币供给是内生的，货币供给是由中央银行和商业银行体系通过信用创造机制共同决定的，它同利率之间存在正相关关系。这时，货币供给线是一条斜线而不是一条垂直的直线。这是因为在其他条件不变的情况下，当利率上升时，银行持有超额准备金的机会成本提高，因此银行会减少超额准备金，扩大信贷规模，从而扩张货币供给；反之则缩减货币供给。就得到下面的货币均衡图 8-5。

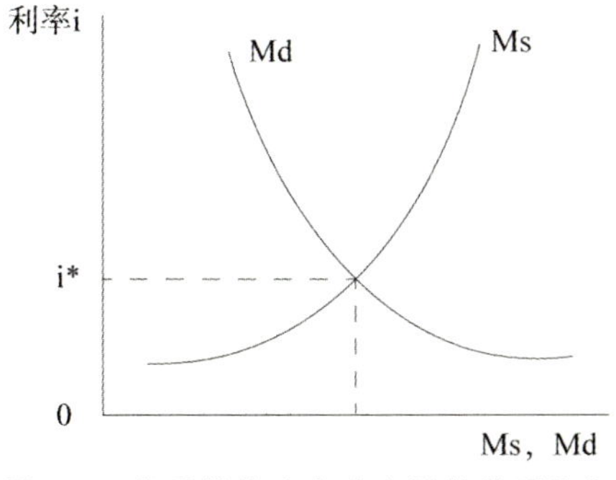

图 8-5　货币供给为内生变量的货币均衡

二、货币市场均衡和商品市场均衡

我们在第三章第二节曾介绍了新古典综合学派运用 IS—LM 模型来研究利率的决定。下面将再次利用该模型对货币市场均衡与商品市场均衡之间的关系作进一步阐述。

（一）货币市场均衡和 LM 曲线

根据凯恩斯的流动性货币需求理论，利率 r 和国民收入 Y 决定着货币的需求。同时又由于货币供给的外生，所以在货币供给等于货币需求时，会存在各种不同的利率水平和国民收入水平组合，也就是说货币市场能够在不同的利率水平和国民收入水平下达到均衡。LM 曲线就是这样一条在不同利率水平和国民收入水平下的货币均衡点的集合。这条线以外的所有的点都不是货币均衡的利率和收入组合。位于 LM 曲线右侧的点，说明 L＞M，即货币市场需求大于供给。位于 LM 曲线左侧的点，说明 L＜M，即货币需求小于均衡水平。

我们下面对货币均衡线 LM 的推导进行简要说明。按照凯恩斯的流动性偏好理论，货币需求 M_d 是收入 Y 和利率 r 的函数，其中又分为满足交易和预防动机的货币需求 L_1 以及满足投机的货币需求 L_2。货币供给是由中央银行所决定的外生变量，设为 M_s。故货币市场均衡条件为：$M_s = M_d = L_1(Y) + L_2(r)$。货币市场的均衡可用经济学家汉森的四象限绘图法加以推导：

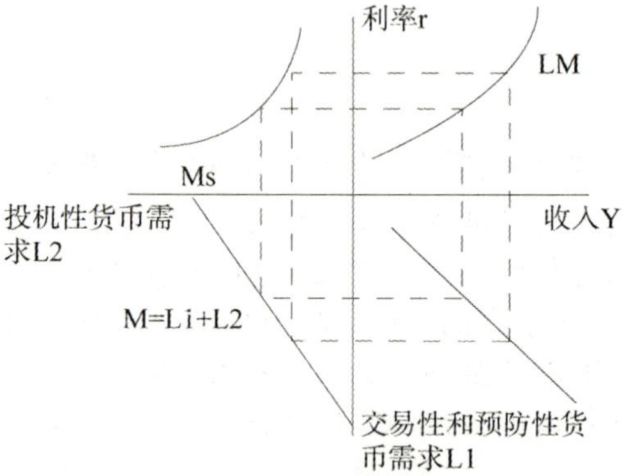

图 8-6　LM 曲线的推导

在图 8-6 中，第二象限描绘了投机性货币需求的曲线 $L_2(r)$，因为 L_2 是利率的减函数，故 L_2 曲线向上倾斜。在第四象限，描绘了交易性和预防性货币需求的曲线 $L_1(Y)$，因为 L_1 是收入的增函数，故 L_1 曲线向右下方倾斜。第三象限表示货币市场的均衡，即货币供应等于货币需求。由于假定货币供给为 M_s，故用于投机性货币需求的货币供应量至多只能为 M_s，同理，用于交易性和预防性货币需求的货币供应量也应以 M_s 为限，因此，第三象限中的斜线 M_sM_s 上的各点就表示总货币供给在投机性的货币需求 L_2 和交易及预防性的货币需求 L_1 之间加以分配的各种不同组合。因为第三象限中斜线 M_sM_s 与坐标轴构成了一个等腰直角三角形，故两边的货币需求之和总为 M_s，也就是说斜线上的每一个点都代表一个固定不变的货币供给。其中一部分映射到第四象限求出一个相应的收入 Y，另一部分映射到第二象限求出一个相应的利率 r，然后这两个相应的收入 Y 和利率 r 在第一象限交集得到货币均衡的一个点，无数的这样的点的集合就形成了 LM 曲线。

LM 曲线向右上方倾斜，这是因为当收入增加时，为满足交易和预防动机而持有的货币量也就增加，而在货币供应量一定的条件下，就必须相应地减少投机性货币的持有量，这样利率就必须相应提高，以使投机动机的货币需求降低。

（二）商品市场均衡和 IS 曲线

从商品市场来看，储蓄 S 与收入 Y 正相关，投资 I 与利率 r 负相关，而储蓄等于投资是商品市场均衡的必要条件，只有在这一条件下，才能使商品市场的供给和需求相一致。商品市场的均衡同样可以由下面的四象限绘图法加以推导：

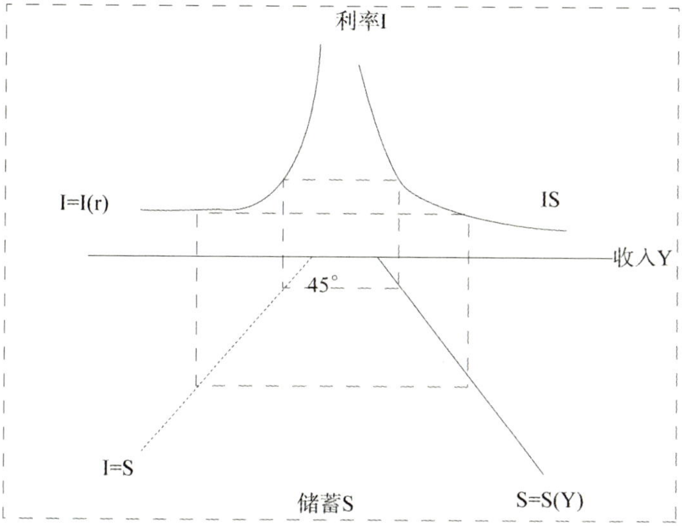

图 8-7　IS 曲线的推导

在图 8-7 中，第二象限描述了投资函数：I＝I(r)，dI/dr＜0，即投资函数 I 与利率 r 成反比例关系。第四象限表示储蓄函数：S＝S(Y)，dS/dY＞0，即储蓄 S 与收入 Y 成正比例关系。第三象限的 45°角对角线表示商品市场的均衡条件：I＝S。因为第三象限中的斜线是一条 45°斜线，故斜线上的每一个点都代表商品需求等于商品供给，即 I＝S。其 S 映射到第四象限求出一个相应的收入 Y，I 映射到第二象限求出一个相应的利率 r，然后这两个相应的收入 Y 和利率 r 在第一象限交集得到商品市场均衡的一个点，无数的这样的点的集合就形成了 IS 曲线。

IS 曲线表示使投资等于储蓄的收入与利率之间的相互关系，即商品市场的均衡。IS 曲线向右下方倾斜，表示 IS 曲线的斜率为负，这是因为投资和利率负相关，当利率下降时，投资就会增加，于是就会得到较高的收入水平，以及与高收入相对应的较多的储蓄。

（三）IS-LM 模型

LM 曲线反映了能够使货币市场供求均衡的利率和收入的全部组合，IS 曲线反映了能够使产品市场供求均衡的利率和收入的全部组合，但它们各自都不能说明使整个经济处于均衡状态的利率和收入的组合。而货币均衡恰恰是要求总供求平衡下的货币均衡，即实现产品市场和货币市场的共同均衡。所以，就有下面的式子：

$$\begin{cases} I(r)=S(Y) \\ L1(Y)+L2(r)=M \end{cases}$$ 式(8-16)

上面的式子用图形表示就是图 8-8，这个模型称为 IS-LM 模型，又称为“希克斯—汉森模型”，因为它是美国经济学家希克斯和汉森等人首先提出的。图中 E 点就是货币市场和商品市场同时达到均衡时的均衡点，处于这点以外的任何收入和利率的组合，都需要通过商品市场和货币市场的调整而达到均衡。

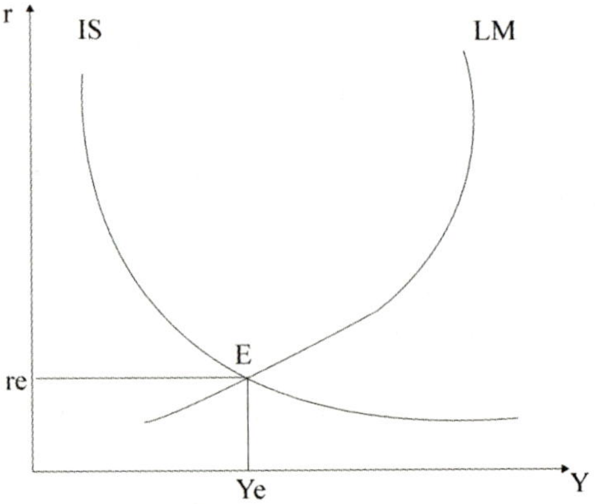

图 8-8　IS-LM 模型

IS-LM 模型认为，只有在储蓄和投资、货币供应与货币需求同时相等，即在货币市场和商品市场同时达到均衡条件下，收入和利率同时被决定时，才能得到完整的、能使利率得到明确决定的货币均衡。其他的货币均衡状态都是不符合现实经济状况的货币均衡。

三、货币供求与社会总供求

货币供求与社会总供求存在着密切的关系，在现代宏观经济分析中，货币均衡的研究常常是纳入到社会总供求分析框架之中的。在货币供求和社会总供求的关系中，社会总供给是决定货币需求的主要因素，社会总需求又是由货币供给形成的，因此，依据社会总供给变化决定的货币需求来供应货币所形成的社会总需求，与社会总供给之间就可能是相均衡的。当然，这只有当货币供给者能够依据社会总供给变化的来确定货币需求，从而做出正确的货币供给决策，同时货币供给按照实际的货币需求形成与总供给相对应的总需求时才能实现。事实上，这正是实现货币均衡从而社会总供求平衡的两个最基本的问题。如果货币供给者对社会总供给的变化缺乏了解和正确分析，就可能作出对货币需求的错误判断，从而作出错误的货币供给决策，由此产生的货币供给量就可能大于或小于货币需求量，形成过大或过小的社会总需求；另一方面，当货币供给政策实施后，如果供给的货币并不完全形成现实的购买力即变成社会总需求，一部分货币变为潜在的购买力，其是否能形成社会总需求要取决于各种经济的或非经济的复杂因素，那么货币供求的问题就体现为社会总供求的矛盾。

简而言之,货币需求是由社会总供给决定的,而货币供给则形成了社会总需求。因此,货币均衡和社会总供求均衡之间是存在着联系的。如果以 AS 代表社会总供给,以 AD 代表社会总需求,它们之间形成的关系可以用图 8-9 表示。

图 8-9 说明,在一般条件下,货币均衡实际上体现了商品和劳务总供给(社会总供求)与以货币购买表示的商品与劳务总需求(货币供求)之间的均衡关系,表现为待交易的商品与劳务能够迅速转化成货币,流通中的货币也能够迅速转换成商品和劳务,不存在由于购买手段不足而引起的商品积压和企业开工不足的现象,也不存在由于购买力手段过剩引起商品与劳务供给不足和物价普遍上涨的现象。

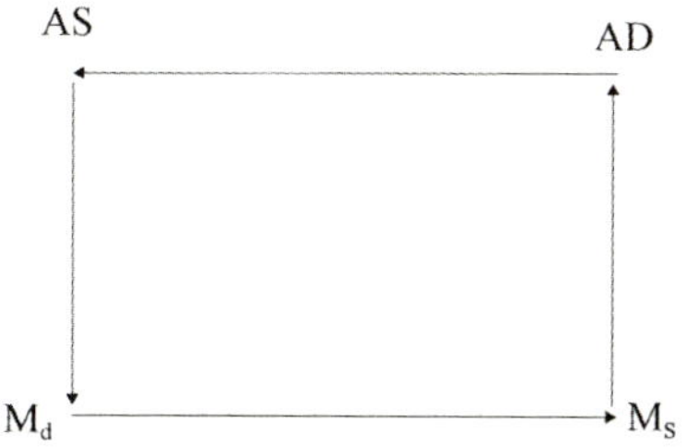

图 8-9 货币供求和社会总供求的关系

四、社会总供求均衡模型

由于在上面的 IS-LM 模型的分析中,我们的一个潜在的假定就是通货膨胀率为 0,但在实际中,这种情况几乎是不存在的,所以我们有必要分析在价格变化的条件下的货币均衡状态。这就产生了社会总供求均衡模型,即 AD-AS 模型,其基本解析图示如下:

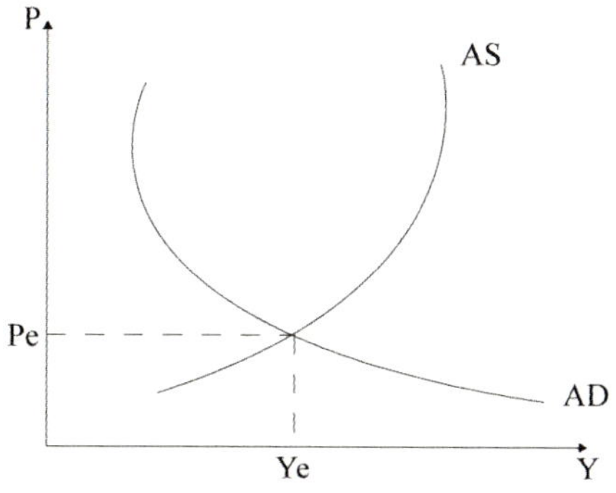

图 8-10 AD-AS 模型

图 8-10 中的 AD 曲线为总需求曲线,表示在任何给定的价格水平下商品市场与货币市场都处于均衡状态时的产出水平。这条向下倾斜的曲线反映着价格水平与市场总需求的关系,所以被称为总需求曲线。对总需求曲线的推导和解释,不同学派有所不同。凯恩斯学派是以 IS-LM 模型为基础进行推导的,其传导过程可简要表述为:P↓ →(Ms/P)↑ →r↓ → (I,C,净出口等) ↑→Y ↑,即价格水平下降,导致在名义货币供应量不变条件下的实际货币供给增大,进而导致利率的下

降，造成预期投资回报增大并使投资支出增加；其次，由于对未来收入的预期上升，也会引起消费支出的增加；此外，利率的下降还会造成本币对外币的贬值从而增加出口。总之，这一系列支出的增加都会引起总需求的增大。所以，价格变动与产出变动是负相关的，AD 曲线向下方倾斜。

货币学派对于总需求曲线的推导是建立在交易方程式 MV＝PY 基础之上的，这一方程式将货币数量和商品劳务的名义总支出联系在一起。按照货币学派的观点，货币流通速度 V 的变动是可以预见的，并且与货币供给的变动无关，因此，名义总支出的变动就主要取决于货币供给量的变动。当价格水平上升时，如果货币供给量不变，那么对总产出的需求就会下降，从而名义总支出(PY)不变。因此，价格变动与总需求变动负相关的，AD 曲线向下方倾斜。

AS 曲线代表总供给，是一条表示价格水平与总产出水平关系的曲线。价格水平 P 与总产出水平 Y 在短期内是正相关的，所以 AS 曲线是向上倾斜的曲线。之所以价格水平与总产出正相关，原因在于价格的提高通常并不会立刻使单位产品的生产成本同比例的提高，从而导致单位产品利润的增加。利润增大会刺激增加产出，从而总供给增加。反之，价格下降会导致总供给减少。但是，从长期来看，随着价格的持续走高，生产成本一定会上涨，必会使利润回落到原有的水平，增加产出的动力也就没有了。反之，价格持续走低，生产成本将逐步下降，经过一定的时间，利润可能有所回升，产出逐步恢复。因此，从长期来看，价格和产出的关系不是正相关的，图中的总供给曲线实际上指的是短期总供给曲线。

当总供给等于总需求时，表示总供求处于均衡的状态，对应的总产出和价格称为均衡产出和均衡价格。但是，当总需求曲线或总供给曲线位置发生移动时，总供给均衡会发生改变。例如，按照货币学派的观点，货币供给变动会引起总支出变动即总需求曲线位置的移动。货币供给量的增加使名义总支出按比例增加，并在各个价格水平上增加对总产出的需求，从而使总需求曲线右移。如果总供给曲线不变，总需求曲线右移会导致价格上升，产出增加。反之，货币供给减少导致总需求曲线左移，若总供给曲线不变，则价格下跌，产出减少。同样，总供给曲线也可以发生位置的移动，比如工资成本上升、原材料供应减少等因素会使总供给减少，总供给曲线左移，从而使价格上升，产出减少。反之，若经济中出现对供给正面影响的因素，则可推动总供给曲线右移，使价格下降，产出增加。但从长期来看，总产出将趋向于充分就业条件下的潜在产出水平。

本章小结

1. 本章从货币需求的定义开始，通过对影响货币需求的宏观因素和微观因素的分析，引出了货币需求理论。

2. 货币需求理论的发展经历了古典学派的现金交易数量说和现金余额数量说、凯恩斯学派流动性偏好论、弗里德曼的现代货币数量论等几个大的阶段。不同的学派都提出了各自的货币需求函数，使得货币需求理论具有了丰富的内容，且更加符合现实，表述也更为精致。

3. 货币供给理论的产生和形成比货币需求理论要晚得多。直到 20 世纪 60

年代末才出现了现代意义上的货币供给理论。货币供给理论具有强烈的政策意味，所以现代货币供给理论十分重视对货币供给决定过程的研究，关注中央银行对货币供给的掌控能力，由此派生出了多种货币供给理论。货币的“内生性”和“外生性”问题也是许多经济学家争论的焦点。

4. 货币均衡是指货币供给满足货币需求的状态。现代经济学将货币均衡问题研究置于整个宏观经济均衡的框架下，IS-LM 模型是将货币市场均衡的分析和商品市场均衡分析相结合的模型。AD-AS 模型则反映出货币供求与社会总供求均衡之间的联系。

关键词

实际货币需求	Real demand for money
名义货币需求	Nominal demand for money
交易方程式	Equation of Exchange
剑桥方程式	Cambridge Equation
货币供给	Money supply
流动性偏好	Liquidity Preference
法定准备金	Legal reserve ratio
超额准备金	Excess reserves
内生变量	Endogenous variable
外生变量	Exogenous variable
均衡	Equilibrium
总供给	Aggregate supply ,AS
总需求	Aggregate demand ,AD

复习思考题

1. 简述现金交易说和现金余额说的区别和联系。
2. 简述现代货币数量论与凯恩斯货币需求理论的主要区别。
3. 什么是货币供给内生论和外生论？对这一问题的争论有何现实意义？
4. 影响货币乘数的因素主要有哪些？
5. 怎样理解货币供给量是由中央银行、商业银行和社会公众共同决定的？
6. 简述 LM-IS 模型的一般均衡观点。
7. 简述货币供求与社会总供求之间的关系。
8. 在现实生活中，如何判断货币供求是否均衡？如何判断社会总供求是否均衡？是否根据物价和利率就可以判断？

第九章　通货膨胀与通货紧缩

在上一章,我们探讨了货币供求及货币均衡理论,在这一章中我们将集中讨论一种与货币密切相关的经济现象,即通货膨胀(Inflation)。通货膨胀是世界各国普遍存在的经济问题,对通货膨胀的研究已成为西方经济学理论的一个极其重要的组成部分。在表现上,通货膨胀总是表现为过多的货币追逐过少的商品,因此"无论何时何地,通货膨胀总是一种货币现象"。这道出了部分真理,但不是全部。作为与通货膨胀相对的另一种问题,通货紧缩在近年来也屡屡引起人们的关注,许多国家都遭遇其危害。本章将主要分析通货膨胀的定义、成因、效应及治理,同时也将简要分析通货紧缩的原因及其治理。

第一节　通货膨胀的定义及测度

"通货膨胀"(Inflation)是当代经济学和日常生活中使用频率很高的词汇,也是当今世界各国普遍存在的经济问题,它成为现代经济学研究的重要课题之一,但同时也是现代经济学中难以解决的一个问题。尽管人们大多知道,通货膨胀是与物价上涨有关的经济现象,但它具体的、内在的含义是什么,我们又应该用怎样的标准来测度通货膨胀,这是研究通货膨胀首先必须搞清楚的问题。

一、通货膨胀的定义

迄今为止,经济学界尚不存在能被大家普遍接受的通货膨胀定义。马克思主义经济学的定义与西方经济学家的定义有所不同,西方经济学中各流派的观点也不尽相同。为了使大家对通货膨胀的定义能有一个较为全面的了解,下面我们分别加以介绍。

(一) 马克思主义经济学家的通货膨胀定义

按照马克思主义经济学家货币理论的观点,通货膨胀是指纸币发行量超过商品流通中的实际需要量而引起的纸币贬值现象。纸币流通规律表明,纸币流通量不能超过它代表的金(或银)的流通量,否则纸币就要贬值,物价就会上涨。通货膨胀只有在纸币流通的条件下才会出现。因为,在金银货币流通的条件下,金银本身凝结着人类劳动,具有实在的价值;它作为贮藏手段的职能,可以自发地调节流通中的货币量,使之同商品流通所需要的货币量相适应,因而不会发生流通中货币过多的现象。但是,在纸币流通的条件下,由于纸币是国家强制使用的价值符号,本身没有价值,既不能兑换黄金,又不能作为贮藏手段,不论发行量多少都会全部留在流通领域。因此,如果纸币的发行量超过了商品流通所需要的数量就会引起纸币贬值,物价普遍上涨。

（二）西方经济学的通货膨胀定义

概括西方经济学的通货膨胀定义，主要有下列三种：

1. 通货膨胀就是由于货币数量过度增长从而导致物价总水平上涨的经济现象。

这种观点是从导致通货膨胀的原因，而不是从现象上来给通货膨胀下定义的，它将通货膨胀与货币数量联系起来。哈耶克和费里德曼等人是这种观点的主要代表人物。

哈耶克认为：通货膨胀一词的原意是指货币数量的过度增长，以致"太多的货币追逐太少的商品"，从而合乎规律地导致物价的上涨。这就是说，不能用通货膨胀的表现形式——物价上涨水平——来定义通货膨胀，通货膨胀与物价水平上涨并不是一回事。物价水平的上涨可能源于货币数量的过度增长，也可能源于其他各种经济甚至非经济因素（如石油短缺引起石油价格上涨，或政府出于某种非经济原因而提高价格）。前一种情况是真正的通货膨胀，后一种情况则仅仅是物价上涨，并不是通货膨胀。货币学派的主要代表人物费里德曼虽然认为物价的普遍上升就叫通货膨胀，但他又强调指出：无论何时何地，大规模的通货膨胀总是一个货币现象。

2. 通货膨胀就是物价总水平普遍上升的经济现象，任何原因造成的物价总水平的上涨均属于通货膨胀。

这是一种把通货膨胀的结果作为着眼点所给出的定义。关于通货膨胀的种类定义，在西方经济学文献中有种种表述，简要举例如下：

> [美]P. A. 萨缪尔森：通货膨胀的意思是：物品和生产要素的价格普遍上升的时期——面包、汽车、理发的价格上升；工资、租金等等也都上升。（P. A. 萨缪尔森《经济学》上册，第 380 页，商务印书馆，1987 年。）
>
> （奥）赫尔穆特·费里希：通货膨胀是一个价格持续上升的过程。（赫尔穆特·费里希：《现代通货膨胀理论》，中国金融出版社，第 8 页，1989 年。）
>
> （美）M. 费里德曼：物价普遍上涨就叫通货膨胀。（M. 费里德曼：《米尔顿·费里德曼论通货膨胀》，第 1 页，中国社会科学出版社，1982 年。）

3. 通货膨胀是生产成本增加而造成物价上涨的经济现象。

持有这种观点的主要代表人物是罗宾逊（J. Robinson）等。罗宾逊等经济学家认为，通货膨胀是由于同样经济活动的工资报酬率的日益增长而引起的物价的直线运动。

根据上述马克思主义经济学家和西方经济学对通货膨胀所下的定义，我们倾向于对通货膨胀给出这样一个定义，即通货膨胀是指在纸币流通条件下，流通中的货币超过了流通中对货币的需要量，从而引起货币贬值和物价水平普遍地、持续地上涨的经济现象。

要全面、准确地理解上述定义，必须把握以下几个要点：

1. 通货膨胀是纸币流通条件下特有的经济现象。

2. 流通中的或流通中所需要的"货币量"应包括现金和全部存款货币。

3. “物价水平”是指物价总水平，而不是个别或部分商品的价格水平。

4. 通货膨胀不是指一次性或短期性的物价总水平的上升，而是指物价总水平普遍地、持续地上涨。

5. 纸币贬值不等于通货膨胀，当纸币贬值致使物价总水平上涨到一定程度时才视为通货膨胀。

二、通货膨胀的测度

既然通货膨胀是物价总水平的持续上涨，通货膨胀的程度也就是可以用物价上涨的幅度衡量，下面是几种常见的指标。

1. 消费物价指数(CPI)

消费物价指数(Consumer Price Index)也称为零售物价指数或生活费用指数，它反映消费者为购买消费品而付出的价格的变动情况。这种指数是由各国政府根据各国主要、食、住、行及其他日用消费品的零售价格以及交通、医疗、娱乐等服务费用的变动情况编制计算出来的。有些国家进一步根据不同收入阶层的消费支出结构的不同，编制不同的消费物价指数。

消费物价指数的优点是能及时反映消费品供给与需求的对比关系，资料容易搜集，公布次数较为频密(通常一月一次)，能够迅速直接反映影响居民生活的价格趋势。缺点是统计范围较窄，只包括社会最终产品中居民消费品这一部分，不包括资本产品和中间产品，因而不足以说明全面的情况。比如，一部分消费品价格的提高，可能是由于品质的改善，消费物价指数不能准确地表明这一点，因而有夸大物价上涨幅度的可能。

2. 生产者物价指数

生产者物价指数(Producer Price Index)是根据生产企业所购买的商品和劳务的价格变化状况而编制的指数。它反映了包括原材料、中间产品及最终产品在内的各种商品批发价格的变化。由于生产者价格指数反映了企业的生产经营成本的变化，所以为企业所广泛关注。同时，由于企业经营成本的上升最终会在消费品的零售价格中反映出来，所以，生产者指数在一定程度上预示着消费者价格指数的变化。它的缺点是无法涵盖所有的商品和劳务的价格变化，对人民生活也没有直接的影响。

3. GNP 平减指数

GNP 平减指数(GNP Deflator)，它是按当年价格计算的国民生产总值(即名义值)与按不变价格计算的国民生产总值(即实际值)的比率。如某国 2005 年的 GNP 按当年价格计算为 65000 亿元，按 1985 年的价格计算为 44800 亿元，若以 1985 年为基期(指数为 100)，则 2005 年的 GNP 平减指数为 $65000/44800\times100=145$，表示和 1985 年相比，2005 年物价上涨了 45%。如果 1995 年的 GNP 平减指数为 138(也是以 1985 年为基期)，则 2005 年与 1995 年相比，物价上涨了 5% $(149/138-1=5\%)$。

GNP 平减指数的优点是范围广泛，除了居民消费品外，还包括公共部门的消费，生产资料和资本产品以及进出口商品，因此能较准确地反映一般物价水平的趋向。虽然GNP价格平减指数能够较为全面地反映总体价格水平的变化趋势，但也存在一些不足之处。一是对那些不在市场发生交易的商品和劳务的价格只能进行估算，而估算的准确性往往不能完全给予保证。二是编制该指标所需的大量数据却不易搜集，因此难以经常性地统计公布，一般只能一年公布一次，即使国民经济统计发达国家，目前也只能做到每季一次，所以也就不能迅速地反映通货膨胀的动向和程度。

关于通货膨胀的测度有两点值得我们注意：

其一，利用上述价格指数来测度通货膨胀时，有一个重要的前提，那就是价格能够较为自由地波动。在某些价格被严格管制的国家，价格上升的趋势可能被人为地压抑，因而表面上价格并没有上涨，实际上却存在着严重的商品短缺，这种情形被称为隐蔽型的通货膨胀。这种隐蔽的通货膨胀无法从价格指数中反映出来，但并不能说它不存在。

其二，由于上述三种价格指数都只计算当年的商品和劳务的价格变动，并未计算以前生产的实物资产及金融资产（如房地产、古董、名书字画、金银宝石、股票债券等）价格的变动，因此，不能全面反映通货膨胀的程度。特别是在现代经济条件下，这些资产已深入人们的生活。在通货膨胀期间，人们出于保值的考虑，往往会将货币资产转化为这些实质性资产及金融资产，从而导致上述实质性资产及金融资产的价格大幅度上涨。因此，统计学家艾奇安（A. Alchian）和克莱茵（B. Klein）于1973年提出了一种综合资产指数，该指数是一种包括所有资产（如金融资产和非金融资产、有形资产和无形资产、耐用和非耐用资产、消费性和生产性资产等）在内的指数。从理论上来说，编制这样一个指数是无懈可击的，它确实能够全面反映一个国家或地区在一定时期内的通货膨胀程度。但由于许多资产的统计资料无法收集，因此，这一指数的编制目前仍然不现实。

第二节 通货膨胀的类型及成因

通货膨胀极大地影响着国民经济的发展和人们正常的生活。那么，通货膨胀是怎样产生的呢？它又有哪些具体的类型呢？

一、通货膨胀的类型

（一）按通货膨胀的程度划分

1. 爬行式通货膨胀：指价格总水平上涨的年率不超过2%－3%，并且在经济生活中没有形成通货膨胀的预期，是为社会可以接受的、正常的物价上升。

2. 温和式通货膨胀：物价总水平上涨比爬行式通货膨胀高，具体百分比没有统一的说法，一般情况是在3%以上，两位数以内的水平。但物价上涨速度不是很快，通常不会对社会经济生活造成重大影响。大多数国家都经历过这种通货膨胀。

3. 奔腾式通货膨胀：指物价上涨率在两位数以上，且发展速度很快，已经对经济和社会产生重大影响，甚至出现挤兑银行存款、抢购商品等引发市场动荡的现象。如果不坚决控制，就会导致物价进一步大幅上升，酿成恶性通货膨胀的后果。

4. 恶性通货膨胀：亦称超级通货膨胀，指物价上涨特别猛烈，一般达 50%以上，且呈加速趋势。恶性通货膨胀已经严重地破坏了正常的生产流通秩序和生活秩序，并开始动摇社会安定的基础，甚至可能导致整个货币制度的崩溃。这种通货膨胀多发生在战争、社会变革、政治动荡时期的国家和地区。如第一次世界大战后的德国，第二次世界大战后的中国和 20 世纪 80 年代的巴西都出现过类似的情况。

（二）按市场机制的作用划分

1. 公开型通货膨胀：价格总水平明显地、直接地上涨。这是市场经济条件下通货膨胀的一般表现形式。由于市场经济发达的国家价格很少受限制，当货币供应超过需求，社会总需求大于社会总供给时，就直接地表现为物价上升。

2. 隐蔽型通货膨胀：指货币工资没有下降，物价总水平也未提高，但居民实际消费水准却有下降的趋势。此时，商品供不应求的现实通过各种非价格形式表现出来，如黑市、排队、凭证购买、有价无货、价格不变但质量下降等。这是因为经济中已经积累了难以消除的总需求大于总供给的压力，但是政府依然采取管理和冻结物价，对商品销售进行价格补贴，对购买行为进行限量控制等措施，使通货膨胀的压力不能通过物价上涨释放出来。在排斥市场经济、实行单一计划管理体制时期的苏联及东欧各国，以及在实施改革开放政策以前和改革初期实行“价格双轨制”时的中国，都程度不同地存在过隐蔽型的通货膨胀。

（三）按市场对通货膨胀的预期划分

1. 预期性通货膨胀：指通货膨胀过程被经济主体预期到了，并且由于这种预期，经济主体采取各种补偿性行动进一步推动了物价上升运动。

2. 非预期性通货膨胀：指未被经济主体预见的物价上升。由于经济主体没有采取措施来抵消通货膨胀的影响，因而可能导致企业成本收益的变动和产出的增加。

（四）按照通货膨胀的形成原因划分

按照通货膨胀的成因，可以将其划分为需求拉上型、成本推动型、供求混合型以及结构型通货膨胀。这种划分方法，是我们在分析通货膨胀问题时通常所采用的方法。按照这种标准所划分通货膨胀类型，更利于我们了解通货膨胀的成因，寻求治理通货膨胀的对策。因此，我们将着重加以介绍和分析。

二、需求拉上式通货膨胀

所谓需求拉上型通货膨胀（Demand-pull Inflation），就是指总需求超出了社会潜在产出之后引起价格水平持续上涨从而产生的通货膨胀。换而言之，就是对商品和劳务的需求超出了现行价格条件下可得到的供给，从而导致一般价格水平上涨。对于需求拉上型通货膨胀的原理，我们可用图 9-1 来加以说明。

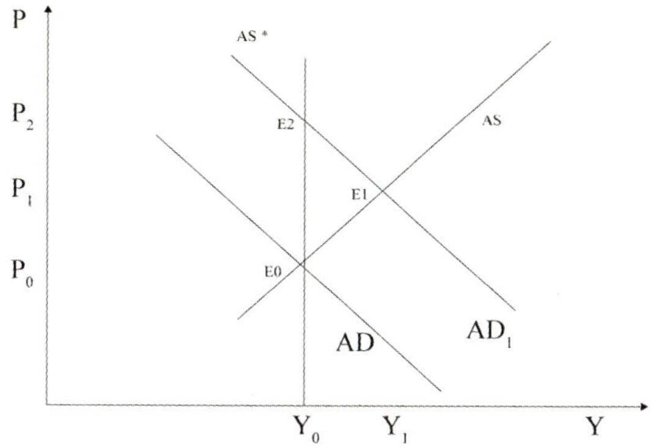

图 9-1　需求拉上型通货膨胀

图中，AD 及 AS 分别表示原来的总需求与总供给曲线，其交点 E0 决定了 P_0 的价格水平和 Y_0 的国民收入水平。假设 Y_0 已达到充分就业，总供给就应该保持不变，总供给曲线成为一条垂直于横轴的直线 AS*；当总需求继续增加时，比如由 AD 增加到 AD_1，AD_1 与 AS* 相交于 E2，价格水平就会由 P_0 上涨到 P2，这种情形形成了需求拉上型的通货膨胀；假设 Y0 未达到充分就业，当总需求继续增加时，还是由 AD 增加到 AD_1，AD_1 与 AS 相交于 E1，则会使价格水平由 P_0 上涨到 P_1，国民收入水平增加到 Y_1。这种情形也形成了需求拉上型的通货膨胀。总之，无论在 Y0 处是否达到充分就业，总需求的增加都将导致通货膨胀的产生，只不过价格上涨的程度不同从而使通货膨胀的程度也不相同，另外，总需求增加对产出的影响不同，在实现充分就业之前，总需求增加在导致价格水平上涨的同时也使国民收入增加，而实现充分就业之后，总需求增加只能导致价格水平上涨，却不能使国民收入增加。

但是，经济学家们对总需求增加的原因存在分歧。货币学派认为，货币供应量的增加是总需求增加的主要原因；而且，充分就业是一种常态，所以由货币供给增加所产生的总需求的增加必然形成需求拉上型的通货膨胀。与此不同，凯恩斯学派则认为，总需求由消费支出、投资支出和政府支出构成，总需求各部分的增加是总需求增加的原因；而且，充分就业并不是一种经济常态，非充分就业才是常态。当经济处于非充分就业水平时，总需求的增加部分推动价格上涨，部分引起总供给的增加；只有当充分就业达到时，才全部通过价格上涨反映出来。

我国经济学界经常用总需求膨胀来指代需求拉上型通货膨胀，这是对需求拉上型通货膨胀理论的补充和发展。我国经济学家认为，总需求膨胀包括消费需求膨胀和投资需求膨胀。消费需求膨胀是指由于国民收入分配向消费倾斜，使居民可支配收入增长速度快于国民收入增长速度，同时消费品供给不足不能满足消费需要而引起的物价整体水平上涨。投资需求膨胀是指由于积累率过高、投资规模过大引起的需求膨胀。

三、成本推动型通货膨胀

20 世纪 50 年代以前，通货膨胀的原因主要被归结为需求性因素，50 年代后期，资本主义经济发生了很大的变化，一些国家出现了物价持续上升而失业率却居高不下，甚至失业率与物价同时上升的情况，用需求拉上型通胀理论无法解释。于是一些经济学家提出了一种解释通货膨胀成因的新理论——“成本推动”的通货膨胀理论。成本推动型的通货膨胀（Cost-push Inflation）是指由于成本提高引起总供给的减少而产生的通货膨胀。其原理可用图 9-2 来加以说明。

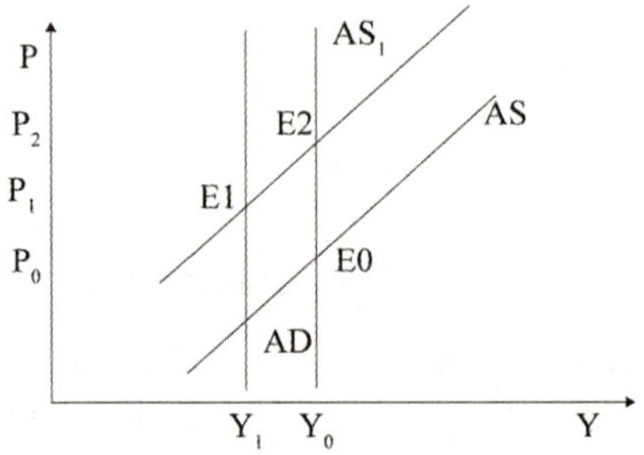

图 9-2　成本推动型通货膨胀

图中，AD 及 AS 分别表示原来的总需求曲线与总供给曲线，其交点 E0 决定了 Y_0 的国民收入和 P_0 的价格水平。当成本增加时，总供给曲线从 AS 向上移动到 AS_1 移动。这时，如果仍要维持原产量水平 Y_0，价格就会上升为 P_2，这是成本增加所直接引起的通货膨胀。但由于这时的价格水平太高，在总需求没变的情况下，产品无法全部卖出，厂商便减少产量，使之由 Y_0 减少到 Y_1，同时价格水平由 P_2 降到 P_1，直至 E1 点成为新的均衡点。与原均衡点的价格水平 P_0 相比，价格仍然上升了。这样，在总需求不变的情况下，就由于供给方面的原因而产生了通货膨胀。

经济学家认为，只有持续的生产成本上涨才会导致通货膨胀。生产成本不断提高的主要原因在于：其一，工资与物价螺旋上升。工资的增长引起生产成本的增加，商品价格上涨；物价上涨后，工资再一次增长，生产成本继续提高，物价继续上涨，如此工资与物价都呈刚性上涨，最终导致通货膨胀。这种情况往往被称为“工资推动的通货膨胀”。其二，垄断企业不断提高垄断产品价格。当垄断企业操纵并控制某些产品及其价格后，往往造成社会其他部门、特别是以该产品为原材料的企业生产成本增加，在通货膨胀预期的作用下，带动了其他产品价格的上涨，从而引起物价总水平上涨。这种情况被称为“利润推动的通货膨胀”。

我国经济学界认为，成本推动型通货膨胀在我国是存在的，主要表现为：内在成本上升，即工资奖金的提高使产品价格增长；外在成本提高，即从国外进口的商品价格上升使进口成本提高；需求拉上导致各种商品价格上涨，反过来导致以此为原料的产品生产成本的提高。

四、供求混合推动型通货膨胀

许多经济学家认为，任何实际的通货膨胀过程很少只是由需求拉上或者只是由成本推动的，大多数通货膨胀的发生实际上总是包含了需求与供给两方面因素的共同作用。把通货膨胀区分为需求拉上型的和成本推动型的是一种静态的分析方法。无论是需求拉上型通货膨胀还是成本推动型通货膨胀，单方面的作用只会暂时引起物价上涨，并不能带来物价的持续上涨；只有当总需求与总供给共同作用时，才会导致持续性的通货膨胀。

所谓供求混合型通货膨胀（Hybrid Inflation），就是指由总需求和总供应两方面因素共同作用引起物价水平持续上涨而产生的通货膨胀。这种通货膨胀的产生，可以由总需求因素引起也可以由总供给因素引起。

如果通货膨胀的产生由总需求因素引起，这时过度需求的存在会引起价格水平的上升，形成通货膨胀。但在这一过程中，价格水平的上升又会引起货币工资的增加。因此，在需求拉上的通货膨胀中不能排除成本推动的作用。同样，如果通货膨胀的产生是由总供给因素引起的，也只有在总需求相应增加的配合下，通货膨胀才能持续下去。对于这种供求混合型的通货膨胀的原理，我们可用图 9-3 来加以分析。

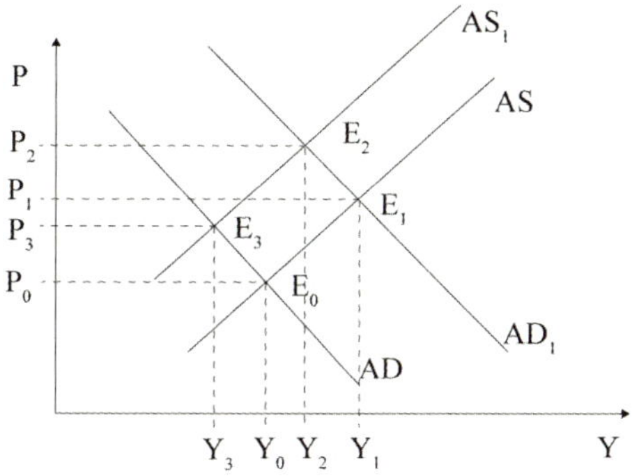

图 9-3 供求混合型通货膨胀

图中，AD 及 AS 分别表示原来的总需求曲线与总供给曲线，原均衡点为 E_0。国民收入为 Y_0，价格水平为 P_0。

当总需求增加，总需求曲线从 AD 移到 AD_1，AD_1 与 AS 相交于 E_1，通货膨胀出现。这时，如果总供给不变，总供给曲线不向上移动，实际工资下降会使总需求减少，最终又会下降至 AD，通货膨胀不可能持续下去。只有在货币工资增加，总供给曲线从 AS 移动到 AS_1 时，AS_1 与 AD_1 相交于 E_2，价格水平才会继续上升到 P_2。这样，就因总需求增加而产生了持续的价格上涨从而导致通货膨胀。

如果是工资成本增加，总供给曲线 AS 移动到 AS_1，AS_1 与 AD 相交于 E_3，此时，价格水平由 P_0 上升到 P_3，发生了通货膨胀。但如果总需求不变，则工资上升会使产量进一步减少，从而价格下降，通货膨胀难以持续下去。只有在总需求增加，总需求曲线从 AD 移动到 AD_1 时，AS_1 与 AD_1 相交于 E_2，决定了价格水平才会继续上升到 P_2。这样，就因总供给增加而产生了持续的价格上涨从而导致通货膨胀。

五、结构型通货膨胀

除了总供给与总需求因素外，许多经济学家还从结构方面寻找通货膨胀的原因。这些经济学家相信，即使在总供给和总需求相对平衡的条件下，某些结构性因素也可能导致通货膨胀，即结构型通货膨胀（Structural Inflation）。

结构型通货膨胀是指由于经济结构方面的因素变动引起物价水平的持续上涨从而产生的通货膨胀。它通常是由部门结构之间的某些特点引起的。一些部门在需求方面或成本方面的变动，往往通过部门之间相互看齐的过程而影响其他部门，以致引起一般物价水平的上涨。这可以分为三种情况：

第一种情况是，从整个社会来看，需求可能并不多，但各部门之间因供求关系发展的不平衡，有些部门可能因需求过多或供给不足而出现价格上涨现象，而另一些部门则出现供给超过需求的现象；如果这些部门的价格能够随着供过于求而相应下跌，则只会发生部门之间相对价格的变动，不会引起一般物价水平的上涨和通货膨胀。但若供过于求的部门价格具有只涨不跌（刚性）的特点，即它的价格并不因供给超过需求而下跌，就会出现这样的情况：尽管整个社会的货币总需求并不过多，有些部门甚至存在着大量失业和闲置未用的生产能力，也会出现一般物价水平持续上涨。

第二种情况是，对于国际贸易占国民经济较大份额的国家，一般说来，与世界市场密切联系的部门（也叫开放经济部门）的价格，依存于世界市场的价格。而与世界市场没有直接联系的部门（也叫非开放经济部门）的价格，则取决于本国的需求和成本状况。因此，开放经济部门的价格将随世界市场价格水平的上升而上升，其价格上涨率和劳动生产率共同决定本部门的货币工资增长率。但在开放部门货币工资增加后，非开放部门货币工资向前者看齐；当非开放部门货币工资增长率超过其劳动生产率时，便会出现工资推动的通货膨胀。这时，一国通货膨胀率取决于开放经济部门与非开放经济部门在该国国民经济中的相对份额及各部门的货币工资增长率和劳动生产增长率。

第三种情况是，在一个国家的国民经济中，总有些部门劳动生产率提高较快，而另一些部门的劳动生产率提高较慢。当前者因劳动生产率提高而货币工资增加时，后一类部门的货币工资由于向前者看齐而提高，就会引起工资推动的通货膨胀。

在我国，结构型通货膨胀主要源于两方面原因：一是基础工业与加工工业的发展不相适应，因此基础工业产品价格上涨导致价格总水平上涨。二是农业发展与工业发展不相适应，因此农产品价格上涨引发价格总水平上涨。

第三节　通货膨胀的社会经济效应

一、强制储蓄作用

这里所说的储蓄，是指用于投资的货币积累。归纳起来，这种积累的来源主要有三种：一是家庭；二是企业；三是政府。上述三个部门的储蓄有其各自的形成规律：家庭部门的储蓄是由收入减去消费支出构成的；企业的储蓄由用于扩张生产的利润和折旧基金构成；政府的储蓄从来源上说比较特殊，可以有两种形式：如果政府用增加税收的办法来筹资搞生产性投资，那么，这部分储蓄是从其他两部分储蓄中挤兑出来的，从而全社会储蓄的总量并不增加；如果政府向中央银行借款，从而直接或间接的增发货币，这就会增加全社会的储蓄总量，结果将是物价上涨。在公众名义收入不变的前提条件下，按原来的模式和数量进行消费和储蓄，两者的实际数额均会减少，其减少的部分大体相当于政府运用通货膨胀强制储蓄的部分。

上面的分析是基于这样的假定，即经济已经达到充分就业的水平，因此，用扩张货币的政策来强制储蓄会引起物价总水平的上涨。在实际经济运行中，可能尚未达到充分就业的水平，实际 GNP 大大低于潜在的 GNP，生产要素大量闲置，这时，政府如果扩张有效需求，虽然也是一种强制储蓄，但是并不会引发持续的物价上涨。

中国能否利用通货膨胀的强制储蓄效应？对于这个问题，经济学家大都做出否定性的回答。理由是：中国是一个资源供给相对短缺和总需求经常过大的国家，如果乱用需求刺激政策，只能产生物价上涨和其他各种消极的经济效应。不过，如果出现了像 1990 年持续市场疲软和经济回升乏力和 1997 年年中开始的市场需求拉动力不足等经济现象时，强制储蓄的手段是否可以利用，则还是应该值得探讨的问题。

二、收入分配效应

在通货膨胀时期，人们的名义货币收入与实际货币收入之间会产生差距，只有剔除物价的影响，才能看出人们实际收入的变化。由于社会各阶层人们收入的来源是不同的，因此，在物价总水平上涨时，有些人的实际收入水平会下降，有些人的实际收入水平反而会提高，这种由物价上涨造成的社会再分配，就是通货膨胀的收入分配效应。

尽管存在着通货膨胀预期，但是，社会各界预期产生的时间、预期程度不同，预期结果不一定与通货膨胀程度完全符合，总会有一定的偏差。因此，社会各界在通货膨胀中都会受到一定的影响，主要表现在收入和财富两个方面。对整个社会来说，一部分人损失，就有另一部分人得到。所以，通货膨胀使社会各界的收入和财富重新分配。

（一）固定收入者吃亏，浮动收入者得利

一般情况下，在通货膨胀期间，固定收入者因其名义收入调整滞后于通货膨胀，往往实际收入水平是下降的，生活水平必然降低。哪些属于固定收入阶层呢？最为明显的是那些领救济金、退休金的人，以及白领阶层、公共雇员、靠福利和其他转移支付维持生活的人。他们在相当长的时间内所获得的收入是固定不变的，即其工资调整总是滞后于物价上涨，在通货膨胀中，这部分人的实际收入和生活水平都呈现明显的下降趋势，是通货膨胀的主要受害者。近年来，西方政府试图用增加福利的办法来抵消通货膨胀对社会保障接受者不利的再分配效应。如从 1972 年起，美国根据一项自动增长的调整公式，将社会保障利益指数化，即与消费品价格挂起钩来，自动调整。

事实上，在通货膨胀中，除固定收入阶层比较明显地受到通货膨胀的侵害外，社会各界包括政府、企业、个人等是否会受到通货膨胀的影响，实际收入是否下降，主要取决于其名义收入是否得到及时调整，调整幅度与物价上涨程度是否一致。如果调整一致，则没有受到任何影响；如果名义收入上涨快于物价上涨，则会受益；如果名义收入上涨慢于物价上涨，则会受害。一般来说，对于浮动收入者，收入上涨如果在企业价格水平和生活费用上涨之前，则会从通货膨胀中得到好处。如果产品价格上升得比工资和原料价格上升快，企业主就能从通货膨胀中得到好处，增加利润。

（二）债务人得利，债权人吃亏

债务人获得货币后即投入使用，此时货币购买力强；待其偿还时，由于通货膨胀，物价上涨，货币贬值，同量货币的实际购买力已经下降。而对于债权人而言，得到偿还的货币价值已贬值，通货膨胀靠牺牲债权人的利益而使债务人获利。但如果通货膨胀被预期到，在借贷合同中附加通货膨胀条款，则这种再分配效应就会减弱乃至消失了。

（三）实际财富持有者得利，货币财富持有者受损

一般情况下，在通货膨胀期间，价格固定的资产或者固定面值的金融证券等，其名义价值不变，但实际价值却会随着物价上涨、货币贬值下跌。比如存款、购买债券等，存单与债券的持有者是债权人，在通货膨胀中，债权人往往是受害者。而各种非固定价格的资产或者可变动金融证券等，由于其名义价值会随着物价上涨而上涨，从而实际价值不一定下跌。与上述原理相同，在通货膨胀中，各个主体所拥有的资产的实际价值是否下降，也主要取决于名义价值与物价上涨的速度及幅度的比较。

实际财富包括不动产、贵金属、珠宝、古董、艺术品等，股票代表实际财富的所有权，有时和实际财富一样，在通货膨胀时期价格上涨；而货币财富包括现金、银行存款、债券等，其实际价值因物价上涨而下降。这也印证了通货膨胀会降低储蓄倾向的观点。

（四）国家得利，居民受损

通货膨胀实质上是一种税收，国家通过通货膨胀税占有一部分实际资源。因为货币是政府的负债，同时，政府通过发行公债，已欠下居民大量债务，通货膨胀将其债务的实际价值缩减了。另外，由于累进税制通货膨胀能提高税基，纳税等级上升，政府税收收入增加。

三、资产结构调整效应

一个家庭的资产由两部分构成：实物资产和金融资产。在通货膨胀的条件下，实物资产的货币值大体上是随着通货膨胀率的变动而相应升降的（可以高一点、低一点）。金融资产则比较复杂。比如，股票，它的行市是可变的，一般在通货膨胀下，会呈上升的趋势，尽管有些股票在通货膨胀之中令其持有者获得大大超出保值的收益，但是由于影响股票价格的因素有很多，所以股票绝不是通货膨胀中稳妥的保值资产的形式。一般情况下，表明货币债权债务的各种金融资产，都有一个共同的特征，就是有确定的货币金额，这样的名义货币金额并不会随着通货膨胀的发生

而变化。显然，物价上涨，实际的货币额就会减少；物价下跌，实际的货币额就会增多。在这一领域中，防止通货膨胀损失的办法通常是提高利息率或采用浮动利率，但是，在严重的通货膨胀条件下，这样的措施往往难于弥补损失。所以，通货膨胀具有资产结构调整效应，尽管事实上很难有十全十美的保值方法，人们还是会根据不同资产受通货膨胀影响的特点和自身的要求来重新确定资产的持有结构。

四、产出效应

通货膨胀的产出效应，即通货膨胀对经济增长的影响，一直存在着争论，大致有“促进论”“促退论”和“中性论”这三种不同的意见。

（一）促进论

“促进论”认为通货膨胀能促进经济增长。持这种观点的学者有费兰克斯、西尔斯及萨尔沃等人，其理由是：(1)在通货膨胀的情况下，由于商品价格的提高一般快于工资的提高，结果导致实际工资降低，厂商的利润增加，这样就会刺激厂商扩大投资，进而促进经济增长。(2)在货币经济中，通货膨胀是一种有利于高收入阶层(即利润收入阶层)而不利于低收入阶层(即工资收入阶层)的收入再分配，由于高收入阶层的边际储蓄倾向较高，因此，通货膨胀会促使社会储蓄率的提高，这就有利于经济增长。(3)通货膨胀实际上是货币发行者(即政府部门)从货币持有者(即私人部门)手中获得收入的过程。因为在人们货币需求一定的情况下，政府通过发行货币，获得对一部分商品或劳务的支配权，从而使政府收入增加，若将收入用于投资，则将提高社会的投资率，从而推动经济增长。正是由于以上原因，这派学者认为，适度的通货膨胀对经济增长是有促进作用的。

（二）促退论

“促退论”认为，通货膨胀不仅不利于促进经济增长，反而会损害经济的增长，这是大多数学者的看法。“促退论”者认为，由于以下原因，通货膨胀必然会导致低效率和阻碍经济增长：(1)在持续性的通货膨胀过程中，市场价格机制将遭到严重破坏。由于市场价格机制失去了其应有的调节功能，这就往往会促使消费者和生产者做出错误的决策，从而导致经济资源的不合理配置和严重浪费，使经济效率大大下降。(2)通货膨胀会动摇人们对货币的信心，并促使人们更多地持有那些价格随通货膨胀不断上涨的实物资产、囤积货物、抢购黄金、外汇以及各种奢侈品或从事房地产等投机活动，而不去从事正常的生产性活动，结果将严重地阻碍经济的增长。而且，在严重的通货膨胀情况下，人们会放弃货币，而用实物作为交易媒介，这会使交易成本大大提高，从而造成经济效率的损失。(3)通货膨胀造成人们对货币贬值的预期，导致流通中的囤积居奇，出现“投资不如投机，生产不如囤积，存钱不如存货”现象。导致生产下降，通货膨胀恶化，企业不再致力于提高产品质量，提高生产效率，降低成本，而是乘通货膨胀之机，抬高物价，粗制滥造，结果形成资源浪费，生产能力降低，严重影响经济效益。

此外，如果通货膨胀超过一定限度，便会产生预期作用，造成物价与成本螺旋式地上涨，从而有可能演成累积性的恶性通货膨胀，这种恶性的通货膨胀甚至有可能导致经济和社会的崩溃。

(三) 中性论

“中性论”认为,人们对通货膨胀的预期最终会中和它对经济的各种效应,因此,通货膨胀对经济既无正效应,也无负效应,它是“中性”的。同“促进论”和“促退论”相比,持“中性论”观点的学者并不多,其理论依据主要是通货膨胀预期理论。

五、通货膨胀预期理论

实证研究的结果表明,通货膨胀如果成为一种经常性的现象,那么,无论是企业,还是消费者个人,都会逐步形成一种通货膨胀的预期行为。通货膨胀预期将减弱通货膨胀的经济增长效应。

(一) 通货膨胀预期导致货币工资率变动(上升)滞后过程的缩短

在现代经济活动中,经济主体行为的一个显著特征是加强了对未来经济变动的预期,这其中包括对通货膨胀的预期。在实际经济运行中,随着通货膨胀现象的持续存在,人们对通货膨胀的预期日益成为一种习惯性的行为,并支配和调整着其自身的其他经济行为。这里,最重要的是人们通过各种方式和各种途径使货币工资率的增长尽可能跟上价格上涨的速度,所谓的“货币工资指数化”是最典型的表现。

就经济的长期增长有赖于资金积累而言,如果在通货膨胀期间,货币工资率上升的时滞过程很短,特别是当货币工资一旦上升,很快就超过劳动生产率增长与价格上涨率之和时,那么,通货膨胀就难以促进经济的更快增长。

(二) 通货膨胀预期有可能导致发生临时性的过度购买行为

如果说,通货膨胀预期导致的货币工资率变动(上升)的时滞过程的缩短,是通过影响后续生产能力来削弱通货膨胀的经济增长效应的话,那么,通货膨胀预期所引起的经济主体(企业和家庭)的过度购买,则是通过经济的波动来抵消通货膨胀所可能带来的短期经济增长效应的。

实证分析表明,受通货膨胀预期的影响,企业和家庭(消费者)会存在过度购买的行为。当人们预期较高的通货膨胀率会继续存在并有可能加速的情况下,企业做出的反应是增加存货,使其超过正常的存货量。企业这种不断增加存货的目的在于保证通货膨胀率下跌之前,按预期的比现时价格高得多的价格出售产品,以得到大量利润。这种预期所引起的经济行为,除了鼓励某些企业增加存货以外,还可能鼓励它们扩大用于购买新工厂设备的费用。这种购买行为,是以这样的预期为前提的:借贷成本和生产资料(投资品)买价在以后若干年会不断上涨。

受通货膨胀预期的影响,消费者也会加入到这种过度购买的浪潮中来。当然,他们并不像企业那样大量购买和保持可以用于再出售的产品和存货,而是积存耐用消费品和不易腐烂的商品,这种积存通常远远超过正常水平。

由通货膨胀预期引起的过度购买,虽然会短暂地促进经济增长和市场繁荣,但是,由此引起的经济过程的调整,肯定会导致下一轮经济增长的减速和市场“疲软”现象的出现。如果过度购买特别严重,那么,下一轮经济增长就不仅仅是减速,而是严重的衰退。

六、恶性通货膨胀的社会效应

恶性通货膨胀是指通货膨胀率在50%以上的通货膨胀，恶性通货膨胀将给国民经济和社会发展带来严重影响，甚至导致经济体制的崩溃和社会的变革。

（一）恶性通货膨胀使流通领域更为混乱，货币制度处于崩溃边缘

首先，恶性通胀使市场价格信号严重失真，使商品价格升降不能真正反映出某些商品供求关系的变化。失真的价格导向会使社会资源盲目流动和组合，引起社会资源的巨大浪费。

其次，在恶性通货膨胀期间，物价飞涨，币值日跌，货币逐渐丧失了价值储藏和交换媒介的职能。人人怕货币烫手，为了保值和防止物价进一步上升，都要尽快地把手中的货币换成商品，而不考虑这种商品对他是否必需，使商品供求矛盾更激烈，物价上涨幅度更大。同时，政府为弥补巨额赤字会依赖印钞机增发货币，加速一国货币制度的崩溃。

另外，通货对内价值严重贬低，必然导致对外价值暴跌。由于物价疯狂上涨，货币实际价值持续下跌，受预期心理和恐慌心理驱使，为了保值、增值，除了物资，人们还竞相追逐黄金、外汇，导致对黄金、外汇的超额需求，价格遂盘旋而上，节节攀高，极大地影响了正常的商品流通。例如，在二战后的旧中国，出现恶性通货膨胀时，人们在核算成本、利润时，都纷纷改用米、金、银、外汇等为单位，支付工资都采用米等生活用品或外汇。上海市场大宗交易，如买卖房屋、地产、机器，甚至房子，都以黄金计价，商品交易甚至蜕化到以物易物的原始交易方式，正常的商品流通秩序被破坏殆尽。

（二）恶性通货膨胀制约企业生产经营的发展，整个国民经济遭到极大破坏

首先，恶性通货膨胀造成企业原料、能源、交通、工资和利息等成本支出大大增加，而其中有不少企业，特别是向市场提供供大于求或者供求基本平衡的商品和服务的企业，不能通过价格传导把增加的成本转移出去，给企业生产经营带来困难。

其次，恶性通货膨胀时期，因生产投资周期长、获利慢，商业投资周转快、获利大，利益驱动生产领域的资金流向流通领域，出现了“工不如商，商不如囤”的现象，经济发展严重衰退，甚至爆发严重的经济危机。

再次，严重的通货膨胀在带来一些经济效益的同时，会误导企业盲目地扩大生产规模，追求眼前利益而忽视质量，一旦市场形势发生逆转，会造成社会资源的巨大浪费。

最后值得一提的是，从对外开放的角度来看，稳定的社会经济环境和良好的投资收益是吸引外商投资的重要条件。恶性通货膨胀将加大外商投资的风险，包括价格风险、汇率风险以及可能出现的政府调控经济导致市场疲软的风险。外商是不愿意选择严重通货膨胀的国家作为投资场所的。因此，恶性通货膨胀往往直接导致一国的投资环境恶化，破坏对外开放。

专栏9-1 国民党政府恶性通货膨胀的后果

一、发行屡创天量

1945年8月抗日战争结束时，法币的发行额是5569亿元，比1937年6月的14.1亿元增加了392倍，增加幅度已经不小，但是与以后的发行量相比简直是小巫见大巫。1945年底，法币发行量已突破1万亿元大关，达10319亿元，与8月相比，几乎翻了一番；1946年底更增至37261亿元，比上年底增加了2.6倍；1947年12月高达331885亿元，在1946年的基础上又增加近8倍；1948年8月21日，竟高达6636946亿元之巨，短短的8个月里增加了19倍，"币值已贬到不及它本身纸价及印刷费的价值"。于是当局孤注一掷，发行新的通货金圆券来取代法币，以1∶300万的比例收兑无限膨胀了的法币。1948年8月19日付诸实施，规定新币每元含金量为纯金0.22217公分，发行总限额为20亿元。但政府当局很快自食其言，1948年12月，金圆券的发行量已达83.2亿元，超过限额4倍多，1949年1月，再增加至208亿元，相当于发行最高额的10.4倍，1949年5月上海解放前夕，更猛增至679458亿元，是金圆券发行限额的33,972倍，如果以1∶300万的兑换率折合成法币，则数量高达2038374000000亿元的天文数字，相当于1937年6月的144565531900倍。票面额也越发越大，从面额100元到1万元、10万元，最后竟出现50万元、100万元一张的巨额大票。金圆券最后遭到人民拒用。早在该币改方案实施以前，金融界专家就指出，法币已经流通10多年，"虽然贬值，但至少还为人民所熟悉、接受，而新币则办不到。"由于当时的政治、经济形势极其动荡，加上政府弥补巨额赤字完全依赖印钞机的做法没有任何改变，因此决定了金圆券的命运只能以短命告终，并且加速通货制度的彻底崩溃。

二、物价疯狂上涨

通货恶性膨胀必然导致物价疯狂上涨。抗战结束后，上海重新恢复了领导全国物价的地位，上海的物价走势较能代表战后物价的总趋势。与全国一样，战后上海的物价也经历了一个短暂回落又急剧上升的过程。1945年8月，上海的物价正处于疯狂上涨的顶峰，物价指数为8640000(1937年1～6月＝100，下同)。8月中旬，日本投降的消息传出后，群情鼓舞，人心思定，物价突然下跌。同时，人们顾虑债务会在币制改革中吃亏，一改过去借债囤货、重物轻币的风气，纷纷脱货求现，甚至贬价求售，物价更急剧下泻，上海9月的物价指数较8月下跌36.4%，黄金价格由中储券1400万元跌至230万元，跌幅达83.57%，许多股票价格跌去2/3。但是，这种下降趋势只是昙花一现。10月以后，上海的物价指数迅即回升，12月已比9月上涨5倍。

步入1946年后，物价涨幅加大，12月物价指数为681600，较上年涨6.7倍；黄金每10两的市价从731374元涨到3164680元，上涨3.33倍；美元从1390元涨至7600元，上涨4.47倍；大米每石从7625元涨至62333元，上涨7.17倍。1947年物价涨势更猛，特别是2月中旬黄金政策失败以后，物价上涨速度成倍提高，全年共发生6次大涨风，涨势一次比一次猛烈，两次涨风之间的间歇期一次比一次短，年底物价指数为10063000，比上年上涨13.76倍。至1948年，上海物价则如脱缰的野马，奔腾不止，涨风的间歇期也越来越短，从一个月缩短到半个月，再缩短到一星期，6月以后，整个物价已呈疯狂上涨的态势。至8月19日，物价指数已达564570000，比1947年底上涨了55.1倍。

1948年8月19日，为配合金圆券发行，南京政府对物价、工资实行冻结，即"八一九"限价。上海的批发商在官定物价公布后，便停止了营业。公开交易冷冷清清，黑市交易却十分火暴，黑市物价上涨约3—10倍。10月，上海突然刮起了抢购风，人们见货就抢，甚至连锡箔、棺材也在抢购之列。在抢购风潮期间，四大百货公司的存货被抢购去2/3～3/4；绸布店的呢绒存货被抢购一空，150万匹棉布只剩1/5。据估计，限价期间上海工商业的总损失约值金圆券(指初发行的金圆券价值)2亿元。继抢购风潮后，上海又发生了抢米风潮，“一天达27处之多”，最后范围扩展到一切可以充饥的食物强制执行了70天的限价政策，再也维持不下去了，11月1日国民党政府被迫宣布放弃限价。于是整个物价犹如决堤的水，一泻千里。11月中旬，米价已从限价时的每石20.9元，一度突破了2000元大关，上涨近100倍。其他各类物品价格也平均超过限价20多倍。11月物价指数比10月上涨675%。1949年2月以后上海的物价已再现法币崩溃前疯狂上涨的状态，4、5月物价已是天天上涨和一天数涨，5月米价最高每石3亿元以上，金价每10两430亿元，美元8000万元。物价总指数高达36366%的天文数字。

三、通货不断贬值

通货价值分对内、对外两种。对内价值指货币在国内的实际购买力，对外价值则通常以黄金、外汇来度量。抗战后中国通货不断大幅贬值，到后来基本失去了国内实际购买力。100元法币1937年可以买2头黄牛，到抗日战争结束后的1945年只能买2个鸡蛋，1946年只能买1/6块固本肥皂，1947年只可买1只煤球，1948年8月19日只能买0.002416两大米(每斤16两)，1949年5月只能买1粒米的千分之2.45。这简直是天方夜谭。通货对内价值严重贬低，必然导致对外价值暴落。由于物价疯狂上涨，货币实值持续下跌，受预期心理和恐慌心理驱使，为了保值、增值，除了物资，人们还竞相追逐黄金、外汇，引致对黄金、外汇的超额需求，价格遂盘旋而上，节节攀高。

物价飞涨、币值日跌，货币逐渐丧失了价值储藏和交换媒介的职能。人们拿到纸币后，就像拿了烫手的红薯尽可能马上扔掉。“大街过三道，物价跳三跳”。人们在核算成本、利润时纷纷改用米、金、银、外汇等为单位，支付工资采用米、生活指数或者外汇。上海市场大宗交易，如买卖房屋、地产、机器，甚至顶房子，都以黄金计价，商品交易甚至退化到以物易物的原始交易方式。

(注：本专栏参考了杨培新:《旧中国的通货膨胀》，生活.读书.新知三联书店，1963年版，第60页；张公权:《中国通货膨胀史》，文史出版社，1986年版，第57—58页；千家驹编:《经济通讯》，1948年10月)

六、通货膨胀与失业的替代关系

(一) 通货膨胀与失业的替代:斜率为负的菲利浦斯曲线

经济学家对于通货膨胀与失业关系的重视，始于伦敦经济学院教授菲利浦斯(A. W. Phillips)的一次卓有成效的经验研究。这位新西兰出生的英国籍经济学家，通过对英国1861至1957年近100年统计资料的分析发现，货币工资的变动率与失业率之间存在着一种稳定的此消彼长的反向关系。也就是在失业率较低的时候，货币工资上涨得快;在失业率较高的时候，货币工资则上涨得较慢。根据这种反向关系可以绘制出一条如图9-4所示的向右下方倾斜的曲线，这条曲线就是后来的“菲利浦斯曲线”(Phillips Curve)。图中横轴U代表失业率，纵轴W表示货币工资增长率。

从货币工资变动率与失业率之间的关系可以很容易地导出通货膨胀率与失业率之间的关系。只要假定工资成本构成产品价格的一个固定比例，则产品价格的变动(即通货膨胀率)就等同于货币工资的变动率。事实上，萨缪尔逊、索洛等经济学家正是根据这一假定，用物价水平的上涨率代替货币工资上升率，对该曲线进行延伸，演化后的菲利浦斯曲线(如图9-5)表示通货膨胀与失业之间存在互为消长的关系，图中横轴依然代表失业率，而纵轴则P则表示通货膨胀率，当失业率较低时，通货膨胀率就较高；反之，当通货膨胀率较低时，失业率就较高。

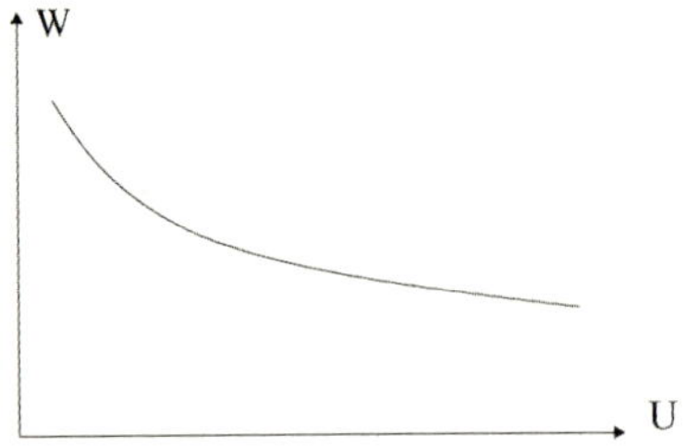

图 9-4　菲利浦斯曲线

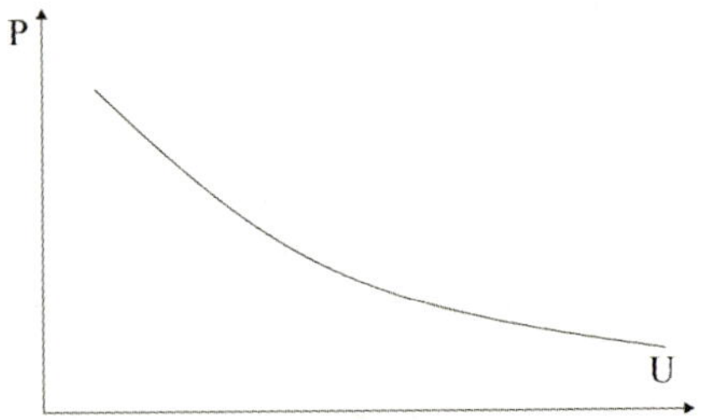

图 9-5　演化后的菲利浦斯曲线

萨缪尔逊等人将修改后的菲利浦斯曲线应用于对经济政策的分析，其政策含义在于：通货膨胀和失业现象会使政府陷入两难境地，无法同时解决两个问题，社会公众也不能做这种不切实际的期望。政府当局可以利用这种关系，在制定经济政策时，选择并确定社会可接受或可忍受的最大失业率和通货膨胀率，并将其作为临界点，当失业率在临界点以下，通货膨胀率超出临界点时，则提高失业率，以换取通货膨胀率的降低；当通货膨胀率在临界点以下，失业率超出临界点时，则提高通货膨胀率，以此为代价换取失业率的降低，进行如此的"相机抉择"，使通货膨胀率和失业率都被控制在人们可以接受的限度内。20 世纪 60 年代，许多国家运用菲利普斯曲线原理制订政策，取得了显著效果。但是 70 年代以后，经济发生了很大的变化，高通货膨胀与高失业率同时出现，经济出现"滞涨"，二者不再交替，政策也无所适从了。

（二）通货膨胀预期与垂直的菲利浦斯曲线

1967 年和 1968 年，费尔普斯和弗里德曼分别发表了他们对稳定的菲利浦斯曲线的质疑，而后来的事实则充分证明了这种异端见解的远见卓识。

弗里德曼认为，在任何时候，都存在一个与实际工资结构相适应的某种均衡失业水平。这种与货币因素无关的失业率称为"自然失业率"。他认为，经济存在着向自然失业率水平收敛的趋势。当失业率高于自然失业率时，表明存在劳动力的过量供给，它将迫使实际工资向下调整，从而使劳动力的需求增加，就业上升；反之，当失业率低于自然失业率时，表明存在劳动力的过量需求，它会推动实际工资向上调整，从而使失业率恢复到自然失业率水平。因此，任何与自然失业率的偏离都只是暂时的，或者必须借助于某种外力才能维持。只有自然失业率才是一种长期趋势。

那么，弗里德曼如何解释现实中存在的失业率与自然失业率的偏离呢？他认为这实际上是由于工人的预期错误所造成的。当实际发生的通货膨胀率超出了工人的预期通货膨胀率时，工人就会对自己的实际工资存在过高的估计，从而愿意增加劳动力的供给，造成失业率的下降；反之，当实际通货膨胀率低于工人的预期通货膨胀率时，工人又会对自己的实际工资估计过低，从而减少劳动力的供给，造成失业率的上升。只有当两者正好相等时，失业才处于自然失业率水平。因此，弗里德曼认为，并不是通货膨胀本身减少了失业，而是实际通货膨胀率和预期通货膨胀率之差，导致了失业率和自然失业率之间偏离。当实际通货膨胀率与预期通货膨胀率相等进，失业率等于自然失业率。这被称为“附加预期的菲利浦斯曲线”。

附加预期的菲利浦斯曲线表明，对于任何一个给定的预期通货膨胀率，都有一条向下倾斜的菲利浦斯曲线。随着预期通货膨胀率的变动，这条菲利浦斯曲线将发生向上或向下的移动，而形成一个菲利浦斯曲线簇，如图 9-6 中的 SR1、SR2 和 SR3 曲线。由于这些曲线是与特定的预期通货膨胀率相联系的，因而是不稳定的，它只能在短期内存在，所以它被称为短期菲利浦斯曲线。与它相对应的是一条垂直的长期菲利浦斯曲线，即图中的 LR 曲线。长期菲利浦斯曲线之所以是垂直的，是因为在长期内经济主体将不断调整其通货膨胀预期，使之与实际的通货膨胀率相一致，从而无论通货膨胀水平有多高，与之相对应的失业率都只是自然失业率 U^*。（如图 9-6）

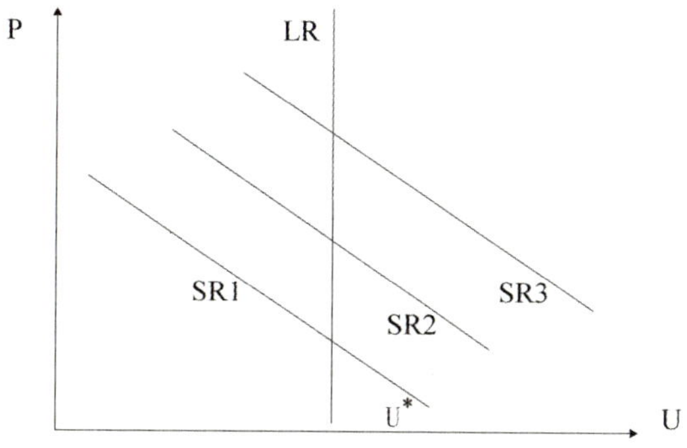

图 9-6　短期和长期菲利浦斯曲线

长期内垂直的菲利浦斯曲线有着重要的政策含义，它意味着在长期内不存在通货膨胀和失业之间的替换关系。高通货膨胀率并不一定能带来高就业，只有通过加速的通货膨胀才有可能将失业率保持在自然失业率之下。因此通过增发货币的方式来维持高就业水平是不可取的。但是弗里德曼上述理论（通常被称为“自然率假说”）也留下了两个悬而未决的问题。首先，究竟多高的失业率代表着自然失业率？其次，长期究竟有多长？或者说，当失业率与自然失业率出现偏离之后，究竟需要多少的时间才能回复到自然失业率水平上？

（三）向上倾斜的菲利浦斯曲线

正当弗里德曼对垂直的菲利浦斯曲线的预言和解释逐渐深入人心的时候，现实却再一次向经济学家们提出了挑战。自从 70 年代初以来，大多数西方发达国家都出现了高通货膨胀和高失业率并存的现象，即滞胀。这意味着我们开始面临着一个更为严峻的现实，即一条斜率为正的菲利浦斯曲线。这种情况的出现，究竟是因为通货膨胀和失业共同受到某些因素——如石油提价、工会势力抬头——的影响，还是意味着高通货膨胀和高失业之间存在着某种内在的联系，迄今为止仍没有一个令人满意的答案。弗里德曼着重强调了这样一个事实：当通货膨胀率越高时，其易变性往往也越大，从而对通货膨胀的预测也就变得越发困难。他认为，与高通货膨胀联系在一起的通货膨胀易变性很可能是造成高失业的一个重要原因。

第四节　通货膨胀的治理

通货膨胀破坏正常的经济秩序，增加不确定性，一般民众对它都持反对态度，有时将其视为需要解决的头号问题。在发生严重通货膨胀时，货币功能丧失，经济面临崩溃，危及政府统治，各国政府都要加以治理。如果发生了恶性通货膨胀，政府一般会采取断然措施，废除旧币发行新币，同时辅以其他措施保持社会安定，恢复和增加生产，消除货币流通的混乱局面，在新的基础上实行稳定。不过，大多数国家所经历的通货膨胀都是比较温和的，但治理起来十分复杂。由于经济学家对通货膨胀的成因存在着不同的看法，所以他们提出的反通货膨胀措施各不相同。下面我们将介绍几种较为常见的对付通货膨胀的措施：需求管理政策，收入政策、指数化政策、供给政策及对外经济政策。

一、需求管理政策

由于产生通货膨胀的一个基本原因在于总需求超过了总供给，因此，当经济面临较大的通货膨胀压力时，政府往往采取紧缩性的财政政策和货币政策来抑制过旺的总需求。这种反通货膨胀政策通常是较容易奏效的，但是它也存在一些限制，而且往往伴随着失业率的大幅度上升。

财政方面的紧缩措施有：(1)削减政府支出，包括减少军费开支和政府在市场上的采购；(2)限制公共事业投资和公共福利支出；(3)增加赋税，以抑制私人企业投资和个人消费支出。但是，政府推行紧缩的财政政策并不是轻而易举的事，财政支出有很大的刚性，教育、国防、社会福利的削减都是阻力重重，有时并非由政府完全控制。增加税收会遭到公众的强烈反对，政府轻易不敢尝试。

紧缩的货币政策有时并不是指货币存量的绝对减少，而只是减缓货币供应量的增长速度，以遏制总需求的急剧膨胀。在紧缩型财政政策和货币政策的选择上，货币学派更注重货币政策的作用，弗里德曼说："正因为过多地增加货币量是通货膨胀的唯一原因，所以，降低货币增长率也是医治通货膨胀的唯一方法"。[①] 只有将货币增长率最终降到接近经济增长率的水平，物价才可能大体稳定下来。

但是，紧缩总需求来制止通货膨胀会导致经济增长降低，失业率增加，这在经济学界是一个不争的事实。并且，实行紧缩的力度越大，衰退就越严重，但是持续时间较短，通货膨胀率也能较快地降下来；反之，采取比较温和的措施，开始时的衰退也许并不严重，但拖延的时间长。因此，是付出较大代价以求迅速见效，还是使其成为一个较为漫长的过程，这成为政府面临的又一个选择。

二、收入政策

收入政策(Income policies)是为了降低一般物价水平的上涨幅度而采取的强

---

① 弗里德曼：《自由选择》，中国社会科学院出版社，1982 年版，第 11 页.

制性或非强制性的限制货币工资与价格的政策，其目的在于一方面降低通货膨胀率，另一方面又不至于造成大规模的失业。

收入政策主要针对成本推动型的通货膨胀。当工人要求提高工资在国民收入中的份额或厂商试图提高利润的份额时，就会导致成本推进的通货膨胀并引起工资和物价的螺旋式上升。这如看戏一样，有人想看得更清楚一些，站了起来，结果是所有的人都站了起来，但没有人比以前看得更清楚。这种情况下，通过限制工资和物价过分上升，就能够用较小的代价遏制通货膨胀。

收入政策可以采取以下三种形式：(1)指导性为主的限制。对特定的工资或物价进行“权威性劝说”或施加政府压力，迫使工会或雇主协会让步；对一般性的工资或物价，政府根据劳动生产率的提高等因素，制定一个增长标准，作为工会和雇主协会双方协商的指导线，要求他们自觉遵守。(2)以税收为手段的限制。政府以税收作为奖励和惩罚的手段来限制工资—物价的增长。如果增长率保持在政府规定的幅度之内，政府就以减少个人所得税和企业所得税作为奖励；如果超过界限，就增加税收作为惩罚。(3)强制性限制，即政府实行工资—物价管制。即由政府强制地控制工资和价格，直到完全冻结工资和价格。这种管制措施对收入的控制最为有力，当然这种办法对经济干扰较大，一般在战争时期较为常见，但当通货膨胀变得非常难以对付时，和平时期的政府也可能求助于它。例如美国在1971年至1974年间就曾实行过工资—物价管制，特别是在1971年，尼克松政府还实行过三个月的工资—物价冻结。较近一些的例子则有：1985年的阿根廷和以色列，以及1986年的巴西都曾将工资—物价管制作为它们反通货膨胀的一揽子方案中的重要组成部分。

以各国经验来看，利用收入政策对付通货膨胀的效果并不理想。收入政策也存在着缺陷：(1)保守性的指导性政策或税收政策，效果取决于劳资双方与政府能否通力合作。(2)严格的工资—物价管制将严重削弱价格机制在资源配置中的作用。相对价格的灵活伸缩是市场配置资源的基本途径，在管制过程中，由于很难区分哪些价格变动代表合理的相对价格变动，哪些代表着物价水平的整体上升，所以政府只能笼统的加以管制。其结果，在限制物价总水平上升的同时，往往也限制了资源向合理的方向流动。(3)如果在价格管制的同时没有采取相应的紧缩需求的措施，公开的通货膨胀变为隐蔽型的，一旦重新放开价格，通货膨胀会以更大的力量爆发出来。这是因为人们会发展出种种办法来变相地规避管制，变相地提高价格和工资；而且，一旦管制造成的经济失衡引起公众的强烈反对，使得管制难以为继，并最终被迫放弃时，因管制而得不到释放的价格上涨就可能爆炸性地释放出来。

因此，收入政策并不是治理通货膨胀的“灵丹妙药”，它充其量只能作为紧缩性财政政策和紧缩性货币政策的一种补充。

三、指数化政策

鉴于通货膨胀的现象十分普遍，而遏制通货膨胀又是如此困难，许多经济学家，如弗里德曼，提出了收入指数化政策(The index policies)，也就是将各种名义收入，如工资、利息等，部分或全部地与物价指数相联系，自动随物价指数的升降而升降。例如，在劳资双方的工资合同中，可以附加上“生活费用调整”(COLA)条款，如果消费物价指数上升，工资上涨率作相应的调整(具体取决于劳资双方讨价还价的结果)。同样，债券利息也可以实行指数化，即利率随通货膨胀的上升而上升。

自20世纪70年代以来，除少数国家，如联邦德国，禁止实行指数化以外，收入指数化，尤其是工资指数化在发达国家中较为普遍。实行这种政策的好处在于：(1)指数化可以缓解通货膨胀造成的不公平的收入再分配，从而消除许多不必要的扭曲。例如工人或债权人有了指数化条款的保护之后，就不必费心预测未来的物价水平了。(2)由于下述两个原因，指数化还有利于通货膨胀的最终下降。第一，指数化条款使得在通货膨胀条件下，作为净债务人的政府还本付息负担加重，从而使政府从通货膨胀中获得好处(主要是铸币收入及国债还本付息负担的减轻)减少，因此，政府实行通货膨胀性政策的动机将减弱；第二，当政府的紧缩性政策使得实际通货膨胀率低于签订劳动合同时的预期通货膨胀率时，指数化条款会使名义工资相应地下降，从而避免因实际工资上升而造成失业增加。换言之，指数化条款可能使紧缩性政策的代价减少，从而使通货膨胀更容易被遏制。

遗憾的是，收入指数化政策的上述功能并不是绝对的。一般来说，指数化政策在消除收入的不公平分配方面的作用是有限的。这一方面是因为价格指数的编制和收入的调整都需要一定的时间，收入的调整往往滞后于物价的实际上升；另一方面则是因为并不是所有的合同中都有指数化条款，例如，今天的美国大约也只有30%的劳动合同附有“生活费用调整”条款，那些不受指数化条款保护的劳动者或债权人仍面临着通货膨胀的威胁。

更为重要的是，工资和物价上升的机制指数化之后，往往是使物价越发地不稳定，而不是有利于通货膨胀率的下降。例如，假定农产品的歉收使得消费者价格指数上升了10%，在一个充分指数化的经济中，这将使所有的名义收都上升10%，从而使得下一期的消费者价格指数进一步以接近于10%的比例上升。然后，各种名义收入再次上升，并进而引起新一轮的价格水平上升。如此继续，当这一螺旋式的上升过程最终停止时，价格水平可能已经上升了好多次。因此，指数化也只是一种消极地对付通货膨胀的政策。

四、供给政策(Supply policies)

以拉弗(A. Laffer)为首的供应学派认为，通货膨胀是与供给紧密地联系在一起的。通货膨胀与供给不足之间的关系是：通货膨胀的主要危害在于损伤经济的供给能力，而供给不足、需求相对过剩是引起通货膨胀的主要原因。他们认为，虽然通货膨胀的直接原因是货币量过多，但从根本上说，需求膨胀、货币过多是相对于商品供给过少而言的。

供应学派认为，治理通货膨胀，摆脱滞胀困境，治本的方法在于增加生产和供给。增加生产意味着经济增长，这样可以避免单纯依靠紧缩总需求引起衰退的负面效应。增加供给就满足了过剩的需求，从而克服通货膨胀。要增加生产和供给，关键措施是减税。减税可以提高人们的储蓄和投资的能力与积极性。同时配以其他政策措施，一是削减政府开支增长幅度，争取平衡预算，消灭财政赤字，并缓解对私人部门的挤出效应；二是限制货币增长率，稳定物价，排除对市场机制的干扰，保证人们储蓄与投资的实际效益，增强其信心与预期的乐观性。只有这样，才能充分发挥减税刺激供给的积极作用。随着商品和劳务供给的增加，彻底消除通货膨胀。

供给学说强调了一向被忽视的供给方面因素，认为治理通货膨胀，特别是滞胀，根本的出路增加供给，有其积极意义，但他们过分夸大了减税对增加供给的刺激作用。从实际情况看，效果并不明显。

另外，改善劳动力市场结构的人力资本政策也是针对供给方面治理通货膨胀的措施。主要包括：对劳动者进行再就业的训练；提供有关劳动力市场的信息，减少对就业和转业的限制，指导和协助失业人员寻找工作；优先发展劳动密集型和技术熟练程度要求较低的部门，以扩大就业；由政府直接雇用私人企业不愿雇用的非熟练工人，使他们在从事对社会有益的事业中得到训练和培养，提高就业能力。

五、对外经济政策

如果本国通货膨胀长期高于外国，则本国产品相对于外国产品的价格上升，从而不利于本国的出口，并会刺激进口的增加。本国通货膨胀率长期高于外国，还会促使人们将国内储蓄转移到国外，这样就势必导致本国国际收支的逆差，并使黄金和外汇外流，从而给经济增长带来压力。

一般来说，一国国内的通货膨胀与其国际收支状况具有相互推拉的作用。在各国都出现通货膨胀的情况下，一国必须采取适当的对外经济政策，以减轻国际收支失衡对国内物价的不利影响，并阻止国外通货膨胀的输入。这方面的措施主要有：(1)实行浮动汇率。在浮动汇率制度下，本国货币对外汇汇率的升降完全由市场供求关系所决定。例如，当国外发生通货膨胀，将使本国国际收支出现顺差时，本国货币币值升值。这一方面使本国出口减少，而进口增加，从而有利于恢复本国国际收支的平衡；另一方面，本币升值还将使进口品国内价格下降，从而可以隔绝国外通货膨胀对本国物价的影响。(2)与各国在金融领域采取协调措施，如与各国加强协作，共同采取控制货币供应量的增长率、改善国际金融制度以及其他反通货膨胀的措施，以制止世界性通货膨胀的蔓延，等等。(3)通过对外贸易政策，调节供给总量，改善供给结构。当国内供求矛盾比较尖锐时，可运用黄金外汇储备进口商品，增加供给总量。当国内市场上某种商品供给过多，而另一些商品供不应求时，通过进出口贸易调节供给结构。

总之，通货膨胀是一个十分复杂的经济现象，其产生的原因是多方面的，需要我们有针对性地采取不同的治理对策，对症下药。这种对症下药，并不是简单地根据原因分析一一寻找对策，也不能机械僵化地照搬别人或自己以往的经验。治理通货膨胀是一项系统工程，各种治理方案相互配合才能取得理想的效果。

专栏 9-2 新中国通货膨胀简介

新中国成立至 2001 年，我国发生了四次较为明显的通货膨胀。

第一次是新中国成立之初，因国民党统治时期通货膨胀的滞后影响，以及因新中国成立之初物资极端缺乏而造成物价上涨。

第二次是 1959—1961 年三年自然灾害所造成的物价上涨。

第三次是 1988—1989 年的物价上涨。

第四次是 1993—1996 年的物价上涨。

按照通货膨胀的严格定义，中国从 1949 年到 1996 年，商品和劳务的货币价格总水平呈持续上涨之势，通货膨胀事实上一直就存在着。只是上述四个阶段上升更为明显。在改革开放前，我国除了新中国成立之初和三年自然灾害期间物价上涨较快外，物价均保持稳定，但由于商品供给奇缺，售票供应、持币待购等现象始终存在，产品价格是靠人为力量稳定的。因此，这期间存在隐蔽性的通货膨胀。

在我国曾发生的四次较为明显的通货膨胀中，前两次属于特定历史条件下的物价上涨，缺乏一般的意义。在这样特殊的历史环境下，通货膨胀不是由总需求扩张而造成的，而是由社会产品或商品供给极端缺乏而产生的。尽管我们可以称之为通货膨胀，但是，这种通货膨胀不具备一般通货膨胀的特点和意义。

改革开放之后的一段时期，尽管生产力获得了空前的解放，但是人们对于商品的需求却以更快的速度增长，总需求与总供给的差距不是缩小了，而是进一步扩大了。在 1979—1987 年，我国的经济改革是以利益为导向的，但是这期间，物价改革的步子还是很小的。因此，尽管存在较大的需求缺口，物价在受到严格的管制下，始终处于相对稳定的水平。1988—1989 年的物价上涨，在很大程度上是由于人们对通货膨胀的预期而造成的。而 1993—1996 年的物价上涨，则在很大程度上是由于价格特别是初级产品价格放开而形成的。

总体来说，我国的物价上涨在各个阶段的客观环境是不同的。

第五节 通货紧缩

通货紧缩和通货膨胀一样，都是货币流通状况不正常的表现形式。这一节我们将简要介绍通货紧缩的定义、成因和治理。

一、通货紧缩的定义

按照目前较为流行的观点，所谓通货紧缩（deflation）就是指货币不断升值、社会价格总水平持续下降的经济现象。这个定义强调下面三层含义：

1. 通货紧缩条件下的物价水平持续下降，并不是由于技术的进步和劳动生产率的提高而引起的，而是由许多原因所导致的一种不正常现象。

2. 通货紧缩条件下的物价水平持续下降，不是存在于个别部门和部分产品上的价格下降，而是整个社会的价格水平普遍地下降。

3. 通货紧缩条件下的物价水平下降，不是存在于相对较短的时间内，而是在较长时期内，社会价格总水平连续不断下降的动态过程。

对于通货紧缩的判断标准，一般认为主要有以下几个：

1. 物价水平持续下降

物价水平的持续下降,无疑是通货紧缩的一个重要表现,所以用物价水平的持续下降作为判断通货紧缩的标准是合情合理的。但是,物价水平的下降幅度为多少时就可以判断通货紧缩已经出现,目前理论界的观点是不一致的。比较流行的看法是,物价水平长时间的负增长才能称为通货紧缩;负增长的幅度不同,通货紧缩的程度也就不同。由此可将通货紧缩划分为"微弱的通货紧缩""温和的通货紧缩""恶性通货紧缩"等。

2. 货币供应量持续减少

与通货膨胀相对应,货币供应量持续下降是通货紧缩的另一表现形式。虽然在将货币供应量确定在哪一个层次的问题上,各国的观点不同,但无论哪一层次的货币供应量,在通货紧缩时期都是减少的。所以,各国将货币供应量的持续减少作为通货紧缩的一个判断标准。各国一般都会根据本国的具体情况,在货币供应量与物价水平、经济增长率和就业率之间确定一个能够实现充分就业的货币供应量增长的"合意"区间,并以此作为标准来判断是否出现通货紧缩(或通货膨胀)。当货币供应量达不到"合意"区间并且持续相当长时间时,就认为出现了通货紧缩。

3. 商品有效需求不足

通货紧缩往往发生在通货膨胀得到抑制之后。由于在通货膨胀期间十分旺盛的市场需求的刺激下,企业的投资和生产都达到了相当大的规模;在通货膨胀得到抑制后,除了少数商品能够保持供求平衡外,绝大多数商品在通货膨胀刺激下已经扩大的商品供给与萎缩了的有效需求发生了矛盾,大量商品不能在合适的价格水平下销售出去,以货币计量的商品总需求连续降低。

4. 投资风险明显加大

通货紧缩期间,由于市场有效需求不足,企业商品滞销,发展前景暗淡。在这种情况下,市场无热点、投资无热项,致使整个投资风险加大,从而导致投资不足,经济发展受到严重影响。

5. 失业率上升

通货紧缩期间,由于企业商品积压导致再生产受阻,市场投资不足又没能提供新的就业机会,因而,失业人数大幅度增加,人们的收入水平下降。这种状况又反过来成为商品有效需求不足的原因,从而加重了通货紧缩的程度。

二、通货紧缩的危害

在前面介绍通货紧缩的定义和判断标准的基础上,现在来谈一下通货紧缩的危害。

(一) 通货紧缩抑制国民经济的正常发展

货币供给量的持续下降,对于生产经营型企业来说可能是投入生产经营的资金来源减少,也可能是已投入生产经营的资金运用的收缩。在单位资金使用效益短期内无法提高的情况下,社会再生产规模就只能在萎缩的状态下进行。也就是说,通货紧缩必然导致国民经济的萎缩、经济增长速度放慢、经济发展出现较大幅度的"滑坡"现象。弗里德曼肯定地说:没有任何货币数量的下降而又不伴随着严重的经济衰退的。

（二）通货紧缩必然会造成经济效益的全面下降

货币供应量的持续下降，商品有效需求的不足，使企业产品没有销路，生产越多、库存越多、亏损越大；如果将产品降价，则缩小了企业的获得利润的空间甚至赔本；由于资金短缺，再加上产品销售困难，企业不得不收缩生产，造成资源的极大浪费。另外，企业的效益下降，必然影响到银行的正常经营活动，造成银行经营效益的下降。在这种情况下，整体社会经济效益下降。

（三）通货紧缩往往会诱发其他经济问题

当通货紧缩达到一定程度时，国民经济运行中那只"看不见的手"必定会伸向经济活动中，将各种形式的"准货币"推向市场，以此来填补市场货币不足的缺口。当银行信用收缩到一定程度时，商业信用就会相应地扩大，并进行"强制替代"。也就是说，当货币供应量减少到一定程度时，各种"准货币"会增加，从而全社会的流通手段与支付手段总量并不减少 。但是，"准货币"对货币的强制替代、商业信用对银行信用的强制替代，实际上是不规范对规范的替代、是分散对集中的替代。因此，很容易产生一系列的弊端，比如货币供应量更加难以控制、企业之间互相拖欠等。

总之，通货紧缩会在一定程度上牺牲经济增长与发展，对企业、政府、社会都会造成不利的影响，而且这种影响绝不亚于通货膨胀。也许有人会说，通货紧缩对消费者是有利的；其实，这种说法也是不成立的。当然，从短期来看，货币持有者由于物价水平下降，同等数额的货币购买力增强，消费者可以用同样多的货币购买到更多的商品。但是，通货紧缩必然带来收入水平的下降，如果单个购买成本降低不足以弥补因总的可支配收入下降而减少的购买机会的话，那么，通货紧缩给消费者带来的收益也是十分有限的。更为重要的是，通货紧缩一定会减少就业机会，减薪、下岗、失业不仅会给人们带来经济方面的损失，而且给人们带来心理方面的压力。这种心理方面的压力是难以用货币来表现和衡量的。

三、对通货紧缩的各种解释

（一）凯恩斯关于通货紧缩的理论

凯恩斯在《就业、利息和货币通论》中除仅有一处直接提到了通货紧缩以外，更多是使用"就业不足均衡"和"有效需求不足"这样的术语。由于发生有效需求不足时物价往往是下降的，因此后人将实际有效需求同能够实现充分就业的有效需求之间的差额称为通货紧缩缺口。如图 9-7 所示，充分就业国民收入水平为 Yf，用一条垂直于横轴的直线表示，现实的总支出曲线为 AE，AE 与 45°线决定的国民收入水平为 Ye，低于充分就业的国民收入。在这里，将实际总支出（总需求）低于能够实现充分就业的总支出的差额称为通货紧缩缺口，在图中就是 AB 间的距离。

在封闭经济中，有效需求包括消费 C、投资 I 和政府开支 G 三个部分，有效需求决定了社会的产出水平。由于消费较为稳定，波幅很小，因而凯恩斯认为经济波动主要源于投资的不稳定，而投资需求取决于企业的利润预期。凯恩斯认为经济衰退的原因在于企业家利润预期的突然下降，投资无利可图，甚至在很低的利率水平下也是如此。投资的不稳定对经济总量的影响又会因乘数效应而加剧，当企业投资减少时，总产出会以多倍的数额减少。

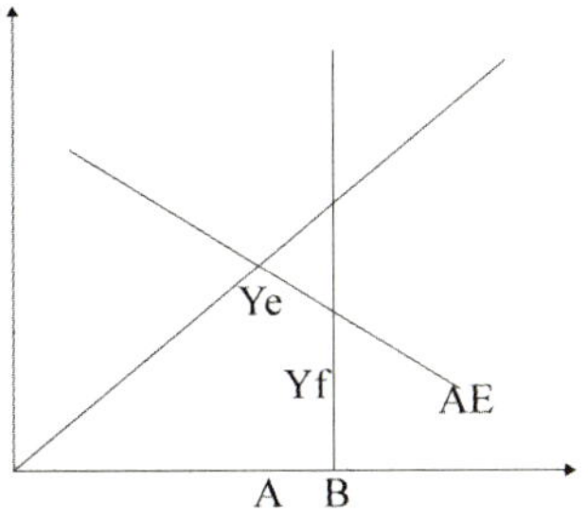

图 9-7　通货紧缩缺口

凯恩斯理论的政策含义是：当企业投资低落，经济衰退，特别在经济严重衰退时，企业家的利润预期非常之低，以至于任何正利率都显得太高，因此通过放松银根、降低利率的货币政策来抑制衰退，效果不会明显，只有通过增加政府开支来增加有效需求。

在《货币改革论》和《劝言集》中，凯恩斯针对当时英国的情况，着重分析了由于一国汇率高估而导致本国产品出口价格过高、外部需求减少、国际收支状况恶化、黄金外流而引发通货紧缩的情况。凯恩斯认为，通货紧缩将使社会生产活动陷于低落。不论通货膨胀还是通货紧缩，都会产生巨大的损害，两者都会改变财富的再分配，不过通货膨胀相对严重一些；而在对生产财富的影响上，通货膨胀有过度刺激的作用，而通货紧缩有阻碍作用，且更具有危害性。这是由于通货紧缩加重了债务人的负担，而企业经营所需的资金大部分是借来的。对于任何一个打算支出的人，尽可能地推迟支出也是有益的。精明、务实的人会把他的资产转变为现金，摆脱风险，停止工作，静候其现金价值向他预期好了的方向稳步提高。因此通货紧缩导致生产过程的低落，从而导致失业的增多。正如前文所述，治理通货紧缩的有效措施是增加政府支出。

（二）奥地利学派的理论

该理论认为，通货紧缩并不是独立形成的，而是由促成经济萧条的生产结构失调所引起的。否则，通货紧缩就不会发生。因此通货紧缩是一种派生的过程。下面结合奥地利学派的经济周期理论来介绍其通货紧缩的主要观点。

奥地利学派的经济周期理论由米塞斯提出最初理论框架，后被哈耶克加以扩展和精炼。其核心观点是：信贷扩张和货币的注入通过影响相对价格和生产时间结构来影响经济的实际运行，使资源加速从最近的生产环节（消费品）转向最远的生产环节（投资品）而重新配置。然而这种过程不可能永远持续下去，迟早会出现危机。

米塞斯和哈耶克借用了瑞典经济学家魏克塞尔关于自然利率和货币利率的差作为其理论分析的基础。所谓自然利率是指经济体系保持均衡的利率，货币利率则指在银行政策和其他货币因素影响下的市场利率。

哈耶克的分析从充分就业假定开始，由银行系统派生的信贷增加将促使市场利率下降，低于自然利率。企业家受到这个错误信号的引导而重新配置资源，从消费品生产转向投资品生产。在短期内消费品生产不会受太大影响，然而过一段时间后，由于消费品供给相对于需求发生短缺，那么消费品价格相对于投资品就会上涨。消费品价格的上升引起初级阶段价格相对于高级阶段价格的上升，标志着生产的时间结构需要重新配置，需要回到更直接的生产过程。为使经济体系重新向均衡方向调整，有必要提高利率，这会使那些在低市场利率时有利可图的投资变得无利可图，危机随之出现。

假如银行信贷能够继续发展下去，就可能避免危机的发生。但问题是随着银行信贷的扩张，货币流向投资品部门，而过度投资使得投资品部门的预期收益不能实现，银行贷款质量相应恶化，银行体系为防范自身的风险被迫收缩信贷，这会导致通货紧缩的发生。

米塞斯和哈耶克等人认为，通货紧缩是繁荣过度的必然后果。假使听任繁荣局面发展下去，就会引起生产结构的失调，那就得以通货紧缩的形式付出代价。因此他们主张，一旦危机已经开始就应该允许衰退通过市场机制自发治愈。而抑制衰退的最佳行动是防患于未然，防止繁荣的过度发展。他们认为，公共工程和政府投资项目是有害的，因为它们会导致进一步的扭曲，阻碍资本结构的进一步调整。

奥地利学派中有些经济学家认为，如果在通货紧缩过程中的某个时间区间增加货币的投入量，有助于缩短这一过程。但他们随即就提出警告说，这个药方只能在通货紧缩过程中的某一阶段使用，要采用适当的方式，稍有不慎，就有可能造成危害。这个办法对货币当局要求过高，因此，实际可行的政策也许是听任通货紧缩自然发展，避免使用可能使事态恶化的干预措施。

（三）费雪的“债务—通货紧缩”理论

费雪在其 1993 年的论文《大萧条中的“债务—通货紧缩”理论》中，从某个时点经济体系中存在过度负债这一假设开始，认为由于新发明、新产业的出现或新资源的开发等导所致的利润前景看好，企业因此过度投资，从而导致过度借债。债权人一旦注意到这种过度借债的危险，就会趋于债务清算。费雪认为这种清算会导致如下的因果链：债务清算导致销售的困难，进而导致存款货币的收缩，这是由于归还银行贷款和货币周转速度的下滑。而存款货币的收缩和货币周转速度的下滑进一步加剧销售的困难，这又导致价格水平的下降，或货币的升值。假使价格水平的这种下降过程不能被通货再膨胀或其他措施所抑制，将会出现净经营资产的更大幅度的下降，并对破产现象推波助澜，很可能出现利润的下降，造成那些正在营运的企业的亏损，从而导致产量、劳动力就业数量的减少。这类亏损、破产、失业又会导致悲观情绪和信心的丧失，这又相应地导致窖藏货币和货币周转速度的更大幅度的下降。

上述几种变化将导致：对利率的复杂扰动，尤其是会出现名义利率的下降及实际利率的上升。费雪以这种简明的逻辑清楚地解释了债务和通货紧缩是如何导致大萧条的。

在上述逻辑顺序表中，除了债务这个初始原因和利率复杂扰动这个最终结果外，上述所有波动都是由于价格下降而发生的。当只有过度负债的发生而没有价格下降的情况时，最终的“循环波动”将温和并且规则得多。类似的，如果由于非债务的原因而出现通货紧缩，同时又不存在巨额债务，最终的结果也会轻得多。正是过度负债和价格下降这两者的结合才会导致巨大的灾难。

过度负债和通货紧缩两者是相互作用的。过度负债这种较轻的“疾病”会导致通货紧缩这种较重的“疾病”；反过来，由债务所导致的通货紧缩也会反作用于债务。当通货紧缩发生时，尚未偿付的债务的实际价值变大，这样，如果初始的过度负债足够大，债务的清偿就会跟不上其所欠的每单位货币债务价值的上升，从而导致“正是人们减轻其债务负担的努力反而增加了债务负担，因为人们一起蜂拥而上清偿债务的整体效益是提升了所欠的每元钱的价值”。这种悖论正是大多数经济萧条发生的主要内因。“债务人偿债越多，他们就欠得越多。”费雪以 1929—1933 年大萧条为例证实了上述结论。从 1929 年到 1933 年 3 月，债务清偿减少了 20％的名义债务额，但美元升值约 75％，这样真实债务反而上升了 40％。

费雪认为，如果他的“债务—通缩”理论是正确的话，那么控制价格水平就颇为重要了。但即使价格水平是稳定的，仍然有可能出现过度负债问题。

（四）货币主义的理论分析

凯恩斯学派关于货币政策对抑制经济衰退无效的观点，遭到了货币主义学派激烈反驳。货币主义的核心观点是：货币对于经济活动是重要的。关于货币存量与价格变化的相互关系，货币主义的论点是：“货币存量的大幅度变动是一般价格水平大幅度变动的必要而且充分的条件。”

在弗里德曼重新表述的货币数量论中，也包含着从货币紧缩到价格下降的传导机制的说明：当货币紧缩时，货币的边际收益上升，人们就会将金融资产和实物资产转换成货币资产，直到重新构成新的资产组合使得各资产的边际收益率相等。这就可能导致金融资产和实物资产的价格下降。

但是，弗里德曼也指出，货币存量的变动与价格的变动之间的关系虽然十分紧密，但并不是机械不变的，产量的变动与公众希望持有的货币数量的变动会造成货币存量变动与价格变动之间的不一致。因此，他认为更为重要的是，不仅要考察单位产量的货币存量，同时还要考虑到货币流通速度的变化。弗里德曼和施瓦茨提供了大量实证材料证明其论点。在 1867—1960 年这 93 年中，美国曾发生六次严重的经济紧缩，其间都伴随有货币存量的下降。同时，这六次经济紧缩中，价格总水平的降幅也较为明显。但两者的变化也有可能不一致。一种情况是货币供应量还在增长，但由于货币供应的增长慢于经济的增长，价格总水平出现了明显下降。例如 1882—1894 年间，美国的货币供应量一直在增长，但同期批发价格指数下降 35.2％，消费价格指数下降 10％。

货币存量的变动与价格水平变动不仅在幅度上存在不一致。而且由于从货币存量的变动到价格水平变动之间的传递存在时滞，而且这种时滞的长短难以把握。因此货币主义理论认为：“相机抉择”的货币政策不仅无助于经济的稳定，往往还加剧了经济波动。货币主义的政策处方是：为了避免大规模的通货膨胀和通货紧缩，必须使货币供给的增长率保持在适当的水平上，即货币政策的“单一规则”。

四、通货紧缩的治理

既然通货紧缩对个人、企业、政府和整个社会经济都会产生极为不利的影响，那么，治理通货紧缩就是一个非常重要的问题。但是，对通货紧缩的治理就如同对通货膨胀的治理一样，也是一个较为复杂的问题。下面，我们就谈一些最基本的治理方法。

（一）实行扩张性财政政策

扩张性财政政策就是指通过财政分配活动来增加刺激社会的总需求。扩张性财政政策的主要手段是降低税率和增加财政支出的规模。通过扩张性的财政政策，可以刺激投资，并通过投资的乘数作用，带动全社会的投资和消费，从而达到刺激经济增长的作用。

但是，扩张性财政政策只能是弥补总需求缺口的临时性应急措施。这主要是因为，一方面，扩张性财政政策要受到社会是否有闲置资源的限制。在国民经济中存在闲置资源时，可以适当增加财政支出规模；但社会闲置资源毕竟有限，实行扩张性的财政政策必须是适度的，否则会诱发通货膨胀。另一方面，扩张性的财政政策存在私人投资和消费的“挤出效应”，对经济的拉动作用也是有限的。在实行扩张性的财政政策时，不仅要增加财政支出的总量，还要注意对降低税率水平手段的运用，更要注意财政支出结构的优化。

（二）实行宽松的货币政策

宽松的货币政策就是指通过降低法定存款准备率、降低利率来扩大信贷支出规模，增加货币供应量，以保持经济的适度增长。

但是，对于宽松的货币政策的运用一定要谨慎，否则将导致通货膨胀的再次出现。货币政策一定要根据经济增长的合理需求，保证货币的足额供应，力求使物价上升到合理的水平，并要及时做好货币政策的预调和微调，寻找稳定币值、经济增长和防范金融风险的结合点。而且，特别要强调的是注意货币政策与财政政策的配合。

（三）刺激投资

为了有效地刺激投资，首先，要配合扩张性财政政策，使政府公共投资达到一定的规模并且在一定时间内保持不变；其次，在政府对基础设施建设的公共投资直到带动经济景气回升的示范作用后，还必须刺激民间的投资热情，使政府投资和民间投资同时增长；另外，投资的增加要与结构调整和技术进步相结合，使经济在更高的水平上发展。

（四）增加有效需求

增加有效需求的最主要途径就是要增加消费需求。为了增加消费需求，一方面应该努力提高人们的收入水平，另一方面也可以通过发展消费信用等方式来实现。但是，同样需要注意避免诱发需求拉上型的通货膨胀。

本章小结

1. 关于通货膨胀的定义，理论界有不同的观点。较为普遍的看法是：在纸币流通条件下，经济中货币供应量超过了客观需要量，社会总需求大于总供给导致单位货币贬值，价格水平普遍上涨的经济现象即为通货膨胀。价格指数是通货膨胀的测度标准。

2. 根据不同的标准可将通货膨胀划分为不同的类型，但备受关注的是以通货膨胀的成因所划分出来的需求拉上型、成本推动型、供求混合型和结构型通货膨胀。

3. 通货膨胀对经济的效应有：对储蓄的强制效应；对收入和财富的重新分配；对资产结构的调整作用；对于通货膨胀的产出效应，有“促进论”“促迟论”和“中性论”这三种不同的意见。

4. 向下倾斜的菲利浦斯曲线刻画了通货膨胀与失业之间的替代关系。但是这种替代关系只在短期内存在；在长期内，随着人们通货膨胀预期的调整，菲利浦斯曲线会发生上下移动，从而形成一条垂直的长期菲利浦斯曲线。这表明，在长期内，物价的上涨并不能换来失业的下降。

5. 通货膨胀的治理一般采取紧缩需求的政策，包括紧缩财政和紧缩货币。这是治理通货膨胀的正统方法。此外，通货膨胀治理还有收入政策、指数化政策、供给政策等。

6. 通货紧缩就是指货币不断升值、社会价格总水平持续下降的经济现象。它抑制国民经济的正常增长与发展，造成经济效益的全面下降，还会诱发其他经济问题。对通货紧缩的原因有多种理论解释，主要有：凯恩斯关于通货紧缩的理论；奥地利学派的理论；费雪的“债务—通货紧缩”理论；货币主义的理论分析等。通货紧缩最基本的治理方法主要有实行扩张性财政政策、宽松的货币政策、刺激投资和增加有效需求。

关键词汇

1. 通货膨胀	Inflation
2. 消费物价指数	Consumer Price Index
3. 生产者物价指数	Producer Price Index
4. 国民生产总值减缩指数	GNP deflater
5. 需求型通货膨胀	Demand-pull Inflation
6. 成本推动型通货膨胀	Cost-push Inflation
7. 供求混合型通货膨胀	Hybrid Inflation
8. 结构型通货膨胀	Structural Inflation
9. 菲利浦斯曲线	Phillips Curve
10. 收入政策	Income policies
11. 指数化政策	The index policies
12. 供给政策	Supply policies
13. 通货紧缩	Deflation

复习思考题

1. 西方经济学家关于通货膨胀定义的主要观点有哪些？

2. 比较需求拉上型、成本推动型和供求混合型通货膨胀的形成机理。

3. 试详细分析通货膨胀对经济的影响。

4. 治理通货膨胀的需求政策、收入政策、供给政策分别针对什么类型的通货膨胀？各有什么优点？怎样理解通货膨胀治理的艰巨性？

5. 向下倾斜的菲利浦斯曲线有何政策含义？长期菲利浦斯曲线为什么是垂直的？

6. “收入指数化可以完全消除通货膨胀带来的不公平的收入再分配，而且有利于通货膨胀的最终消除。”这一观点对吗？

7. “既然收入政策可以避免因紧缩政策带来的高失业，那么它显然是一种理想的对付通货膨胀的措施了。”这一观点正确吗？

8. 试述通货紧缩的危害及其治理对策。

9. 试述通货紧缩形成的理论原因。

第十章　货币政策

货币政策（Monetary policy）是一国中央银行通过对货币和信用的控制与调节来改变总需求，进而影响宏观经济运行的经济管理政策。货币政策一般涉及政策目标、政策工具、政策传导机制和政策效应等内容。本章就货币政策的有关主要内容逐一阐述，从中可以了解货币政策从确定目标开始到实现最终目标的全部运行过程。

第一节　货币政策的最终目标、中间目标和操作目标

一、货币政策的最终目标（Goals of monetary policy）

（一）货币政策最终目标的含义及内容

货币政策的最终目标，简称货币政策目标，是指中央银行通过调节货币和信用所要达到的最终目的。由于一国中央银行制定和实施的货币政策是国家宏观经济政策的重要组成部分，所以其最终目标与宏观经济政策的目标应该是一致的。货币政策最终目标的具体内容及侧重点因不同国家和经济发展的不同时期而有所不同，而它们的共同点主要有四个方面：即稳定物价、充分就业、经济增长和国际收支平衡。

1. 稳定物价

这一目标是绝大多数国家货币政策的首要目标，也是最早出现的货币政策目标。其含义是指将一般物价水平的变化控制在一个比较小的范围内，在短时间内不发生大的波动。至于一般物价水平的变动幅度究竟控制在多大为宜，不同的国家以及不同的经济学者有不同的看法，一般要根据一个社会对物价的承受能力而定。可见，稳定物价不是指物价水平的绝对不变，而是控制一般物价水平。将物价水平冻结在一个绝对不变的水平上在现代经济社会反而是一种不正常的现象，一是不可能，二是违背了经济规律，因为在市场经济条件下，没有价格的变动，经济就失去了活力，价格体系的必要调整往往会使全社会资源得以有效的配置，提高整个社会的经济效益。

从稳定物价本身的要求看，既要防止物价上涨，又要防止物价下跌。但从历史上各国货币政策的实践来看，稳定物价主要是解决物价上涨的问题，因此在许多国家，货币当局的最终目标中只提反对通货膨胀，不提反通货紧缩。由于 20 世纪末全球性通货紧缩的出现，通货紧缩问题已引起各国货币当局的高度重视，许多国家已经把反对通货紧缩列为与反对通货膨胀同等重要的货币政策目标。

总之，货币政策强调的稳定物价是一种相对稳定，包括抑制过高的通货膨胀和

避免通货紧缩两个主要内容。由于稳定物价与稳定币值是对同一现象的两种表述，因此这一目标又可称为币值稳定目标。

2. 充分就业

西方国家之所以将充分就业作为货币政策最终目标之一，是因为一国劳动力是否达到充分就业，是衡量该国各种资源是否达到充分使用、经济发展是否正常的重要标志。但是，西方经济理论中所说的充分就业并不是指所有的社会劳动力都有工作的状态，而是指任何愿意劳动且有劳动能力的人都可以找到一个有报酬的工作。在现实中，追求零失业率既无必要也不可能实现，因为即使在经济正常运行的情况下，一部分劳动力也会因为不愿意接受现行工资率而自愿失业，或者为了寻找更好的工作而暂时失业，这类失业是正常的。由于不同的国家、不同的社会对失业率的承受能力受多种因素的影响而不同，所以很难制定一个统一的标准作为合理的失业率水平。其实，不管合理的失业率水平具体是多少，充分就业目标的实质就是力争使失业率降低至一个社会所能容忍的水平。

3. 经济增长

作为货币政策最终目标的经济增长应该是指发展速度稳定或加快、结构优化和效率提高三者的统一，但在实际中，经济增长一般主要以国内生产总值(GDP)扣除价格变动因素后的年增长率来衡量。以 GDP 的增长率来衡量经济增长存在人所共知的一些重要缺陷，不可否认有些时候出于宣传的目的，统计数字的背后可能有一定的虚假成分，或者即便统计数字是准确的，在产值增长的背后可能存在着环境污染、资源浪费等问题，所以这一指标并不总是能准确地衡量实际经济的变化。但是，由于经济增长这一目标主要关注的是一个时期的经济增长是否较另一个时期好一些，整体经济是否处于稳定的增长状态中，所以在没有更科学的指标之前，各国中央银行仍将国内生产总值增长率作为货币政策目标。

4. 国际收支平衡

国际收支平衡是指一国或地区在一定时期内与其他国家或地区之间全部经济交往的收支保持平衡、略有顺差或逆差。保持国际收支平衡是保持国民经济持续稳定增长和国家经济安全的重要条件。一国的国际收支不管是出现顺差还是逆差，数额过大、时间过长都会对经济的正常运行和发展产生不利影响。因此改善国际收支状况、实现国际收支平衡，现已成为许多国家的货币政策最终目标之一，特别是对外开放程度高、对国际市场依赖性强的国家，这一目标的重要性更为突出。

国际收支平衡作为一个货币政策目标，其内容并没有完全一致的标准。从全世界的范围看，每个国家都实现国际收支顺差是不可能的事。这样，如果能做到在短期内允许国际收支略有顺差或略有逆差、而在较长的时期内，不同年份的国际收支失衡可相互弥补，就可以视作已经实现了国际收支平衡。

（二）货币政策各最终目标之间的关系

中央银行货币政策的上述四个最终目标也是国家所有宏观经济政策所追求的目标，从根本上说或从长远角度看，这四个目标之间是相互促进和统一的，如经济增长能够提高就业水平，同时也为物价稳定和国际收支平衡奠定了基础；而充分就业、物价稳定和国际收支平衡也为经济增长创造了有利条件。但从一个时期的货币政策目标的实现效果看，有些目标之间是相互促进或相互制约的关系，而有些目标之间却相互矛盾和冲突。下面具体分析一下四个目标之间的关系，尤其着重分析其中存在的矛盾。

1. 物价稳定与充分就业

这二者之间的矛盾通常被认为是货币政策各目标间矛盾的集中体现。根据菲利普斯曲线，物价上涨率与失业率之间存在相互替代、此消彼长的关系。为了稳定物价而紧缩银根和信用，可以降低通货膨胀率，但结果会使经济衰退和失业率上升。相反，如果为了增加就业而采取信用扩张的措施，使银根和信用放松，可以增加就业人数，但结果会导致物价上涨、通货膨胀加剧。总之，降低失业率通常要以承受较高的通货膨胀率为代价；而要降低通货膨胀率，则通常要承受较高的失业率，物价稳定和充分就业两个目标不能同时兼顾。

2. 物价稳定与经济增长

关于这二者之间是否存在矛盾，西方学者有不同的看法。一般而言，这两个目标是可以相辅相成的，即物价稳定可以为经济发展提供良好的金融环境和稳定的货币尺度，从而能促进经济稳定增长；而经济的增长又使物价的稳定有了坚实的物质基础。因此理论上讲可以通过稳定物价来发展经济，也可以通过发展经济来稳定物价。但是，从世界各国的经济发展史来看，在经济发展较快时，总是伴随着物价较大幅度的上升；而过分强调物价的稳定又会使经济发展受阻。因此，很多时候国家政府和中央银行只能在这二者之间进行协调，即在可承受的物价上涨率内发展经济，或在不妨碍经济最低增长需要的前提下稳定物价。

3. 物价稳定与国际收支平衡

一般而言，物价稳定和国际收支平衡两个目标是相互影响、相互制约的，如果国内物价上涨，表明国内货币贬值，必然会引起进口增加、出口减少，导致国际收支出现逆差。另一方面，即使在本国国内物价稳定的情况下，也可能会发生国际收支的失衡，如本国物价稳定，而同时外国却出现通货膨胀，将导致本国出口增加，进口减少，国际收支发生顺差，顺差过大也是国际收支失衡的表现。因此，只有在世界各国都能保持大致稳定的物价水平，同时贸易形态不发生变化的情况下，这两个目标才可以同时实现，这在实践中是很难做到的。

4. 充分就业与经济增长

一般而言，充分就业与经济增长两个目标是统一的。就业人数增加，意味着资源利用充分，经济增长速度加快；另一方面，经济增长速度加快，可以为劳动者提供更多的就业机会。但这里要注意劳动生产率的变化。如果就业率的上升带来的是社会平均劳动生产率的下降，那就意味着这一时期的经济增长浪费了更多的资源，同时还会妨碍后期的经济增长，是不可取的。只有在就业增加所带来的经济增长伴随着社会平均劳动生产率的提高，才是可取的。

5. 充分就业与国际收支平衡

一般而言，就业的增加会导致货币工资的增加，使得有支付能力的需求扩大，从而要求增加国内商品的可供量。如果此时货币工资的增加与国内产出的增加同步，就不会影响国际收支；如果二者在动态上不一致，就需要通过增加进口来满足扩大的市场需求，在进口大于出口的情况下，就会出现国际收支的逆差。可见，充分就业与国际收支平衡之间也存在一定的冲突。

6. 经济增长与国际收支平衡

经济增长与国际收支平衡之间的关系比较复杂，需求根据具体情况来分析。

一般而言，在经济增较快时，国家经济实力也相应增强，会在扩大出口的同时减少进口，有利于国际收支的平衡；但经济的较快增长也会伴随着对各种生产要素需求的增加，这往往又会使进口增加，导致国际收支逆差的出现。另一方面，在国际收支出现逆差时，通常必须通过紧缩的政策压制国内的有效需求，从而使国际收支状况得以改善，但同时又会带来经济的衰退。

正是由于货币政策各最终目标之间存在矛盾冲突，因此，不同国家或同一国家在不同时期的货币政策可能会有不同的最终目标，各国应根据本国经济发展的实际情况来作出合理的选择，而不应作僵化的理解。

二、货币政策的中介指标(Intermediary targets of monetary policy)

所谓货币政策中介指标，是指中央银行为实现其货币政策的最终目标而设置的可供观察和调整的指标。概括而言，设置中介指标的作用在于：(1)反映货币政策的实施进度；(2)为中央银行提供一个追踪监测的指标；(3)便于中央银行随时调整货币政策的力度和方向。

(一) 货币政策中介指标选择的标准

货币政策中介指标的选择是货币政策运行中的重要环节。从中央银行动用政策工具到最终目标的实现，不可能一蹴而就，其间会经历相当长的时间和复杂的传导过程，在这个过程中，货币政策可能受到各种外在因素的影响而发生目标的偏离。因此，选择适当的中介指标来监测货币政策实施情况非常必要，中介指标是否科学合理直接关系到货币政策执行的效果，一般来讲，选择中介指标应遵循以下几个标准：

1. 可测性。即中央银行能迅速准确地获得所选择的中介指标的相关数据，而且能被社会各界理解、判断和预测。

2. 可控性。即中央银行对所选择的中介指标能够施加有效的控制，不会遇到麻烦和障碍。

3. 相关性。即作为中介指标的变量必须与货币政策最终目标之间存在密切、稳定的统计数量上的关系。这样，中央银行才能根据这些中介指标来判断货币政策的执行情况，较为准确地通过货币政策工具的实施达到预期目的。

4. 抗干扰性。即作为中介指标的金融变量应该能够较为准确地反映政策效果，较少受到外来因素的干扰。

此外，可行的货币政策中介指标还必须符合一国当时的经济管理体制、市场发育程度和经济发展水平等客观条件。根据距离最终目标的远近和货币政策工具作用的程度，货币政策中介指标可以进一步分为中间目标和操作目标两类。中间目标是远期的中介指标，中央银行对它的控制力不强，但距离货币政策最终目标较近；操作目标是近期的中介指标，中央银行对它的控制力较强，但距离政策目标较远。

（二）货币政策的中间目标

中间目标间接接受货币政策工具的作用，但直接作用于货币政策最终目标。常见的中间目标有银行信贷规模、货币供应量和长期利率。

1. 银行信贷规模

银行信贷规模是指银行体系对社会公众及各经济单位的贷款总额。由于信贷规模与货币供应量密切相关，因此改变信贷规模就成为改变货币供应量的一条重要途径，会对货币政策最终目标产生直接影响。

从可测性上看，中央银行通过统计商业银行和其他金融机构资产负债表上各有关项目及其构成，就可以迅速准确地得到银行信用总量和结构的信息。从可控性上看，中央银行可以采用直接信贷管制和间接调控的方式对银行信贷规模进行控制。直接信贷管制指中央银行直接向商业银行下达贷款规模的指令，而间接调控方式是指中央银行通过改变准备金率、贴现率及开展公开市场业务，来改变银行准备金，从而控制其信贷规模。也可以通过调整利率水平，使存、贷款人的相对收益发生变化，达到间接控制银行信用总量的目的。从相关性上看，银行信贷规模的变化会直接导致货币供应量的变化，进而影响社会总需求的规模，所以银行信贷规模与最终目标之间有很强的相关性。

需要指出的是，在计划经济体制下，中央银行主要通过直接信贷管制来控制货币供给，因而以银行信贷规模管理作为货币政策中间目标比较方便；但在市场经济调节下，中央银行主要采取间接调控方式，银行信贷规模管理的重要性下降，故通常采用货币供应量作为中间目标。

2. 货币供应量

以货币供给量作为货币政策的中间目标有许多优点。从可测性上看，组成货币供应总量的各货币层次均有明确的定义，分别反映在中央银行、商业银行及其他金融机构的资产负债表上，可以很方便地进行测算和分析。从可控性上看，由于货币供应量是基础货币和货币乘数之积，所以中央银行对基础货币和货币乘数的控制力就直接关系到货币供应量的可控性。从逻辑上讲，如果一国的中央银行对基础货币能够施加有效的控制，同时货币乘数相对稳定，中央银行能够准确地预测，那么中央银行就可以通过控制基础货币间接地控制货币供应量，货币供应量的可控性就较强；反之，如果中央银行对基础货币的控制力较弱，货币乘数也不稳定，那么货币供应量的可控性就较差。我们在第八章中曾讨论货币供给的内生性和外生性问题，从理论上讲，中央银行能否有效地控制货币供给量仍存在争议。在实践中，货币供应量的可控性在很大程度上取决于特定的货币制度、金融环境及各国所处的经济发展阶段。从相关性上看，一定时期的货币供应量代表当期的社会有效需求总量和整个社会的购买力，其变化可以直接影响经济活动，对货币政策最终目标产生直接作用，因而与最终目标之间存在很强的相关性。

货币供应量作为中间目标的缺陷主要是：一方面，货币供应量会受到一些非政策性因素的影响，从而使中央银行难以准确地予以控制；另一方面，以货币供应量作为中间目标，虽然各货币层次均可定义和测量，但以哪一层次的货币供应量（现金、M_1，或是 M_2）作为中间目标却是一个难题，在理论和实践中都遭遇到挑战。从发展趋势看，有的国家已经放弃了把货币供应量作为中间目标，转而使用利率指标。

3. 长期利率

长期利率主要指中长期债券利率。从可测性上看，金融市场上的各种利率水平和利率结构的信息容易为中央银行获取，符合可测性的要求。从可控性上看，在间接调控体系下，中央银行可以借助于公开市场操作来影响银行的准备金供求，改变短期利率，进而引起长期利率的变化，以实现对长期利率的控制。从相关性上看，凯恩斯主义者认为，长期利率作为货币政策的中间目标，与最终目标之间存在很强的相关性，原因在于长期利率对投资有着显著影响。

但是，长期利率作为中间目标也存在一些问题，主要包括：(1)利率的数据虽然容易获得，但从中选出一个代表性利率并不容易。(2)名义利率与预期的实际利率之间有差别，直接对经济运行产生影响的是实际利率。而中央银行只能盯住名义利率，而无法确切地知道社会公众的预期实际利率，因而也就无法准确预测货币政策的效果，无法掌控货币政策的松紧。(3)利率是顺经济周期的，即经济繁荣时利率上升，经济衰退时利率下降。与此同时，作为政策变量，经济过热时应该上调利率，经济疲软时应将利率降低。这样，利率作为内生变量和政策变量的作用往往很难区分，政策效果和非政策效果互相混合，从而有可能导致中央银行作出误判。(4)作为中间目标的长期利率必须通过短期利率来传递信息，但由于证券的期限结构、流动性和风险各不相同，使短期利率与长期利率之间存在复杂的关系，给中央银行的操作带来不确定性。

（三）货币政策的操作目标

操作目标是中央银行货币政策工具的直接作用对象，它能间接影响货币政策的最终目标。从西方国家的实践来看，经常被当作操作目标的有短期货币市场利率、银行准备金和基础货币等。

1. 短期货币市场利率

通常被选作操作目标的短期货币市场利率是银行同业拆借利率。银行同业拆借市场作为货币市场的基础，其利率是整个货币市场的基准利率。中央银行可以通过对银行同业拆借利率的调控来影响长期利率，并使货币供应量有所改变。

从可测性上讲，中央银行可以很方便地获得有关银行同业拆借利率水平和变化情况的信息；从可控性上讲，当中央银行根据既定的目标认为有必要维持或改变现有的利率水平和结构时，可以通过相应的公开市场操作及对贴现率的规定，来调控同业拆借利率；从相关性上讲，作为货币市场基准利率的同业拆借利率，其变化会进一步引起金融市场其他利率的变化，并最终影响到货币供应量及其他经济活动。

短期货币市场利率作为操作目标的最大问题在于利率对经济活动产生作用存在着时滞，且利率的变化是顺周期的，容易造成货币供应的周期性增加或紧缩。而且短期利率非常容易受到通货膨胀、市场供求、心理预期等非货币因素的影响，不利于中央银行对货币供给做出正确判断并采取相应的行动。

2. 银行准备金

银行准备金是指商业银行和其他金融机构在中央银行的存款及其持有的库存现金，是中央银行通过各种货币政策工具影响中间目标的主要传递者。银行准备金作为操作目标常常与银行同业拆借利率相联系。其操作原理是：通过调节准备金供给，影响银行同业拆借市场利率，再进一步影响货币总量。

中央银行对银行准备金的调控主要通过公开市场业务和贴现窗口来进行，即调控非借入准备金和借入准备金来完成(参见第七章第四节)。就可测性而言，无论是法定准备金、超额准备金，还是借入准备金、非借入准备金，中央银行都可以很方便地通过有关的记录和报表获知，或通过估测得到；由于中央银行可以通过公开市场业务来改变准备金数额，所以可控性也较强；从相关性来说，由于基础货币由流通中的现金和银行准备金构成，那么通过调控银行准备金就可以使基础货币发生变化，进而改变货币供应量。

3. 基础货币

基础货币一般被看成是较好的操作目标。从可测性上看，基础货币是中央银行的负债，其数额随时反映在中央银行的资产负债表上，所以很容易被中央银行掌握。从可控性上看，基础货币中的通货可以由中央银行直接控制；银行准备金中的非借入准备金可由中央银行通过公开市场业务加以控制，借入准备金(贴现贷款)虽不能完全控制，但可以通过贴现窗口进行目标设定和预测，因此可控性也较强。从相关性上看，由于基础货币与货币乘数之积为货币供应量，所以在货币乘数稳定的条件下，只要中央银行能控制住基础货币的投放，就可以控制货币供应量，进而影响到利率、价格和国民收入，从而实现货币政策的最终目标。

第二节 货币政策工具

货币政策的最终目标是通过运用货币政策工具实现的。货币政策工具(Tools of monetary policy)是指中央银行为了实现货币政策目标而采取的各种措施和手段。货币政策工具通常可分为一般性政策工具、选择性政策工具和辅助性政策工具等三类。

一、一般性政策工具

一般性政策工具是指中央银行从总量的角度，通过对货币供给总量或信用总量进行调控，从而对整个经济产生普遍性影响的货币政策工具。作为传统的、一般的政策工具，其特点是经常使用且对整个经济运行产生影响。这类工具主要有三个：法定存款准备金率、再贴现政策和公开市场业务。人们习惯上将其称为中央银行货币政策的“三大法宝”。在第七章里我们对这三大政策工具已有所认识，本节将作进一步的介绍。

(一) 法定存款准备金率(Reserve requirements)

确定和调整法定存款准备金率是现代银行制度下存款准备金制度的核心，目前实行中央银行制度的国家一般都实行法定存款准备金制度。该制度的主要内容包括规定和调整存款准备金率、规定准备金的构成、规定存款准备金的计提基础和提取时间等。其中,作为中央银行货币政策工具的主要是法定存款准备金率的制定和调整。

法定存款准备金率是指中央银行以法律形式规定商业银行等金融机构必须将所吸收的存款按一定比例将其中的一部分上缴中央银行,作为法定存款准备金,该比例即为法定存款准备金率。实行存款准备金制度的最初目的是为了防止商业银行盲目发放贷款,以保证其清偿能力,并保护客户存款的安全,从而维持整个金融体系的正常运行。从 20 世纪 30 年代初开始,美国和欧洲一些国家的政府通过法律,赋予中央银行自由调节法定存款准备金率的权利,从而使法定存款准备金率成为控制银行体系信用创造能力和调节货币供给量的重要工具。

调整法定存款准备金率之所以能起到调节信用和货币量的作用,并达到调节经济的目的,是因为该比率变动后会产生一些能引起信用量和货币量变化的效应,主要有:

(1) 货币乘数发生改变:由于货币乘数与法定存款准备金率呈反向变化关系,因此法定存款准备金率变动会直接改变货币乘数,从而使货币供给量发生极大变化。具体而言,中央银行调高法定存款准备金率,导致货币乘数降低,存款派生规模缩小;反之,中央银行降低法定存款准备金率,会导致货币乘数提高,存款派生规模增大。

(2) 社会公众的预期行为发生变化:调整法定存款准备金率具有强烈的"告示"效应,会对社会公众的心理预期产生重大影响。中央银行调高法定存款准备金率,预示着央行对经济形势的判断趋于过热,公众预期政府将会进一步采取紧缩型的政策,从而导致社会信用需求的降低。

法定存款准备金率作为货币政策工具,其优点是中央银行对其具有绝对控制力,对货币供应量会产生极强的影响力,对所有存款货币银行的影响也是平等的,并且效果明显、收效迅速。但同时,法定存款准备金率作为货币政策工具也有突出的缺陷:

(1) 其变动对经济的震动过大且缺乏弹性,即使是轻微的调整也会引起超额准备金的大幅变化,因此不宜作为中央银行日常调控的工具。

(2) 其政策效果在很大程度上受制于商业银行的超额准备金。因为超额准备金与法定存款准备金率也呈反向变动关系,法定存款准备金率的变动会影响到商业银行的行为,当法定存款准备金率提高时,商业银行会减少对超额准备金的持有,从而增强银行创造派生存款的能力,对央行紧缩货币供给量的努力产生抵消作用。

专栏 10-1 为什么世界范围内法定存款准备金率下降?

近年来,世界上许多国家的中央银行降低或取消了它们的法定存款准备金率。在美国,联邦储备体系于 1990 年 12 月取消了定期存款的法定存款准备金率,并在 1992 年 4 月,将支票存款的法定存款准备金率从 12%降至 10%。结果,大多数的美国存款机构——但不是有大量存款的最大的机构——发现法定存款准备金率的约束不是很大:为了服务存款者,许多存款机构只需要持有充足的库存现金(算在法定存款准备金中),就可以满足法定存款准备金的要求。加拿大走的步子更大:1992年生效的《金融市场法》取消了所有两年期以上存款的法定存款准备金。瑞士、新西兰和澳大利亚的中央银行则彻底取消了法定存款准备金率。如何解释多数国家的这种法定存款准备金率下降的趋势?

如前所述,法定存款准备金被当作向银行征收的一种税。因为中央银行通常不对存款准备金支付利息,银行在存款准备金上的收益为零,同时也失去了如果持有贷款所可能获得的利息。由法定存款准备金施加在银行身上的成本意味着,实际上银行比不受制于法定存款准备金要求的其他金融中介承担了更高的资金成本,因而使得银行处于不利的竞争地位。再加上额外的市场压力会降低银行的竞争力,不利于世界范围内银行体系的健康发展。

因此,中央银行降低法定存款准备金率可以使银行更具竞争力,更加强大。当联邦储备体系在1992年2月18日宣布从1992年4月开始降低法定存款准备金率时,它的立场是明确的。在新闻发布会上,美联储宣称,降低法定存款准备金率"会降低存款机构的资金成本,改善它们的资产负债表,从较长时间看,预计这些成本节约的好处大多数会被传递给存款者和借款者"。

(本文选自米什金《货币金融学》(第六版))

(二)再贴现政策(Rediscount policy)

再贴现是相对于贴现而言的。在西方国家,企业将未到期的商业票据卖给商业银行以获得短期贷款,称为贴现;商业银行在资金不足时,又将未到期的商业票据再出售给中央银行从而获得中央银行的贷款,称为再贴现,中央银行在贴现过程中向商业银行收取的利息率就称为再贴现率。事实上,近年来由于商业银行从中央银行取得资金除了采取再贴现的方式,还有其他的贷款方式,所以准确地说应是"再贷款利率"。同时,虽然各国中央银行一般不再提"再贴现政策",而提"贴现政策",不再使用"再贴现率"这个说法,但不管是再贴现率、再贷款率、还是再贴现政策、贴现政策,都是通过调整中央银行对商业银行的贷款利率来改变后者的信用活动,所以这里仍沿用"再贴现率"这一说法。

调整再贴现率之所以会起到调节信用和货币供给量,进而调节经济的作用,是因为调整再贴现率后会产生以下效应:

(1)筹资成本会发生变化。如中央银行提高再贴现率,商业银行可有两种选择:其一,面对提高的利率,筹资成本增加,商业银行减少从中央银行的借款,这样会直接导致信用紧缩;其二,商业银行按同样的幅度上调对工商企业的贷款利率,以保持其盈利水平,这样工商企业的贷款需求会受到抑制,从而间接起到紧缩信用的效果。

(2)可以产生"告示效应",影响商业银行及大众的预期。如中央银行提高再贴现率,等于是发出一个紧缩经济的信息,这种"告示效应"会在很大程度上对金融市场产生直接的影响,商业银行一般会与中央银行保持一致,提高对工商企业的贷款利率。

再贴现率作为一种政策工具,其缺陷主要是:

(1)中央银行缺乏主动性。再贴现率调整以后,其效果如何取决于商业银行的反应。在经济萧条阶段,投资需求不旺,商业银行很难发现有价值的贷款项目,即便中央银行下调再贴现率,银行也不愿增加借入资金,那么增加货币供给量的目标就不会实现；反之，在经济高涨的阶段，企业信贷需求旺盛，商业银行能以很高的利率发放贷款，有时中央银行提高再贴现率也阻止不了商业银行的借入准备金的意愿，信用扩张的势头难以抑制。

(2) 再贴现率只能影响利率的总水平，而无法影响利率的结构。只有中央银行对再贴现票据进行质量管理时才能对利率结构产生部分影响，但在目前的实际操作中，各国中央银行基本上不对再贴现票据进行质量管理。

(3) 再贴现率调整的灵活性和伸缩性有限。由于再贴现率的调整主要通过利率的变化来发挥作用，而利率的经常波动不利于商业银行和社会公众形成正常的心理预期，不利于经济的正常运行，所以在正常情况下，再贴现率不宜经常变动。

(4) 其告示效应是相对的，存在负面效应的可能。比如中央银行提高再贴现率，这时人们可能会认为社会上出现了较严重的通货膨胀，于是就产生通货膨胀预期，在这种预期指导下，人们可能会在当前更多借入资金，等更高的通货膨胀出现时再偿还。这样，中央银行希望通过调高再贴现率来减少人们资金需求、治理通货膨胀的愿望就不会实现。这就是再贴现率的负面告示效应。

(三) 公开市场业务(Open market operations)

公开市场业务是西方中央银行经常使用的货币政策工具。最早在 19 世纪初就被英格兰银行采用。在美国，公开市场业务已成为改变商业银行准备金从而实现货币政策目标的主要方法。其基本含义是中央银行通过在公开市场上买卖有价证券，来改变商业银行的超额准备金，进而影响商业银行的信用创造能力，实现金融宏观调控。

中央银行在公开市场业务中买卖的主要是政府短期债券，交易对象主要是商业银行，作用机制主要是通过买卖商业银行持有的政府债券，改变其准备金，从而影响其信用创造能力，达到扩大或收缩货币供给量的目的。这一政策工具之所以会达到调节货币和信用的目的，是基于以下两个作用：

1. 改变基础货币

当中央银行从商业银行买进一笔政府债券时，商业银行或者将支票兑现以增加其库存现金，或者将款项存入中央银行准备金账户。第一种行为会使流通中的现金增加，第二种行为会使商业银行的准备金存款增加，二者都表现为基础货币的增加。相反，当中央银行向商业银行出售一笔政府债券时，会使基础货币收缩。

2. 改变利率水平和结构

从利率水平的角度来说，一方面，当中央银行从商业银行买进政府债券时，会直接导致市场对政府债券的需求增加，从而推动政府债券价格上升，使利率水平反向变化，市场其他利率水平也相应受到影响；另一方面，中央银行从商业银行买进政府债券时，会使商业银行的准备金相应增加，贷款供给意愿增强，可能下调利率。

从利率结构的角度来说，如果市场上债券种类丰富，中央银行可以在公开市场上进行长短期债券的转换操作，即买进一定数量的政府短期债券的同时卖出等量的政府长期债券，这样货币供给总量不变，但长短期债券的市场价格会发生变化，进而使得长短期利率水平发生反向变动。

在中央银行的一般性政策工具中，公开市场业务通常被认为是最重要、最常用和效果最理想的工具。其优点在于：

（1）运用公开市场业务进行操作的主动权在中央银行，可以连续、经常地进行操作，而且具有较大的弹性，操作规模完全由中央银行自己控制。

（2）公开市场业务的操作可以灵活安排，可进行微调，用较小的规模和步骤进行操作，可以较为准确地达到货币政策最终目标，避免对经济产生巨大的冲击。

（3）公开市场业务具有较强的可逆转性，当中央银行在公开市场业务的操作中发现错误时，可以立即通过逆向使用该工具进行纠正，以避免出现过大的损失。

（4）公开市场业务可迅速进行。当中央银行决定进行公开市场操作时，只要向有关交易商发出买入或卖出的指令，交易就可以很快执行。

当然，公开市场业务也有缺陷，主要是其操作较为细微，技术性较强；可能会因金融市场上其他民间债券的增加而削弱其影响力；同时该政策工具对商业银行的强制影响力以及大众的预期影响力较弱。此外，公开市场业务作为一种方便、灵活的货币政策工具，其作用的充分发挥需要具备几个前提条件：(1)要有发达的金融市场，证券种类必须齐全且要达到相当的规模；(2)中央银行要有强大的、足以干预和控制整个金融市场的金融势力。如果没有这些条件的配合，公开市场业务也难以发挥作用。

二、选择性政策工具

上述一般性政策工具是通过对货币总量的控制来实现政策目标的，不能对银行体系的资金用途以及不同信用方式的资金利率产生影响。因此，中央银行在一般性政策工具以外，还需要一些选择性的政策工具，以便对某些特殊的经济领域或特殊用途的信贷进行调节。选择性政策工具主要有以下几种：

1. 消费者信用控制

指中央银行对不动产以外的各种耐用消费品的销售融资予以控制。主要内容有：规定用分期付款形式购买消费品时首次付现的最低限额；规定消费信贷的最长期限；规定可用消费信贷购买的耐用消费品的种类等。在消费信用膨胀时期，中央银行采取消费者信用控制措施，能够抑制消费需求和物价上涨。

2. 证券市场信用控制

指中央银行对有关证券交易的各种贷款进行的限制，其目的在于限制证券市场上的过度投机。如规定证券保证金率，并随时根据证券市场的状况加以调整。

3. 不动产信用控制

指中央银行对金融机构在房地产放款方面进行的限制，其目的是为了抑制房地产投机。如规定金融机构房地产放款的最高限额、最长期限，以及首次付现的最低限额等。

4. 优惠利率

指中央银行对国家经济政策和产业政策要求重点发展的经济部门或产业，制定较低的贴现率或放款利率，以促进这些部门或产业的发展。这种方法一般在经济较为落后的国家使用。

5. 预缴输入保证金

指中央银行为保证国际收支平衡,限制进口的过度增长,要求进口商按进口商品总值的一定比例,预缴进口商品保证金,存入中央银行,以增加进口商的进口成本。中央银行可以根据国际收支的情况调整预缴保证金的比例。

三、辅助性政策工具

除了上述两类货币政策工具以外,中央银行还可以采取其他一些辅助性的货币政策工具,主要有:

(一) 直接信用控制

指采取行政命令或其他方式,从质和量两方面,直接对金融机构特别是商业银行的信用活动进行控制。主要包括:

1. 规定利率最高限制

即规定商业银行存贷款最高利率限制,这是最常用的直接信用控制。其目的是为了限制商业银行竞相用抬高利率的办法吸收存款和为了谋取更高的收益而进行高风险贷款。

2. 信用配额(credit allocation)

也称信贷分配,指中央银行根据金融市场状况及客观经济需要,分别对各商业银行的信用规模进行分配,以限制其最高数量。由于在大多数发展中国家,资金供给相对于资金需求而言极为不足,所以这种方法在这些国家被广泛采用。

3. 规定流动性比率

规定商业银行的流动性比率(liquidity ratio)即流动性资产与流动性负债的比率,也是一种限制商业银行信用扩张的直接管制措施。由于流动性比率与收益率一般成反比关系,所以商业银行为保持流动性比率,就必须采取压缩长期放款、扩大短期放款和持有一部分流动性较强的资产的措施,从而使商业银行的风险贷款受到限制,经营的安全性提高。

4. 直接干预

指中央银行对商业银行的信贷业务、放款范围等直接加以干预。如直接干涉商业银行存款的吸收,拒绝对经营不善的银行发放贴现贷款等。

(二) 间接信用指导

间接信用指导指中央银行利用各种间接措施影响商业银行的信用创造。主要包括:

1. 道义劝告(moral suasion)

指中央银行利用其声望和地位,对商业银行和其他金融机构发出通告、指示或与各金融机构的负责人面谈,劝告其遵守政府政策并自动采取相应的措施来贯彻相应的货币政策。

2. 窗口指导(window guidance)

指中央银行根据产业情况、物价走势和金融市场动向,规定商业银行贷款的重点投向和数量变动,并要求其执行。如果商业银行不按规定执行,中央银行可采取削减对该行的贷款额度或停止提供信用等措施进行制裁。

间接信用控制的优点是较为灵活，但其作用是否能充分发挥取决于中央银行在金融体系中是否有较强的地位、较高的威望和是否拥有控制信用的足够的法律权利和手段。

第三节　货币政策的传导机制

一、货币政策传导过程

通过研究货币政策的最终目标、中介指标和货币政策工具，可以发现三者是相互联系、相互依存的。中央银行确定货币政策的最终目标以后，必须根据最终目标的要求制定出一些在短期内能实现的经济指标，即中介指标，并运用相应的货币政策工具来实现这些目标，以进一步实现货币政策最终目标。货币政策的传导过程如图 10-1 所示：

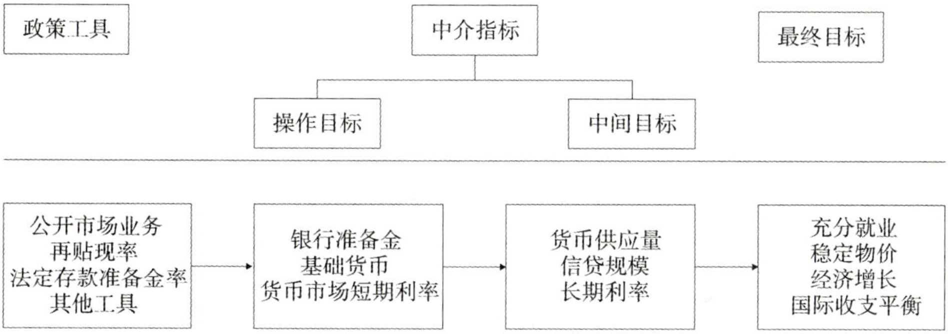

图 10-1　货币政策的传导过程图

二、货币政策传导机制理论

货币政策对经济的调节作用不仅取决于货币政策本身的松紧，而且与其传导机制密切相关。一定的货币政策工具怎样引起社会经济生活的某些变化、并最终实现预期的货币政策目标就是货币政策的传导机制（conduction mechanism of monetary policy）。对货币政策传导机制的分析，在西方主要有凯恩斯学派的传导机制理论、托宾的 q 理论、货币学派的传导机制理论和信贷传导机制理论等。

（一）早期凯恩斯学派的货币政策传导机制理论

现代经济学家对货币政策传导机制的研究起始于凯恩斯。这种理论最初是就货币市场对商品市场的影响进行的分析，被称为局部均衡分析。其思路可归结为：通过货币供给 M 的增减变动影响到利率 r，利率的变化再通过资本边际效益的影响使投资 I 以乘数的方式增减，投资的变化会进一步影响总支出 E 和总收入 Y。这一传导过程可简写为：

$$M \rightarrow r \rightarrow I \rightarrow E \rightarrow Y$$

在这个传导过程中，利率发挥了关键的作用，是最主要的环节；货币供给量的变化首先影响利率的升降，然后使投资、总支出发生变化。

这种局部均衡分析从货币市场的变化分析到商品市场的变化就停止了，只显示了货币市场对商品市场的初始影响，并未反映出二者之间的循环往复的作用。因此，考虑到货币市场与商品市场的相互作用，凯恩斯学派又作了进一步的分析，称为一般均衡分析。其基本思路是：

(1) 假设货币供给增加，若产出不变，利率会相应下降；利率下降会使投资增加，并导致总支出增加，进而推动产出量上升。这与原来的分析相同。

(2) 由于产出量的上升，货币需求相应上升，如果没有新的货币供给投入经济生活，货币供求的对比会使原来下降的利率回升。这是商品市场对货币市场的作用。

(3) 利率的回升会使总需求减少、产量下降，产量的下降又会使货币需求下降、利率回落。这是一个循环往复的过程。

(4) 这个过程最后会接近一个均衡点，这个点同时满足了货币市场供求和商品市场供求两方面的均衡要求。在这个点上，利率可能较原均衡水平低，而产出可能较原均衡水平高。

当然，货币政策的实际传导过程非常复杂，所以凯恩斯学派对传导机制的分析不断增加新的内容，主要集中在对货币供给变化到利率变化、利率变化到投资变化的更具体的传导机制及一些约束条件的分析上。但不论进展如何，凯恩斯学派传导机制理论的共同特点是对利息这一环节的特别重视。

(二) 托宾的 q 理论

以托宾为首的经济学家沿着一般均衡分析的思路扩展了凯恩斯的模型，把资本市场、资本市场上的资产价格，特别是股票价格纳入传导机制。认为货币理论实际上是微观经济主体资产结构管理理论，沟通货币经济与实体经济的并不是货币数量或利率，而是资产价格以及关系资产价格的利率结构等因素。其传导过程可表达为：货币是起点，直接或间接影响资产价格(主要是股票价格)，资产价格的变化引起实际投资的变化，并最终影响实体经济和产出。他们认为，股票价格是对现存资本存量价值的评估，是评价企业市场价值的依据，而企业的市场价值与资本的重置成本的比较将影响投资行为。托宾将 q 定义为企业市场价值与资本重置成本之比，q 值较高，意味着企业市场价值高于资本的重置成本，在生产要素价格未上涨时，企业家愿意增加投资支出，追加资本存量，此时会使投资需求增加，总需求上升，国民收入增加。因此，q 值是决定投资的主要因素。这一过程可以表示为：

$$M \rightarrow r \rightarrow PE \rightarrow q \rightarrow I \rightarrow Y$$

其中 PE 为股票价格，其他符号的含义同上。托宾 q 理论与早期凯恩斯学派的货币政策传导机制理论不同的是，货币供给变动导致的利率变化，在后者是直接作用于实际投资和总支出，而在前者则是通过资产(股票)价格，再作用于实际投资，表面上看只不过增加了一个环节，实际上托宾在货币传导机制中加入了资本市场的因素，展示了货币市场、资本市场和商品市场之间的联系，将人们的注意力引到资产价格方面来，因而为货币政策传导机制理论带来新的视角和更丰富的内容。

（三）早期货币学派的货币政策传导机制理论

与凯恩斯学派不同，货币学派认为利率在货币政策传导机制中不起重要作用，他们强调货币供给量在整个传导机制上的直接效果。货币学派论证的传导机制如下所示：

$$M \rightarrow E \rightarrow I \rightarrow Y$$

M→E表明货币供给量的变化直接影响支出，原因在于货币需求有内在的稳定性。货币主义将货币供给视为外生变量，因此货币需求函数中不包含任何货币供给的因素，货币供给的变化也不会直接引起货币需求的变化。当作为外生变量的货币供给变化后，比如增加，由于货币需求并不变动，公众手持货币量必然会超过其愿意持有的货币量，从而使支出增加。

E→I指变化了的支出用于投资的过程，货币主义认为这是资产结构的调整过程：超过意愿持有的货币可能被用来购买金融资产、非金融资产，直至人力资本的投资；不同的投资取向会相应引起不同资产相对收益率的变化，从而引起资产结构的调整；在这一调整过程中，不同资产收益率的比值又会趋于相对稳定状态。

M作用于支出，导致资产结构调整，最终会引起名义收入Y的变化。由于Y是价格与实际产出之积，这一变化究竟在多大程度上反映了实际产量的变化，又有多大比例反映在价格水平上？货币主义认为，货币供给的变化在短期内对两方面均可产生影响，长期而言，则只会影响到物价水平。

（四）信贷传导机制

信贷传导机制理论的出现比较晚，它强调信贷传导具有独立性，不能由利率传导、货币数量传导的分析所取代，要专门考察，而且侧重于紧缩效应分析。这方面的研究主要从两方面展开：

1. 对银行信贷传导机制的研究

银行贷款不能全部由其他融资形式（如发行企业债券和股票）所取代，像小企业和普通消费者这样的特定的借款人，其融资需求只能通过银行贷款来满足。这样，中央银行如果能通过货币政策的操作影响贷款的供给，那么就能进一步影响总支出。

假设中央银行决定实施紧缩性的货币政策，如在公开市场上出售有价证券，那么商业银行的可用准备金R就会减少，存款货币D的创造也会相应减少，在其他条件不变的情况下，银行贷款L的供给就会相应削减，结果就会使那些依赖银行贷款融资的特定借款人不得不削减投资和消费，导致总支出下降。这一过程可表示为：

$$\text{公开市场的紧缩操作} \rightarrow R \rightarrow D \rightarrow L \rightarrow I \rightarrow Y$$

银行信贷传导的特点是不必通过利率机制。而且商业银行所提供的信用数量并不一定受中央银行行为的制约，有时商业银行会根据自己对经济形势的判断和经营策略的要求，主动地改变其信用规模。显然，这一理论强调了银行在货币传导机制中的作用。

2. 对借款人资产负债表的研究

20世纪90年代，一些经济学家从货币供给对借款人资产负债状况的影响的角度来分析信贷传导机制。他们认为，货币政策会影响借款人的资产状况，特别是现金流的情况，进而影响其投资支出。以紧缩性货币政策为例，这种影响主要体现在：紧缩的货币政策会使利率上升，利率上升将直接导致利息等费用支出增加，使净现金流减少；同时下游企业和消费者支出的减少将间接引起销售收入的下降，也会减少净现金流；利率的上升还会导致股价下跌，使企业净值下降，可用作借款担保品的价值减少。由于上述影响，使贷款的逆向选择和道德风险问题趋于严重，并促使银行减少贷款投放。一部分资产状况恶化和资信状况不佳的借款人不仅难以从银行获得贷款，也很难从金融市场直接融资。结果会导致投资和产出的下降。这一过程可表示为：

$$M \rightarrow r \rightarrow PE \rightarrow NCF \rightarrow H \rightarrow L \rightarrow I \rightarrow Y$$

其中，NCF表示净现金流，H表示逆向选择和道德风险，其他符号同上。这一研究涉及利率的变动及其对股票价格的影响，与托宾的q理论相似，但它随后将研究引向企业的净值及其信用状况方面，即通过借款人信贷渠道对投资和总收入产生的影响，这是与托宾的q理论不同之处。

（五）开放经济条件下的货币传导机制

在开放经济条件下，净出口成为总需求的一个重要组成部分。货币政策可以通过影响国际资本流动，改变汇率，并在一定的贸易条件下影响净出口。在实行固定汇率制的国家，中央银行可直接调整汇率；在实行浮动汇率制的国家，中央银行必须通过公开市场业务的操作来改变汇率。当中央银行实行紧缩的货币政策时，利率上升，外国对该国生息的金融资产的需求会增加，而该国对外国类似资产的需求会减少。因此，外国人会通过购买该国货币来达到购买该国金融资产的目的，这样就会使该国货币因需求的增加而在外汇市场上升值，本币的升值将导致该国出口减少，进口增加，使该国的贸易收支恶化，净出口下降，从而导致总收入下降。当中央银行实行扩张性的货币政策时，则会出现相反的调节过程。这一机制可表示为：

$$M \rightarrow r \rightarrow r_e \rightarrow NX \rightarrow Y$$

其中，r_e代表汇率，NX代表净出口。

需要指出的是，在金融全球化的趋势下，国际资本流动对本国货币政策的操作具有抵消作用。如当本国要提高利率以限制总需求时，利率的上升却会因为外国资本的流入而受到抑制。

三、货币政策传导渠道

从上述理论分析中可以看出，货币政策的传导渠道主要有两条：

1. 商业银行

也可称为机构传导途径。指中央银行动用了货币政策工具后，可以改变商业银行从中央银行的融资成本，使商业银行的准备金头寸发生变化；然后商业银行会通过调整信贷规模、利率、贷款期限等使其他社会公众的消费、储蓄和投资活动受到影响，进而使全社会的总支出和总产出量发生变化，以实现货币政策的最终目标。在间接金融占统治地位的情况下，这是货币政策的主要传导渠道。

2. 金融市场

也可称为市场传导途径。指中央银行实施了货币政策工具后，会使金融市场（包括货币市场、资本市场和外汇市场）的供给和需求发生变化，引起各种金融资产的收益和价格的变动。这种变动同样会影响到企业、居民等经济主体的消费、投资、储蓄和进出口行为，并最终影响货币政策目标的实现。

从上述两条传导渠道可以看出，货币政策的传导顺序一般是由中央银行首先作用于商业银行和金融市场，再由商业银行和金融市场作用于企业、居民等经济主体，最后由各经济主体作用于各宏观经济变量。

第四节　货币政策效应

一、货币政策效应的定义与衡量

货币政策效应（Effects of monetary policy）是指货币政策的实施对社会经济生活所产生的影响。

货币政策效应的衡量包括两方面：一是货币政策发挥作用的快慢，这将在下文中有关货币政策的时滞分析中体现；二是货币政策效应的大小，这可能是更主要的方面。

对货币政策效应大小的衡量一般着眼于货币政策实施所取得的效果与预期目标之间的差距。以评估紧缩政策为例，如果发生需求拉上型通货膨胀，货币政策是以纠正供求失衡为目标，这项紧缩性货币政策是否有效、效应的大小可以从以下几方面考察：

（1）通过货币政策的实施，如果紧缩了货币供给、平抑了物价水平的上涨，并且在促使价格水平回落的同时又没有影响产出或供给的增长率，那么可以说这项紧缩性货币政策的有效性最大。

（2）如果通过紧缩货币供给量在平抑物价水平上涨或促使物价水平回落的同时，抑制了产出的增长，那么紧缩性货币政策有效性的大小要视物价水平变动率与产出变动率的对比而定。如果产出数量虽有所减少，但减少规模还不算大，而抑制物价水平的目标接近实现，那么可以认为紧缩性货币政策的有效性较大；如果产出数量的减少非常明显，而物价水平目标的实现并不理想，可以认为紧缩性货币政策的有效性较小。

（3）如果紧缩性货币政策无力抑制物价上涨或促使物价回落，却使产出的增长率大大下降，说明紧缩性货币政策是无效的。

对其他货币政策效应的衡量也可采用类似的思路。

二、影响货币政策效应的因素

在货币政策的实施过程中，要受多种因素的影响，因此货币政策效应是一种综合结果。影响货币政策效应的因素主要有以下几方面：

（一）货币政策时滞（Time lag of monetary policy）

货币政策时滞是指货币政策从研究、制定到实施后发挥实际效果的全部时间过程。时滞是影响货币政策效应的重要因素，因为中央银行的货币政策需要经过多长时间才能见效、这一时间是否可以进行预测，都关系到货币政策目标能否实现。

对于货币政策的时滞可以从两方面来理解：一是时滞的性质，二是时滞的长度及其变异程度。就时滞的性质而言，货币政策时滞可分为三类：内部时滞、中期时滞和外部时滞，如图 10-2 所示。

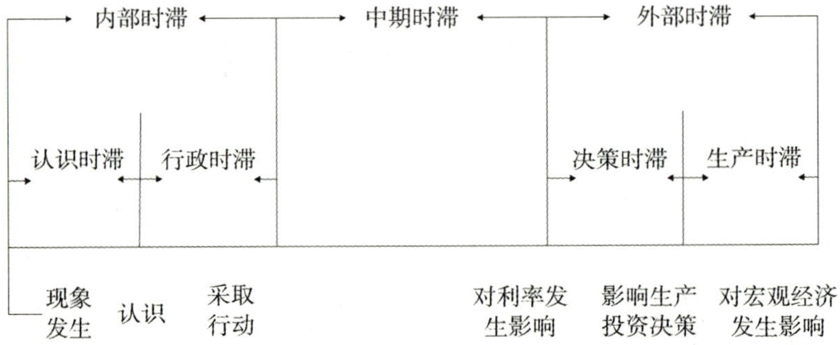

图 10-2　货币政策时滞

1. 内部时滞

内部时滞是指从经济现象发生变化、需要采取对策加以矫正开始，直至中央银行实施货币政策工具为止的时间。内部时滞又可以分为两部分：

（1）认识时滞，指从经济现象发生变化开始到中央银行获取准确资料、取得明确认识、决定开始研究对策的时间。

（2）行政时滞，指中央银行明确经济形势变化的性质及其将产生的影响后，进行对策研究，在决定实施何种政策工具之前的时间即为行政时滞。

内部时滞的长短，取决于中央银行对经济形势变化和发展的敏感程度、预测能力及收集资料、研究形势和采取行动的效率。如果在经济衰退发生之前或通货膨胀明显暴露之前，中央银行就预先采取扩张的或紧缩的货币政策，则内部时滞就可消除。

2. 中期时滞

中期时滞，严格地讲应属于外部时滞的一部分，因其情况特殊，所以单列出来进行解释。所谓中期时滞是指从中央银行采取行动开始，直到对金融机构产生影响、使金融机构的利率及信用情况发生变化的时间过程，有时也称为信用市场时滞。中期时滞的长短取决于金融机构的反应及金融市场的敏感程度，不是中央银行可以操纵的。

3. 外部时滞

外部时滞是指从金融机构改变其利率和信用供给量开始，直至对实质经济产生影响的时间过程。外部时滞又可分为两部分：

(1) 决策时滞，指个人和厂商面对变化的利率和信用供给量，改变自己的投资或支出决策的这段时间。

(2) 生产时滞，即个人和厂商决定其支出意向后，对整个社会的生产和就业产生影响的时间过程。

由于经济结构及微观主体行为的不稳定性和不可预测性，各经济部门对货币政策的反应不一，所受的影响也不相同，所以外部时滞变化的跨度很大，是整个货币政策时滞中最复杂的问题。

货币政策时滞究竟有多长，这在很大程度上是一个实证经济学问题。自 20 世纪 60 年代开始，西方经济学家对货币政策时滞有很多实证研究，由于研究方法不同、各国具体情况不同，因此得出的结果差异很大。基本情况是：货币政策的中期时滞比较稳定，是可测的，一般认为在两个月左右；内部时滞较短，但不同的经济学家得出的结论差别很大，一般在 2—6 个月之间；外部时滞最长，一般在 4—20 个月之间。总体来说，货币政策的时滞从半年到 20 个月不等。

货币政策时滞的存在，使得中央银行的相机抉择政策常常不能实现预期目标，在货币政策出台后的一段持续期间内，如果客观经济条件发生变化而货币政策又难以做出及时的调整，就有可能出现货币政策效应下降甚至失效的情况。因此，以弗里德曼为代表的货币主义学派主张用“简单规则”取代相机抉择的货币政策，即消极地维持一定的货币供给增长率，以避免人为的错误造成经济的不稳定。也有学者主张将货币政策与财政政策结合使用来解决货币政策时滞不稳定的问题。

（二）货币流通速度

影响货币政策效应的另一个主要因素是货币流通速度。对于货币流通速度的任一个微小变动，如果政策制定者未能预料或在估算变动幅度时出现小的差错，都可能使货币政策效应受到严重影响，甚至有可能使原本正确的政策走向反面。在实际生活中，因为货币流通速度受到的影响因素太多，所以对它的估算很难做到不发生误差，这也就影响了货币政策的效应。

（三）微观经济主体的预期

这也是影响货币政策效应的一个因素。当一项货币政策提出时，各微观经济主体会立即根据可能获得的各种信息来预测政策的后果，并尽快研究对策，以抵消其政策的不利影响。货币当局推出的政策在遭遇微观经济主体广泛实施的抵消对策时可能归于无效。例如，如果中央银行实行扩张性的货币政策，以降低失业率，公众根据过去的经验会预期到这种政策的后果，即总需求水平和价格水平会上升，他们就会与雇主谈判要求提高工资，以便当价格上升时能保持实际工资不变。企业预期工资成本增加而不愿增加投资和雇用，结果最终只有物价上涨而没有就业扩大。鉴于微观经济主体的预期对货币政策的消极作用，似乎只有在货币政策的取向和力度没有或没有完全为公众知晓的情况下才能生效或达到预期效果，但这种做法的可能性较小。货币当局不可能长时间不让社会公众知道它要采取的政策，即使采取非常规的货币政策，不久之后也会落在人们的预期之内，而长期采取非常规的政策会使微观经济主体做出错误判断，导致经济混乱。所幸的是，即便微观经济主体的预期非常准确，对策实施也很快，但其效应的发挥也要有一个时间过程，货币政策仍有可能奏效，但微观经济主体的预期会使其效应打很大的折扣。

（四）其他经济政治因素

除上述因素外，货币政策效应还会受到其他因素的影响。例如，中央银行实施紧缩的货币政策以期改善市场供求的对比状况，但在实施过程中出现企业开工率低、经济效益下滑过快的现象，这就说明在紧缩需求的同时，供给也减少，改善市场供求对比的目标也不能实现。

除了经济因素以外，政治因素也会对货币政策效应产生巨大影响。因为任何一项政策的实施都会对不同的阶层、集团、部门或地方的利益带来影响，这些利益主体如果在自身利益受损时作出较强烈的反应，就会形成一定的政治压力，当这些压力足够有力时，就可能会迫使中央银行对货币政策做出调整。

三、货币政策有效性的评价

西方经济学对货币政策有效性的看法是西方经济学在货币金融领域的具体体现。西方学者对货币政策效应的理论探讨主要集中在货币政策能否影响产出，也就是货币是否中性的问题上。西方学者对货币政策总体效应的评价理论经历了以下的演变过程：

（一）古典学派的“面纱论”

早在 17 世纪，许多古典经济学家就注意到货币流通数量问题，并作了多方面的理论分析。18 世纪货币数量论最著名的代表人物大卫・休谟提出，商品价格决定于流通中的货币数量；货币价值取决于货币数量与商品数量的对比。在古典学派看来，货币数量的增减必然会引起物价的升降，从而名义产出发生变化，但是，货币数量变动并不能影响到实际产出。实际产出是由资源状况、技术条件等因素决定的，在短期内不会发生改变。因此，古典学派认为货币不过是笼罩在实质经济上的一层“面纱”，实质经济可以自行其是，与“面纱”大小无关。即不管货币如何变动，经济始终处于充分就业状态，因此货币政策完全无效。“面纱论”产生于金币本位制盛行的 19 世纪末 20 世纪初，其代表人物有费雪、马歇尔、庇古等。

（二）凯恩斯的货币政策有效性理论

1929—1933 年的经济大萧条从实践上否定了古典经济学的理论假说，凯恩斯根据边际消费倾向递减、投资内涵收益率的不确定性和流动性偏好三大假说提出有效需求不足理论。他认为有效需求不足必须由国家干预性的政策予以弥补。国家干预可以采用财政政策和货币政策，就货币政策而言，增加货币供给量在一定条件下能降低利率、扩大投资，并通过乘数的作用提高总支出水平。但是，凯恩斯更强调财政政策的作用，认为货币政策无力挽救当时过度萧条的局势，在企业和消费者预期极度悲观的情况下，以货币政策启动需求的作用不明显，货币政策可能会受到流动性陷阱的制约，即使增加货币供给也不会使利率继续降低，从而也不能扩大投资和总支出。总之，凯恩斯并不否认货币政策的作用，但对货币政策的有效性持有怀疑。

在第二次世界大战后凯恩斯主义得到进一步的发展，就其政策主张看，认为财政政策和货币政策二者的配合使用有可能熨平资本主义的周期波动、消除危机，并实现成长、就业和稳定诸目标的协调一致。但是长期使用凯恩斯主义国家干预政策也导致了一些不良结果，到 20 世纪 70 年代出现经济增长与通货膨胀并存的所谓“滞胀”的局面，充分就业和物价稳定的替代关系被破坏，凯恩斯主义在理论和实践两方面遭遇挑战。

（三）货币主义的短期有效理论

货币学派反对凯恩斯主义关于国家干预经济的主张，认为凯恩斯学派主张的国家干预阻碍了市场自我调节机制的发挥，促成了经济紊乱。就货币政策而言，凯恩斯主义主张实施“逆对风向”的相机抉择的政策。而货币学派则认为，由于政策时滞存在，相机抉择的货币政策是否有效很难确定，多变的政策和金融环境反而会扰乱经济的正常运行，加剧经济的波动性。弗里德曼根据对历史数据的分析，论证了货币供给的变化对产出有显著影响，货币供给量的变化是经济波动的根源，得出“货币最重要”的结论；又依据自然失业率假说提出附加预期的菲利普斯曲线，并根据稳定的货币需求函数和广泛的货币政策传导机制，从理论上说明货币政策长期无效，得出货币短期非中性和货币长期中性的结论。在政策主张上，则认为应该保持货币供给按“规则”增长。

（四）理性预期学派的货币政策无效理论

以卢卡斯等人为代表的理性预期学派号召重新确认古典经济学关于经济生活中的主体是“理性人”的假设，将理性预期引入货币政策效应分析。该学派认为，在短期内，厂商的价格信息和货币供给量信息不充分，当货币当局增加货币供给量时，厂商可能会将总体价格上涨带动的自身价格上涨视为市场对自身产品需求的增加，从而增加产出；但厂商是理性的，理性的厂商会在学习过程中不断修正对货币供给和相对价格的错误预期，并据此不断调整产出水平。长期来看，实际产出将处于潜在产出的均衡水平。理性预期模型的政策含义是：被预期到的货币政策是无效的，只有超出微观主体预料之外的货币政策才会影响实际产出。因此，货币当局必须准确把握公众的预期程度，不断制造超出微观主体预期程度的意外政策，才能保证货币政策产生效果。而事实上，货币当局想在长期里蒙蔽社会公众是不可能的，微观经济主体的预期会对货币政策产生抵消作用，因此，货币政策是无效的。与货币主义学派一样，他们认为相机抉择的政策只会造成政策不稳定的印象，加剧经济波动；保持宏观经济稳定的办法应该是坚定地依规则行使货币政策，以稳定公众的预期。

本章小结

1. 货币政策是中央银行宏观调控的核心，是国家宏观经济政策的重要组成部分。货币政策主要由货币政策最终目标、中介指标和货币政策工具三部分组成。

2. 货币政策最终目标是中央银行通过实施货币政策工具要实现的经济目标，

主要包括稳定物价、充分就业、经济增长和国际收支平衡。各目标之间既有统一性，又有矛盾冲突，不同国家在不同时期的最终目标不尽相同。

3. 货币政策中介指标是为了实现最终目标而设置的可供观察和调整的指标，可以分为操作目标和中间目标。操作目标直接受货币政策工具的作用，主要包括短期货币市场利率、银行准备金和基础货币；中间目标是货币政策的远期中介指标，直接作用于最终目标，主要包括银行信贷规模、货币供应量和长期利率。

4. 货币政策工具是中央银行为实现最终目标而采取的手段和措施，一般可分为一般性政策工具、选择性政策工具和辅助性政策工具三种。

5. 货币政策传导机制是中央银行运用货币政策来影响中介指标进而实现最终目标的途径和过程。

6. 货币政策效应指货币政策的实施对社会经济生活产生的影响，影响货币政策效应的因素主要有：货币政策时滞、货币流通速度、微观主体预期及其他经济政治因素。

关键词汇

货币政策	monetary policy
货币政策目标	goals of monetary policy
货币政策工具	tools of monetary policy
法定存款准备率	reserve requirements
再贴现率	rediscount rate
公开市场业务	open market operations
信用配额	credit allocation
货币政策中介指标	intermediary targets of monetary policy
货币政策时滞	time lag of monetary policy
货币政策效应	effects of monetary policy
货币政策传导机制	conduction mechanism of monetary policy

复习思考题

1. 什么是货币政策，由哪些要素构成？
2. 试述货币政策各最终目标之间的关系。
3. 简述货币政策的一般性政策工具。
4. 分析影响货币政策效应的因素。
5. 什么是货币政策中介指标？哪些变量可以充当中介指标？为什么？
6. 试比较凯恩斯学派和货币学派的货币政策传导机制理论。
7. 论述改革开放以来中国货币政策的实践。

第十一章　金融的脆弱性与金融监管

世界经济发展的进程充分证明了金融业对现代经济增长具有强大的作用力和影响力，金融体系已经成为现代经济体系的核心。但是，金融体系具有内在的不稳定性，而且随着金融创新的深入、全球金融一体化的发展，金融体系所面临的风险变得越来越复杂。金融风险的积累即金融的脆弱性是造成金融危机的根源，也是政府对金融系统进行监管的主要原因。自 20 世纪 80 年代以来，一次又一次的金融危机给各国的经济发展和人们的经济生活带来巨大的损失。各国经济学家和监管者都致力于探讨金融风险和金融危机产生的原因、机制以及防范的措施。本章将介绍金融风险和金融危机的特性，引导读者了解相关的理论模型，初步掌握各种金融监管理论和模式。

第一节　金融的脆弱性

一、金融风险的含义

风险是由于各种不确定性因素导致行为人遭受损失的可能性，风险的本质特征是不确定性。然而存在不确定性并不意味着存在风险。所谓不确定性是指结果发生有多种可能的状态，而人们无法事先准确预知未来的结果。这种不确定性可能有利于行为主体，也可能不利于行为主体。而风险强调的是由不确定性造成的不利后果。同时，风险关注的是一种未来可能发生的、潜在的损失，是一种事前概念，一旦损失已经发生了，风险也就不存在了。

金融风险（Financial Risk）是指在金融活动中，由于金融市场中各种变量的不确定性，导致行为主体遭受损失的可能性。需要指出的是这里的行为主体不仅包括金融机构，还包括参与金融活动的所有行为主体，如个人、企业、政府等。而所损失的也不仅仅是收益，可能还有本金、财产或信用等。

二、金融风险的种类

金融风险的种类很多，根据可能引起金融风险的成因不同大致可以分为：政策性风险、市场风险、信用风险、流动性风险、操作性风险以及道德风险等。

（一）政策性风险（Policy Risk）

政策性风险是指由于一个国家宏观政策的变动可能给投资者带来的风险。包括一个国家的宏观财政政策、货币政策，以及对内、对外的各种经济、政治、外交甚至是军事活动都会对金融活动的结果产生不确定性的影响。一旦决策失误就会造成金融业的不稳定，甚至是金融危机。如 1997 年爆发的东南亚金融危机在一定程度上就是由于当时的宏观经济政策不当造成的。而且政策性风险是来自于外部环境,起因于经济个体无法控制的外在不确定性,因此,会对所有的经济个体产生影响,是一种系统性的风险。

（二）市场风险(Market Risk)

市场风险是指在市场交易中,由于基础金融变量,如汇率、利率、股票和债券价格、金融衍生产品价格、通货膨胀率等方面的变动引起的金融资产或负债的市场价值发生变化而给金融活动的行为主体带来损失的可能性。其中以利率风险和汇率风险最为常见,有的教材中也称之为价格风险。

（三）信用风险(Credit Risk)

信用风险是指由于交易一方当事人不愿意或不能够正常履行契约的责任,导致另一方遭受损失的风险。信用风险是银行业面临的最主要的风险之一。银行作为贷款人,可能因为借款人客观上丧失偿债能力或主观上缺乏还款意愿而受到损失。除此以外,债券或股票的持有者也面临着发行方信用等级变化,不能按期还本付息造成损失的风险。

广义上的信用风险除了来自于具体的交易方以外,还包括了主权风险。例如,由于主权国政府干预债务偿还或对外国投资者获取回报造成障碍,就会增加国内交易方的违约可能性,给国际债权人或投资者带来信用风险。

（四）流动性风险(Liquidity Risk)

对流动性风险可以从两个不同的层面去理解。一方面是由于金融资产或金融产品流动性的不确定性带来的损失。当金融产品的流动性下降,可能会产生产品的持有者无法及时的变现,或即使能变现也不得不付出高昂的成本,这种风险被称为产品流动性风险。另一方面是金融机构本身的资金流动出了问题。如果其流动性资产不能满足偿还流动性负债的要求,就会引起金融机构的清偿问题,不得不以较低的价格变卖资产,甚至出现资不抵债的情况,这种风险又往往被称为现金流动风险。显然,流动性风险对于金融机构的影响很大,流动性风险以其不确定性强、冲击破坏力大的特点,而被称为“商业银行最致命的风险”。因此,流动性风险管理在金融机构的经营管理中占有非常重要的地位。

（五）操作性风险(Operational Risk)

操作性风险是指由于内部程序、人员、系统的不完善或失误,或外部事件造成的直接或间接损失。包括内部人员操作失误或蓄意隐瞒信息导致的风险、自然灾害、政治和军事事件以及由于技术设施的缺陷等外部不可抗力造成的风险,和法律、税收、监管等方面变化带来的法律风险等。

（六）道德风险(Moral Hazard)

道德风险是指在交易中的一方利用自身的信息优势,在双方签订合约后违反市场机制的一般要求或道德规范,谋求自身利益最大化而让对方承担损失的可能性。例如在融资完成后,融资者不从事事先约定的投资项目,而是将资金投入高风险的经济活动中,就会增加投资者所面临的风险。

三、金融脆弱性(Financial Fragility)

一般而言,金融脆弱性是指金融制度、结构出现非均衡导致风险积聚,金融体系丧失部分或全部功能的金融状态①。关于金融脆弱性的理解可以分为两个层次。第一是狭义的金融脆弱性,即金融内部的脆弱性。由于金融业是一个高负债、高风险的行业,决定了在其整个经营过程中金融风险将普遍存在,即金融业具有内在脆弱性,而这种脆弱性往往会影响金融机构的安全。第二是广义的金融脆弱性,泛指所有融资领域,包括金融机构和金融市场融资领域的风险积聚。

下面介绍几种常见的脆弱性理论,它们分别从不同的角度分析了金融内在脆弱性的根源。

(一) 金融不稳定性假说(Financial Instability Hypothesis)

明斯基(H. Minsky)较早对金融脆弱性问题做出了较为系统的阐述。他认为私人信用创造机构,特别是商业银行和其他相关贷款人的内在特性使得它们自己不得不经历周期性危机和破产浪潮。当它们的困境被传递到经济体的各个组成部分,就会导致经济危机的爆发。

明斯基的分析是基于资本主义繁荣与萧条的长波理论,从债务—通货紧缩的角度来分析金融危机。认为正是经济繁荣时期埋下了金融动荡的种子。经济危机是引发金融周期性危机的主要原因。明斯基把借款企业分为三类,第一类是风险规避型企业。它们只根据自己未来的现金流量作抵补型融资;第二类是投机型的借款人,它们根据预测的未来资金丰缺程度和时间来确定借款,即它们的预期收入从总量上大于债务额,但在借款后的前一段时间内预期收入仅够支付利息,而不够支付本金,存在“债务缺口”,过了这一段时期,企业的预期收入又足以偿还到期本息及以前所欠的本金。这类企业承担了较大的不确定性风险,一旦市场条件发生变化,它的财务状况就会恶化。第三类是高风险的企业。它们的借款大都用于投资回报时间很长的项目。在较长的时间内它们都无法用投资收益偿还本金和利息,因此,想要维持现有的规模,不仅要靠滚动的负债偿还到期本金,还要不断累积新的债务。这类企业风险最大,一旦发生变化就有可能出现资不抵债的情况。

在明斯基的分析中指出,由于经济周期的存在,在初期,绝大多数金融机构的资金会流入第一类企业,但随着经济的扩张,市场一派利好,企业预期收益上升,市场融资条件相对宽松。第二、三类企业迅速发展,并且在借款人中所占的比重越来越大,导致金融脆弱性越来越严重。一旦经济走向衰退,利润增速放缓甚至出现负增长,金融部门出于安全性的考虑提高利率水平、收紧银根。但这时任何打断信贷资金进入生产部门的做法都将会引起借款人的违约和破产,这反过来又会造成金融机构的大量不良资产,甚至导致金融机构的破产,乃至整个金融行业危机的爆发。

然而,我们看到银行家们似乎并没有从周期性的危机中吸取教训,金融危机依

---

① 伍志文.中国金融脆弱性分析.经济科学,2002年第3期.

然频繁爆发，这是为什么呢？明斯基认为主要有两个理由：一是代际遗忘，即今天的贷款人常常会忘记了过去痛苦的经历；二是迫于竞争的压力，贷款人为了在激烈竞争中不失去客户和市场份额，被迫做出不审慎的贷款决策。

（二）安全边界说（Margins of Safety）

如果说明斯基是从企业角度来分析金融脆弱性问题，克瑞格（T. A. Kregel）的安全边界说则是从银行角度来解释。所谓的"安全边界"是指提供一种保护以防不测。在金融领域可以理解为银行在收取利息时，考虑了预期现金收入说明书和计划投资项目承诺书以后，结合必要的风险报酬，确定的双方都能接受的安全边界。

与借款企业相比，金融机构的经营者对整个市场环境和潜在竞争对手很熟悉，但无法准确地把握未来市场状况。因此银行在决定是否贷款时主要参照借款人过去的信用记录，或是参看其他同业的做法来设定安全边界，而不太关注未来的预期。这种做法在经济稳定扩张时期往往会导致安全边界标准降低，低于安全边界的项目也会被批准（如经济过热时期的房地产贷款项目），从而导致金融业脆弱性的增加，一旦经济形势发生逆转金融危机不可避免。

（三）由信息不对称引起的金融脆弱性

斯蒂格列茨等经济学家认为虽然金融机构的存在在一定程度上减少了信息不对称的矛盾，通过金融中介作用防止了借款人与贷款人之间因信息不对称而发生的逆向选择和道德风险。但金融机构要真正解决信息不对称问题，还要受到两个前提条件的限制。首先，储户要真正信任金融机构，不会发生挤兑。其次，金融机构对借款人的筛选和监督是高效率和低成本的。然而，这两个前提条件往往并不同时具备。由于信息不对称的存在，金融机构并不能总是高效率、低成本地实现对借款人的筛选和监督。相反，事实上借款人总是要比金融机构更清楚地了解自身的经营状况以及所投资项目的风险和收益。在经济扩张时期，金融机构常常会失去理性而投资一些高风险的项目，一旦经济发生逆转，这些项目就有可能给银行带来损失，而如果这些信息不幸被存款人所了解，或是一些意外事件的发生致使他们对金融机构失去了信心，就会出现挤兑现象，危及金融机构的安全。

此外，随着金融自由化、全球一体化的发展，金融机构之间的往来越来越密切，资金结构也越来越复杂，形成了相互交织的债权、债务网络。任何一家金融机构微小的支付困难都可能引起更大范围的流动性危机，甚至由于多米诺骨牌效应而波及其他国家和地区。

目前，金融脆弱性理论已经逐渐被人们接受，但尚未形成系统的理论体系。随着金融危机呈现出的新特点，不断有新的理论产生，因此金融脆弱性理论还处在发展的过程中。

第二节　金融危机

金融危机并不是20世纪的产物，在世界经济史中很早就出现过。但在第二次世界大战之前，它只是一种偶然现象，影响范围和程度都很有限。只有1929年到

1933年的“大萧条”是一次波及范围较广、影响较大的金融危机。然而，二战以后，金融危机爆发的频率明显加快。随着20世纪70年代布雷顿森林体系的崩溃和80年代以来的金融自由化、全球化发展，金融动荡和金融危机四处蔓延。到了90年代，金融危机爆发的频率和规模更是可以称得上“史无前例”。先是90年代初期的欧洲货币危机，然后是1994年的墨西哥金融危机，再到1997年的东南亚金融危机和2001年拉丁美洲债务危机的再次爆发，它们波及的范围越来越广，破坏性也越来越大。据IMF的一些经济学家的研究表明，自1980年到1996年，在该组织181个面员方中有133个国家发生过银行部门的严重问题或是危机。[①] 金融危机问题引起了人们的普遍关注。尤其是由美国次贷危机引发的2008年全球金融危机，波及范围的广度、冲击力的强度、连锁反应的速度都是前所未有的，导致多个相当大型的金融机构倒闭或被政府接管，它给世界各国经济发展和人民生活带来严重影响。经过不懈的努力，经济学家对金融危机问题的研究取得了大量的成果，他们提出的有关金融危机的成因和预警治理等方面的理论具有极为重要的现实意义。

一、金融危机的概念和特点

(一) 金融危机的内涵

金融危机的内涵很丰富，学术界至今还没有一个准确的定义，但通常认为金融危机是指：全部或绝大部分金融指标——短期利率、资产(证券、房地产、土地)价格、汇率、企业的偿债能力以及金融机构的破产数目均发生急剧的、短暂的、超周期的恶化。从这个定义中，我们可以看出金融危机爆发时，金融恶化几乎涵盖了所有的金融领域，并对其具有破坏性的影响。

(二) 金融危机的特点

20世纪以来金融危机爆发频率明显加快，并呈现出一些鲜明的特点：

1. 超周期性和突发性

正如明斯基所指出的，传统的金融危机表现为周期性的金融危机，是由经济周期性波动引发的金融危机。当经济发展处于衰退时期，由于金融的内在脆弱性，金融危机就有可能爆发。但二战以后爆发的金融危机，不论是股市的崩盘、银行倒闭或是债务危机、货币贬值，它的发生都非常突然，似乎脱离了经济周期的轨道，出现了超周期性和突发性的特点。伴随着经济的发展，虚拟经济与实体经济严重脱离，因此经济运动的隐患就会反映到金融风险上去。当金融风险不断地累积到一定程度时，危机就会爆发，并成为经济危机爆发的前兆。

2. 极强的传染性

随着计算机、网络、通信等信息技术的迅速发展，金融自由化、全球经济一体化的进程大大加快，在经济运行的过程中银行、证券、外汇等各个金融市场之间的联系越来越紧密，一旦某一个金融市场发生危机，就会迅速相互传染，呈现出全局化的趋势，使金融危机程度更深、危害更大。

---

① Lindgren, C. J., Garcia, G. &Seal, M. I. (1996). Bank Soundness and Macroeconomic Policy. IMF. Washington, D.C.，转引自刘宇飞. 国际金融监管的新发展. 北京：经济科学出版社，1999.

1992年，来势凶猛的欧洲金融风暴几乎席卷了欧洲货币体系所有国家。英镑、意大利里拉、芬兰马克纷纷宣布退出欧洲货币体系，并宣布本国汇率实行自由浮动，而仍留在欧洲货币体系中的爱尔兰镑、瑞典克朗以及法国法郎都受到了不同程度的冲击，汇率发生剧烈波动。1994年墨西哥金融危机爆发后，迅速蔓延到了巴西和阿根廷等周边的拉美国家。1997年泰国的金融危机不仅引发整个东南亚地区的金融动荡，而是波及了俄罗斯、巴西等欧洲和拉丁美洲国家。这种传递似乎已经超越了传统的地理概念，而成为一种趋势。

3. 极大的破坏性

现代金融危机对经济具有极强的破坏性。例如，20世纪80年代拉丁美洲爆发的债务危机导致这些国家"失去了十年"的发展时间。1997年的东南亚金融危机更是结束了十几年的"亚洲奇迹"，1998年，印尼的经济增长率为－13.7%，泰国为－9.4%，韩国为－5.8%，在亚洲金融危机的持续影响下，世界经济进入下降的轨道，1998年全球经济增长率从预期的4.2%下调到2.5%，有些国家甚至至今还没有完全走出阴霾。

4. 可预测性

虽说金融危机具有突发性的特点，但它并不是完全没有规律可循，而是可以预测的。金融危机从本质上讲是金融风险积聚爆发的结果，而金融风险是可以衡量和预测的。通过合理构建预警模型，运用预警指标对风险进行量化分析，可以在一定程度上预测和防范金融危机的爆发。这也是目前经济学家所重点关注的问题之一。

二、金融危机的分类

随着金融的发展，"金融"这个词所涵盖的内容也变得非常之广，相应地，金融危机的种类也有很多。国际货币基金组织在1998年5月发表的《世界经济展望》中认为，金融危机大致可以分为货币危机、银行危机、债务危机以及系统危机四种。

（一）货币危机

根据IMF的定义，货币危机是指投机冲击导致一国货币大幅度贬值，抑或迫使该国金融当局为保卫本币而动用大量国际储备或急剧提高利率。它既包括对该国货币的成功冲击（即导致该货币的大幅贬值），也包括对其未成功的冲击（即只导致该国国际储备大幅下降而未导致该货币大幅贬值）。由于汇率的急剧变动将对证券市场、银行业、国际收支以及整个国民经济产生强烈的冲击，因此，货币危机的爆发容易引起证券市场危机、银行业危机、债务危机甚至是整个经济危机的爆发。

（二）银行危机

银行危机是指真实的或潜在的银行破产导致银行纷纷中止国内债务的清偿，抑或迫使政府提供大规模援助以阻止事态的发展。早期的银行危机主要是由于某些原因导致存款人对银行失去信心，产生存款挤兑造成的。现在银行业危机则主要是由于某些经济因素的改变导致银行业内部金融资产质量下降，信用等级下降，进而引发一连串金融机构倒闭。新兴国家相对于工业化国家的金融体系更加不完善，内在的脆弱性表现得更为突出，因此新兴国家银行危机爆发的概率往往大于工业化国家。

（三）债务危机

债务危机是指一国无力支付外债而发生的危机，无论这些债务是属于外国政府还是属于非居民个人。当过度借入外债，尤其是短期外债时，偿债期限过于集中，而自身的经济结构失调将导致对外支付手段的枯竭，引起债务危机。债务危机的发生常伴随着资金的外逃，而资金外逃又会导致国际借贷的条件进一步恶化，最终会引起货币汇率的贬值而引发货币危机。

（四）系统危机

如前所述，金融系统是一个复杂的系统，银行与证券、外汇等市场有着千丝万缕的联系。一个市场发生危机，就会影响到其他的市场。所谓系统性金融危机就是指金融市场出现严重的混乱局面。它削弱了市场有效性原则，会对实体经济产生极大的负面效应，一次系统性金融危机可能包括货币危机，但一次货币危机却不一定陷入国内支付体系的严重混乱，也就不一定导致系统金融危机的发生。

专栏 11-1　20 世纪 30 年代后的世界范围内主要金融危机列表

1929 年～1933 年	美国金融危机，出现世界范围内的经济大萧条
1982 年 8 月～1990 年	拉美国家债务危机
1992 年～1993 年	欧洲货币体系危机
1994 年	墨西哥金融危机
1997 年	东南亚金融危机
1998 年	俄罗斯金融危机
2001 年～2002 年	阿根廷债务危机
2008 年	美国金融危机
2010 年	欧洲债务危机

三、金融危机的危害

不论是发展中国家还是发达国家，当它们遇到金融危机时，本国的经济都会无可避免地受到多方面的冲击，社会总要为之付出昂贵的代价。欧洲货币危机曾一度使欧洲货币体系面临瓦解的危险；拉美的债务危机使其“失去了十年的发展时间”；东南亚的金融危机使“东南亚奇迹”破灭；2001 年的阿根廷金融危机更使该国出现了政权的频繁更迭。金融危机的危害性之大，冲击范围之广远远超过了人们的意料。

（一）使金融机构陷入困境

发生金融危机，受损害的首先就是金融机构。20 世纪以来爆发的金融危机无一例外地伴随着大量金融机构的倒闭或重组。20 世纪八九十年代美国储蓄贷款协会爆发危机时，共有 1142 家储蓄贷款协会和 1395 家银行关闭。而 1997 年泰国发生金融危机以后，泰国政府一次性就关闭了 56 家金融机构。

（二）实物经济部门遭到破坏

在发生金融危机以后，银行为了应付流动性风险，一定会收紧银根，提高“安全边界”。银行大规模地收回贷款往往会从优质客户开始，因为这样做最具成本效应，可以最安全、快捷地收回款项，同时也不会向外界发出贷款出现坏账的信号。然而这样一来，会伤害优质客户的利益，甚至造成生产的中断，从而不可避免地使实物经济部门在金融危机中受到损害。

（三）货币、财政政策效率降低

一方面在动荡的经营环境中，银行为了应付挤提，在大量收回贷款的同时倾向于增加超额准备金，这会导致货币供应量急剧下降，原有的货币、财政工具与政策目标之间的正常规律被打乱，使得政府更加难以驾驭宏观经济政策的实施效果。另一方面，为了避免金融危机对本国经济产生更大的冲击，维护中小储户和普通群众的利益，各国政府不得不在危机发生之前动用财政政策出面救助。例如，在东南亚金融危机爆发期间，印尼和泰国为了重组银行业的不良资产，分别耗去了 GDP 的 58%和 50%，对财政造成了极大的压力，同时也使财政政策在发展本国经济方面的效率大大降低。

（四）对经济增长产生巨大的打击

银根紧缩、股市下跌、物价水平下降、货币供应量下降都会最终导致经济的衰退，最近几次的金融危机无不显示出这一特点。

专栏 11-2　东亚危机

1997 年 7 月发生的一系列危机通常被称为“东亚危机”。

在 7 月 2 日，泰国开始实行浮动汇率，而泰铢曾钉住美元长达 13 年之久。同一天，泰铢兑美元贬值 17%以上。整个地区的货币都贬值了，包括韩国、马来西亚、印度尼西亚，甚至新加坡。对投资者损失和对全球贸易影响的担心使主要股票市场的股价下跌。香港恒生指数 4 天内下降 25%，在 10 月 27 日，道琼斯指数下降 554 点——一天内下降 7.2%。

震动继续向全世界扩散。在 1997 年 11 月，巴西的利率翻番，达到 43%；韩国停止支持韩圆，让它自由下跌；泰国施加外汇管制；在 11 月 27 日，日本的第四大证券机构“山一证券”破产。

在这几个经受检验的月份里，国际货币基金组织插手帮助，提供一系列的援助计划：8 月向泰国提供了 172 亿美元的援助，11 月向印尼提供了 423 亿美元的援助，12 月向韩国提供 584 亿美元的援助。也有人担心国际货币基金组织实际能够用的钱到底有多少。如果国际货币基金组织想要提供的资金相对于面员方 GDP 值的水平同 1945 年的水平一样，它的基金应当是现在的 3 倍。

国际货币基金组织的钱显然也是需要的。国际清算银行的数据表明，银行向该地区的借款在 1997 年第三季度是 220 亿美元，而在第二季度的资本流出是 320 亿美元！

亚洲是日本的主要贸易伙伴，危机增加了人们对日本疲软经济的担心。在 1998 年 4 月，穆迪公司降低了日本主权债券的信用级别，6 月，美国和日本共同行动支持日圆。

在危机中我们看到一些共同特点，其中一个是，某些国家试图维持汇率，但最终却是不现实的，主要是因为经济的疲软、政治的不稳定以及其他因素。外汇储备水平很低、商品价格下降和监管状况很差的金融系统通常还会使情况更为恶化。

（本文选自斯蒂芬·瓦尔迪兹. 国际金融市场（第四版）. 何为、甘茂智译. 北京：中国金融出版社，2005.）

四、金融危机理论

自 20 世纪 30 年代以来，为了探讨金融危机的生成机理，人们对其进行了大量的理论研究，取得了很多的成果。其中具有代表性的是以克鲁格曼(Krugman)、弗拉德(Flood)和伽伯(Garber)为代表的第一代理论模型，奥伯斯特菲尔德的第二代模型和以道德风险等危机模型为主的第三代理论模型。

(一) 克鲁格曼-弗拉德-伽伯的模型

1979 年，克鲁格曼在前人的基础上提出了一种国际收支危机的模型，奠定了现代金融危机理论模型的基础。后来，弗拉德和伽伯对该理论模型进行了扩展和简化，形成了理性投机理论(Rational Speculative Attack Model)，又称为第一代金融危机模型。

1. 模型的基本假定

模型假设在一个小型开放经济条件下，一国货币实行钉住汇率制，汇率由两国的购买力平价决定，即单位外币的本币价值 e 等于本国物价水平 P 与外国物价水平 P^* 之比；投资者可以自由选择本币资产和外币资产，资产之间可以相互替代；货币存量等于国内信贷及中央所持有的外汇储备之和，即政府通过出售外汇储备来满足国内信贷的扩张；假定投机者能够获取充分有效的信息，从而能理性地选择攻击的时机。

在这些基本假定条件下，该模型认为一国的基本经济因素决定了该国的货币币值是否稳定，而政府的财政赤字是危机的根源。政府通过国内信贷的扩张来弥补巨额财政赤字。扩张性的财政、货币政策必然会使国内需求增加，物价上涨。在购买力平价成立的前提下，外汇实际汇率上升。同时，由于本币的货币供给大于货币需求，从而导致利率下降，在资本可以自由流动的假设前提下，资本外流，为稳定汇率防止资金外逃，形成了动用外汇储备规避风险的需求。但一国的外汇储备是有限的，一旦广大投机者认识到这一点，会快速、集中地购买外汇储备，从而形成对本币的冲击。如果这时国际游资推波助澜，政府的外汇储备会在极短的时间里被消耗殆尽，政府不得不放弃固定汇率制度，本币急剧贬值，货币危机爆发。

2. 基本模型

根据前面的假设，弗拉德和伽伯在克鲁格曼模型的基础上建立了一个线性分析模型。该模型由五个基本方程构成。

$$M(t)-P(t)=-\alpha i(t),\alpha>0 \quad 式(11\text{-}1)$$

$$M(t)=Ln[D(t)+R(t)] \quad 式(11\text{-}2)$$

$$D'(t)=\mu D(t)>0, \quad 式(11\text{-}3)$$

$$P(t)=P^*(t)+e(t) \quad 式(11\text{-}4)$$

$$i=i^*+e'(t) \quad 式(11\text{-}5)$$

其中，M(t)、P(t)分别是国内货币供给和物价水平的对数形式，i(t)为本币的利率水平，D(t)、R(t) 表示该国国内信贷量和换算成本币的外汇储备数量。$P^*(t)$、$i^*(t)$表示外国物价水平和外国的利率水平的对数值，假设为外生变量；e(t)为外币的本币价格，$e'(t)$为升贴水率。

式(11-1)是货币市场的均衡条件，表示实际货币需求与国内利率水平存在负线性关系。式(11-2)表明的是货币供给机制，即货币供应量等于国内信贷量加上换算成本币的外汇储备量。式(11-3)表示国内信贷按固定速率 μ 增长。式(11-4)和(11-5)分别表示的是购买力平价和无抛补套利平价成立。

在固定汇率制下，$e'(t)=0$，$i=i^*$，将式(11-4)、(11-5)代入式(11-1)式中，可得：

$$e(t)=M(t)-P^*(t)+\alpha i^*(t)=M(t)-[P^*(t)-\alpha i^*(t)] \qquad 式(11-6)$$

由于 P^* 和 $i^*(t)$皆为外生变量，所以 $P^*(t)-\alpha i^*(t)$为一个常数，设其为 β，在货币市场均衡条件下，将(11-2)式代入(11-6)式，则(11-6)式可以改写为：

$$e(t)=M(t)-\beta=D(t)+R(t)-\beta \qquad 式(11-7)$$

上式说明在固定汇率制度下，国内信贷量的增加必然导致同等数量的外汇储备的减少，如果国内信贷量持续以 μ 的速度扩张，最终必然导致外汇储备枯竭，则 $R(t)=0$，此时，政府无力维护固定汇率，固定汇率制度崩溃。

3. 投机性冲击时机的确定

确定投机性冲击的时机实际上就是求解固定汇率崩溃的时间。要了解这个问题，就必须引入一个新的概念——影子汇率(Shadow Rate，用 S 表示)，即投机者通过对基本经济因素的分析，在对汇率进行攻击后，使外汇储备耗尽，固定汇率崩溃，货币市场达到新的均衡时的汇率。

在固定汇率崩溃以后，由于外汇储备 $R(t)$为零，货币供应量 $M(t)=D(t)$，因此，可以证明在浮动汇率体系下，$e'(t)=M'(t)=\mu$，代入(11-7)式，解出影子汇率为：

$$S=e(t)=\alpha\mu-\beta+M'(t)=\alpha\mu-\beta+D'(t) \qquad 式(11-8)$$

由式(11-8)可知，S 与 $M(t)$ 之间呈线性关系，即影子汇率的变化由国内货币供应量 M 的变化决定。如图 11-1 中 AA'斜线。

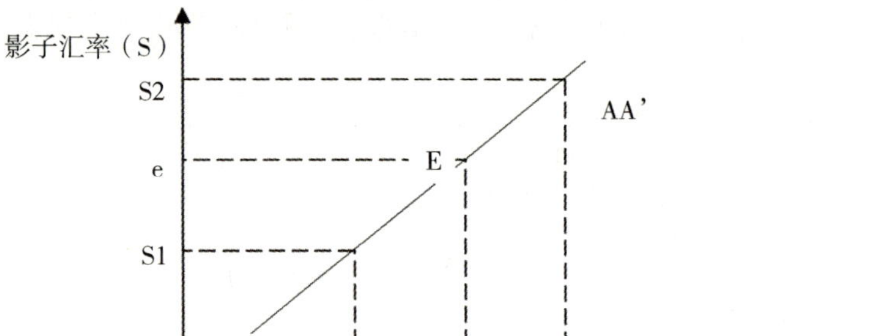

图 11-1　克鲁格曼-弗拉德-伽伯模型

图中点 E 表示一国将其汇率水平固定在$\bar{e}$水平上，相应的该国国内信贷总量为$\bar{d}$。当 $D<\bar{d}$时，$S<\bar{e}$，这将刺激出口，抑制进口，从而促进经常项目改善，外汇储

备增加，影子汇率 S 上升，此时不会发生冲击。当 $D>\bar{d}$时，导致国内货币供应量超过均衡水平，$S>\bar{e}$，即在中央银行干预下的外汇市场上外币价值低于市场价值，投机者会按固定汇率从政府手中买入外汇，再以影子汇率卖出，从而导致外汇储备下降。若此时，政府继续采取扩张性的财政、货币政策，增加货币供应量，则市场可以完全预见到固定汇率将难以维持，纯粹的投机性冲击将开始。当储备下降到某一水平时，政府被迫放弃固定汇率，危机发生。应当提起注意的是，投机商之间的利润竞争会驱使他们提前行动，其结果是投机性冲击将在 $d=\bar{d}$时发生。

由于不抵补套利平价的成立，当一国汇率水平受到投机性冲击而上升后，国内利率水平也将随之上升，因此货币需求相应减少。同时，由于外汇储备的枯竭，基础货币供给下降，且下降的数量恰好等于外汇储备的损失额。由此可知，货币市场的均衡条件变为：$\Delta r=\alpha\mu$，又因为 $D=(t)=D(0)+\mu(t)$，$R(t)=R(0)-\mu(t)$，在冲击发生的时刻 T，R=0，所以：

$$-\Delta r=R(0)-\mu(t)=\alpha\mu \qquad \text{式(11-9)}$$

即冲击发生的时刻为：

$$T=[R(0)-\alpha\mu]/\mu(t) \qquad \text{式(11-10)}$$

可以看出通过增加初始外汇储备 R(0)或减缓国内信贷规模的增长速度 μ，可以延缓投机性冲击发生的时刻。然而，只要政府不改变持续扩张的国内信贷政策，固定汇率的崩溃只是时间问题。

4. 模型的意义

该模型描述了在固定汇率制度下，一国宏观经济基本面的不协调性会导致货币危机。即持续地依靠货币创造融资来解决政府的财政赤字，同时又要维护某种形式的固定汇率制，这种宏观经济政策组合存在着不可克服的内在矛盾。持续的财政赤字货币化会使市场上产生本币贬值的预期，投机者因而抛售本币，对本币贬值形成压力。为捍卫本币汇率，央行必然会动用外汇储备，时间一长，当外汇储备下降到某一个关键点时，必然会引起固定汇率制的崩溃，形成货币危机。该模型告诉我们，要避免这种危机，必须放弃以扩张性的信贷政策解决财政赤字问题的方法，转而实行稳健的财政政策。

当在全球一体化不断提高的今天，货币危机的成因要复杂得多，甚至不少爆发货币危机的国家在危机发生之前并没有明显的财政、货币扩张，因此，这种分析无疑太片面了。此外，该模型中政府的行为过于机械和简单，它忽略了政府制定政策时可以根据成本和收益来选择可用政策的能力。因此可以说，虽然克鲁格曼-弗拉德-伽伯模型作为第一代危机模型，开创了货币危机理论模型的先河，它不仅说明了过度的货币创造融资会导致固定汇率的崩溃，而且还进一步给出了投机性冲击可能发生的时间，让人们对货币危机的形成机制有了更深的了解。但由于其存在的理论缺陷，使得其无法适应现实经济发展状况，从而在实际应用上受到了限制。

（二）奥伯特斯菲尔德模型

第一代货币危机模型很好地解释了 20 世纪 80 年代拉美国家爆发的货币危

机。然而，它却无法很好地解释1992年到1993年的欧洲货币危机。首先，被迫退出欧洲货币体系的英国、意大利和西班牙在遭受货币冲击之前，并没有明显的信贷快速扩张，财政和经常项目余额也很正常，即国内的宏观经济状况稳定。其次，这些国家放弃固定汇率制度并不是因为外汇储备枯竭，甚至在贬值后，其外汇储备还足以支持一段较长的时间进行汇市的干预。同时，它们在危机前后都保持着较低和稳定的通货膨胀率，国内经济没有明显恶化的迹象。这说明第一代危机理论单纯用基本经济因素稳定与否来分析危机是片面的。

20世纪80年代后期，以奥伯斯特菲尔德(Obstfeld)为代表的一批学者开始尝试从另一角度来解释货币危机，建立了多重均衡(Multiple Equilibrium)和投资者预期自我实现(Self-fulfilling)的金融危机模型。该模型认为1992年到1993年间的英国、意大利等国家之所以选择贬值，不是因为基本经济因素出现了持续性的恶化，而是因为坚持固定汇率的预期收益要小于其所付出的代价。政府维持固定汇率的成本与公众的预期密切相关，公众的预期性越强，对国内经济影响越大，维持固定汇率的成本越高。此时，政府宁愿选择放弃固定汇率制度，以缓解对国内货币市场、劳动力市场的压力。

1. 基本假设

除了假设国内实行的是固定汇率制度外，该模型还假设：(1)该国市场信息充分对称，但市场投资者只能估计到如果发生危机，汇率将发生变化，但并不能准确预见到固定汇率何时被放弃，即有非完全预期性。(2)政府的财政、货币政策是健全的，货币供应量与固定汇率水平是适应的，同时其外汇储备并不构成约束，国家可以较容易地在国际资本市场借到支撑汇率所需要的外汇。(3)该国国内的宏观经济目标是实现内部均衡，是否坚持固定汇率制度要取决于成本与收益的比较。

2. 模型的建立与分析

根据上述的假设前提可知，一国政府是否愿意捍卫固定汇率制度取决于相关成本和收益的比较，而市场参与者的预期会影响政府做出的决策，由此产生一个动态博弈过程。市场参与、政府行为及其作用的非线性导致了多重均衡点的存在。即政府的相机抉择行为在整个模型中占据了主导地位。

如考虑放弃固定汇率制度给政府带来的信誉上的损失，则此时政府的损失函数可以被假定为：

$$L=[\alpha(e\text{-}e')+br]^2+R(s)\text{①} \qquad \text{式(11-11)}$$

其中，e，e'是以对数形式表示的汇率，e是政府根据本国基本经济状况希望选择的汇率水平，e'是政府承诺的固定汇率；r是市场参与者预期的贬值率；a和b是常数，R(s)是政府放弃固定汇率制度的信誉成本。如果政府不放弃固定汇率制度，R(s)为0，如果放弃，则为R(s)，(R(s)是一个常数)。$\alpha(e\text{-}e')$表示政府为了坚持承诺的汇率而付出的机会成本，br表示因公众预期本币将贬值而发生的成本。

由此可见，如果政府放弃固定汇率制，则会选择其所希望选择的汇率e'，这时，

① 王广谦.20世纪西方货币金融理论研究：进展与述评.北京：经济科学出版社，2003.

政府的损失成本为 R(s)；如果政府不放弃原有的汇率水平，则 R(s)=0，这时政府的损失成本为$[\alpha(e-e'+br)]^2$。因此，政府决定是否放弃固定汇率制度，关键是比较$[\alpha(e-e'+br)]^2$ 与 R(s) 的大小。

当市场预期政府不会放弃原有的固定汇率制度，即 br=0 时，如果$[\alpha(e-e')]^2$小于 R(s)，政府将坚持固定汇率制度，如果市场预期政府会放弃固定汇率制度，则需比较$[\alpha(e-e'+br)]^2$ 与 R(s)的大小。如果前者大于后者，则政府会放弃原有的固定汇率制度，而当 R(s)在两者之间时，本币贬值与否取决于市场的预期，即市场具有自我实现的特征。

3. 理论评价

第二代危机理论模型是在第一代模型基础上更进一步的发展，它指出一国选择放弃固定汇率制度，使本币贬值，并不一定是因为外汇储备的枯竭，政府会根据维持固定汇率的成本收益比较来决定货币是否贬值。该模型认为公众对货币贬值的预期是货币危机发生的原因之一，公众预期和政府行为的相互作用导致了“多重均衡”。多重均衡空间的存在，实际上暴露了国际金融体系内在的不稳定性。即使根本没有执行与固定汇率不相容的宏观经济政策的国家，也可能因为市场心理作用而遭遇货币危机。

该模型认为固定汇率制度面对投机行为具有天生的脆弱性，选择固定汇率就必须对资本的自由流动进行必要的限制。货币危机的发生并不以过度扩张的货币、财政政策为前提，只要一国国内的失业水平或财政赤字的压力达到一定程度，固定汇率随时有可能在市场预期的推动下陷入崩溃的多重均衡空间。

（三）第三代危机模型

第一、二代危机模型很好地解释了历史上曾经爆发的一些金融危机，但在 1997 年东南亚金融危机爆发以后，这些模型却无法很好地解释其成因和特征。因此，一些经济学家尝试提出新的理论，几种模型被建立起来，人们称之为第三代危机模型。

如果说第一、二代危机模型主要从宏观角度分析货币危机的成因，第三代危机模型则主要从微观层面入手，大致有三种主要模型。

1. 道德风险模型

研究发现，新兴市场经济国家中银行体系起着至关重要的作用。政府为了吸引外资、促进经济扩张，倾向于为本国公司和金融投资提供无偿担保，这虽然不会增加政府的预算，但却成为一种潜在的财政赤字。政府的无偿担保会诱发企业的道德风险，导致众多高风险、高收益的项目上马；国内外金融机构、债权人因为有了政府的无偿担保，也会无视这些风险，降低安全边界，为它们提供融资，从而导致信贷规模迅速扩张，出现严重的经济泡沫。当国内外债权人认识到风险积累到一定程度以后，就会停止贷款。这必然会导致一些从事高风险项目的企业濒临破产，政府不得不出面挽救。大量潜在的预算赤字，可能使市场预期政府要通过赤字货币化的方式来解决。根据第一代危机模型，这种预期将导致对本国货币的攻击，进而引发金融危机。从另一个角度看，金融自由化、全球一体化的条件下，金融机构可以自由进出国际金融市场，外资的大量进入，加剧资本市场和房地产市场的风险过度积累，进一步加剧该国金融体系的内在脆弱性。当泡沫破灭后，必然引发资本大量外逃，最终导致汇率制度的崩溃。正如麦金农所说：在一个充满了过度担保和缺乏有效管理的金融经济中，道德风险铺平了通向过度投资的道路。因此，要防范道德风险造成的危机只能通过取消政府担保和加强金融监管来实现。

2. 流动性危机模型

戴蒙德和戴维格(Diamond, Dybvig)将金融中介作为分析的核心环节，建立了银行挤兑模型来解释金融危机的爆发。该理论的基本思想是：银行作为一个中介机构，它的基本功能是将不具有流动性的资产转化为流动性的资产，正是这种功能本身使得银行容易受到挤兑。这个模型为金融市场上的"羊群效应"提供了理论解释。虽然这个理论本身主要是针对国内金融市场的分析，但它更容易被推广到国际金融市场上。学者们认为新兴金融市场所爆发的金融危机的主要根源就是由于国际流动性不足而导致金融危机的"自我实现"。银行的债务以短期存款为主，而其向企业和消费者发放的贷款则以中长期为主。如果一国金融体系内潜在的外债超过了它当时可以获得的外币资产，则该国的金融系统就处于国际流动性不足的状态。当国内外的存款人和贷款者对该国的银行体系持乐观态度时，这种流动性风险不会爆发，银行可以顺利地偿还债务。但当它们认为银行失去了偿还能力时，就会出现恐慌，存款人试图从银行提取款项，贷款人拒绝将贷款延期，进而导致流动性危机，银行被迫进行资产清算。当一国大部分银行都陷入流动性危机中去时，那么金融系统的危机即将爆发。

此外，投资者在信息不对称情况下产生的"羊群效应"会使银行在其资产负债没有任何流动性风险的情况下，仅仅因为投资者认为其他存款人在提取资金，就发生挤兑危机。个别银行的挤兑不会威胁到整个银行系统，但如果大多数的投资者认为这是一个信号，那么其他的银行也会被卷入其中，进而演变成银行恐慌。而这时如果政府发出一些错误的信号，会加剧投资者的恐慌，导致资本大量外流，危机进一步加剧。

流动性危机模型认为，金融危机的爆发是由于国际金融体系内在的脆弱性。在固定汇率制度下，如果中央银行愿意充当最后贷款人，那么银行危机可以避免。但当投资者认为中央银行的做法会导致外汇储备的枯竭时，则最终会导致货币危机的爆发。因此，要防止流动性危机的爆发，必须避免恐慌性的资本流出，通过对短期资本流入的限制，建立有效的国际层面的最后贷款人机制和债务协商机制来实现对危机的防范。但这对于新兴的市场经济国家是十分困难的。

3. 企业净值变动与多重均衡模型①

东南亚金融危机的爆发和发展过程对传统的金融危机理论产生了强烈的冲击。克鲁格曼本人也开始对自己提出的道德风险模型产生了怀疑。通过对东南亚金融危机的深入分析，他进而提出银行体系不是问题的关键，应该考虑资本流动对实际汇率、经常项目以及资产负债表产生的影响，即传染和传递性的问题。他认为

---

① 参见王广谦. 20世纪西方货币金融理论研究：进展与述评. 北京：经济科学出版社，2003.

投资者信心的丧失导致市场预期的传递,导致恶性循环进而最终滑入危机的漩涡。

克鲁格曼在1999年的一篇论文中提出了一个新的多重均衡模型。他将企业资产净值和企业融资能力关系的研究应用到了开放经济环境中。他假定外国投资者只愿意提供高于企业净值一定比例的贷款。由于外资流入的数量会影响到本国的实际汇率,进而影响到企业外债的本币价值,所以企业的资产净值又取决于外资的流入量。当外国投资者预期该国企业有较高的净值,则资本流入、本币升值,该国企业的外债价值下降,预期得到证实,从而构成一个理性的预期均衡。同样当外国投资者预期该国企业净值较低时,资本流入减少、本币贬值,该国企业外债加重,外国投资者的预期也得到证实,这还是一个理性的预期均衡,从而构成了多重均衡。由此,克鲁格曼认为东南亚金融危机的关键并不在银行,而是在企业。由于销售疲软、利息升高和本币贬值,导致企业的资产负债表表现出财务困难,这限制了企业的投资行为。即金融体系的崩溃并非由于投资失误,而是由其内在的脆弱性造成的。在他看来,高负债率、低边际进口倾向以及相对出口而言的大规模的外债是金融体系崩溃的主要原因。

多重均衡模型揭示出在固定汇率制度下,面对危机政府可能面临两难的抉择。一方面,如果政府选择货币贬值,会使企业因外债加重而破产,另一方面,如果政府采取紧缩性政策保卫固定汇率制度,又会使企业因国内经济的萧条而破产。因此,克鲁格曼指出,加强国内企业的出口创汇能力,防止过度负债,尤其是短期外债,是防止金融危机爆发的有效手段。而为了应对危机,可以考虑施行暂时的资本管制,切断利率与汇率之间的联系来阻止大规模金融危机的爆发。

第三代危机理论是在前面两代危机模型基础上建立起来的,从不同的角度分析了危机产生和传递的原因。指出防止国内企业过分依赖外债、加强金融监管、确保宏观经济基本因素的健康稳定是抵御金融危机的有效方法。但面对金融全球化的趋势,如何调整一国的宏观经济政策,解决危机的国际性传播,以及如何很好地预测金融危机仍是需要进一步研究的问题。

五、金融危机的预警与治理

东南亚金融危机的爆发,使人们对金融危机的危害性之大有了更深的认识,也为没能及时、准确地预测到这次灾难性的危机而深感遗憾。一些经济学家在为治理金融危机献计献策的过程中,也试图建立危机的预警系统,在危机爆发之前提早采取对策,防止危机的发生。

(一)金融危机的预警

所谓预警就是对某一事物未来可能出现的危险或危机提前发出警报的一种经济活动,目的在于减少或避免损失。所谓金融危机的预警系统(Early Warning System for Financial Crises)就是通过构造一套预警指标体系,应用某种统计方法将危机爆发的程度量化,从而便于金融当局及时掌握各阶段经济运行状况,在危机发生之前有所准备。

一个完整的预警系统包括预警指标的选择、预警模型的建立以及制度安排和管理信息系统的建立。其中最为关键的是预警指标体系的选择和建立。一个好的指标应该在尽可能长的时间里相对准确地预测金融危机。在现实中,可供选择的预警指标包括国际储备的变化率、实际汇率水平、国内信贷规模、对公部门的信贷、国内通货膨胀率、短期外债与GDP的比例、经常项目差额、货币供应量的增长率、GDP增长率、外债水平(尤其是短期外债与外汇储备的比值)、财政赤字、偿债率等。各国政府会根据各自不同的特点,根据这些指标在宏观经济中的作用,赋予不同的权重,借助预警模型进行统计和分析。

金融危机预警系统的运作除了有完整的预警指标体系和模型以外,还必须配套相应的制度安排和一个完善的管理信息系统。制度安排包括合理的法规体系、适当的组织结构等,而一个完善的管理信息系统可以确保信息传递的及时性和真实性,从而确保预警系统的正常、有效地运作。

(二) 金融危机的治理

如果说金融危机预警体系的建立是为了未雨绸缪,防止危机的爆发,那么金融危机的治理就是在危机爆发后为了将危害降到最低、阻止危机的进一步扩散而采取的应急措施。由于公众信心在金融危机爆发的过程中起着非常重要的作用,因此金融危机治理的重心就是如何恢复公众信心,将损失限制到最小。

1. 稳定宏观经济秩序

金融危机爆发以后,宏观经济出现混乱。支付系统崩溃、信贷行为紊乱、企业破产……一项令人信服的宏观经济稳定政策可以恢复人们尤其是贷款人的信心,起到重建稳定的宏观经济秩序的目的。

2. 调整信贷政策,缓解信贷下降对经济的负面影响

所有爆发金融危机的国家在危机爆发后都会面临实际信贷增长下降的情况。一方面,由于经济条件恶化,不确定性增加,社会消费和投资急剧减少;另一方面,在整个社会的信誉下降的情况下,要求银行保持更高的资本充足率,而银行出于谨慎性原则也会出现惜贷现象,即使以更高的利率也不愿意贷款。信贷紧缩会减缓宏观经济的复苏,因此在危机爆发以后,有关国家都会采取各种措施尽力缓解信贷下降对经济的影响。如为中小型企业提供融资便利;提供信贷担保计划;购买不良贷款等。

3. 动用外汇储备干预外汇市场

针对国际热钱的侵入,中央银行可以运用外汇储备入市干预,以稳定汇率。这种干预确实能在一定程度上缓解国际资本流动对本国汇率的冲击,但效果的好坏关键取决于该国国际储备的规模、从国际金融机构和其他国家官方机构所能获得的外汇规模以及其在国际市场上的借款能力。

4. 提供流动性支持,维护存款人的信心

作为最后贷款人,中央银行最重要的使命之一就是维护整个金融体系的安全和稳定。当金融机构由于某些原因出现临时性的流动性危机时,中央银行有责任采取行动,提供紧急援助,防止危机蔓延到金融体系中的其他部门。一般来讲,中央银行通过提供再贴现、抵押贷款、信用贷款、购买资产等方式来帮助出现流动性危机的金融机构渡过难关。但值得注意的是,这种方法的帮助应该是有限的,只能暂时短期内缓解金融机构的流动性危机,维护存款者信心。无限的资金援助只会

鼓励金融机构投资风险更大的领域。当存款者发现中央银行的资金也不能彻底解决问题时，就有可能引发进一步的信任危机，进而出现更大规模的挤兑恐慌。因此中央银行提供流动性支持应当以援助为辅，以解决金融机构自身问题为主，对于那些在经营上存在严重问题的金融机构应该关闭。

5. 管理国际资本流动

大批外来资本流入会促进当地经济快速发展，但也可能引起经济过热现象，资产价格和工资不断上涨，消费与投资共同增长，当地货币汇率升值，进口产品更加便宜。当该国的国际贸易条件开始恶化时，就会引起人们的信任危机，突然出现资本流入减少甚至是倒流的现象，从而酿成危机，对当地经济造成巨大损失。在 20 世纪 80 年代的拉美国家债务危机、1997 年的东南亚金融危机、2001 年的阿根廷金融危机爆发之前，都曾有过大量短期外部资本流入，刺激经济过热的经历，因此合理的控制资本无疑是防止经济过热、预防危机的一个办法。

另一方面，在经济出现衰退或金融风险加剧时，大量的游资外流会进一步引发金融危机。因此，在危机一旦爆发后，为了缓解国际资本流动对本国汇率的冲击，许多国家会对外国资本的流出进行严格的限制。如在东南亚金融危机爆发以后，1998 年马来西亚取消了离岸林吉特市场，从而实际上取消了将林吉特转移到国外的所有合法渠道。而有些国家则采取了间接资本管制的措施防止资本大量流出。

总的来说，对国际资本流动的管制可以在一定程度上缓解其对东道国的冲击，但不能完全杜绝资本外逃，而且它的负面影响也比较明显，尤其是对经济高速发展的国家而言，如何在收益和成本之间进行取舍，却是很难做出决策的。

6. 重组金融部门

对金融机构的重组和改革是恢复和改善国内外信心的一个有效手段。设计一个良好、全面和值得信赖的金融部门重组战略，对该国宏观经济的持续稳定和高速增长的恢复必不可少。因此，各国在治理金融危机时，往往把金融部门的改革放在核心地位。

重组和改革的措施有很多，大致包括：(1)对严重资不抵债的金融机构进行关闭或重组，如印度尼西亚在金融危机以后关闭了近一半的银行。(2)多渠道分离和处置不良资产。发生金融危机的国家，必然伴随着巨额的不良资产，要维持公众对银行的信心，就必须将其资产负债表中的不良资产剥离出来。如建立专门的资产管理公司，通过贷款出售、债转股、证券化等方法化解银行的不良资产。(3)使用公共资金增加金融机构的资本金，提高银行的资本充足率。(4)允许或吸引外资参与国内金融机构的重组和改革。提倡以直接投资的方式，改善国内金融机构的股权分配情况，促进金融机构进行结构性改革。(5)加速金融机构的公司治理。对金融部门的重组和改革的关键在于提高金融机构的公司治理水平，减少金融脆弱性对其的冲击。

7. 提高金融监管能力

在危机爆发之后，各国都会试图通过提高本国中央银行的监管力度，用制度框架约束，达到度过危机的目的。例如东南亚金融危机时期的韩国通过立法来增强本国监管机构操作的独立性，同时改革国内的会计核算制度、信息披露和审计标准,实现对金融机构和企业的更有效的监管。而印度尼西亚则颁布了更加严格的流动性管理方法,专门制定法规对关系人贷款、外币敞口等问题进行约束,同时引入了新的破产法,加强企业经营的规范性,减少对宏观经济的冲击。

8. 国际社会的援助

在当今社会,金融危机不再局限于某一个国家。它可以通过国际贸易或国际资本流动传递到其他的国家或地区,甚至仅仅由于在经济发展上的相似,引起人们的心理预期发生变化,也可能导致危机爆发。因此,金融危机治理的一个重要目的就在于阻止危机的进一步扩散。但这仅靠一国的力量是不够的,需要国际社会的援助。

在国际社会的援助中,IMF 往往承担了国际最后贷款人的作用,为发生了金融危机或严重宏观经济困难的国家提供贷款和技术援助。包括:(1)对危机进行调查分析,并做出判断。(2)制定补救措施。(3)在调查初期以及较长的时间内把补救措施付诸实现等。自成立以来,IMF 已为爆发危机的国家提供了超过 2000 亿美元的贷款,亚洲金融危机时期,该组织先后向印尼、泰国、韩国等提供了大约 700 亿美元的贷款。然而,接受 IMF 援助的国家往往被要求加强监管、收紧国内经济,这些措施可以加快发生金融危机的国家进行经济结构性调整的步伐,从而最终摆脱危机。但也可能适得其反,由于采取紧缩性的经济政策,会导致国内失业率上涨、经济衰退,进一步打击国际金融市场对该国经济的信心,从而使摆脱危机变得更加困难。因此,接受援助的政府在选择是否与 IMF 合作时,往往与 IMF 进行“讨价还价”,避免出现低效益。

当一国受到金融危机的侵袭时,除了接受 IMF 的援助之外,接受其他各国中央银行的支持与合作也是十分必要的。随着经济全球一体化的进程,这种合作越来越重要,不仅仅局限在危机爆发时,在平时就须进行必要的合作。此外,一些区域性国际金融组织的援助也为阻止危机在本区域蔓延发挥了作用。

第三节　金融监管

一、金融监管概述

在现代经济社会中,金融业发挥着前所未有的核心作用。金融运行直接关系着国民经济和社会发展的全局。但是,金融业是高风险行业,尤其是随着现代科技的发展和金融创新的不断涌现,金融业务之间的界限不断被打破,不同金融机构之间和不同金融工具之间的区别日益模糊,加之金融国际化和国际资本流动不断扩张,金融领域的风险急剧增大,尤其是 20 世纪 30 年代之后频发的金融危机更是引起人们的高度关注。可以说,金融危机带来的严重危害决定了金融监管的重要性和迫切性。人们相信,如果拥有完善的金融监管体系,即使发生了金融风险,出现外资抽逃现象,只要国内金融机构的微观基础稳固,也不至于造成一国金融体系的崩溃。正是由于金融业的特殊性和金融在现代经济体系中的显著地位,通过监管来保证金融业的稳健运行,就越来越成为经济与社会健康发展的关键。

(一) 金融监管的定义

金融监管(Financial Regulation; Financial Supervision),并不是中央银行的产物,而是随着商业银行的产生而产生的,当银行业发展到一定阶段时,由于其自身的复杂性和对经济的重要作用,客观上要求政府进行监督和管理。金融监管实际上是一个复合词,包括了金融监督和金融管理两个方面。

关于金融监管的定义有很多,但根据监管的主体和对象的不同可以有广义和狭义的定义之分。狭义的金融监管是指国家根据金融体系稳定有效运行的客观需要以及经济主体的共同利益要求,通过一定的金融主管机关(央行或金融监管当局),依据法律准则和法规程序,对金融体系中各金融主体和金融市场实行的检查、稽核、组织和协调,以确保它们依法稳健运行的一系列活动。广义的金融监管除政府监管之外,还包括金融机构的内部控制与稽核、同业自律性组织的监管、社会中介组织的监管等。

一个国家的金融监管涉及金融的各个领域,如银行业、证券、期货、保险、信托等各个方面。

(二) 金融监管的目标

金融监管的总体目标是通过对金融业的监管,建立一个稳定、公平、高效的金融体制,为本国宏观经济健康发展服务。具体来讲,金融监管的目标可分为几个层次:

1. 维护金融体系的安全

金融体系在宏观经济中的核心地位决定了它是一国政府实行监管的重点,而金融全球化的背景,使得金融机构面临更加复杂的经营环境和更大的金融风险。因此,构建和维护一个完善的金融市场、监督金融机构稳健经营、防止和降低金融风险、维护公众对金融体系的信心是各国实施金融监管的主要任务。

2. 保障存款人和公众的利益

金融机构只是信用中介,其资金主要来自于广大的公众,包括存款人、证券市场的普通投资者等,他们是金融市场的支撑者,但他们在信息的拥有、资金的规模等方面劣于金融机构,金融监管当局对他们的合法权益应予以保护。保障存款人和公众的利益,也就是维护公众对金融体系的信心,有利于保持金融体系的稳定和发展。

3. 鼓励公平、有效的竞争,保证金融机构和金融市场的健康发展

通过公平、有效的竞争,可以维护优胜劣汰的有效市场机制,提高金融机构、金融市场的活力和运行效率,使整个金融系统健康稳定地发展。金融监管当局应当为所有的金融活动主体创造一个合法、公平、高效、有序的竞争环境,让所有的经济主体拥有平等的竞争机会和权利,防止因盲目竞争甚至是非法竞争导致的金融机构的破产。

4. 保证中央银行货币政策的顺利实施,推动宏观经济的健康发展

为实现宏观经济目标,中央银行制定的货币政策目标,大都通过金融机构和金融市场的操作来传导和实施,可以说金融机构和金融市场是中央银行货币政策目标得以实现的重要一环。然而金融机构是以营利为目的的,有些经营行为可能会危害到政策目标的实现。因此金融监管当局有必要通过一系列的监管措施,确保

货币政策得以正确的传导和实施，从而确保货币政策目标的实现。

建立一个稳定、公平、高效的金融体制，为本国宏观经济健康发展服务，是世界上所有的金融监管当局所希望达到的一般目标。但历史、经济、文化背景不同的国家在金融监管的具体目标上存在着很多差异。即使是同一国家，在不同的历史时期，由于经济发展水平的不同，金融监管当局监管目标的选择也会有所不同。在发展中国家，由于经济水平相对落后，金融机制不健全，金融监管的首要目标是维持金融秩序的稳定，而在发达国家，其监管的首要目标则可能是维护公众对金融系统的信心，建立一个有效的、有竞争力的金融服务系统。

（三）金融监管的原则

各国在实行金融监管过程中都会遵循某些一般性原则，尤其是在巴塞尔委员会于 1997 年 9 月公布了《有效银行监管的核心原则》之后，各国金融监管当局更是纷纷将其视为金融监管的指导性原则。

1. 监管主体的独立性原则

建立一个有效的金融监管体系必须首先创造一些先决条件：稳健而持续的宏观经济政策、完善的公共金融基础设施、有效的市场约束、高效率解决银行问题的程序、提供适当系统性保护的机制等等。为此，金融监管机构或部门应保持相对的独立性，有明确的责任和目标，并拥有操作上的自主权和充分的资源，避免受到某些利益集团或地方政府的影响和干预。

2. 依法监管原则

依法监管原则包括了两方面的含义，一方面是所有的金融机构都必须依法接受金融监管当局的监督和管理，不得有例外；另一方面是指金融监管当局在实施监管时必须做到依法行政，体现监管的权威性、严肃性、强制性和一贯性，确保监管的有效性。

3. 自我约束和外部强制相结合的原则

不同国家的金融监管风格不一样，有的倾向于通过严格的法律、法规实现监管目标，有的则倾向于通过金融机构自律或劝告方式进行管理。但由于监管机构在实行监管的过程中存在着信息的不对称，因此，即使是最缜密的外部强制监管，如果监管对象不配合，或千方百计躲避、对抗，其作用也是有限的。同样，如果把希望完全放在靠金融机构的自我约束上，一些不负责任的冒险经营行为和道德风险也无法避免。因此，有效的金融监管必须是自我约束与外部强制相结合。

4. 安全稳健与经济效益相结合的原则

金融监管的首要目标就是维护金融体系的安全，确保金融机构能够安全稳健地经营业务，但同时也要保证金融机构能够为一国经济发展提供充足的金融服务。因此，金融监管不应当是简单地防范金融风险，而应当将防范风险与提高金融机构经济效益相结合，保证社会经济效益的实现。

5. 母国与东道国共同监管的原则

在金融全球化的背景下，跨国金融机构日趋增多，规模也日益扩大，它们的金融活动超出了国家的概念。如何顺应国际市场环境的变化，及时调整监管的手段、内容，防止风险的国际扩散等问题，是金融监管当局应高度关注的问题。要解决这些问题，必须采取母国与东道国共同监管的原则，明确各方责任，分享各自所掌握的信息,实现并表监管。

二、金融监管的理论依据

1933 年美国出台的《Grass-steagall 法案》和联邦存款保险制度的建立,标志着现代金融监管体系的形成,而建立于新古典经济学和金融业特殊性分析基础上的金融监管理论为其提供了理论基础。一个完整的监管理论所要研究和回答的基本问题包括了为什么要实施监管和怎样监管才最有效。目前,金融监管的理论依据主要有:公共利益监管理论、监管经济理论、金融风险理论和投资者利益理论。

(一) 公共利益监管理论

20 世纪 30 年代爆发的全球性经济危机是金融监管发展史上的一个重要里程碑。大萧条对西方国家的经济产生了巨大的冲击,使人们不再相信“看不见的手”的力量,强烈要求政府通过金融监管来改善金融市场和金融机构的低效率和不稳定状态,恢复公众对存款机构和货币体系的信心。

公众利益监管理论认为政府的监管主要是对市场过程不适合或低效率的一种反应,其首要目的就是要维护社会公众的利益。该理论认为现代社会不存在真正的市场经济,自由竞争的市场机制不仅不能完全保证资产的最优配置,有时还会造成资源的浪费和社会福利的损失。市场缺陷的存在,要求政府通过依法的监督和管理干预或弥补由于自然垄断、外部性、不完全信息等市场失灵所产生的社会资源配置效率低下,从而实现消费者利益和社会福利最大化。具体到金融监管而言,对金融机构、金融市场的监管,可以起到限制金融业过度竞争,维护部门安全与资源合理配置的作用,从而从另一个层面增进了社会福利,实现了资源配置的帕累托最优。

公众利益论揭示了管制的基本经济学原理,把管制看作是减少或消除市场破产成本,提高社会资源分配效率,从而保护公众利益,增进社会福利的手段。但是,金融监管并不总是能够很有效地保护公众利益,管制也会带来额外的成本和社会经济损失。当一国以过于严格的监管取代市场机制,就会造成低效率。一方面监管会打击金融机构的积极性;另一方面,监管会引起市场信号的扭曲,增加金融体系的系统风险。因此,有效监管的关键在于把握监管的度,实现在确保社会公众利益最大化的前提下,监管成本最低。

(二) 监管经济理论

监管经济理论是以利益集团理论为核心,运用供求分析法来研究各利益集团在监管制度提供过程中的相互作用。该理论侧重研究金融机构与金融监管当局之间的关系,认为监管是由市场中按需求与供给进行配置的金融服务。政府或监管者作为供给方,在监管的交换中获得金融资源,或使得自身的政绩得到更加广泛的认可。监管的需求方则是希望从监管中获得利益,从而拓展它们的经济地位的专门利益集团。如现有的金融机构,希望通过金融监管限制潜在的竞争者。但应当注意的是,监管在给被监管者带来好处的同时,也会增加它们的成本。如资本充足率的规定在限制了其他私人金融机构的进入的同时,也会导致现有金融机构资产组合的效率损失。

监管经济理论利用寻租理论的思想,较好地解释了政府与市场参与者为获得和维护经济利益的行为之间的关系问题。监管者与被监管者通过竞争租金来牟取私利。监管者将监管当作一种“租”,主动地向被监管者提供以获利;被监管者则利用监管来维护自己的既得利益。

(三)金融风险理论

金融风险理论认为政府对金融部门实行监管是出于不完全市场条件下的金融市场上严重的负外部效应,为了防止这种负外部效应对经济基础的破坏,维护社会公众利益,必须对其实行监管。

首先,金融业是一个高风险的行业,其绝大多数的资金来源于外部。金融业内在的脆弱性决定了它在经营过程中随时面临着风险。一旦市场出现了大的波动或是社会公众对其失去了信心,金融机构就有可能发生危机,甚至是破产。而金融企业的高杠杆率,也决定了当其发生倒闭时,金融机构的所有者遭受的损失要远远小于广大的客户,所以它的负外部效应要比一般的企业大得多。其次,金融领域出现问题具有“传染性”的特点。在现代经济社会中,信用制度发达,各种金融工具的创建和使用都是以信用为基础,社会各个部门、各个经济体也都通过债权债务关系紧密地联系在一起。作为信用中介的金融机构一旦出现问题,就会产生连锁效应,其负外部效应有可能被自我放大。届时,可能不只是一个金融机构出现危机,而是整个金融系统陷入困境。当这种自我放大发展到极致时,就可能导致整个国家宏观经济崩溃,甚至引发世界性的金融动荡。再者,即使没有上述传染性,金融风险的内在特性,也决定了其不可能通过自由市场机制来消除,必须有一个市场以外的力量,一个权威机构的介入,对金融业实施适当的监管,以确保整个金融体系的安全与稳定,限制负外部效应的影响。

(四)投资者利益保护理论

投资者利益保护理论是建立在信息经济学基础上的一种金融监管理论。这种理论认为,为了有效保护投资人的利益,需要进行金融监管。所谓投资人包括存款人、证券持有人、投保人等,他们在金融活动中存在信息劣势地位,包括信息不完全或信息不对称两种情况。其中,信息不完全既有可能是信息供应不充分,也有可能是有人故意隐瞒事实真相、掩盖真实信息甚至提供虚假的信息造成的;信息不对称是指交易双方有信息优劣的差异,如证券机构的内幕人员在信息上较外部人士有明显的优势,证券商相对于一般投资者能掌握更多的市场动态信息,他们就可能利用这个有利条件,将金融风险或损失转嫁给投资人。为了防止投资人利益受损,国家需要通过金融监管约束金融机构的行为,保护投资人利益。

更深一步,在信息不对称的条件下,当事人并不能完全了解全部与交易相关的信息,导致金融交易效率低下,金融市场上的价格信息不能有效地传递,从而加大了金融市场的交易成本,产生了交易的不公平。由于有限理性和机会主义的存在,使得金融资产价格常常处在动荡之中,风险也随之增大。因此,需要政府采取各种监管措施减少金融体系中的信息不对称,提高金融市场的透明度,提高监管的有效性。

进入20世纪80年代以后,随着金融全球化、自由化的发展,原有的金融监管理论已经不能完全适应金融业发展的需求,有了新的进展。静态监管逐渐向动态监管发展,强调在原有的监管体系基础上,适应监管者与被监管者之间不断变化的关系而进行调整，强调运用市场纪律来改善金融监管，同时更加注重资本监管有效性的研究。

三、金融监管的模式

金融监管模式又称为金融监管体制，是指金融监管的制度安排。包括金融监管当局的职责划分、权利的分配以及监管体系的组织结构等，包括监管主体、监管客体和监管手段三方面的内容。由于各国的历史文化、经济发展程度不同，对金融监管模式的选择也各有不同。根据监管组织体系设置的不同可将其分为三类：

（一）单一金融监管模式

这种模式的特征是：对金融业的监管权限高度集中于一家金融监管机关，这个监管机关通常是该国的中央银行或金融管理局。在功能上，通常倾向于分业监管，不同的专业监管机构负责不同的监管领域，职责分明、分工细致，发挥专业化优势，提高监管效率。目前实行这种金融监管模式的国家有：英国、意大利、瑞士以及大多数发展中国家如印度、泰国等。

单一金融监管模式的最大优势在于可以节约成本、获得规模效益。由一个中央机构统一监管可以节约技术和人力的投入，缩短信息的传递过程，改善信息质量，从而降低信息成本，获取规模效应。同时，统一监管还避免了由于多重监管造成的强度不同，监管不一致，减少了被监管者的无所适从，从而改善了监管环境，提高了监管效率。此外，这种模式的适应性很强，在金融创新日新月异的今天，它可以很快适应新业务，避免出现监管真空，降低系统性风险。但单一监管模式最大的问题在于由于监管主体单一，缺乏竞争性，容易导致官僚主义，造成监管漏洞，因此要求监管主体建立一个能使其规模效益最大化的内部结构。

（二）分权多头监管模式

采取分权多头监管模式的国家并不多，主要是联邦制的国家，如美国和加拿大。在这个模式下，不仅不同的金融机构和业务由不同的监管机关来实施监管，而且联邦政府和各州都有权对相应的金融机构发照注册并进行监督管理，即所谓的双层多头式管理。

（三）集权多头监管模式

实行集权多头式管理的国家将监管权利集中于中央，但在中央一级又分别由两个或两个以上机构负责不同类型的金融机构进行监管。如日本、德国、法国、澳大利亚、巴西等国家都采用这种模式。这些国家大都采取议会制度，要求权利集中于中央的同时，金融机构也要接受议会的监督。而权力制衡的要求使这种集权多头式监管既可以满足中央集权的要求，又可以通过多头监管模式来实现各机构与力量之间的相互平衡和制约。

因此可以说，一个国家监管模式的选择不仅要适应该国经济发展水平的要求，而且也要与该国的政治体制相配合。我国目前实行的金融监管模式是单一金融监管模式，以中国人民银行为最高监管机构，由中国银行监督管理委员会、中国证券监督管理委员会以及中国保险监督管理委员会分别对银行、信托业、证券业以及保险业进行监督和管理。

专栏 11-3 中国金融监管机构一览表

监管机构	成立时间	监管行业	主要职责
中国银行监督管理委员会	2003 年 4 月	银行业、信托业	1. 制定有关银行业金融机构监管的规章制度和办法;审批银行业金融机构及分支机构的设立、变更、终止及其业务范围; 2. 对银行业金融机构实行现场和非现场监管,依法对违法违规行为进行查处; 3. 审查银行业金融机构高级管理人员任职资格; 4. 负责统一编制全国银行数据、报表,并按照国家有关规定予以公布; 5. 会同有关部门提出存款类金融机构紧急风险处置意见和建议; 6. 负责国有重点银行业金融机构监事会的日常管理工作等。
中国证券监督管理委员会	1992 年 10 月	证券、期货业	1. 建立统一的证券期货监管体系,按规定对证券期货监管机构实行垂直管理; 2. 加强对证券期货业的监管,强化对证券期货交易所、上市公司、证券期货经营机构、证券投资基金管理公司、证券期货投资咨询机构和从事证券期货中介业务的其他机构的监管,提高信息披露质量; 3. 加强对证券期货市场金融风险的防范和化解工作; 4. 负责组织拟订有关证券市场的法律、法规草案,研究制定有关证券市场的方针、政策和规章;制定证券市场发展规划和年度计划;指导、协调、监督和检查各地区、各有关部门与证券市场有关的事项;对期货市场试点工作进行指导、规划和协调。
中国保险监督管理委员会	1998 年 11 月	保险业	1. 拟定保险业发展的方针政策,制定行业发展战略和规划;起草保险业监管的法律、法规;制定业内规章; 2. 审批各类保险公司及其分支机构、保险代理公司、保险经纪公司、保险公估公司等保险中介机构及其分支机构的设立、合并、分立、变更、解散,决定接管和指定接受;参与、组织保险公司的破产、清算。审查、认定各类保险机构高级管理人员的任职资格;制定保险从业人员的基本资格标准。

续表

监管机构	成立时间	监管行业	主要职责
			3. 审批关系社会公众利益的保险险种、依法实行强制保险的险种和新开发的人寿保险险种等的保险条款和保险费率，对其他保险险种的保险条款和保险费率实施备案管理； 4. 依法监管保险公司的偿付能力和市场行为；负责保险保障基金的管理，监管保险保证金；根据法律和国家对保险资金的运用政策，制定有关规章制度，依法对保险公司的资金运用进行监管； 5. 对政策性保险和强制保险进行业务监管；对专属自保、相互保险等组织形式和业务活动进行监管。归口管理保险行业协会、保险学会等行业社团组织； 6. 依法对保险机构和保险从业人员的不正当竞争等违法、违规行为以及对非保险机构经营或变相经营保险业务进行调查、处罚； 7. 依法对境内保险及非保险机构在境外设立的保险机构进行监管； 8. 制定保险行业信息化标准；建立保险风险评价、预警和监控体系，跟踪分析、监测、预测保险市场运行状况，负责统一编制全国保险业的数据、报表，并按照国家有关规定予以发布。

资料来源：中国银监会、证监会、保监会相关网站

四、金融监管的内容

按照被监管的对象来划分，金融监管可分为金融机构监管、危机监管和对监管者的监管等三大领域。下面将依据上述划分简要介绍金融监管的具体内容。

（一）对金融机构的监管

金融机构的内在脆弱性和外在负效应对整个金融体系的稳健运行带来了巨大的风险，因此对金融机构的监管成为金融监管的重点和核心内容。按照金融业务的流程划分，对金融机构的监管内容又分为市场准入监管、日常运作监管和退出监管这三个方面。

1. 市场准入监管

对市场准入的控制是保证金融业安全稳定运行的有效防护措施，是对金融机构实行有效监管的第一步。通过对申请设立的金融机构进行审批，可以把一些不符合要求，可能危害到存款人利益和金融体系安全的机构拒之门外。在各国的审批过程中虽然方式各不相同，但大多会强调申请人的管理能力、商业信用以及是否

具有充足的资本能力从而确保经营的安全与稳定。

市场准入管制在一定程度上限制了恶性竞争，确保进入市场的经营者都具有相似的经营环境和条件。同时也加大了申请者的机会成本，减少金融机构短期行为发生的可能性。

2. 日常运作过程的监管

对市场准入的监管只是把好了第一关，金融机构成立以后，对其日常运作过程的监管才是金融监管最重要内容，包括：

(1) 资本充足率管理。资本在金融机构的经营中起着非常重要的作用，它不仅可以保证金融机构的正常经营，在发生意外损失时可以作为弥补流动性不足的重要资源，同时，充足的资本金还可以维护机构在公众中的信誉，避免因公众信心的缺失导致流动性风险。因此，各国的金融监管机构除了在注册时要求的最低标准外，还要求金融机构必须保持资本金与资产总额、存款总额、负债总额以及风险投资之间的一个适当比例。如 1988 年的巴塞尔协议规定核心资本充足率以及资本与风险加权资产总额比率分别不得低于 4%和 8%，这一规定已为各国政府普遍接受，成为对银行监管中最重要的标准。

(2) 流动性监管。随着金融业竞争的加剧，金融机构资产的流动性对其整体经营的安全性非常重要。当金融机构出现流动性不足时，可能会面临挤兑的危险，而如果其流动资产过多，又会降低企业的盈利能力。因此对金融机构资产的流动性做出准确评价十分困难，需要综合考虑金融机构资产负债和利率结构搭配是否合理。在具体的监管方法上，有的国家不正式规定流动性的具体标准，但经常予以检查监督；有的国家对银行资产负债分别设计比例，来监视银行的清偿能力；有的国家对吸收短期存款而进行投资的银行单独进行管理，对其长期性投资加以特殊限制。

(3) 业务范围的监管。包括金融机构被允许从事哪些业务，哪些业务禁止经营。在对金融机构的业务范围的监管方面各国之间有着很大的差异，一些国家把商业银行业务与投资银行业务分开，并禁止商业银行认购股票；一些国家则限制银行对工商业的直接投资。有的国家禁止在银行内把银行业务与非银行业务混在一起，但允许通过银行控制公司、附属机构等参与某些风险较大的非银行业活动；也有的国家对银行经营的业务种类很少施加限制。

(4) 经营风险的监管。追求最大限度的利润是金融机构经营的直接目的，为了盈利，商业银行倾向于把吸收的资金尽可能地用于贷款和投资，尽可能地集中投向盈利高的地方。但是，正如我们在前文中反复指出的那样，获利越多的资产，风险相对就越大。因而，大多数国家都要求银行限制贷款投向的过度集中，限制一家银行对单个行业或单个借款者提供过多的贷款，以分散风险。分散风险既是银行的经营战略，也是金融监管的重要内容。经验表明，在经济、金融环境不断变化的情况下，任何形式的风险集中都有可能使一个营运正常的银行步入险境。

因此，如何对风险集中进行准确的估价和有效的控制，成为近年来备受关注的问题。从风险管理和风险监管的角度上讲，仅对各种风险进行逐项控制是远远不够的，更重要的是应当将注意力放到各类风险之间的相互联系和相互影响上。在金融创新日新月异的情况下,要对银行的风险集中程度做出客观准确的评价,不仅要对银行的整体业务状况进行深入的了解,而且还必须有一套科学的考核参数和分析方法。

(5) 外汇风险管理。在经济全球化背景下,国际间贸易、经济交往规模巨大,为了保持本国国际收支的均衡,以及本国货币币值的稳定,不仅需要对金融机构进行外汇风险的管理,所有从事与外汇有关的经济交易的个体,也必须纳入金融监管的范围。由于国际间短期投机资本流动不仅规模巨大,且对许多国家的经济秩序造成了恶劣影响,各国都把对资本项目的外汇管理放在了金融监管的首位。

(6) 准备金管理。设立准备金制度的目的是为了保证存款人的存款安全,同时也是为了保证金融机构自身的安全。监管当局的主要任务是确保银行准备金是在充分考虑谨慎经营和真实评价业务质量的基础上提取的。虽然各国的准备金制度不尽相同,有的是按金融机构的规模、存款的期限设定不同的准备金率,有的则采取统一标准。但随着金融全球化的进程,各国金融监管当局已经普遍认识到,准备金政策和方法的统一是增强国际金融体系稳健性的一个重要因素,也有助于银行业在国际范围内的公平竞争。因此,监管当局之间的协商与合作将会推动在准备金问题上达成共识。

(7) 对信息披露的监管。在不完全竞争的市场中,信息不对称的情况大量存在,在金融业中这种现象尤为突出。相对于存款人,金融机构具有信息优势,它更了解自己的经营状况,因而可能利用自己的信息优势滥用存款资金投资于高风险的项目,或是做出有损客户利益的事情。如果这些不当行为被社会公众所了解,会降低他们对金融机构的信任程度,在不完全信息的条件下可能演变成信任危机,从而危及金融机构的安全。因此,为了保护广大消费者的权利,同时也是保护金融机构的经营安全,要求金融机构进行信息披露是完全必要的。当然,由于金融机构的特殊性,其不必公开一切财务信息,但也不能故意隐瞒信息误导投资者,要让其在完全知情的前提下做出理性选择。

3. 市场退出监管

由于金融机构的特殊性,一般规定任何机构都不允许随意退出,以维护存款人的正当权益和整个金融体系的安全。金融机构退出市场要通过严格的法律程序,并且遵守有关的技术性规定。金融机构市场退出的原因和方式可分为两类:主动退出与被动退出。主动退出是指金融机构因分立、合并或者出现公司章程规定的事由需要解散,因此而退出市场的。其主要特点是"主动地自行要求解散"。被动退出则是指由于法定理由,如由法院宣布破产或因严重违规、资不抵债等原因而遭关闭,央行将金融机构依法关闭,取消其经营金融业务的资格,金融机构因此而退出市场。具体的退出方式有接管、解散、撤销和破产等。

(二) 对危机的处理

对金融机构日常业务的监管是金融监管内容的核心和重点,但对于各种危机的应变和处理能力也是金融监管的一个重要方面。应对不同的危机,金融监管体系应有不同的制度安排,如提供担保、执行最后贷款人的职责、并购、设立专门的危机银行处理机构等。关键是必须通过对危机的处理树立监管有力、应变及时的良好形象，从而维护公众对金融机构、金融市场的信心。可以说对危机的处理越及时，公众对金融监管机构信心越足，实现有效监管的可能性就越大，监管成本越小，这是一个良性循环过程。

（三）对监管者的监管

在金融监管的过程中，政府与监管者之间是一个委托代理的关系，在执行监管的过程中，监管者比它的委托人更了解金融机构的实际情况，出于某种原因，它有可能做出不利于国家的决策，因此需要国家权力机关如议会、国会等机构对其进行及时的监督。另一方面，基于种种考虑，社会大众可能对监管的合理性和有效性提出疑问，尤其是在单一监管模式下，缺乏竞争会导致官僚主义的出现，监管效率下降，因此产生了对监管者实施监管的需求，在政府与监管当局之间建立起具有激励约束机制的委托代理关系，保证监管者的监管公平、有效。

五、金融监管国际化

所谓金融监管国际化就是指金融监管活动跨出国界，以及据以进行监管的各国立法及惯例趋于一致的过程和状态[①]。它是随着金融全球化的发展而产生的一种金融监管的国际合作。

（一）金融监管国际化的必要性

1. 金融全球化和金融风险的国际化

20 世纪 70 年代以后，随着国际贸易迅速发展，为其服务的国际结算、国际资本融资等跨国金融业务也飞快地发展起来。同时，面对日益激烈的国际金融竞争，各国相继放松了金融管制，为金融业国际化敞开了大门，跨国金融机构的发展势头迅猛，国际化、网络化的趋势明显。各国国内金融市场与国际金融市场日趋融合，金融全球化趋势不可逆转。

金融全球化使得资本在全球范围内得到重新配置，促进国际金融市场高度繁荣的同时，也对各国的金融监管当局提出了新的挑战。金融全球化带来了国际资本的大规模流动，但同时也使金融风险国际化。一方面，金融机构在从事与外汇相关的业务时，必然会涉及外汇风险和国家风险。另一方面，金融全球化也使各国的金融市场联为一体，全球金融市场的系统风险加大。当一国或地区发生金融风险时，它会通过国际贸易、国际资本的流动在国际范围内迅速地传播，甚至引发区域性或全球性的金融危机。而复杂的国际清算体系把全球的银行紧密地联系在了一起，任何一个微小的支付困难就有可能引起全面的流动性危机。因此，在金融全球化的背景下，仅靠一国监管当局的努力不足以防范金融风险，有必要实现金融监管的国际合作。

2. 大规模国际资本流动对国际金融市场的冲击

金融全球化的一大特点就是国际资本的大规模流动。资本大规模的国际流动带来了经济和资本市场的繁荣，提高了资金的使用效率，但也带来了更大的金融风

---

① 温树英.论金融监管国际化.山西大学学报，2001 年 5 月.

险。国际资本尤其是短期国际资本的大规模流动加剧了资产价格的波动，加大了国际资本市场的风险，容易引发金融动荡和危机。同时，资本的跨国转移也加快了金融危机的传播速度，国际金融市场的脆弱性更加凸显。

3. 金融全球化对单个国家金融监管提出了挑战

在金融全球化背景下，以单个国家为立足点的金融监管常常对跨国的金融活动和金融机构鞭长莫及，监管失灵为金融风险埋下了隐患。这意味着各国的监管部门必须加强协调与合作，否则不论对各国政府还是整个国际金融市场都会带来负面影响。

首先，当金融活动的监管还是单个国家政府的事情，金融监管行为被限制在国家主权地理区域之内时，随着国际扩张和国际金融业务的不断拓展，大量跨国的金融机构、金融活动都会游离于东道国与母国的监管之外，出现监管的真空地带。在国际金融风险日益扩大的今天，其后果非常严重。其次，金融国际化加大了监管者与被监管者之间的信息差异，使得监管难度扩大。一方面，监管者与被监管者之间存在着信息的不对称，被监管者对自己所经营的业务有着信息优势，业务的国际化使得这种信息不对称的矛盾日益加剧，监管者实施有效监管的难度也越来越大。另一方面，由于各国金融监管的政策和标准不统一，使各国金融机构之间的竞争变得不平等，从而诱使金融机构逃避各国的金融监管。同时，金融监管的溢出效应也会导致各国在进行监管时做出不协调的决策，从而降低监管的有效性。最后，金融创新的涌现也在不断地突破现有的金融监管框架。层出不穷的金融衍生工具在为其交易主体提供规避或转移风险手段的同时也使国际金融市场变得更加复杂。离岸金融中心的建立也为金融机构提供了特殊的避风港。这些都导致金融监管部门无法对其进行及时有效的监管。

综上所述，在金融全球化的大背景下，单个国家的金融监管不足以防范世界范围内潜在的金融风险，因此加强金融监管的国际合作与信息共享，实现金融监管的国际化已经成为维护世界金融秩序与稳定的客观需要。

（二）金融监管国际化的基本内容

目前，各国已经认识到加强金融监管国际合作的必要性，主要从以下几个方面进行了合作和协调。

1. 监管信息共享

加强各国之间的监管信息共享是实现有效金融监管、防范国际性金融风险的重要一环，也得到了各国监管当局的普遍重视，纷纷建立了双边和多边的信息共享机制。规定各监管者之间必须建立及时的通报制度，与其他的监管者共享那些可能影响被监管者行为的信息、正在实施的监管措施等，在彼此之间建立一种合作与信任的态度。

2. 发挥国际化金融监管机构的作用，实现金融监管制度的国际化

1974 年建立的巴塞尔委员会（Basle Committee）标志着国际银行监管合作的正式开始，也是金融监管国际化的一个重要的里程碑。在此以后随着国际保险监管协会（IAIS）、国际证券委员会组织（IOSCO）的成立，形成了金融监管国际化的核心。而巴塞尔委员会在 1987 年正式通过的《关于统一国际银行的资本计算和资本

标准协议》，即著名的《巴塞尔协议》、1997 年通过的《有效银行监管的核心原则》以及 2001 年颁布的《巴塞尔新协议》为国际银行业的监管提供了法规依据，也为各国制定和完善银行业的监管法律制度提供了指导性原则。这些文件提出了诸如：(1) 明确了东道国与母国的责任，强调国与国之间的有效合作；(2)对在全球范围内从事业务的金融机构实行并表监管；(3)明确了具体的监管范围、建立了具体国际监管技术指标；(4)确立了巴塞尔委员会与 IAIS 和 IOSCO 的合作关系，实现对金融集团的有效监管等具体的实现国际金融监管合作的内容，从而成为金融监管国际合作的重要文件和实行国际监管的重要标准。

（三）金融监管国际化面临的困境

尽管金融监管国际化得到了各国的支持，但国际协调活动还有待实质性的推进，问题表现为，信息传递不畅、有些机制流于形式，国际金融领域还缺乏有效的风险预警机制，由于国际监管不力而导致的金融危机仍时有爆发，等等。金融监管国际化面临的主要矛盾有：

1. 国家利益与国际监管协调的矛盾

各国经济发展水平不同，金融业的发展程度、发展目标也不一样。这使得金融监管的国际合作变得非常困难。特别是在发达国家与发展中国家之间，由于经济发展水平相差很大，在金融监管模式的选择、监管政策的使用等方面都存在着很多的矛盾。参与金融监管的国际合作就意味着在监管政策方面要失去选择的自由，尤其对于发展中国家而言，与发达国家采取相同的监管政策很可能会削弱本国金融机构的竞争力。而在处理国家利益与国际关系上，各国通常采取国家利益至上的原则。因此，当本国的经济利益或发展目标与国际监管所追求的目标不一致时，一些国家就有可能不合作，甚至是违背合作的承诺而追求自己的经济发展目标。因此，如何解决国际利益与国际监管目标的矛盾问题是实现有效的金融监管国际化的关键。

2. 国际金融监管组织在金融监管国际化中的局限性

虽然目前三大国际金融监管协调组织在维护国际金融安全、防范全球金融风险方面发挥着越来越重要的作用，但在金融监管国际化的进程中，其局限性也日益突出。一方面，三大国际金融监管组织还未对其面员方形成“法治”，一些重要的国际协议还不具备法律的权威性，在面员方出现金融危机时也无法提供必要的经济援助。事实上，它更像是一个多边论坛，只能根据面员方提供的一些信息做出一些分析，提供一些建议，不具备实质性的决策权和执行权。另一方面，考虑到各国经济发展水平参差不齐，为了保证步调的协调性，三大国际金融监管组织在制定监管标准时往往采取最低标准，从而降低了金融监管的有效性。

3. 信息传递不畅制约金融监管国际化的有效性

金融监管国际化的有效性依赖于信息获得的完全性，但在实际过程中由于各种原因，信息的传递往往是不完全甚至是错误的。以此为依据做出的监管决策可能出现很大的偏差，降低了监管的有效性。

虽然金融监管国际化面临着诸多的困难，但应该看到，随着金融全球化的不断深入、金融创新不断涌现，国际社会对金融监管国际化的需求越来越强，金融监管的国际合作与协调势在必行。

本章小结

1. 金融风险是指在金融活动中，由于金融市场中各种变量的不确定性，导致行为主体遭受损失的可能性。金融风险的种类很多，大致包括政策性风险、市场风险、信用风险、流动性风险以及道德风险等。

2. 金融脆弱性是指金融制度、结构出现非均衡导致风险积聚，金融体系丧失部分或全部功能的金融状态。关于金融脆弱性的理论包括金融不稳定假说、安全边界说以及信息不对称理论。它们分别从企业、银行以及各方当事人之间信息不对称的角度分析了金融内在脆弱性的根源。

3. 进入 20 世纪后，世界级的金融危机频发，呈现出突发性、极强的传染性和破坏性的特点。经济学家纷纷开始探讨金融危机的生成机理，从而形成了一系列的金融危机理论。

4. 金融监管是指金融主管当局依据有关法律法规对金融机构实施全面的、经常性的检查、稽核，并对金融机构的日常经营活动给予领导、组织、协调和控制，以确保它们依法稳健运行的一系列活动。其理论依据主要包括：公共利益监管理论、监管经济理论、金融风险理论和投资者利益保护理论等。

5. 金融监管的内容不仅包括对金融机构的日常监管，还包括对危机的处理和对监管者的监管。其目标是为了建立稳定、公正、高效的金融体系。

6. 所谓金融监管国际化就是指金融监管活动跨出国界，以及据以进行监管的各国立法及惯例趋于一致的过程和状态。目前金融监管国际化还面临着诸多的困难。

关键词汇

金融风险	Financial Risk
信用风险	Credit Risk
流动性风险	Liquidity Risk
道德风险	Moral Risk
金融脆弱性	Financial Fragility
安全边界说	Margins of Safety
金融不稳定性假说	Financial Instability Hypothesis
理性投机理论	Rational Speculative Attack Model
影子汇率	Shadow Rate
多重均衡	Multiple Equilibrium
金融危机预警系统	Early Warning System for Financial Crises
金融监管	Financial Regulation; Financial Supervision
巴塞尔委员会	Basle Committee

思考题

1. 试述金融脆弱性、金融风险、金融危机的关系。
2. 试运用金融脆弱性假说来解释东南亚金融危机爆发的原因。
3. 比较几代金融危机理论的特点。
4. 结合我国金融脆弱性问题,分析我国应该如何实行有效金融监管。
5. 试述金融监管与金融创新的关系,我国应如何处理两者的关系?
6. 分析我国资本外逃现象,提出相应的解决办法。

第四篇

金融开放与金融发展

第十二章　国际金融

国际金融体系主要包括国际金融市场、国际金融机构、国际资本流动和国际货币制度。本章主要介绍国际金融市场的构成，重要的国际金融机构，国际资本流动的特征、类型及原因，国际货币制度的类型等。

第一节　国际金融市场

国际金融市场是人们参与国际金融活动的重要场所。通常有广义和狭义之分，广义的国际金融市场是指在国际范围内，运用各种现代化的技术手段与通信工具，进行资金融通、证券买卖及相关金融业务活动的场所或网络，包括国际货币市场、国际资本市场、国际外汇市场、国际黄金市场以及金融衍生工具市场等；狭义的国际金融市场则仅指从事国际资金借贷和融通的场所或网络，包括国际货币市场和国际资本市场。

一、国际外汇市场

（一）外汇市场的概念及构成

外汇市场是国际金融市场的基础。外汇市场是指进行外汇买卖、外汇交易或外汇投机的场所或网络系统。在外汇市场上交易的参与者主要有四类：外汇银行、外汇经纪人、顾客和中央银行。

1. 外汇银行

外汇银行是外汇市场上最重要的参与者，一般包括经中央银行指定或授权的专营或兼营外汇业务的本国商业银行、其他金融机构和开设在本国的外国商业银行分支机构。

2. 外汇经纪人

外汇经纪人是介于外汇银行之间或外汇银行与顾客之间，为买卖双方接洽交易而收取佣金的汇兑商。一般而言，外汇经纪人只是代客买卖，但现在他们也开始自营业务。

3. 顾客

顾客一般是指外汇银行的顾客，主要包括：交易性的外汇买卖者，如进出口商、国际投资者、旅游者；保值性的外汇买卖者，如套期保值者；投机性的外汇买卖者，如外汇投机商。

4. 中央银行

中央银行在外汇市场上主要充当干预者的角色。通过中央银行的直接或间接干预，以稳定汇率，并使汇率保持在本国政府所希望的水平上，从而实现政策意图。

（二）外汇市场的特征

1. 全球一体化

外汇市场遍布全球，各大洲均有。如美洲的纽约、多伦多，欧洲的伦敦、巴黎、法兰克福，亚洲的东京、中国香港地区、新加坡等。各市场在交易规则、方式上趋同，各市场在交易价格上相互影响，从而导致外汇市场的高度一体化。

2. 全天候运行

由于各洲存在时区差，世界各主要外汇市场交易要么顺承相接，要么相互交错，从全球范围看，外汇市场是一个 24 小时全天候运行的市场。如惠灵顿大约在北京时间凌晨 4：00 就开始营业，它刚经营两个小时，悉尼就开始营业了，惠灵顿和悉尼还没闭市时，东京在北京时间 8：00 又开始营业了，紧接着是新加坡。悉尼要闭市时，法兰克福开始营业了，接下来是伦敦市场，最后是纽约市场，它在北京时间 21：00 开始营业，到第二天的 4：00 纽约闭市时，惠灵顿新的营业日又到来了。北京时间 21：00 至第二天的 00：30 是外汇交易最活跃、交易量最大的时间段，大的外汇交易商和各国的中央银行一般选择在这一时间段进行交易。

（三）外汇市场的交易规则与程序

1. 交易规则

典型的外汇市场是一个无边无际的无形市场，每天都要发生金额巨大的外汇交易，交易双方可能从未谋面。外汇市场能正常运行、外汇交易能有条不紊地进行，主要依靠外汇交易各方都严格遵守各种交易规则，尽管这些规则并无成文规定，而只是一种约定俗成。外汇交易中的交易规则主要有：①采用以美元为中心的统一报价方式，外汇交易报价是交易双方兑换货币成交时的价格；外汇交易是以美元为中心报价的，即几乎所有的外汇交易都是采用某种货币对美元的买进或卖出的形式进行的；②使用统一的报价方法，为了使交易顺利进行，除英镑、澳大利亚元、新西兰元和欧元采用间接标价法外，其他货币的交易均采用直接标价法；③交易额通常以 100 万美元为单位，如交易中的“Six Dollar”表示 600 万美元，如果交易金额低于 100 万美元，应在询价时预先说明是小额的，并具体报出交易金额；④在交易过程中，有关各方必须恪守信用，共同遵守“一言为定”的原则和“我的话就是合同”的惯例，买卖一经成交即不得后悔，不能要求变更交易内容或撤销交易合同；⑤交易用语必须规范化，为了能在汇率频繁变动的外汇市场上迅速无误地成交，外汇交易者在买卖磋商阶段常常使用一些俚语或行话，这些外汇交易行话是带有技术性的，使用这些行话必须做到规范、正确。如使用 Bid，Buy，Taking，Pay，Mine 表示买入，用 Offer，Sell，Give，Yours 表示卖出，而 Five Yours 即表示“我卖给你 500 万美元”。

2. 交易程序

在外汇市场上，外汇交易能做到“快而不乱，简而不漏”，除了外汇交易员使用规范的交易术语外，严格按交易程序操作也是其重要保证。外汇交易通常按以下程序进行。①选择交易对手：银行在对外联系、准备交易之前，应首先正确选择资信良好、作风正派、与本行关系密切的银行或经纪人作为交易对手；一般应选择那些报价价差较小、报价与还价速度快、服务水平高的银行或经纪人作为交易对手，以确保交易的顺利进行；②自报家门：在开始询价之前，询价银行应先自报家门，以便让报价者知晓交易对手是谁，并决定其交易策略；③询价：询价即询问有关货币现汇和(或)期汇的买入、卖出价，其中包括交易货币、交易金额和合同交割期限；④报价：银行外汇交易员在接到询价后立即对有关货币的现汇或期汇报出买入价和卖出价，这是外汇交易的基础；⑤成交：询价银行首先表示买入或卖出某种货币、某一期限的交易金额，然后由报价银行承诺；⑥证实：交易双方相互证实买进或卖出的汇率、金额、起息日以及资金结算办法，一旦报价银行的交易员说“成交了”，即表示交易合同宣告成立，交易双方开始受合同约束；⑦交割：这是外汇交易的最后一个程序，也是最重要的一个环节，即交易双方各自按对方当事人的要求将卖出的货币及时准确地寄入对方指定的银行存款账户中的处理过程。

二、国际货币市场

国际货币市场是进行期限在一年或一年以内的资金融通市场。它可以分为传统的国际货币市场和新型的国际货币市场，前者是在国内货币市场的基础上形成和发展起来的，涉及的金融业务主要是市场所在国货币的国际短期借贷，并且这些交易一般是在居民与非居民之间进行的；后者是指欧洲货币短期资金融通市场，即融资期限为 1 年或 1 年以内的，以欧洲货币为交易对象的资金借贷市场。其中，欧洲货币短期资金融通市场是国际货币市场的主体部分。

(一) 短期信贷市场

短期信贷市场主要包括银行对外国工商企业的信贷和银行同业拆放市场。前者主要解决企业流通资金的需要，后者主要为了调剂银行间短期资金的余缺或平衡资金头寸，相互弥补短期资金的不足。目前，银行短期信贷市场业务主要以银行同业拆借为主。

(二) 短期证券市场

短期证券市场是进行期限不超过一年的有价证券交易的场所。交易的短期证券种类繁多，一般包括国库券、大额可转让定期存单、银行承兑票据、商业票据等。

(三) 贴现市场

贴现市场是对未到期的票据以贴现的方式给予融资的市场。贴现交易使持票人在扣除贴现支付利息后提前取得票据到期时金额，而贴现人则向持票人提供融资。贴现票据主要有公司债券、银行债券、银行承兑汇票、商业承兑票据、国库券和其他短期政府债券等。贴现业务经营者主要是商业银行、贴现公司、票据经纪商和票据承兑所。贴现业务是货币市场资金融通的一种重要方式。中央银行可利用贴现业务调节利率、信用，从而达到宏观调控的目的。从本质上看，贴现也是银行放款的一种形式，这种方式与一般放款的差别在于，是在期初本金中扣除利息，不是在期末支付利息。

三、国际资本市场

国际资本市场是指国际金融市场中，期限在 1 年以上的各种资金交易活动所形成的市场。国际资本市场包括国际银行中长期信贷市场和国际证券市场。

（一）国际银行中长期信贷市场

国际银行中长期信贷市场是指由一国的一家商业银行，或者一国（多国）的多家商业银行组成的贷款银团，向另一国银行、政府或者企业等借款人提供的期限在1年以上的贷款，是国际资本市场的重要组成部分。

1. 国际银行中长期贷款的类型与形式

根据从事国际银行中长期贷款的主体所处市场的不同，国际银行中长期贷款可分为传统国际金融市场的银行中长期贷款和欧洲货币市场的银行中长期贷款。

传统国际金融市场的银行贷款是指由市场所在国的银行直接或通过其海外分行将银行所在国货币贷放给境外借款人的国际信贷安排。欧洲货币市场的银行中长期贷款是指欧洲银行所从事的境外货币的中长期信贷业务。

国际银行中长期贷款主要有双边贷款和银团贷款两种形式。双边贷款又称独家银行贷款，是一国的一家银行向另一国的政府、银行、公司企业等借款者发放的贷款。双边贷款信用规模受限于单个银行的贷款额度，且期限较短，一般为3～5年。银团贷款又称辛迪加贷款，是由一国或多国的若干家银行组成的银团，按共同的条件向另一国借款人提供的长期巨额贷款。辛迪加贷款具有如下特点：第一，贷款规模较大；第二，贷款期限较长；第三，币种选择灵活；第四，贷款成本相对较高，除了要支付较高的利息外，还要承担一些费用。

2. 国际银行中长期贷款的组织要素

国际银行中长期贷款的组织要素是指参与贷款交易的当事人。

（1）借款人。国际中长期信贷的借款人主要是世界各国政府、国际性金融机构及大型企业。自然人一般不能成为该业务的借款人。

（2）贷款人。在双边贷款中，贷款人一般是实力较强、具有从事国际贷款能力的大型银行。银团贷款出现后，贷款人的组织形式发生了较大的变化。辛迪加银团由数家甚至数十家贷款银行组成，每个银行在整个银团中都发挥着各自的作用。辛迪加银团主要由牵头银行、代理行和参加行组成。

（3）担保人。由于国际银行中长期贷款的期限长、金额大、风险大，债权银行为了保障贷款的安全性，一般都要求债务人为其债务提供担保。当借款人发生不能按期支付本息等违约行为时，担保人有义务代替借款人履行贷款合同的规定。担保人一般由借款人所在国的政府机构担任。

（二）国际债券市场

国际债券是指一国政府、企业、金融机构等为筹集外币资金在国外市场发行的以外币计值的债券。

1. 国际债券的发行市场

国际债券的发行市场又叫一级市场，是政府、机构和企业在发行债券时，从规划到推销、承购等阶段的全部活动过程。发行市场没有固定场所，主要由投资银行、经纪人和证券商等构成。

（1）发行市场的主要参与者。国际债券发行市场的参与者主要有发行人、担保人、牵头人、承销商和法律顾问等。发行人是发行债券筹措资金的人，主要包括政府、金融机构、工商企业等。当发行人首次进入国际债券市场或发行人规模较小时，往往需要国际著名的公司或金融机构担保。牵头人也称主干事，是受发行人委托，负责全面组织、安排债券发行工作的公司，它们大多是实力强、影响大的投资银行。承销商即负责承购和推销债券的金融机构，在发行国际债券时应选择最具实力和国际影响力的承销商。在国际债券的发行中，要签订很多合同文件，因此，需要聘请有关国家的律师出任发行人和牵头人的法律顾问，以减少在法律方面的漏洞。

（2）国际债券的资信评级。发行国际债券一般需要国际公认的评级机构对债券资信进行等级评定，目的是将债券资信状况公之于众，保护广大投资者的利益。债券评级的内容主要包括：债券发行人还本付息的清偿能力、债券发行人在金融市场上的声誉及历次偿债情况、发行人破产的可能性。

（3）国际债券的发行方式。欧洲债券的发行方法通常采用“出盘”的形式，即不经过申请批准的非正式的发行方式，以避免国家对发行的限制。发行欧洲债券首先要由几家大的国际性银行牵头组织一个国际辛迪加，承保所有债券的主要部分，承保辛迪加往往还会组织一个更大的认购集团，先由认购集团认购，然后再由它们转到二级市场出售。在进入二级市场前，欧洲债券的发行不公开进行，而是在认购集团内部分配。

2. 国际债券的流通市场

债券的流通市场也称二级市场，是向投资者提供债券交易转让的场所或网络。该市场的存在和发展增强了债券的流动性，也是新发行市场扩大的条件。国际债券的流通一般通过证券交易所和场外交易两种方式进行。欧洲债券二级市场的主要交易中心是伦敦、法兰克福、阿姆斯特丹及苏黎世的场外交易市场，交易者通过主要银行间的电信网络进行交易。

（三）国际股票市场

国际股票市场是指在国际范围内发行并交易股票的场所或网络。国际股票市场有两种存在形态：一是有形市场，证券交易所是其典型形态；二是无形市场，它是各种现代化通信工具联系起来的交易网络。

国际股票发行市场是国际股票发行人发行新股票、投资者购买新股票的运营网络，是一个无形市场。

1. 国际股票的发行方式

国际股票的发行方式主要有私募和公募两种。私募是发行公司通过经纪商对少数特定的股票投资者发行股票，国际股票私募对象主要有机构投资者以及与发行人有密切业务联系的公司等。私募发行方式费用低，发行成功可能性大，节省时间，但股票流通性差。公募是发行公司向社会上的投资者公开发行股票，公募的程序复杂，难度较大，发行人必须达到一定发行资格并向发行地证券管理部门办理注册登记或审核手续并公开信息，但公募发行有活跃的流通市场，筹资潜力大，还可以提高发行人的信誉和国际知名度。

2. 国际股票流通市场

国际股票流通市场是指已发行的国际股票在投资者之间转让买卖的场所或交易网络，它是国际股票市场最为活跃的部分，为国际股票提供了流通性，推动了整个国际股票市场的发展。国际股票市场的组成包括证券交易所、证券交易自动报价系统、证券经纪人、证券自营商、投资人、证券交易清算系统以及证券监管机构等。

国际股票流通市场目前可分为四个层次：证券交易所、场外交易市场、第三市场和第四市场。证券交易所处于核心地位，它是有组织地进行股票集中交易的有形固定场所，能提供完备的交易设施和快捷的清算信息服务，流通性很强。目前世界三大证券交易所为东京证券交易所、伦敦证券交易所和纽约证券交易所。场外交易市场也称柜台市场或店头市场，是主要的场外市场，是在证券交易所外从事股票交易的无形市场。柜台市场是一个广泛而分散的市场，证券商在自己的营业网点为许多未上市的股票提供柜台交易。第三市场是通过将原来在证券交易所上市交易的股票移至场外交易而形成的无形市场，第三市场的发展原因是股票投资机构化，由于机构投资者需要为场内交易的大额股票交易支付大笔佣金，一些证券商为吸引这类交易，把上市股票的交易拉到场外进行。第四市场是投资者直接进行股票交易的市场，第四市场也是因为机构投资者的大额交易需求产生的。机构投资者的一些大额股票交易甚至不通过证券商，而是直接寻找交易对方，私下协商成交，主要目的是节约交易费用。近年来，由于计算机自动报价和交易系统的发展，投资者之间的联系更方便，第四市场得以发展。

三、欧洲货币市场

欧洲货币市场是对离岸市场的概括和总称，是当今国际金融市场的核心。欧洲货币又称境外货币、离岸货币，是在货币发行国境外被存储和借贷的各种货币的总称。欧洲货币市场是世界各地离岸金融市场的总体，该市场以欧洲币为交易货币，各项交易在货币发行国境外进行，或在货币发行国境内通过设立国际银行业务设施进行，是一种新型的国际金融市场。

（一）欧洲货币市场的特征

欧洲货币市场作为一种新型的国际金融市场，自由化、国际化程度都很高，与相应国家的国内金融市场和传统的国际金融市场都有明显不同。

(1) 欧洲货币市场经营十分自由，很少受市场所在国金融政策、法规以及外汇管制的限制，资金借贷自由，调拨方便。

(2) 欧洲货币市场上交易的货币是境外货币，币种较多，大部分都是可完全自由兑换的；交易规模大，可以满足各种不同期限与不同用途的资金需求。非居民是市场的交易主体，包括国际性商业银行、非银行金融机构、跨国公司、政府部门和国际性组织等。

(3) 欧洲货币市场有独特的利率结构。欧洲货币市场利率体系的基础是伦敦银行间同业拆放利率，由于欧洲银行不用缴纳存款准备金，并且不受存款利率上限的限制，所以存款利率略高于货币发行国国内存款利率，贷款利率略低于国内贷款利率。较小的利差使欧洲货币市场的存放款业务更富有吸引力和竞争性。

(4) 欧洲货币市场的交易以银行间交易为主，银行同业间的资金拆借占欧洲货币市场业务总额的很大比重。它是一个资金的批发市场，每笔交易数额很大，少则数万美元，多则数亿美元。欧洲货币市场的业务活动一般都是通过电话、电传、互联网等现代化通信技术在银行之间和银行与客户之间进行的，不受地理限制，交易方便灵活。

（二）欧洲货币市场的构成

1. 欧洲货币短期资金融通市场

（1）欧洲银行同业拆借市场

银行同业拆借市场是指各商业银行为弥补存款准备金的不足或解决临时性的短期资金需求，相互之间进行短期资金融通的市场。它是整个短期信贷市场的主体。该市场的运行机制主要包括：①市场参与者与交易方式：银行同业拆借市场的主要参与者包括商业银行、中央银行和非银行金融机构；出于风险管理的考虑，欧洲银行同业拆借交易通常限制在信用级别较高，同时是相互了解和熟悉的银行间进行。交易双方主要通过电话、传真等电信系统网络或互联网来进行同业拆借业务；②交易币种、规模和期限：欧洲银行同业拆借市场的主要交易货币为欧洲美元、欧洲英镑、欧洲日元、欧洲瑞士法郎和欧元，欧洲银行同业拆借交易的起点较高，一般为100万美元，通常交易的金额在500万～1000万美元之间，有时甚至达到5000万美元；交易的期限较短，一般为1天、7天、30天或90天，基本上达不到3个月，6个月或者1年的拆借较为少见；③利率水平。国际金融市场上较有代表性的同业拆借利率主要有：伦敦银行同业拆借利率（London Inter-bank Offering Rate，LIBOR）、香港银行同业拆借利率（Hong Kong Inter-bank Offering Rate，HIBOR）、新加坡银行同业拆借利率（Singapore Inter-bank Offering Rate，SIBOR）。

（2）欧洲货币存款市场

欧洲货币存款是欧洲银行业的主要资金来源之一，有通知存款、欧洲定期存单和欧洲可转让定期存单三种形式：①通知存款：即隔日至7天存款，客户可随时发出通知提取；②欧洲定期存单是欧洲银行吸收定期存款的凭证，即存款人将欧洲货币存入银行所得的凭证；存单到期前，存款人不得提取该款项；到期后，存款人可以收回本金并获得一定利息。欧洲定期存单是记名存单，存款人的姓名要体现在存单票面上，所以不能转让，到期前无法在市场上出售；③欧洲可转让定期存单：可转让定期存单是指商业银行为吸收资金而发行的具有可转让性质的定期存款凭证。存单上注明存款货币金额、期限和利率，但不记名，因此可以转让，能有效地解决投资人资产流动性问题。

（3）欧洲票据市场

欧洲票据是借款人发行的短期无担保本票。发行欧洲票据进行融资的市场就是欧洲票据市场。通过发行欧洲票据进行融资是20世纪80年代初产生的一种金融工具创新。当时，由于国际信贷危机的出现，大幅度降低了银团贷款的发放规模，导致了企业等借款人所需中长期资金来源的短缺。在此背景下，一些银行运用将其银行信用与票据发行人信用相结合来提升整个经营信用的原理，设计出以发行人信用为基础，以银行的循环包销或信贷支持等银行信用为保障的票据发行便利。具体说来，票据发行便利是一项中期的具有法律效力的承诺，根据这种承诺，借款人以自己的名义发行欧洲票据，但承销银行则承诺连续购买借款者未能出售的票据或承担提供备用信贷的责任。

2. 欧洲货币中长期资金融通市场

欧洲中长期资金融通市场主要包括欧洲中长期信贷市场和欧洲债券市场。它们作为国际资本市场的重要内容，已在本节相关内容中予以介绍，在此不再赘述。

第二节　国际金融机构

国际金融机构是指世界多数国家的政府之间通过签署国际条约或协定而建立的，从事国际金融业务，协调国际金融关系，维系国际货币和信用体系正常运作的超国家金融机构。国际金融机构的发端可以追溯到 1930 年 5 月在瑞士巴塞尔成立的国际清算银行，其兴起则主要在第二次世界大战结束之后。从总体上看，国际金融机构包括全球性和区域性两大类，前者指其面员方不分地域，而机构本身对国际金融事务的管理也是全球性的，如国际货币基金组织和世界银行集团等；后者指其面员方和国际金融事务管理通常具有明显的地域特征，如泛美开发银行、亚洲开发银行、非洲开发银行等。本节主要介绍国际货币基金组织、世界银行集团、国际清算银行和亚洲开发银行这四个国际金融机构。

一、国际货币基金组织

国际货币基金组织(IMF)是世界上最富影响力的国际金融机构之一，它成立于 1945 年 12 月 27 日，是《布雷顿森林协定》的产物，1947 年 3 月 1 日开始办理业务，同年 11 月 15 日成为联合国专门机构，但在经营上仍然维持独立运作。目前 IMF 拥有 185 个面员方，在国际货币体系中起着枢纽和核心的作用。

1. 国际货币基金组织的宗旨

根据《国际货币基金组织协定》的规定，IMF 的宗旨主要是：通过国际贸易的扩大和平衡发展，把促进和保持面员方的就业、生产资源的开发、实际收入水平的提高，作为经济政策的首要目标；促进各国汇率水平的稳定，在面员方之间维持有秩序的汇率安排，避免竞争性的汇率贬值；协助面员方建立经常性交易的多边支付制度，消除妨碍世界贸易发展的外汇管制；在有适当保证的条件下，IMF 向面员方临时提供普通资金，使它们树立起调节国际收支逆差的信心，避免采取有损于本国和世界经济繁荣的调节措施；缩短面员方国际收支失衡的时间并减轻其不平衡的程度。

2. 国际货币基金组织的组织机构

IMF 的组织机构包括理事会、执行董事会、临时委员会、发展委员会、总裁以及办事机构等。

理事会是 IMF 的最高决策机构，由各面员方各派一名理事、一名副理事组成，任期 5 年。理事通常由该面员方的财政部长或中央银行行长担任，有投票表决权，副理事只有在理事缺席时才有投票权。理事会的主要职权是：批准接纳新的面员方；批准 IMF 的份额规模与特别提款权的分配；批准面员方货币平价的调整；决定面员方退出 IMF;讨论有关国际货币制度的重大问题。理事会通常每年开一次年会,一般同世界银行理事会年会联合举行。

执行董事会负责处理基金组织日常业务,由 24 名执行董事组成,其中 8 名由美、英、法、德、日、俄、中、沙特阿拉伯指派,其余 16 名执行董事由其他成员分别组成 16 个选区选举产生,每两年选举一次。执行董事会的职权主要有接受理事会委托定期处理各种政策和行政事务,向理事会提交年度报告,并随时对面员方经济方面的重大问题,特别是有关国际金融方面的问题进行全面研究。

在执行董事会和理事会之间还有两个机构:一个是国际货币基金组织理事会关于国际货币制度的临时委员会,简称临时委员会(Interim Committee);另一个是世界银行和国际货币基金组织理事会关于实际资源向发展中国家转移的联合部长级委员会,简称发展委员会(Development Committee)。

总裁是 IMF 的最高行政长官,其下设副总裁协助工作。总裁负责管理 IMF 的日常事务,由执行董事会推选,并兼任执行董事会主席,任期 5 年。总裁可以出席理事会和执行董事会,但平时没有投票权,只有在执行董事会表决双方票数相等时,才可以投出决定性的一票。

此外 IMF 还设有多个办事机构,负责经营业务活动。

3. 国际货币基金组织的资金来源

IMF 的资金主要来自面员方缴纳的份额、基金组织创设的特别提款权、基金组织的借款以及基金组织的经营收入等。各国所缴纳的份额是 IMF 的主要资金来源,各国所缴份额的多少决定了该国的权利,这种权利包括:各国所缴纳的份额是决定该国能在 IMF 借款多少和从 IMF 定期分配的特殊资产,例如,特别提款权中得到多少的依据;各国所缴份额是决定该国在 IMF 投票权的基础,所缴份额越多投票权越大。各面员方所缴份额每五年由 IMF 审议一次,根据各成员的经济与财政状况决定是否提高或减少份额数量。目前,美国、日本、德国、法国、英国是 IMF 份额和投票权最多的五个国家,其中美国所占份额和投票权比例仍分别高达 17.674%和 16.732%。为了增加国际储备手段,调节国际收支逆差,1969 年 IMF 创设了特别提款权。特别提款权是一种账面资产,没有发行基金,但按基金份额进行分配,分配后不必偿还,此外,特别提款权仅能用于政府间的结算,支付国际收支逆差,而不能用于贸易或非贸易支付。借款是 IMF 的另一个资金来源,根据《国际货币基金组织协定》规定,IMF 可以向官方机构借款,也可以向私人借款,但迄今为止 IMF 实践中仍限于向面员方官方机构借款。IMF 的业务收入减去业务支出和行政支出便得到净收入,净收入可以分配给面员方,也可以作为未分配收入增加国际货币基金组织的储备,成为其资金来源之一。

4. 国际货币基金组织的主要活动

IMF 的主要业务活动是向面员方提供贷款、促进国际货币合作、研究货币制度改革问题、研究扩大基金组织的作用、提供技术援助和加强同其他国际机构的联系等。

二、世界银行集团

世界银行集团(Word Bank Group)由国际复兴开发银行(IBRD)、国际开发协会(IDA)、国际金融公司(IFC)、解决投资争端国际中心(ICSID)、多边投资担保机构(MIGA)等五个关系密切的机构组成。世界银行的称谓,主要指 IBRD 和 IDA,通常人们说"世行"时,如果没有指明是世界银行集团,就是指世界银行,即 IBRD 和 IDA。

1. 国际复兴开发银行

国际复兴开发银行(International Bank for Reconstruction and Development, IBRD)成立于 1945 年 12 月 27 日,1946 年 6 月开始营业,它是世界银行集团的核心机构。按照规定,只有国际货币基金组织的会员国才能申请加入 IBRD。目前,IBRD 的会员国有 185 个。我国是 IBRD 的创始国,1980 年 5 月我国的合法席位得到了恢复,自那时起,双方的业务往来频繁,合作的规模越来越大,合作的领域也越来越广。

(1) 国际复兴开发银行的宗旨

《国际复兴开发银行协定》第一条规定,IBRD 的宗旨是对用于生产目的的投资提供便利,以协助会员国的复兴与开发,并鼓励不发达国家生产与资源的开发;通过参与私人贷款、私人投资或提供私人担保的方式,促进私人的对外投资;通过鼓励国际投资以开发会员国生产资源的方法,促进国际贸易的长期平衡发展,并维持国际收支的平衡;在提供贷款保证时,应与其他方面的国际贷款配合。

(2) 国际复兴开发银行的组织机构

理事会是 IBRD 的最高权力机构和决策机构,由每一会员国委派的理事和副理事各 1 人组成。理事和副理事的任期均为 5 年,可以连任。理事会的主要职责是:批准接纳新会员国及其加入的条件;增加或削减资本;取消会员国资格;决定净收入的分配以及其他重大事项等。理事会每年与国际货币基金组织的理事会一起举行一次年会,必要时可召开特别会议。

执行董事会是负责处理 IBRD 日常业务的机构,行使由理事会赋予的职权。IBRD 现有执行董事 24 人,其中 5 人来自持有股份最多的五个国家,即美国、英国、德国、日本、法国。其余 19 人由其他会员国按地区选举产生。执行董事会主席由行长担任,行长无投票权,只有在执行董事会表决中出现双方票数相等时才可以投起决定性作用的一票。

IBRD 会员国投票权的大小取决于其认缴股份的多少,每一会员国均有基本投票权 250 票,每认缴一股(一股为 10 万美元)另外增加投票权一票。IBRD 决策的一般原则是除非有特殊规定,一切事项均由多数票决定。

(3) 国际复兴开发银行的资金来源

IBRD 的资金主要来源于会员国缴纳的股金、国际金融市场筹资、债权转让及净收益等。

任何一国加入 IBRD 均需认购该行的股金,认购数量根据该国经济实力并参照该国在 IMF 的份额来确定。会员国认缴的股金分为两部分:一是实缴股金,实缴股金占总股金的 20%，其中 2%以黄金或美元缴纳，18%用会员国本国货币缴纳；二是待缴股金，剩下的 80%通常是在 IBRD 向会员国催缴时才缴付。

向国际金融市场借款是 IBRD 的主要资金来源渠道。因为会员国实际缴纳的股金只占其应认缴股金的一小部分，而且其从事的是中长期贷款业务，贷款对象又是经济急需发展的发展中国家，会员国缴纳的股金难以满足其业务的需要，所以 IBRD 所需资金的大部分是通过在国际金融市场上发行 AAA 债券或其他债券筹得的。

IBRD 为了扩大贷款能力，还将一部分贷款债权转让给商业银行或私人投资者，提前收回一部分资金，加快贷款资金的周转能力。

由于 IBRD 信誉卓著，经营有方，每年均获得大量收益，这也是其发放贷款的一个资金来源。

（4）国际复兴开发银行的主要活动

IBRD 的主要活动是对面员方政府或经政府担保的私人企业提供贷款和技术援助，其贷款期限短则 3～5 年，长则 20～30 年。根据《国际复兴开发银行协定》规定，IBRD 的贷款遵循以下原则：

1）贷款的对象是会员国政府以及政府担保的公私机构。如贷款对象为非会员国时，则该项贷款须由会员国政府、中央银行或 IBRD 认可的机构进行担保，以保证本金的偿还与利息及其他费用的支付。

2）申请贷款的国家确实不能以合理的条件从其他方面获得融资时，IBRD 才考虑发放贷款、参加贷款或提供保证。

3）IBRD 贷款的目的是推动会员国生产性资源的利用。

4）贷款一般与特定的项目相结合，发放贷款的重点工程项目为基础设施工程项目，如交通（如公路、铁路、港口、航空）和公用事业（如电力、电信、供水、排水等），发展农村和农业建设项目，以及教育建设事业项目等，只有在特殊情况下才发放非项目贷款。

5）贷款必须专款专用，并接受 IBRD 的监督。IBRD 不仅在使用款项方面，而且在工程的进度、物资的保管、工程的管理等方面也进行监督。

2. 国际开发协会

国际开发协会（International Development Association，IDA），成立于 1960 年 9 月，它是一个专门向低收入发展中国家提供无息长期贷款的一个国际金融机构，其宗旨是：帮助世界上不发达地区的会员国，促进其经济发展，提高该国人民生活水平。根据 IDA 章程的规定，IDA 的会员国必须首先是国际复兴开发银行的会员国。1980 年 5 月我国恢复了在国际开发协会的合法席位。

IDA 的组织结构和管理办法与 IBRD 相同，其最高权力机构是理事会，理事会下设执行董事会负责处理日常业务。IDA 从总裁到各个部门的工作人员均由 IBRD 相应机构的工作人员兼任，但这两个机构在法律和财务上是相互独立的。

IDA 的资金来源主要有三部分：一是面员方认缴的股金。二是补充资金，这依赖有能力捐助的面员方每三年提供的补充资金。三是世界银行从盈余中拨给协会的款项和协会自身业务经营的盈余。

IDA的主要活动是向发展中国家的公共工程和发展项目提供比世界银行贷款条件较宽的长期贷款。衡量贷款的条件是:①按人均收入衡量的受援国的贫困程度;②受援国从传统来源借款的借款信誉有限;③受援国的经济成就,包括其有效利用资金的能力以及有无合适的项目等。

3. 国际金融公司

国际金融公司(International Finance Corporation,IFC)成立于1956年7月,其宗旨是通过鼓励会员国特别是不发达地区会员国的生产性私营企业的增长,促进经济发展,并以此补充国际复兴与开发银行的各项活动。

国际金融公司在法律和财务上虽是独立的国际金融机构,但实际是世界银行的附属机构,它的管理办法和组织结构与世界银行相同。世界银行行长兼任公司总经理,也是公司执行董事会主席。公司的内部机构和人员多数由世界银行相应的机构、人员兼管。按照公司的规定,只有世界银行会员国才能成为该公司的会员国,我国于1980年5月恢复了在公司的合法席位。

4. 解决投资争端国际中心

解决投资争端国际中心(International Center for the Settlement of Investment Disputes,ICSID)成立于1966年,是世界银行集团的另一个投资促进机构,它与多边投资担保机构是独立的两个机构。它的宗旨是为解决会员国和外国投资者之间的争端提供便利,促进投资者与东道国之间的互相信任,从而鼓励国际私人资本向发展中国家流动。该中心解决争端的程序分为调停和仲裁两种。由于种种原因,自中心创立以来,其实际受理的业务十分有限。

5. 多边投资担保机构

多边投资担保机构(Multinational Investment Guarantee Agency,MIGA)成立于1988年,是世界银行集团中最年轻的成员。MIGA的宗旨是:通过向投资者和借款人提供政治风险担保帮助发展中国家吸引外国直接投资,促进发展中国家的经济增长,提高人民生活水平,减少贫困。

多边投资担保机构的业务活动之一就是对向发展中会员国提供投资的那些合格的外国投资者提供担保,使其不致遭受非商业性风险的损失。MIGA的另一项业务活动是对会员国提供技术援助服务,帮助发展中会员国最大限度地吸引外国直接投资。

三、国际清算银行

国际清算银行(Bank for International Settlement,BIS)是根据1930年1月20日签订的海牙国际协定,由英国、法国、意大利、德国、比利时、日本等国中央银行以及代表美国银行业利益的摩根银行、纽约花旗银行、芝加哥花旗银行等商业银行于1930年5月在瑞士的巴塞尔成立,可以说是世界上成立最早的国际性金融机构。

1. 国际清算银行的宗旨

最初成立BIS的目的是处理第一次世界大战后的德国战争赔款和债务问题以及推动中央银行间的合作。随着战后债务问题的解决,BIS的职能也在不断发生变化。1945年国际货币基金组织和世界银行成立后,BIS逐渐变成与各国中央银行进行业务往来的国际性金融机构，在国际清算中越来越多地充当受托人和代理人的角色。作为成立最早的国际性金融组织，BIS无论是在性质上、业务范围上还是在体制上等方面都与国际货币基金组织和世界银行等国际性金融组织有所不同。BIS的宗旨是：促进各国中央银行之间的合作并为国际金融业务提供新的便利；根据有关当事各方签订的协定，在金融清算方面充当受托人或代理人。

BIS作为一家办理中央银行业务的金融机构在国际上一直发挥着独特的作用。长期以来它一直是世界各国，尤其是西方国家中央银行行长和银行家们交换意见、举行重要会议的中心。随着世界经济与国际金融市场一体化的发展，BIS作为商讨国际金融合作问题的论坛，其影响与作用在不断地增强。

2. 国际清算银行的组织机构

BIS的组织机构由三部分组成，即股东大会、董事会和管理当局。

股东大会是BIS的最高权力机构，每年举行一次会议，通常于6月份的第二个星期一召开，由认购该行股票的各国中央银行派代表参加。股东大会的权力主要是审查并批准年度报告、经审计师审计后的资产负债表、损益表及改变董事会成员的报酬，决定准备金和特别基金的拨款，宣布股息及其股息金额等。股东投票权按其持有股份的多少来决定。

董事会是BIS的实际领导机构。根据该行的章程，董事会由以下人员构成：英国、法国、比利时、意大利、德国中央银行行长和美国联邦储备委员会主席为当然董事，当然董事可以任命一名副董事，如果行长本人不能出席董事会会议，副董事有权参加会议并行使董事的权力；其他董事由董事会2/3多数同意从认购股票但未委派当然董事的国家中央银行的行长中选出，但人数不能超过9人。每年举行的董事会会议不得少于10次，董事会选举董事会主席，并任命BIS的行长。自1948年以来，董事会主席和行长职务一直由同一人担任。

1973年布雷顿森林体系瓦解后，国际银行业的经营风险加大，相继出现了一系列国际银行巨额亏损和倒闭事件。于是1975年在国际清算银行的发起和主持下，十国集团在瑞士巴塞尔召开会议，决定建立一个监督国际银行活动的协调委员会，全称是“国际清算银行关于银行管理和监督活动常设委员会”，即巴塞尔委员会(The Basel Committee)。该委员会成立后公布了一系列的文件和协议，如《巴塞尔协议》《有效银行监管的核心原则》等，这一系列文件和协议对国际银行业监管和发展起了非常重要的作用。

3. 资金来源及主要业务活动

BIS的资金来源主要是会员国缴纳的股金，另外，还有向会员国中央银行的借款以及大量吸收客户的存款。BIS可以看作是面员方“中央银行的银行”，其主要业务活动是：办理多种国际清算业务；还办理各国政府国库券和其他债券贴现及买卖业务，买卖黄金、外汇或代理各国中央银行买卖。BIS还是各国中央银行进行合作的理想场所，在协调它们之间的货币政策，稳定国际金融市场等方面发挥重要作用。同时，尽力使其全部金融活动与国际货币基金的活动协调一致，并与其联手解决国际金融领域的一些棘手问题。

四、亚洲开发银行

亚洲开发银行(Asian Development Bank,ADB)是亚洲和太平洋地区的区域性金融机构。它不是联合国下属机构,但它是联合国亚洲及太平洋经济社会委员会(联合国亚太经社会)赞助建立的机构,同联合国及其区域和专门机构有密切的联系。根据1963年12月在马尼拉由联合国亚太经社会主持召开的第一届亚洲经济合作部长级会议的决议,1965年11—12月在马尼拉召开的第二届会议通过了亚洲开发银行章程,章程于1966年8月22日生效,11月在东京召开首届理事会,宣告该行正式成立,同年12月19日ADB正式营业,总部设在菲律宾首都马尼拉。

建立ADB的宗旨是通过发展援助帮助亚太地区发展中成员消除贫困,促进亚太地区的经济和社会发展。ADB对发展中成员的援助主要采取四种形式:贷款、股本投资、技术援助、联合融资担保。

ADB的组织机构主要有理事会和董事会。由所有成员代表组成的理事会是亚行最高决策机构,负责接纳新成员、变动股本、选举董事和行长、修改章程等,通常每年举行一次会议。行长是该行的合法代表,由理事会选举产生,任期5年,可连任。

ADB有来自亚洲和太平洋地区的区域成员以及来自欧洲和北美洲的非区域成员。亚行现有67个成员,其中48个来自亚太地区,其余来自其他地区,包括美国和欧洲的西班牙。

ADB每年4—5月在总部或面员方轮流举行年会。主要议题是探讨亚太地区的经济金融形势、发展趋势和面临的挑战,推动ADB作为地区性开发机构在促进本地区社会经济发展方面发挥作用。同时会议还将对ADB年度业务进行审议,并通过ADB年度报告、财务报告、外部审计报告、净收入分配报告、预算报告等。

1986年2月17日,ADB理事会通过决议,接纳中国为ADB面员方,同年3月10日中国正式为ADB成员。中国是ADB第三大股东国,也是ADB累计第二大借款国。在1987年4月举行的理事会第20届年会董事会改选中,中国当选为董事国并获得在董事会中单独的董事席位。同年7月1日,ADB中国董事办公室正式成立。1986年,中国政府指定中国人民银行为中国对ADB的官方联系机构和ADB在中国的保管银行,负责中国与ADB的联系及保管ADB所持有的人民币和在中国的其他资产。2000年6月16日,ADB驻中国代表处在北京成立。

第三节 国际资本流动

一、国际资本流动的含义

国际资本流动是指资本在国际范围内的不同国家或地区之间的流动。资本流入指资本从国外流入国内,这意味着本国对外负债增加(即外国在本国的资产增加);或本国在外国的资产减少(即外国对本国的负债减少)。资本流出指资本从国内流到国外,这意味着本国在外国的资产增加(外国对本国的负债增加),本国对外国的负债减少(外国对本国的资产减少)。

绝大多数情况下,国际资本流动过程是通过直接投资、贷款、有价证券买卖或其他财产所有权的交易来完成。从单个国家的角度来看,国际资本流动表现为资本的流入或流出,并直接影响到该国的国际收支状况。在当今世界各国,资本流入和流出往往同时存在,两者在一定时期内所形成的差额称为资本流入(出)净额,集中反映在一国的国际收支平衡表中。

二、国际资本流动的类型

根据资本流动期限的不同,可以将国际资本流动划分为两种类型:长期资本流动和短期资本流动。

(一) 长期资本流动

长期资本流动一般是指期限在一年以上的资本流动。按照资本流动方式的不同,长期资本流动包括直接投资、证券投资和国际借贷三种形式。

1. 直接投资

对外直接投资是指某国或地区的境内投资主体在境外以现金、实物、无形资产等方式投资,并以控制国(境)外企业的经营管理权为核心的经济活动。本国在外国的直接投资称为对外直接投资,外国在本国的直接投资则称为外商直接投资。国际直接投资的具体形式很多,包括在外国创办新企业如子公司、附属机构,与多国合营办企业等。

2. 证券投资

证券投资是指在国际证券市场上发行和买卖中长期外币有价证券所形成的国际资本流动。各国政府、商业银行、工商企业和个人都可购买国际债券或股票进行投资。同样,这些机构也可以通过发行国际债券或股票来筹集资金。购买证券是资本流出,发行证券是资本流入。

3. 国际借贷

国际借贷是指各国政府、金融机构和个人在国际金融市场上的信贷活动,其具体形式主要包括:政府贷款、国际金融机构贷款、国际银行贷款、出口信贷和项目贷款等。其目的是促进本国商品劳务的出口、企业对外投资等。政府贷款的利率较长,期限也长,其资金来自于国家预算资金,但政府贷款的数额一般不大。

(二) 短期资本流动

短期资本流动是指期限在一年以内的国际资本流动。这种国际资本流动,一般都借助于有关信用工具,并通过电话、电报、传真等方式来进行,具体可划分为四种形式:

1. 贸易资本流动

贸易融资是指由国际贸易引起的货币资金在国际的流动,这是最传统的短期国际资本流动方式。世界各国在贸易往来中,必然会形成国际的债权债务关系,而为结清这些关系,货币资本必然从一个国家或地区流往另一个国家或地区,贸易资本流动就形成了。一般来说,这种资本流动,是资本从商品进口国向商品出口国转移,具有不可逆转的特点。

2. 保值性资本流动

保值性资本流动又称为资本外逃，它是指金融资产的持有者为了资金的安全或保持其价值不下降而在国与国之间进行资金转移所形成的短期资本流动。

3. 银行资本流动

银行资本流动是指各国外汇专业银行之间由于调拨资金而引起的资本国际转移。这些流动在形式上包括套汇、套利、掉期、头寸调拨以及同业拆借等。

4. 投机性资本流动

投机性资本流动是指投机者利用国际金融市场上利率差别或汇率差别来谋取利润所引起的资本国际流动。在投机性资本流动中，国际游资（也称热钱）是一种投机性资本的大规模流动，所造成的影响是巨大的。

三、国际资本流动对一国经济的影响

国际资本流动在资本输入国、资本输出国以及国际金融市场上都存在着广泛的影响，与利益的分配、风险的产生都有密切的关系。

（一）国际资本流动产生的正效应分析

1. 国际资本流动有利于促进国际贸易的发展

对外援助和投资，有利于改善投资国的政治、经济与贸易环境，有利于其贸易的扩大，同时带动其商品输出。此外，通过对外投资，便于投资者更好地吸收商业情报，提高产品的竞争能力，从而进入东道国的贸易渠道。国际直接投资转向制造业、商业、金融、保险业，尤其是新兴工业部门，使贸易商品结构得到改善。

2. 国际资本流动有利于促进国际金融市场的发展

国际资本在世界各主要金融市场的套汇、套利活动，使国际金融交易中存在的汇率差异和利率差异被迅速拉平，导致世界主要金融市场的价格呈现一体化趋势，有利于加速全球经济和金融的一体化进程。此外，随着保证金交易、透支交易以及金融衍生工具的广泛运用，国际资本流动对国际金融的影响日益扩大。在获取巨额利润的同时，国际资本在客观上增大了国际金融市场的流动性。

3. 国际资本流动会引发财富效应

由于国际资金在各国金融市场之间的流动会使单个国家的证券市场的财富效应扩散，所以重要的金融市场所在国的经济增长通常会通过财富效应推动整个世界经济的繁荣。

4. 国际资本流动在一定程度上有利于解决国际收支不平衡问题

国际收支不平衡的国家，因国际金融市场的发展而得到了利用其国内盈余资金弥补国际收支赤字的便利条件。据世界银行统计，广大非石油输出国的不发达国家、中等发达国家甚至发达国家的国际收支赤字，大部分是通过从国际金融市场筹集资金来弥补的。而像石油输出国、日本等国际收支顺差的国家，也是由于国际金融市场的发展才得到了利用其巨额黑字的机会。

（二）国际资本流动产生的负效应分析

国际资本流动固然能够为世界各国和国际金融市场带来便利和经济效益，但是伴随着国际资本流动也产生着种种风险，而这些风险一旦处理得不好，可能会引起危害和损失。

1. 国际资本流动中的外汇风险

从微观上看，国际资本流动中的外汇风险，通过汇率的不正常波动，加大企业成本与收益核算的难度，从而影响企业的涉外业务；通过改变企业债权债务的外汇价值，加大企业的偿债负担，从而造成企业不能按时偿还到期债务的风险。通过上述两方面的影响，外汇风险可能最终影响到企业的经营战略。从宏观来看，国际资本流动中的外汇风险可能会因改变贸易商品的国际价格而造成一国贸易条件的恶化。

2. 国际资本流动中的利率风险

国际资本流动中，利率是国际货币使用权的价格。国际资本流动中的利率风险，总的来说，就是由于国际金融市场的利率变动使借贷主体遭受损失的可能性。国际银行贷款和国际债务是涉及利率风险的国际资本流动的两种主要形式。

四、国际资本流动的原因

引起国际资本流动的原因很多，有根本性的、一般性的、政治的、经济的，归结起来主要有以下几个方面。

（一）过剩资本的形成或国际收支大量顺差

大量相对过剩资本被输往国外，追逐高额利润，早期的国际资本流动就由此而产生了。随着资本主义的发展，资本在国外获得的利润也大量增加，反过来又加速了资本积累，加剧了资本过剩，进而导致资本对外输出规模的扩大，加剧了国际资本流动。近 20 年来，国际经济关系发生了巨大变化，国际资本、金融、经济等一体化趋势有增无减，加之现代通信技术的发明与运用，资本流动方式的创新与多样化，使当今世界的国际资本流动频繁而快捷。总之，过剩资本的形成与国际收支大量顺差是早期也是现代国际资本流动的一个重要原因。

（二）鼓励外资投资策略的实施

无论是发达国家（美国是全球最大资本输入国），还是发展中国家，都会不同程度地通过不同的政策和方式来吸引外资，以达到一定的经济目的。美国目前也是全球最大的债务国，而大部分发展中国家，要发展经济更加迫切需要国际资金流入来加速本国经济的发展。因此，往往通过开放市场、提供优惠税收、改善投资软硬环境等措施吸引外资的进入。

（三）资本增值运动的驱动

增值是资本运动的内在动力，利润驱动是各种资本输出的共有动机。当投资者预期到一国的资本收益率高于他国，资本就会从他国流向这一国；反之，资本就会从一国流向利益更高的他国，以获取更多的国际超额利润或国际垄断利润，将导致或加剧国际资本流动。

（四）汇率的变化

汇率的变化也会引起国际资本流动，尤其 20 世纪 70 年代以来，随着浮动汇率制度的普遍建立，主要国家货币汇率经常波动，且幅度大。如果一个国家货币汇率持续上升，则会产生兑换需求，从而导致国际资本流入；如果一个国家货币汇率不稳定或下降，资本持有者可能预期到所持的资本实际价值将会降低，则会把手中的资本或货币资产转换成他国资产，从而导致资本向汇率稳定或币值升高的国家或地区流动。

（五）通货膨胀因素

通货膨胀往往与一个国家的财政赤字有关系。如果一个国家出现了财政赤字，该赤字又是以发行纸币来弥补，必然增加对通货膨胀的压力，一旦发生严重的通货膨胀，为减少损失，投资者往往会把国内资产转换成外国债权。

（六）国际炒家的恶性投机

所谓恶性投机，一种是指投机者基于对市场走势的判断，纯粹以追逐利润为目的，刻意打压某种货币而抢购另一种货币的行为。这种行为的普遍发生，毫无疑问会导致有关国家货币汇率的大起大落，进而加剧投机，汇率进一步动荡，形成恶性循环，投机者则在“乱”中牟利。另一种是以获取暴利为目的的恶性投机，如1997年索罗斯对于东南亚国家的汇率发起攻击引发的亚洲金融风暴。

（七）其他影响因素

政治经济及战争风险的存在，如政治及新闻舆论、政府对资本市场和外汇市场的过度干预、人们心理预期的改变以及出于逃税目的等因素，都会对短期国际资本流动产生极大的影响。

五、国际资本流动的特征

最近20年，全球化的国际资金流动规模巨大，不再依赖于各国实物经济基础，呈现的新特征包括以下几个方面：

（1）从发展速度上讲，资金流动的增长远远快于世界贸易增长，且不受世界经济周期波动的影响；从地区流向看，一大批国际资金流动中，居于突出地位的离岸金融中心都出现在经济和贸易不太发达的国家和地区。

（2）国际资金流动的结构发生了巨大变化。从横向流动（资金在不同国家或地区的流动）上看，历经了反复过程，新兴市场国家的资本往往流向美国等发达国家；从纵向流动（资金在外汇市场、信贷市场、证券市场及衍生工具市场上的流动）看，国际资金流动呈现出由以银行贷款这一方式为主向以证券化方式、以衍生金融工具为主的方式过渡的趋势。

（3）机构投资者成为国际资金流动的主体。机构投资者包括共同基金、对冲基金、养老基金、保险公司、信托公司、基金会、捐款基金，以及投资银行、商业银行和证券公司。对冲基金一直活跃于国际资本市场之间的资本流动，主要活动于离岸金融市场，从而可以回避大部分管制与约束，在市场交易中的负债比率非常高，并大量从事衍生金融工具交易。

（4）分析引发全球金融危机的原因。国际资本流动实属诱因，机构投资者成为国际资本流动的主要载体，国际资本流动风险不断加大，金融市场对其风险的认知与度量有待提高，各国对其实施监管及国际间开展金融监管合作有待加强。

第四节　国际货币制度

一、国际货币制度

国际货币制度(International Monetary System or International Monetary Regimes)是指为了适应国际贸易和国际支付的需要,各国政府对国际各种交易支付所做的一系列制度安排,既包括约定俗成的国际货币惯例,也包括具有法律约束力的有关国际货币关系的规章和制度,还包括在国际货币关系中起协调和监督作用的国际金融机构。

国际货币制度具有三大功能:一是规定用于国际结算和支付手段的国际货币或储备资产的来源、形式、数量和运用范围,以满足世界生产、国际贸易和资本转移的需求;二是规定一国货币同其他货币之间汇率的确定与维持方式,以保持各国货币间的兑换方式与比价关系的合理性;三是规定国际收支的调节机制,以纠正各国国际收支的不平衡,确保世界经济的稳定与平衡发展。

国际货币制度的核心是汇率制度。汇率制度是指一国货币当局对本国汇率变动的基本方式所做的一系列安排或规定,如规定本国货币对外价值、汇率的波动幅度、本国货币与其他货币的汇率关系、影响和干预汇率变动的方式等。传统的汇率制度分为固定汇率制(Fixed Exchange Rate System)和浮动汇率制(Floating Exchange Rate System)两种类型。1973 年以后,汇率制度日益多样化,国际货币基金组织重新将汇率制度分为钉住汇率制(Pegging System)和弹性汇率制(Flexible Rate Regimes)两种,后者包括浮动汇率制。

二、国际货币制度类型

根据国际货币制度的历史演变过程和国际上的习惯称谓,国际货币制度大体上分为:金本位制、金汇兑本位制、布雷顿森林体系和牙买加体系。

(一) 金本位制

1880—1914 年的 35 年间,主要西方国家通行金本位制,即各国在流通中使用具有一定成色和重量的金币作为法定货币,金币可以自由铸造、自由兑换及自由输出入。国际金本位制于第一次世界大战爆发时崩溃。金本位制在当时历史条件下,对汇率稳定、国际贸易和资本流动起到了作用。然而随着经济的发展,其弊端逐渐暴露出来:国际支付完全依赖黄金使得许多缺金国无法维系金本位,国际经济发展要求更多国际货币,然而黄金产量跟不上发展的需要。

在金本位体系下,两国之间货币的汇率由它们各自的含金量之比——金平价(Gold Parity)来决定。由于黄金输送点和物价机制的作用,把汇率波动限制在有限的范围内,对汇率起到自动调节作用,从而保持汇率的相对稳定。在第一次世界大战前的 35 年间,美国、英国、法国、德国等国家的汇率从未发生过升贬值波动。

1914 年第一次世界大战爆发,各国停止黄金输出入,金本位体系即告解体。金本位体系的 35 年是自由资本主义繁荣昌盛的"黄金时代",固定汇率制保障了国际贸易和信贷的安全，方便生产成本的核算，避免了国际投资的汇率风险，推动了国际贸易和国际投资的发展。但是，严格的固定汇率制使各国难以根据本国经济发展的需要执行有利的货币政策，经济增长受到较大制约。

（二）金汇兑本位制

第一次世界大战结束后，各国无力恢复典型的金本位制，于是金汇兑本位制(Gold Exchange Standard)应运而生。1922年在意大利热那亚召开了世界货币金融会议，确立一种节约黄金的国际货币制度，即1925年建立起来的国际金汇兑本位制。金汇兑本位制的特点是：①金币名义上仍然是本位货币并规定有含金量，但政府并不铸造金币，也不允许居民自由铸造，因此国内并不流通金币；②本币与某一实行金币本位制或金块本位制国家（主要是美国、法国、英国和意大利）的货币保持固定比价，并将本国黄金外汇储备移存在挂钩国家的中央银行，通过市场买卖以维护固定比价；③国内流通的是银行券，银行券不能直接兑换金币和金块，只能兑换成能兑换成黄金的外国货币。由于金汇兑本位制没有黄金流通，银行券兑换受到限制，以及本币对英镑、美元或法郎的高度依赖性，所以是一种不稳定的国际货币制度。它虽然暂时在一段时间内缓解了矛盾，但未从根本上解决问题，因而在1929—1933年的世界经济大危机爆发时崩溃了。

（三）布雷顿森林体系

为了消除金本位制崩溃后国际货币的混乱局面，第二次世界大战尚未结束，英美两国即着手设计一种新的国际货币制度，即布雷顿森林体系。这是一种以美元为中心、美元与黄金挂钩的固定汇率制。1944年7月，第二次世界大战中的45个同盟国在美国新罕布什尔州(New Hampshire)的布雷顿森林(Bretton Woods)召开了“联合和联盟国家国际货币金融会议”，通过了以美国财长助理怀特提出的怀特计划为基础的《国际货币基金协定》和《国际复兴开发银行协定》，总称布雷顿森林协定，从此开始了布雷顿森林体系。布雷顿森林体系建立了国际货币合作机构[1945年12月成立了国际货币基金组织和国际复兴开发银行（又称世界银行）]，规定了各国必须遵守的汇率制度以及解决各国国际收支不平衡的措施，从而确定了以美元为中心的国际货币体系。布雷顿森林体系下的固定汇率制实质上是一种可调整的钉住汇率制，它兼有固定汇率与弹性汇率的特点，即在短期内汇率要保持稳定，这类似金本位制度下的固定汇率制。但它允许在一国国际收支发生根本性不平衡时随时调整，这又类似弹性汇率制。

1971年8月15日，美国总统尼克松宣布美元贬值和美元停兑黄金，布雷顿森林体系开始崩溃，1971年12月十国集团达成了《史密森协议》，宣布美元贬值，由1盎司黄金等于35美元调整到38美元，汇兑平价幅度由1%扩大到2.25%，直到1973年2月美元第二次贬值，欧洲国家及其他主要资本主义国家纷纷退出固定汇率制，固定汇率制遭遇彻底瓦解。

固定汇率制解体的原因主要是美元供求与黄金储备之间的矛盾。货币间的汇兑平价是第二次世界大战后初期世界经济形势的反映，美国依靠其雄厚的经济实力和黄金储备，高估美元，低估黄金，而随着日本和西欧经济的复苏和迅速发展，美国霸权地位不断下降，加剧了黄金供求状况恶化，特别是美国为发展国内经济及对付越南战争造成的国际收支逆差，不断增加货币发行，导致美元远远低于金平价，使黄金官价越来越成为买方一厢情愿的价格。加之国际市场上投机者抓住固定汇率制的瓦解趋势推波助澜，大肆借美元对黄金下赌注，进一步增加了美元的超额供应和对黄金的超额需求，美国黄金储备面临枯竭的危机，最终不得不放弃美元金本位制度。

（四）牙买加体系

1973 年 3 月以后，以美元为中心的固定汇率制度不复存在，而被管理浮动汇率制度所代替。1976 年 IMF 在牙买加召开会议，达成《牙买加协议》，以协议的形式使管理浮动汇率制合法化。《牙买加协议》的主要内容是：

1. 浮动汇率合法化

会员国可以自由选择任何汇率制度，可以采取自由浮动或其他形式的固定汇率制度。但会员国的汇率政策应受 IMF 的监督，并与 IMF 协商。

2. 黄金非货币化

废除黄金条款，取消黄金官价，各会员国中央银行可按市价自由进行黄金交易，取消会员国相互之间以及会员国与 IMF 之间必须用黄金清算债权债务的义务，IMF 所持有的黄金应逐步加以处理。

3. 提高特别提款权(SDRs)的国际储备地位

修订 SDRs 的有关条款，以使 SDRs 逐步取代黄金和美元而成为国际货币制度的主要储备资产，扩大 SDRs 的其他业务使用范围。

4. 扩大对发展中国家的资金融通

以出售黄金所得收益设立信托基金，以优惠条件向最贫穷的发展中国家提供贷款或援助，以解决它们的国际收支困难。

5. 增加会员国的基金份额

实行浮动汇率制度的国家大都是世界主要工业国，如美国、英国、德国、日本等，其他大多数国家和地区仍然实行钉住汇率制度，其货币大都钉住美元、日元等。在实行浮动汇率制后，各国原规定的货币法定含金量或与其他国家订立纸币的黄金平价，就不起任何作用了，因此，国家汇率体系趋向复杂化、市场化。在浮动汇率制下，各国不再规定汇率上下波动的幅度，中央银行也不再承担维持波动上下限的义务，各国汇率是根据各自外汇市场中的外汇供求状况自行浮动和调整的结果。同时，一国国际收支状况所引起的外汇供求变化是影响汇率变化的主要因素：国际收支顺差的国家，外汇供给增加，外国货币价格下跌、汇率下浮；国际收支逆差的国家，对外汇的需求增加，外国货币价格上涨、汇率上浮。汇率上下波动是外汇市场的正常现象，一国货币汇率上浮，就是货币升值，下浮就是贬值。

随着全球国际货币制度的不断改革，国际货币基金组织于 1978 年 4 月 1 日修改《国际货币基金协定》条文并正式生效，实行管理浮动汇率制(Managed Floating or Dirty Floating)。由于新的汇率协议使各国在汇率制度选择上具有很大的自由度，所以现在各国实行的汇率制度多种多样，有单独浮动、钉住浮动、弹性浮动、联合浮动等。

(1) 单独浮动(Single Floating or Independent Floating)，指一国货币不与其

他任何货币固定汇率,其汇率根据市场外汇供求关系来决定。目前,包括美国、英国、日本等在内的30多个国家实行单独浮动。

(2) 钉住浮动(Pegged Floating),指一国货币与另一种货币保持固定汇率,随后者的浮动而浮动。一般来讲,通货不稳定的国家可以通过钉住一种稳定的货币来约束本国通货膨胀,提高货币信誉。采用钉住浮动方式,也会使本国经济发展受制于被钉住国的经济状况,从而蒙受损失。目前全世界约有100多个国家或地区采用钉住浮动方式。

(3) 弹性浮动(Elastic Floating),指一国根据自身发展需要,对钉住汇率在一定弹性范围内可自由浮动,或按一整套经济指标对汇率进行调整,从而避免钉住浮动汇率的缺陷,获得外汇管理、货币政策方面更多的自主权。目前,巴西、智利、阿根廷、阿富汗、巴林等十几个国家采用弹性浮动方式。

(4) 联合浮动(Joint Floating),指国家集团对成员方内部货币实行固定汇率,对集团外货币则实行联合的浮动汇率。欧盟(欧共体)11国于1979年成立了欧洲货币体系,设立了欧洲货币单位(ECU),各国货币与之挂钩建立汇兑平价,并构成平价网,各国货币的波动必须保持在规定的幅度之内,一旦超过汇率波动预警线,有关各国要共同干预外汇市场。1999年1月1日欧元正式启动,欧洲货币一体化得以实现,欧盟这样的区域性货币集团出现。

在经济全球化进程中,过去美元在国际金融中一统天下的格局被打破,国际金融体系朝多极化方向发展,出现了汇率自由浮动、国际储备多元化、金融自由化、国际化的趋势。

三、区域货币一体化

20世纪80年代后期,在金融一体化背景下国际货币体系出现了区域货币一体化的潮流,产生了不少区域性货币组织,如西非货币联盟、中非货币联盟和阿拉伯货币基金组织等。但这些货币集团尚处于一体化程度较低的发展阶段,对国际货币体系影响不大。欧盟的建立及欧元的成功启动将货币一体化推向了一个全新的高度。

20世纪60年代末,以美元为中心货币的世界货币体系发生危机后,时任卢森堡首相的皮埃尔·维尔纳发出欧洲货币融合的倡议,即"维尔纳计划",其要点是:资本完全自由流通,各成员方货币趋同直至确定一个固定汇率,货币储备集中,通过某种"欧洲联邦储备局"确定中心货币政策和对第三国的共同货币政策,最终实现统一货币。维尔纳计划被视为通向欧元道路上的第一座里程碑。

1969年12月,欧共体海牙首脑会议制定"建立经济与货币联盟"计划。1972年4月欧共体六国决定建立欧洲货币"蛇形浮动体系"。1978年欧共体9国同意建立旨在稳定汇率的"欧洲货币体系"。1979年3月欧洲货币体系开始生效,欧洲货币单位"埃居"(ECU)成为欧洲记账单位。1986年2月欧共体12国签署一体化文件,规定了时间表。1989年4月欧共体委员会提出经货联盟三步走计划。

第一阶段:1990年开始资本流动自由化。1991年12月欧共体首脑会议通过了《马斯特里赫特条约》(简称《马约》)。条约计划从1999年起实行统一货币。从此，欧共体变成了欧盟，欧元取代了埃居。1993 年 1 月 1 日欧洲统一市场正式全面实施，12 个面员方之间取消内部边界，实现商品、资本、人员和劳务的全部或部分自由流通。1993 年 11 月 1 日《马约》开始生效。

第二阶段：1994 年 1 月 1 日欧洲货币局正式成立并运作。1995 年 12 月 15 日，欧洲理事会马德里会议确定单一货币名称为"欧元"(Euro)。1996 年 4 月 2 日，欧洲货币局公布欧元设计方案。1997 年 6 月 16 日，欧盟阿姆斯特丹首脑会议正式批准了《稳定和增长公约》《欧元的法律地位》和《新的货币汇率机制》三个文件。1998 年 5 月 1 日，欧盟布鲁塞尔首脑特别会议确认比利时、法国、德国、意大利、西班牙、荷兰、卢森堡、葡萄牙、奥地利、芬兰和爱尔兰共 11 国为欧元创始国。1998 年 7 月 1 日欧洲中央银行取代原欧洲货币局，行址设在德国法兰克福。

第三阶段：1999 年 1 月 1 日欧元如期启动，进入账面流通。欧洲中央银行接过确定货币政策的大权，各面员方货币的汇率最终锁定。2000 年 6 月，希腊成为第 12 个欧元区国家。2002 年 1 月 1 日，欧元纸币和硬币正式进入欧元区 12 国流通市场。

欧元面值为元(Euro)和生丁(Euro Cent)两种，包括七种面值的纸币：5 元、10 元、20 元、50 元、100 元、200 元、500 元；还有八种硬币：1 生丁、2 生丁、5 生丁、10 生丁、20 生丁、50 生丁、1 元、2 元，欧元的正式缩写为 EUR。

欧元的诞生是区域货币一体化的产物，它在降低欧盟区域内的汇率风险和交易成本、促进面员方内部贸易和提高资源配置效率方面，无疑起着十分重要的积极作用，同时也给世界其他地区货币的一体化提供了成功样板，但是随着国别经济发展的不平衡，欧盟面员方内部的经济政策协调也会变得日益突出。尽管目前世界范围内的区域货币一体化已是大势所趋，但由于各国经济发展的差异性，相信世界其他地区的货币一体化进程仍然任重道远。

本章小结

1. 外汇有广义与狭义之分。外汇包括记账外汇和自由外汇、贸易外汇和非贸易外汇、即期外汇和远期外汇等。汇率的标价法主要有直接标价与间接标价。按照不同的划分方式，汇率可分为买入汇率与卖出汇率，即期汇率与远期汇率，电汇汇率、信汇汇率和票汇汇率，固定汇率与浮动汇率，基准汇率与套算汇率等。一国影响汇率变动的因素主要有国际收支、通货膨胀、利率、经济增长、货币供给，失业率和税率等。

2. 国际储备是指各国货币当局持有的，用于平衡国际收支、保持其货币汇率稳定，并能为各个国家普遍接受的各种资产。狭义的国际清偿力就是指国际储备，广义的国际清偿力则还包括了各类贷款能力。一国的国际储备主要包括黄金、外汇、特别提款权以及在国际货币基金组织的储备头寸四个部分。

3. 国际货币体系指各国政府为适应国际贸易与国际结算的需要，对货币的兑换、国际收支的调节等做出的安排或确定的原则以及为此建立的组织形式等的总称。一般包括国际储备资产的确定、汇率制度的确定以及国际收支失衡的调节，其演变过程大致经历了四个阶段：国际金本位制、布雷顿森林体系、牙买加体系及区域性货币制度体系。

5. 国际资本流动是指资本从一个国家或地区向另一个国家或地区进行转移的活动。一般包括长期资本流动和短期资本流动。资本流动不仅仅对相关国家经济有积极和消极的影响,还对世界各国均具有影响。

关键词

国际收支	International balance of payment
外汇	Foreign currency
国际储备	International reserve
国际货币体系	International monetary system
国际资本流动	International capital movements

复习思考题

1. 国际外汇市场的构成及特点是什么?
2. 什么是国际货币市场的构成?
3. 国际资本市场与欧洲货币市场的关系是什么?
4. 国际金融机构主要有哪些?
5. 国际资本流动主要有哪些类型?
6. 国际资本流动对一国经济的发展产生怎样的影响?
7. 国际资本流动的原因有哪些? 目前呈现出哪些新的特点?
8. 国际货币制度主要有哪些类型?

第十三章　金融发展与金融改革

金融发展从根本上说是一个经济发展问题。金融作为现代经济的核心，其影响已经广泛而深刻地渗透到社会生活的方方面面，其发展问题理所当然地成为人们普遍关注的重点。各国的实践证明，凡是经济取得较快发展的国家，金融体系也得到迅速发展；凡是经济发展缓慢的国家，金融体系也比较滞后。本章将就金融发展与经济发展的关系、金融压抑和金融深化理论以及中国的金融改革等问题进行简要论述。

第一节　金融发展与金融深化

一、金融发展的含义及其衡量指标

金融发展（Financial development）是指在金融体系规模和金融工具数量不断扩张、金融结构合理优化的基础上，金融效率不断提高的过程。

金融发展问题早已引起经济学家的重视，何为金融发展以及如何衡量金融发展的水平，在各种金融理论中已有所阐述。按照戈德史密斯（Raymond W. Goldsmith）的解释，金融发展就是金融结构的变化，而金融结构包括金融工具的结构和金融机构的结构。一般而言，金融工具的数量、种类、先进程度以及金融机构的数量、种类、效率等的综合，形成具有不同发展程度的金融结构。金融工具和金融机构的数量和种类越多，金融发展程度就越高，金融服务的效率也就越高。

根据金融发展的定义，衡量金融发展的程度实际上就是衡量金融结构的状态。又由于金融发展与经济发展之间存在正向关系，金融发展程度也可以用金融发展与经济增长的相互关系的指标来衡量。

（一）金融内部结构指标

戈德史密斯提出了许多金融结构指标：

1. 主要金融资产（如长短期债券和股票）占全部金融资产的比重；

2. 金融机构发行的金融工具与非金融机构发行的金融工具的比率，以此来衡量金融机构化程度；

3. 在非金融机构发行的主要金融工具中，金融机构持有的份额，以这个指标进一步详细地衡量金融机构化程度；

4. 主要金融机构如中央银行、商业银行、储蓄机构及保险组织的相对规模；

5. 同类金融机构资产之和与全部金融机构总资产的比率，称为“分层比率”，来衡量金融机构间的相关程度；

6. 主要非金融部门的内源融资和外源融资的相对规模；

7. 在外源融资中，不同金融工具在已发行的各类债券和股票中所占的比重。

（二）金融发展与经济增长的相互关系指标

1. 金融相关率(financial interrelations ratio)

指一定时期内社会金融活动总量与经济活动总量的比值，一般用金融资产总额来表示金融活动总量，用国民生产总值来表示经济活动总量。这是衡量金融上层结构规模的最广泛的尺度。金融资产主要包括金融部门、非金融部门和国外部门发行的金融工具，如股票、债券、各种信贷凭证、通货与活期存款、居民储蓄、保险单等。根据戈德史密斯的解释，在一国经济的发展过程中，金融相关比率变动的基本趋势是上升，有时甚至会发生迅速上升的"爆发运动"，但当达到一定程度时，这一比率会逐步稳定。该比率的变动反映了金融活动与经济基础之间在规模上的变化关系。随着经济和金融的发展，金融结构也会发生相应的变化，金融机构发行的间接金融工具的比重会逐步下降，非金融机构发行的直接金融工具的比重会逐步上升，这大致反映了金融发展的一个基本特点。

金融相关率这一指标是为了解决在对不同国家的金融结构进行比较时可能遇到的统计数字不全的问题而提出的，因其简单、实用、合理而被广泛应用。

2. 货币化率(monetization rate)

是指一国通过货币进行商品与服务交换的价值占国民生产总值的比重，体现了一国的货币化程度，一般用一国某一时期的货币供给量（包括 M_0、M_1 或 M_2）与这一时期的 GDP 之比来衡量。

随着商品经济的发展，将货币作为商品和服务交换媒介的范围会越来越广泛，这种现象可称为社会的货币化程度不断提高。由于货币是金融资产的重要组成部分，因此货币化率是反映一个国家金融发展程度的重要指标。在使用该指标时，要注意使用的是哪一个层次的货币统计量。

二、金融发展与经济发展的关系

西方主流经济发展理论认为，金融发展与经济发展之间存在着密切的关联。金融发展促进经济发展的作用可以归结为以下几点：

1. 金融发展有助于实现资本的积聚与集中，帮助实现现代化的大规模生产，实现规模经济的效益。这是金融的一个基本功能。一般来讲，金融业越发达，迅速积聚资本的功能就越强。在金融高度发达的国家和地区，金融可以迅速集中国内资源并调动国外资源，推进经济的发展和国际化。

2. 金融的发展有助于提高资源利用率，进而提高社会经济效率。发达的金融体系为众多的投资者提供了多种可供选择的金融工具和完善的金融工具流通市场，金融市场上的竞争较为充分，使得各种金融工具的价格趋于合理水平，而投资者的理性投资行为会促使资源从经营不善的企业流向经营管理水平较高的企业，从而实现社会资源的合理配置，提高资源的利用率。

3. 金融的发展有助于提高用金融资产进行储蓄的比例，进而有助于提高社会的投资水平。金融业的发展会使金融资产的流动性提高、种类和收益率多样化，从而提高人们对金融资产的兴趣，增加金融资产形式的储蓄份额。再加上投资对储蓄的依赖更多地体现为对金融资产储蓄的依赖，这样就会在较大程度上拉动投资的增长。

另一方面，经济发展对金融发展的作用可以做以下归纳：

1. 经济发展会带来社会收入水平的不断提高，从而提高人们对金融投资和理财服务的需求，进而推动金融业的发展。

2. 经济的发展会促使越来越多的大企业集团的形成，大企业集团一般要求由与其融资需求相匹配的现代金融机构为其提供服务，这就要求金融机构的融资规模必须较大，融资的效率较高，且融资手段多样化，有较强的风险承受力。另外，经济的发展催生出众多规模不一、需求各异的企业，它们要求金融机构为其提供相应的服务。可以说，经济发展给企业规模和类型带来的变化是促使金融工具、金融机构多样化以及金融效率迅速提高的直接原因之一。

三、发展中国家货币金融制度的特点

对发展中国家而言，经济和金融的关系更多不是表现为相互促进，而是相互制约，金融的落后导致了经济发展的迟缓。西方发展经济学对这一问题进行了比较深入的研究，在进行详细介绍之前，我们首先来分析一下发展中国家货币金融制度的特点，可概括如下：

1. 货币化程度低

在发展中国家，由于经济发展水平较低，国内市场彼此分割，商品交易的规模和范围受到很多限制。因此，相对于发达国家来说，发展中国家的货币化程度低，货币在经济中的作用受到限制，这反过来又导致了经济效率低下。

2. 货币金融制度呈二元结构

与发展中国家的经济二元性相联系的是金融的二元性，即现代化的大银行和金融机构与落后的钱庄、当铺之类的传统金融部门并存。现代金融部门多集中在经济和交通发达的大中城市，而传统金融机构多集中在经济较落后的乡镇农村，这种状况加剧了经济发展的不平衡，同时使得货币政策及其传导机制受到严重的限制，难以发挥预期的效果。

3. 金融市场不完善，进一步导致储蓄不足，投资率低下

发展中国家的金融市场一般都不完善，其根本原因在于经济的不发达。此外，货币化程度偏低限制了金融交易的规模；经济发展的不确定性压制了直接投资的发展，使得金融工具种类单一、数量有限，不足以形成专门的金融市场。由于金融市场的落后、金融工具的缺乏，使得资金融通渠道狭窄、融资方式单调，资本形成不足。

发展中国家经济发展面临的一个难题是国内储蓄不足，导致积累与投资率低下，经济增长乏力。这些国家往往会出现一个不易摆脱的恶性循环，即低收入带来低储蓄率，低储蓄率又带来低投资率，低投资率则带来经济的低增长率，反过来又造成了低收入水平的循环。在低收入水平上产生低储蓄率是正常的，但造成发展中国家的低储蓄率的另一个重要因素是国内金融市场发育迟缓，可供选择的金融资产单调，使得市场的动员能力降低，社会公众的货币收入很难转化为储蓄和投

资，制约了经济的发展。

4. 金融体系发展不平衡且效率低下

在发展中国家的金融体系中，一般都是商业银行占据绝对优势，非银行金融机构极不发达。许多国家的金融机构为国家所有，民间金融机构很少，而且政府对金融业的控制较严。在官僚主义和缺乏竞争的环境中，不可避免地会造成金融机构效率低下，不能正确发挥其调节资源分配、合理分配资金的功能，甚至变成政府弥补财政赤字的工具。

5. 政府对金融实行严格管制

在大多数发展中国家，由于国内金融体系不健全，金融市场不发达，市场的竞争与调节机制不完善，因此，政府长期对金融活动进行种种行政性限制。包括对利率和汇率进行过分的管制，导致利率和汇率发生扭曲，难以真正反映资金供求和外汇供求状况；实行金融业的国有化经营，限制或取消民营金融业的发展等。

四、金融压抑和金融深化理论

20 世纪 70 年代以前，发展经济学在研究经济发展机理时，一般注重实物因素而忽略了货币金融因素。20 世纪 60 年代前后，美国经济学家托宾、英国经济学家约翰逊等人先后提出"货币增长理论"，开始研究货币金融与经济发展的关系。在这种背景下，美国经济学家 E. S. 肖和 R. I. 麦金农在 1973 年出版的《经济发展中的金融深化》和《经济发展中的货币与资本》两本著作中，对发展中国家的金融发展问题作了开拓性的研究，形成金融理论中著名的"金融深化论"和"金融压抑论"。

(一) 金融深化(Financial deepening)

金融深化是解除金融压抑的结果。肖和麦金农等经济学家一致认为，金融压抑是欠发达国家经济发展的一大障碍，要想实现经济迅速增长，就必须实施"金融深化"战略，通过金融体制的改革来促进经济增长。

所谓金融深化，是指政府放弃对金融体系和金融市场的过分干预，放松对利率和汇率的管制，使之能充分反映资金市场和外汇市场的供求状况。在此基础上，实施有效的通货膨胀控制政策，使健全的金融体系和活跃的金融市场能以适当的利率吸引闲置资金，使其向生产领域转化，并进一步引导资金流向高效益的部门和地区，以促进经济增长。由于通过金融深化可以推动国内储蓄增长和经济增长，而收入的增加又会导致更多的储蓄和对金融服务更高的需求，刺激金融业的扩展，因此会产生积极的储蓄效应、投资效应、就业效应和收入效应，出现金融—经济发展相互促进的良性循环。

一国金融深化的程度可从以下几个方面来衡量：(1)通货膨胀受到控制，实际利率为正。(2)利率弹性大，金融资产吸引力强。(3)经济货币化程度稳定上升。(4)对外债和外援的依赖性下降。(5)汇率自由浮动，不存在黑市和倒卖。(6)多种层次、多种类型的金融机构并存和竞争。

如果一国实现了上述六点，那么该国的金融和经济发展之间就会呈现相互促进的良性循环，即实现了金融深化。根据理论分析，并结合发展中国家的实际，要实施金融深化战略，发展中国家应采取以下几方面的金融政策：

1. 取消对存放款利率的人为限制

政府应允许利率随市场供求关系而自由变化，使利率真正地反映资金的余缺状况。在发展中国家，实际利率必须为正数，因为正的实际利率才有利于更多地吸引储蓄资金并转化为投资，而负利率会阻碍资本的形成。正的实际利率可以通过提高名义利率或降低通货膨胀率来取得。由于发展中国家资金匮乏，投资机会多，投资的边际收益较高，因而即使提高名义利率也不会严重压抑投资，但能有效地刺激储蓄资金的形成。同时，贷款利率的上升有利于提高资金的使用效率，对投资结构的改善有利。而通过有效地降低通货膨胀率的办法不仅能使实际利率由负值转变成正值，还能发挥稳定货币、促进经济增长的作用。

2. 减少对金融业的干预

要彻底进行金融体制改革，政府要放松金融业的准入限制，放宽金融机构的开业条件，允许非国有、非银行的金融机构的存在和发展，改变国有金融机构高度垄断金融业的状态，以活跃金融领域，促进金融业的市场竞争；放宽对金融市场的管理和限制，放宽对金融工具发行和流通的限制，发展规范化的金融市场体系，使银行体系和金融市场能真正发挥吸收和组织社会储蓄资金的功能。

3. 放弃以通货膨胀促进经济增长的做法

金融深化理论认为，经济增长与金融状况是紧密相连的。在金融压抑的条件下，经济增长受阻，此时实行通货膨胀政策，不利于社会储蓄，也不利于实际投资的增加，会使得金融压抑和经济停滞的恶性循环加剧。因此，政府应实行通货稳定与平抑物价的政策，为金融体系有效地吸收存款和发放贷款创造条件。这样，一方面社会储蓄率会上升，储蓄增加；另一方面，在市场利率均衡的条件下，储蓄资金的增加可以有效地促使实际投资的扩大和国民收入的提高，使得经济在非通货膨胀的情况下稳定增长，形成金融与经济发展相互促进的良性循环，即通过金融深化来促进经济增长。

4. 放宽外汇管制

政府应允许汇率在一定幅度内波动，使其真实地反映外汇市场的供求状况。外汇管制的放松，会鼓励出口和外资的进入，也能压缩不必要的进口，从而有利于国际收支状况的改善。由于发展中国家经济基础较为薄弱，承受力较差，因此，外汇和汇率的管制应逐步放开，以减轻本币贬值的幅度和由此造成的国内经济震荡。

5. 努力发掘本国资本潜力，减少对外资的依赖

金融深化理论认为，经济发展的优先策略是采用国内金融和对外贸易，依靠本国的资金来发展经济，而不是依赖外资来消除资金紧张的状态。因为发展中国家内部有可支配资金的潜力，应该可以通过金融深化来求得资金上的“自助”。当然，这还需要通过贸易自由化、财税体制改革等政策的配合，才能开拓国内资金来源，促进经济发展。

从上述政策可以看出，金融深化的核心在于减少政府干预，消除金融压抑，通过推进金融自由化来促进经济增长。

（二）金融压抑(Financial oppression)

麦金农和肖等人将金融压抑归结为：发展中国家的金融资产、金融机构形式单

一，存在较多的金融管制（包括利率限制、信贷配额、汇率及资本流动管制等）和金融效率低下的现象。

他们认为，金融发展与经济发展之间存在相互推动和相互制约的关系。健全的金融体制能有效地将储蓄资金动员起来并引导到生产性投资上去，以促进经济发展；另一方面，稳步发展的经济也会通过国民收入的提高和社会公众对金融服务需求的增加而刺激金融业的发展，二者间形成一种良性循环。但在大多数发展中国家，由于金融体制的落后和效率低下，使经济发展受到束缚，停滞的经济反过来又限制了资金的积累和对金融服务的需求，制约了金融业的发展，这样，二者间就呈现一种恶性循环。

根据金融压抑理论的分析，发展中国家的经济结构是割裂的，自然经济占很大比重，金融市场，特别是资本市场不发达，经济的货币化程度低，信用工具种类较少，金融领域也呈现明显的"二元化"。这使得人们多将储蓄作为保值手段，投资者只有在积累了大量现金后才能进行投资，大规模的投资需要大规模的资金积累，使货币和实际资本之间呈现互补状态，而不是替代关系。发展中国家在金融制度上存在缺陷，在政策上也存在错误导向，表现为不重视市场机制的作用，在金融领域中进行过多的行政干预和管理。主要体现在：

1. 金融当局硬性规定存放款的最高利率，进行利率管制

这是金融压抑的一个重要方面，它使得利率不能准确反映出发展中国家的资金供求状况和资金短缺问题。由于大多数发展中国家存在着较高的通货膨胀率，在政府规定的低利率水平下，往往使得实际利率出现负值。负利率使得金融机构难以有效地吸收闲置资金，进入金融体系的社会资金减少，同时，负利率刺激了更多的社会资金需求，甚至是投机活动。在资金短缺的情况下，为了解决资金供求的失衡，金融当局不得不使用"信用配额"的方式进行资金分配。这种情况下，能获得优惠利率信贷的大部分是享有特权的国有企业，或与官方金融机构有特殊关系的私营企事业机构。但这些借款人的投资并非总能获得较高的收益，它们往往不能偿还贷款。可见，信贷配给政策导致一些高效益的投资项目无法获得贷款，贷款不讲经济效益，资金集聚的困难和使用效率的低下严重阻碍了经济和金融的发展。与此同时，大多数民营企业因得不到信贷配额而不得不转向传统的金融机构和高利贷者、当铺等组织进行融资，使其发展受到严重影响。

2. 对外汇市场进行管制，使得汇率不能真实地反映出外汇市场的供求状况

发展中国家通常是通过官方汇率高估本国货币币值，以降低进口成本，但是，本币高估不可避免地会造成外汇市场的供不应求。在高估本币币值的情形下，外汇供给只能通过配给来满足，这必然助长外汇的黑市交易；而真正能以官方汇率获得外汇的只是少数特权机构和阶层，他们通过转手交易获得巨额利润。

由于高估本币币值，还会使国内出口受损，特别是初级产品的出口会遭受更大的打击；但持有官方执照的进口商却可以利用特权从进口中获得超额利润。这样会使得本国经济的发展越来越依赖于外援和进口。

在人为压低利率和汇率的同时，大多数发展中国家采取"进口替代"政策以摆脱对进口的过度依赖，为此不少国家由政府主导，集中资金发展本国加工工业，特

别是重工业，而忽视了农业与轻工业的发展。其结果是经济结构严重失衡，产业技术进步停滞不前，国内就业问题突出，整个国家的工业化与经济发展都受到抑制。

3. 政府对金融体系的发展进行限制

在发展中国家，现代金融机构不足，同业竞争无法充分展开。政府出于对金融体系和资金分配进行控制的目的，对金融机构的发展进行严格限制。一般是鼓励直接为政府服务、其活动易被政府掌控的部门与机构的发展，而限制民间私营金融机构的发展，形成金融业的高度垄断，垄断导致效率低下，严重影响一国的资源配置和经济的发展。

金融压抑对发展中国家的经济发展产生了严重的负面效应，主要表现在：

1. 负储蓄效应

在落后国家，由于经济货币化程度和收入水平低，金融工具种类很少，资产的选择余地很小，金融当局的低利率甚至负利率政策无法弥补物价上涨造成的损失，使得人们被迫采取购买实物、增加消费支出以及向国外转移资金的办法来规避风险，使国内储蓄率受到影响。

2. 负收入效应

在金融压抑条件下，当通货膨胀削减公众所持货币的实际价值时，人们的储蓄倾向降低，使得可用于投资的资金减少，国民收入的增长也会受到影响，这又会反过来影响储蓄和投资的增长，形成恶性循环。

3. 负投资效应

在金融压抑的政策条件下，一国的投资重点往往是耗资巨大的重工业，而由于技术条件的限制，资金密集型的产业并不能带来较高的效率，使投资的边际生产力大大降低。同时，农业和轻工业等传统部门的发展由于投资不足而受到限制，并进一步影响到出口。这反过来导致经济发展缺乏必要的投资动力，并更多地依赖外援。

4. 负就业效应

在金融压抑的条件下，由于缺乏必要的资金投入，传统部门与小规模生产受到限制，劳动密集型产业得不到发展，大量农村劳动力流入城市寻找工作；在城市中，由于进口替代政策的实施，资本密集型产业得到大力发展，但其对劳动力的吸纳十分有限。这样，大量未经专业培训的简单劳动力只能寻找更低工资的职业，甚至处于失业状态，形成大中城市特有的贫民阶层与贫民区。

值得指出的是，金融压抑不仅存在于经济较为落后的发展中国家，在传统的计划经济体制国家中也广泛存在，其对经济产生的负面影响与发展中国家类似。

第二节　金融自由化

一、发展中国家金融自由化改革

20 世纪 70 年代以后，许多发展中国家和地区接受了金融深化理论，在本国或本地区推进金融改革，消除金融压抑，实行金融自由化。其改革的基本内容有三项:逐步放松利率管制,推进利率决定的自由化;减少政府对信贷资金的计划控制;放松对金融机构发展的限制,以消除金融业的垄断,促进同业竞争。下面将介绍几个典型国家的金融自由化改革情况。

（一）阿根廷、智利、乌拉圭和新西兰的金融自由化改革

阿根廷、智利和乌拉圭三国在 20 世纪 70 年代中期进行了金融自由化改革的试验。其改革措施主要有四项:1. 取消对利率和资金流动的限制;2. 取消指导性信贷计划;3. 对国有银行实施私有化政策;4. 减少本国银行和外国银行登记注册的各种障碍。

智利的金融改革开始后,通货膨胀率从 1974 年的 600%下降到 1981 年的 20%,阿根廷和乌拉圭两国的通货膨胀率仍旧居高不下;智利的实际利率水平在 1980 年—1982 年分别为 12.1%、38.8%和 35.7%,阿根廷和乌拉圭不时出现负利率,但这两个国家的利率在许多时期还是相当高的。

在改革过程中,许多私营企业发生财务困难。80 年代初,一些金融机构濒临破产。上述三个国家的金融当局为了救助这些破产银行,曾采取扩张货币的措施。但这些救助措施同时也造成了宏观经济的不稳定。在这种情况下,阿根廷和智利被迫对金融重新采取直接控制措施。在直接控制实施一段时间后,才又逐渐恢复了自由化政策。

新西兰曾经被认为是发展中国家从严格管制的金融体系向主要依靠市场机制的金融体系过渡的范例。在 1984 年之前,新西兰政府对金融的干预还十分普遍,主要表现在:大部分金融机构的利率受到管制;信贷按指令分配给住宅业、农业等优先部门;强制要求金融媒介以低于市场的利率购买政府公债券等。这些措施刺激了住宅业、农业的投资,为政府提供了弥补赤字的廉价资金来源,但由于减少了对效益较高的金融活动的资金供应,因此延缓了经济增长,并削弱了金融的稳定性和货币政策的有效性。在 1984 年,新西兰政府采取了新的市场经济政策,主要内容是:在金融部门中,政府取消了全部的利率管制和信贷指令;允许汇率自由浮动;采取销售政府公债的市场定价和支付方法,并建立一套控制货币的新体系;政府对新银行的建立采取鼓励态度,并扩大了允许进行外汇交易的机构的范围,以推动金融机构间的业务竞争,等等。这些措施大大增加了资金的供给,稳定了货币,促进了经济的稳定增长。

（二）亚洲国家和地区的金融自由化改革

大多数亚洲国家和地区的金融改革是依照金融自由化理论来进行的,核心在于更多地依靠市场的力量来提高金融体系的效率和充分发挥货币政策的作用。

亚洲各国和地区实行金融自由化的速度和范围差别很大。香港地区长期以来奉行自由、宽松的经济政策,因此基本上不存在放松管制的问题。新加坡政府一直把建立国际金融中心作为目标,从 20 世纪 70 年代中期就开始了较为广泛的金融自由化改革。而亚洲其他国家和地区的金融自由化则始于 20 世纪 80 年代。概括起来,金融自由化改革的内容主要有:

1. 利率自由化

这是金融深化的核心内容,放松对利率的管制几乎是所有国家和地区金融改

革最显著的特征。新加坡在70年代中期就放开了利率；印度尼西亚、菲律宾和斯里兰卡在80年代初已完全放开对利率的管制；韩国、马来西亚、泰国则采取渐进的方式，对受控利率放宽浮动幅度，取消了部分利率的上限并经常对利率加以调整。到1995年11月，韩国几乎所有的存贷款利率都已实现了完全的自由化；1987年，马来西亚货币当局宣布减少行政指导，使银行利率更为灵活，存款利率实现自由浮动，到1992年2月，马来西亚政府最终完全取消了对商业银行贷款利率的限制；1992年1月，泰国国内所有的存款利率实现自由浮动，1992年6月，取消了对贷款利率的限制，标志着利率自由化的完成。

利率自由化再加上通货膨胀率降低，使得大多数国家和地区的实际利率由负变正，金融深化指标 M_2/GDP 在80年代都有了显著的上升。

2. 减少信贷控制

几乎所有的亚洲国家和地区都减少或取消了对银行信贷总规模的直接控制，并逐步减少按部门配置信贷的比例。不过由于间接调控工具尚不完善，在面临货币失控和宏观经济失调的情况下，许多国家往往仍要依靠某种程度的直接控制。如印度尼西亚在1987年放弃了选择性信贷政策，但中央银行仍向对优先部门提供贷款的银行提供优惠性再贴现；韩国在20世纪80年代末经常使用非正式的直接控制手段来抵消国际收支盈余过大对货币供给量的影响。

3. 促进金融机构之间的竞争

为了提高金融体系的效率，亚洲各国和地区都采取了鼓励竞争的措施，包括鼓励新建金融机构、扩大金融机构的业务范围、放宽市场准入限制和对外资金融机构的限制、国有银行民营化以及给予金融机构更大的自主权等等。另一方面，政府加强了对金融机构的监管，将监管范围扩大至所有的金融机构，统一并完善了金融管理体系，建立了存款保险制度，对经营不善和违规操作的金融机构进行改组。以韩国为例，到1983年，韩国六大商业银行中的5家实现了民营化；80年代初，韩国立法允许新银行建立，同时对建立非银行金融机构的要求降低。从1982年到1992年，韩国商业银行从6家增至14家；并新成立了44家储蓄公司和10家金融投资公司。

4. 减少资本控制，增加汇率的灵活性

到20世纪80年代初，印度尼西亚、新加坡已基本取消了对资本流动的限制；马来西亚对非本地筹资的国际资本流动限制极少，只控制资本输出，对资本输入几乎不予以控制。

汇率方面，新加坡在1975年放弃了固定汇率制，实行浮动汇率制，1978年完全解除了汇率控制，使名义汇率与实际汇率趋于一致；其他亚洲国家则从80年代开始，逐步从固定汇率制转向更为灵活的汇率安排。

（三）发展中国家金融自由化的经验和教训

发展中国家金融自由化改革的进展是相当不平衡的。在已经进行的改革中，既有成功的经验，也有失败的教训。依据世界银行1989年的一份报告，发展中国家金融自由化的主要经验教训有：

1. 以金融自由化为基本内容的改革一定要有稳定的宏观经济背景，宏观经济如果不稳定，那么在这些国家实施金融自由化政策，会由于较高的通货膨胀率而导致高利率和实际汇率的较大波动，造成资金的不规则流动，进而引起许多银行和企业的破产，使得经济的不稳定加剧。因此在进行金融自由化改革之前，必须首先创造一个稳定的宏观经济环境，这样，金融改革才会避免上述经济不安定状况的出现。

2. 金融自由化改革必须与价格改革或自由定价机制相配合。如果一国在实施金融自由化改革的时候，价格仍是保护价格或管制价格，那么金融自由化并不能改善资金分配的结构，反而会使资金在价格信号扭曲的条件下被错误的价格信号误导，出现新的资源配置结构失衡。

3. 金融自由化改革并非是要完全取消政府的直接干预，而是改变直接干预的方式。金融自由化改革是要以合理的法律和规章的干预取代人为的行政干预。从一些发展中国家金融改革的经验看，改革的一项重要内容就是放松对金融体系的管制，但在管制放松的过程中如果忽视了建立一套适合本国国情的谨慎的管理制度，就会在信贷分配方面出现失控或舞弊现象，严重时会导致一些银行出现清偿力危机，并面临破产的威胁。而金融业的混乱经营和失控将会危及国家的金融体系和经济的安全。

4. 政府在推行金融自由化改革和价格改革政策时，应充分考虑到原有利益关系的调整，预先判断金融自由化改革和相对价格变动对不同集团利益的影响，并基于公平原则和政治均衡要求的考虑，采用适当的经济补偿手段，来稳定这种利益关系，以减轻社会震荡。

二、发达国家的金融自由化

从 20 世纪 70 年代开始，特别是进入 80 年代以后，伴随着国际货币制度的改革，一些发达国家，如美国、日本，也纷纷宣布放松甚至取消金融管制，从而形成了另一股声势浩大的金融自由化改革浪潮。概括起来讲，西方发达国家的金融自由化主要有以下内容：

1. 放松对金融机构的控制。取消或放宽各类金融机构经营的业务领域限制，允许各类金融机构之间的业务交叉；取消对各类金融机构存放款利率的限制；商业银行等金融机构可以自由设立分行或附属机构，可以持有或兼并其他种类的金融机构，组成混合经营的金融联合体等。如美国在 1999 年实行了《金融服务现代化法案》，其核心就是废止了自 1933 年开始实行的《格拉斯—斯蒂格尔法》，允许银行混业经营。

2. 放宽和解除外汇管制，开放国内资本市场，放宽外国银行经营的业务范围，取消外国居民在本国金融市场筹集资金的限制。

3. 放松对本国证券市场的控制，允许商业银行等金融机构或外国金融机构拥有本国的证券投资机构，并自由进入证券交易市场。

总之，西方发达国家的金融自由化改革主要是放松或取消对银行、证券和保险业的分业经营管制，向混业经营迈进；放宽对市场准入、金融业间并购的限制等。这些管制的放松，加剧了国际银行业和国际金融市场上的竞争，在提高金融业效率的同时，也增加了全球金融体系的风险以及金融监管部门的管理难度。因此，大多数发达国家的金融监管当局在放松某些管制的同时，又加强了另一些方面的管制，特别是金融的宏观管制。可以说，发达国家金融自由化的过程实际上是一个“管制—放松管制—更新管制”的过程。

专栏 12-1　日本金融改革原因探析

第二次世界大战以后，日本为了恢复经济并实现赶超发达国家的发展战略，政府管制的金融体制得到更进一步的发展和加强。在资金短缺、证券市场发展落后、金融机构弱小的条件下，为迅速恢复经济，确保经济发展所需要的资金，日本建立了政府严密管制下的“护送舰队式”的金融体制，使银行在经营上受到政府高度管制的同时亦受到严密的保护，使得当时还很弱小的民族金融业得以生存和发展。对货币资金分配的直接干预也使国家的主导产业和重点产业能够获得足够的资金支持，从而保持了优先增长，进而带动了整个经济的起飞。同时，日本金融自身也不断发展和壮大，逐渐成为世界上屈指可数的金融大国。

战后日本金融体制的特点主要体现在：(1) 以银行间接融资为主导的金融市场模式，企业主要通过银行等金融中介机构筹集资金；(2) 严格的金融分业经营管理，各类金融机构之间有严格的制度分工，不允许有任何的业务交叉；(3) 严格的金融行政管制和高度的政府保护。

日本的这种以间接金融为主、政府高度管制的金融体制为日本在战后资源稀缺的条件下实现国民经济的高速发展、创造战后日本经济的奇迹发挥了巨大作用。但 20 世纪 80 年代的金融自由化和纽约广场协议后长期实行的过度宽松的货币政策，导致银行信贷和货币流动性过剩，加之日本经济的高速增长结束，企业投资机会减少，使大量银行资金流入股市和房地产市场，引起虚拟市场的资产价格上升，诱发了泡沫经济。到 90 年代初，日本经济形势急转直下，泡沫经济破灭，在日本经济遭遇困境的同时，日本的金融体制也受到巨大冲击。

1. 日本在国际金融中的地位急剧下降

首先，泡沫经济崩溃后，由于资产规模缩水和巨额不良债权的影响，日本银行国际资信等级明显下降。1997 年 3 月末，除当时资产规模仍列第一的东京三菱银行被评定为 A 丙级外，其他银行大都降到了 B 级的行列。外国对日本金融机构的信誉以及日本金融体系的稳定性、健全性产生怀疑，导致日本金融机构在国际金融市场的筹资成本和困难加大。同时，由于日本金融市场的过度管制，使证券市场交易成本高、交易品种少，东京金融市场的竞争力和吸引力明显下降，资金外流严重。根据瑞士 IMD(国际经营开发机构)2001 年所调查的 47 个国家中，日本金融的国际竞争力已被排在了第 22 位。

其次，日本金融国际化相对倒退。日本金融国际化在 80 年代后期发展异常迅速，90 年代后则有所放慢，甚至在某些方面还有所倒退。2000 年后，为处理不良资产，日本金融机构加快压缩海外金融资产，总体上出现了日本银行业海外资产大幅减少，金融机构国际化出现倒退的现象。

2. 不良债权问题特别突出

日本传统的金融体制埋下了不良债权的隐患，泡沫经济使得大量不良债权显露出来并不断加剧。由于日本企业主要资金来源于银行，在泡沫经济破灭后，经济长期停滞，因此银行贷款集中的不动产业、建筑业和批发零售业的大多数企业都处于长期萧条之中，导致其无法按期偿还银行贷款，使银行不良债权增多；由于企业负债加重，出现财务困境，从而使其信用下降，经营困难，破产增加，造成新的不良债权的范围不断扩大。

1997 年亚洲金融危机更使日本在亚洲的不良资产总量迅速扩大，不良债权问题已成为日本金融体系不稳的关键因素。

3. 金融体系危机重重，随时可能爆发

由于金融体系不稳定，银行和企业相互持股，股市暴跌使金融机构不良债权有增无减，导致许多金融机构财务状况严重恶化，资本充足率大幅下降。这一切使日本金融业存在严重危机。世界最大的金融集团日本瑞穗金融集团、日本联合金融集团、三井住友金融集团的股价下跌不止，而日本第五大金融集团理索纳金融控股集团的自有资本比率跌到不足 4%，不得不于 2003 年 5 月由政府注入公共资金国有化。

金融体系的不稳定还表现在大量金融机构的破产上。先是 1997 年间发生了日产生命保险公司、三洋证券公司、山一证券公司和北海道拓殖银行等大型金融机构的相继倒闭，继而在 1998 年 10 月和 12 月，日本两家重要金融机构日本长期信用银行和日本债权信用银行由于严重资不抵债而被迫申请由政府接管，被暂时国有化。金融机构的倒闭风潮使金融机构危机表面化，导致日本金融动荡，金融危机随时有可能发生。

综上所述，传统金融体制不能适应日本经济发展的需要和国内外经济金融环境的变化，是日本金融体系动荡和日本金融改革的根本原因。

（本文节选自蔡笑腾. 日本金融改革原因探析. 日本问题研究，2006.1）

三、金融自由化与国际性金融危机

无论是从理论上，抑或实践上来看，金融自由化确实在一定程度上促进了各国的经济增长，在有些国家甚至取得了比较大的成效。但是，伴随着近二十多年来的全球金融自由化，各种货币金融危机却不时出现，这使得人们不得不重新思考金融自由化政策，探讨金融自由化与金融危机之间的关系。

（一）金融自由化与金融危机的联系

从 20 世纪 80 年代开始的二十年时间里，全世界发生了 5 次大的金融危机，其中的 3 次发生在发展中国家：1982 年，以墨西哥政府宣布不能偿还外债为导火索，爆发了拉美国家的债务危机；1994 年，墨西哥政府宣布比索贬值，引发了以拉美国家为先导的新兴市场国家的货币危机和资本市场危机；1997 年从泰国开始，形成一轮主要波及东南亚、东北亚国家的金融危机。

在探讨这些货币金融危机成因的过程中，有些学者指出，发展中国家的金融自由化进程中可能蕴含着金融风险。仔细分析这三次金融危机，可以从中找出六个共同之处：(1)危机爆发的国家均处于经济高速增长时期；(2)这些国家的资本市场对外高度开放，吸引了大量外资；(3)国际收支经常项目存在不同程度的赤字；(4)有大量外资流入，流入方式以银行贷款或其他债权投资为主，直接投资的数量不大；(5)这些国家均实行钉住美元的固定汇率制，完全放开经常项目、部分或全部放开资本项目的货币兑换；(6)银行资产质量存在较大问题，银行体系的风险承受能力脆弱。上述共同特征都对金融危机的爆发产生作用，其中大部分涉及金融自由化改革的内容。这促使人们将金融危机与金融自由化联系在一起。

（二）金融自由化引发金融危机的主要原因分析

概括来讲，金融自由化主要从以下几方面强化了金融体系的潜在风险：

1. 利率自由化以后，利率水平的急剧变动会增加金融体系的潜在风险

首先，当实际利率上升到接近甚至超过实际资产的投资收益率时，投资需求会减少，投资规模缩减；在信息不对称的条件下，银行贷款利率的提高会产生“逆向选择”问题，导致银行错过了优质客户，选择了劣质客户，贷款项目的风险提高。

其次，存款利率放开后，存款机构之间的竞争使存款利率上升，银行的筹资成本增加。如果贷款利率没有同幅度的上升，存贷款利差将缩小，银行的盈利能力减弱，会诱使银行从事高风险高收益的项目，这也增加了银行的潜在风险。

再次，在金融自由化的开始阶段，利率的急剧上升会吸引大量外资流入，外债增加。当出现国际收支恶化时，国际资本抽逃、货币贬值导致一些金融机构因无力还债而破产；如果政府在财政赤字较大的情况下放开利率，会加大政府的利息负担，使赤字进一步扩大，为了弥补财政赤字，政府可能会向银行借款，结果是财政赤字货币化，可能出现通货膨胀。

最后，利率的波动加剧要求金融机构的风险管理水平提高，而长期处于金融压抑状态下的金融机构在金融自由化的开始阶段可能还不适应这种变化，这样就会因为缺少有效的风险防范措施而使金融风险加大。

2. 钉住汇率制和开放的资本市场之间存在着矛盾

20 世纪 90 年代以来的金融危机大多与国际资本在各国资本市场间的流动有关。国际游资进出一国资本市场的难易程度取决于该国外汇管制的宽严程度和资本市场的开放程度。在外汇管制方面，发展中国家在实施金融自由化改革时，一般都在相当程度上放开了对汇率的管制，但同时又大多采取钉住美元的固定汇率制度。这样，当出现外部冲击时，政府必须动用外汇储备来维持汇率的稳定。在资本市场方面，发展中国家为了加快经济增长，一般都会想方设法地吸引外资，导致资本市场的开放程度较高，对国际资本流动的限制也较少，方便了国际资本在本国资本市场的出入。但由此可能造成的问题是，如果由于某种原因而引发了国际游资的大规模撤离，就会给政府维持钉住汇率制带来很大压力，使外汇储备遭受严重冲击。这种情况下，政府有两种选择，或者是放弃钉住汇率制，让汇率自由浮动，或者是采取强有力的措施限制外资进出本国资本市场的自由。不管是哪种方法，都会给本国经济的稳定增长及吸引外资的能力带来一定时期的不良影响。

3. 对金融机构准入的放松和金融监管不足，导致金融业的风险增加

在金融自由化进程中，一般都会放松金融机构准入限制，这包括放宽本国金融机构的开业限制和允许外资金融机构的进入两方面，这使得金融业的竞争加剧。但如果在此过程中金融当局缺乏足够的谨慎监管和监督措施，金融机构就有可能通过各种途径从事高风险的业务，从而加大金融体系的潜在风险。

4. 银行等金融机构积累的大量不良资产使其抵御风险的能力降低

在发展中国家，甚至在一些发达国家，由于政府长期实行对银行信贷业务的行政干预，造成银行等金融机构大量的不良贷款。在政府的保护措施下，这些不良贷款对银行流动性的威胁是潜在的，而一旦实行银行的私有化，潜在的金融风险就会很容易的转化成现实的风险，并引发金融危机。

五、金融自由化顺序

20世纪70年代以来，许多国家都进行了市场化改革，以中国为代表的东亚各国采取了渐进的改革方式，成就斐然；而苏联和东欧国家则进行了激进的经济自由化，导致产出下降和恶性通货膨胀的后果。人们对这些国家金融自由化的经验教训进行研究发现，金融自由化必须有一个合理安排的顺序，如果顺序安排正确，就能实现预期的目标，否则将导致金融和经济的灾难。

（一）麦金农的观点

麦金农在1991年出版的著作《经济市场化的次序——向市场经济过渡时期的金融控制》中提出了金融自由化的顺序安排问题。麦金农认为，对于实行经济市场化而言，客观上存在着如何确定最优次序的问题，财政政策、货币政策和外汇政策的次序如何安排是至关重要的。虽然经济市场化的次序因各种类型经济而有所区别，但仍然存在一些共同特点。

他认为，经济市场化首先要完成的任务是平衡中央政府的财政收支，财政控制优先于金融自由化。为确保财政收支平衡，首先应限制政府的直接支出，使其在国民生产总值中所占份额减少，但可以随着人均国民收入的增长而适当增大。如果政府支出不受控制，财政赤字经常出现，那么，在国内资本市场发育不足、政府难以有效地向社会公众推销政府债券的情况下，中央银行就会被迫过度发行基础货币来弥补财政赤字，从而引发通货膨胀。即使政府可以借助于国内资本市场来筹集资金，也可能由于举债过度而陷入国内债务危机。为保证政府收入，同时又不会引发严重的通货膨胀，政府必须有向企业和个人征收基础广泛而又较低的税收的能力，这就要求中央政府建立一个强有力的国内税收部门和有效的税收管理制度，在此之前，政府有必要对某些紧缺资源或产品实施管制，以避免恶性通货膨胀的出现。

在财政控制到位、物价稳定、财政赤字消除后，可以考虑进行自由化的第二步，即开放国内资本市场。麦金农建议，在宏观经济稳定的条件下，放松对银行和其他金融机构管制的步伐必须与政府稳定宏观经济方面的成效相适应，以避免出现银行恐慌和金融崩溃。银行系统必须永远受到管制以维护整个支付机制的安全运转。如果对商业银行实行私人所有或私人控制，改革进程就有可能因为私人货币中介机构经营中存在的道德公害问题而归于失败。

对社会主义国家而言，由于其银行体系大多是从高度集中、大一统的国有银行起步，因此在市场化的开始阶段，必须采取强有力的措施强化货币和信贷系统，使实际利率为正，强制长期负债企业归还借款，严格限制信贷流动，直至价格水平稳定。

在国内金融成功自由化以后，接下来，政府就可以进行汇率自由化的改革。这里同样存在一个次序问题。在汇率自由化改革中，经常账户的自由兑换应先于资本账户的自由兑换。首先，应统一所有经常账户的汇率，避免多重汇率，提高对外贸易的效率；其次，制定适当的贸易政策，以显性的、逐步降低的关税来取代扭曲性的配额和其他直接的行政管制。

资本项目的自由兑换是经济市场化的最后阶段。只有在国内借贷能按均衡利率进行、通货膨胀受到明显的抑制从而无须降低汇率时，资本项目自由兑换的条件才算成熟。

（二）金融改革的次序——世界银行研究报告的解读

世界银行在1989年的世界发展报告中，对20世纪30年代、特别是70年代中期直到80年代后期的整个世界金融发展问题进行了系统、广泛地比较分析，探讨了金融体系演变与发展的特征和规律。

报告认为，在过去十年中，包括发达国家和发展中国家在内的一些国家，为实现金融体系自由化，已经进行了一些改革步骤，发达国家的金融部门建立在市场基础上，已经逐渐成熟，其改革的重点在于取消控制，促进竞争。发展中国家一般是在经济形势紧张的情况下进行金融改革，因此改革的要点是要从一个受管制的金融体系向更为市场型的金融体系转变。为了更加安全稳定地向自由的金融体系过渡和转变，要采取以下几个步骤：

1. 首先从控制财政赤字和通货膨胀、稳定宏观经济开始，政府应减少指导性信贷计划，调整利率水平和模式，努力完善会计制度、金融法规、金融监管体制等金融运行的基础。

2. 要促进多样化的市场和机构的发展，鼓励其展开竞争。在鼓励外国机构进入国内金融市场、通过竞争提高效率的同时，也要有所控制，直到国内金融机构具备与之竞争的能力。

3. 在改革取得实质性成果后，可进入最后阶段——实现利率的充分自由化，即取消现存的指导性信贷计划，放宽资本自由流动的限制，并取消对外国金融机构的限制。

4. 在国内金融体系已实现自由化并进一步深化时，就可以给予外国机构和资本流动更多的自由，取消汇率管制，实现贸易的自由化和资本的自由流动，从而使国内金融市场与国际金融市场相互连接。整个过程进行得过快或过慢都是有害的。

第三节　金融约束

一、金融约束的含义

对于麦金农等人提出的金融发展理论，新凯恩斯主义用有效需求的观点，并从信息不对称角度进行了批评。他们认为，因为有效需求包括投资需求、消费需求和出口需求三部分，所以实际利率的上升对经济的作用是不确定的。实行金融自由化改革，存款利率上升以后，确实会带来存贷款的增加，进而使投资和产出增加；但同时，由于企业的筹资成本在实际利率上升后相应增加，预期利润率下降，会使投资需求减少；居民的实际储蓄会上升，实际消费下降，会使消费需求减少；实际利率的提高会使外资流入增加，导致本币汇率高估，出口受到抑制，所以实际利率的上升会使社会总需求紧缩，影响经济发展。根据上述分析，实行金融自由化改革后，实际利率的上升对经济的影响可能是经济增长,也可能是经济萎缩。再加上信息不对称、外部性与规模经济的存在,提高存款利率,可能会使银行出于利润的考虑而从事高风险的贷款,影响金融体系的安全;同时竞争与不受管制的金融市场也会加剧金融体系的不稳定性。因此,新凯恩斯主义者提出用金融约束(financial restrain)取代金融自由化。

金融约束是新凯恩斯主义的代表——赫尔曼、凯文、斯蒂格利茨等人从不完全信息市场的角度提出的。根据他们对东亚经济,特别是日本经济发展经验的研究,发现一些发展中国家和转型国家在金融改革过程中没有盲目进行金融自由化改革,而是根据本国国情采取了渐进的改革,从而有效地避免了大的金融动荡和金融危机。因此他们提出,对发展中经济和转型经济而言,虽然金融压抑严重阻碍了经济发展,但在实行金融自由化的基本条件不具备的情况下,盲目推进金融自由化并不会收到良好的效果。他们运用信息经济学理论重新分析了金融体制中的放松管制与加强政府干预的问题,提出金融深化理论的假设前提是瓦尔拉斯均衡的市场条件,这在现实中难以成立。即使现实中存在这些条件,也会由于经济中普遍存在的信息不对称及代理行为等因素的影响,而使金融市场失灵。金融市场失灵的本质是信息失灵,它导致金融市场的交易制度难以有效运行。因此,适当的政府干预有助于金融深化和经济的发展,即合理的金融约束是金融自由化的必经阶段,这为金融发展理论提供了新的分析框架。

二、"金融约束"的效应分析

赫尔曼等人的金融约束理论认为,政府对金融部门有选择地进行干预有助于而不是阻碍了金融深化,主张经济落后、金融深化程度低的发展中国家政府应通过制定一系列的金融政策,对存贷款利率、市场准入及竞争和资产替代加以限制,从而为金融部门和生产部门创造租金机会,通过"租金效应"和"激励作用"来有效解决信息不对称的问题,并提高金融体系的运行效率。这里的租金是指超过竞争性市场所能产生的收益。租金主要有以下作用:

1. 租金对金融部门的作用

金融部门得到租金后主要有两个作用:

(1) 租金为金融部门创造出特许权价值,这会形成一种激励机制,有助于克服"道德风险",促进金融稳定。发展中国家的金融机构一般都资金匮乏、自有资本水平低,有可能从事高风险的投资而危及金融业的稳定。而特许权价值则为金融部门特别是银行创造了"长期股本",这种股本在短期内不能得到,同时也不会由于负面的宏观经济冲击而消失,这就为银行创造了一个持续稳定的利润流,等于创造了一个长期激励机制,使银行不至于因短期的风险而破产。同时,政府在保证实际存款利率为正的前提下,将存款利率限制在一个较低水平上,减少了银行成本,创造出可增加其特许权价值的租金机会,这样会减少银行的道德风险行为,使其更有可能和动力成为一个长期经营者。

(2) 租金的存在给银行增添了寻找更多存款来源的动力。由于市场准入等方面的限制,率先开发新市场的银行暂时享有垄断权利,可以得到较高的边际租金,这就使银行有动力扩大投资，扩大中介范围，给予客户更多的便利，吸收更多的存款以扩大资金来源，并提高资金融通效率。如果政府将租金指定用于专项银行业务，还会起到促使银行开展某些市场条件不利的业务，如长期贷款的作用。

2. 租金对生产部门的作用

（1）政府通过限制贷款利率为生产部门创造租金，将租金从居民手中转移到企业，会使投资资金供给增加，可以提高投资水平和资金配置的效率。一方面，生产部门获得租金可以增加资本积累，使还债能力增强，并降低了融资项目的风险和企业的代理成本；另一方面，租金增加企业股本可以被视作一种信号发送工具，使优质企业与劣质企业区分开来。因为金融约束论认为，股本的变化可以向金融机构传递企业自身的专有信息，如果企业通过在股票市场发行新股以增加股本是本企业效益不佳、前景堪忧的反映，而企业如果通过获得租金进行积累的方式来增加股本，则是一种经营状况和投资前景良好的表现，可以使银行的贷款决策改善，使企业获得更多的租金机会。这样企业就会形成一个良性循环：获取租金—提高股本份额—发送良性信号—获得更多贷款支持—获得租金。在这一循环中，企业和银行都因规避了逆向选择行为和道德风险而使实际收益增加，整个社会经济更加稳定。

（2）政府通过实施定向信贷政策，会在企业间产生“竞赛效应”，从而更好地激励企业追求利润最大化目标。同时会使拥有良好经营业绩和投资项目的企业从贷款中获得更多的租金份额，并利用这些新增财富增加其在投资项目中的股本投入，降低投资项目的风险，从而更易于从正式的金融部门获得资金支持，使与企业素质相关的股本的自然积累过程加速。

三、金融约束理论的政策意义

由于金融约束能促进经济增长，因此具有很强的政策意义。斯蒂格利茨等基于东亚和日本的经验，提出了适合发展中国家的金融约束政策，完整地表述了政府为金融部门创造租金的一系列金融政策。主要包括：

1. 政府控制存贷款利率

金融约束发挥作用的关键在于租金的创造。政府可以通过控制存款利率，使其低于市场利率水平，降低银行的经营成本，使银行得到租金，这样就会减少银行自身的道德风险，激励银行控制短期行为，并可以避免直接补贴的政策所滋生的不良倾向；通过控制贷款利率使企业得到租金，并确定租金在银行和企业之间的分配比例。政府可以通过贷款调节政策确保资金流向预期收益较高的企业，以提高资金的使用效益。但是，政府对存贷款利率的控制必须温和，尽量减少其副作用。

2. 偿还期转换

大多数发展中国家的商业银行不愿发放长期贷款的最主要原因是本国通货膨胀比较严重，银行不想承担通货膨胀的风险。在资本市场不发达的情况下，许多国家通过开办开发银行来满足企业的长期资金需求，以此解决市场失灵问题。但政府直接放贷会受到自身代理问题的困扰，而且“政府失灵”的危害往往并不亚于“市场失灵”。因此理想的做法就是政府帮助商业银行从事长期融资，由政府承担通货膨胀的风险，银行承担客户违约风险，这样就可以有效地调动银行发放长期贷款的积极性，满足社会长期资金需求，促进经济增长。

3. 限制银行业竞争

银行的竞争包括向银行部门的过度进入和现有银行的过度竞争两种。如果没有市场准入限制，银行没有特许权保护，在经济发展水平较低、市场容量有限的情况下，银行竞争的结果只能是对现有客户的争夺，而没有动员任何新的社会资金，这种无效竞争将导致社会资源的浪费，加大银行成本，可能引发银行的倒闭，影响金融体系的正常运转和金融安全。所以，政府可以通过进行市场准入控制，以限制和引导竞争，提高金融体系的安全性。当然，限制银行业的竞争也可能会使一些效率较低的银行得到保护，这可以视作一种政策成本，但这种政策成本可能大大低于安全的金融体系给整个经济带来的利益。

4. 限制资产替代

由于租金的获得量取决于银行吸收的存款量，因此政府要设法限制居民将正式金融部门的存款转化为证券、国外资产、非正式金融部门的存款和实物资产。这是金融约束的一项重要措施。金融约束论认为，发展中国家的证券市场不健全，市场风险较大，过多的资金涌入会加剧证券市场上金融资产价格的波动，造成金融体系的不稳定；且资金大量从银行部门“脱媒”会影响银行的信用创造功能，使得资金供应减少、资金缺口扩大，不利于经济发展。因此在完善的银行体系和证券市场建立起来之前，发展中国家不应过分强调证券市场的作用。

金融约束论是在金融发展理论存在了20年之后出现的，是赫尔曼等人为实现金融深化而提出的一种新思路，它为发展中国家在金融深化过程中实行政府干预提供了理论依据和政策框架。虽然金融约束论不失为一种合理的金融发展政策，但它也有严重的缺陷，特别是在政策实际操作过程中会基于种种原因而发生扭曲，将金融约束变成了金融压抑。因为金融约束的实施必须具备一定的前提条件，其时机和效果难以把握，并且要随着经济的发展和金融深化程度的加深不断进行调整，这无疑增加了政策制定和操作的难度。由于其政策建议本身较为模糊，因此尚不能适应实际经济和金融发展的要求。

本章小结

1. 金融发展可以促进经济增长。衡量金融发展的指标有金融内部结构指标和金融发展与经济增长相互关系指标两类。

2. 金融压抑会阻碍经济增长。肖和麦金农详细分析了金融压抑的原因、政策表现及其对经济增长的负效应。

3. 金融深化是克服金融压抑的途径，肖和麦金农进一步提出了衡量金融深化程度的指标和政策建议。在实践中，许多国家推行了以金融深化为目标的金融自由化改革，其主要内容是放松政府对金融业的管制，促进金融业的竞争。但是，一些发展中国家的金融自由化导致金融风险增大，甚至引发了货币金融危机。金融自由化带给人们多方面的经验和教训，包括金融自由化应遵循一定的次序，这对我国的金融改革有着很强的借鉴意义。

4. 新凯恩斯学派根据对东亚经济的研究，提出了金融约束理论，认为合理的金融约束是金融自由化的必经阶段，并提出了一系列政策主张。金融约束理论虽然是合理的金融发展政策，但也有严重的缺陷。

关键词

金融发展	Finance development
金融相关率	Financial interrelations ratio
货币化率	Monetization rate
金融压抑	Financial oppression
金融深化	Financial deepening
金融自由化	Financial liberalization
金融约束	Financial restrain
租金	Rent

复习思考题

1. 什么是金融发展？如何衡量一国的金融发展水平？
2. 试利用相关数据分析我国改革开放以来金融发展水平的变化。
3. 根据金融压抑理论来分析我国现阶段是否存在金融压抑，为什么？
4. 金融自由化的主要内容是什么？
5. 金融压抑只是存在于发展中国家吗？举例说明。
6. 结合金融约束理论和发展中国家金融自由化的教训来分析我国应如何进行金融改革。

参考文献

1. 黄达.金融学(第三版).北京:中国人民大学出版社,2014.
2. 胡庆康.现代货币银行学教程(第五版).上海:复旦大学出版社,2014.
3. 蒋先玲.货币银行学(第二版).北京:对外经济贸易大学出版社,2012.
4. 刘宇飞.货币银行学.北京:中国发展出版社, 2008.
5. 戴国强. 货币金融学(第三版).上海:上海财经大学出版社,2012.
6. 易纲,吴有昌.货币银行学.上海:格致出版社,2014.
7. 张尚学.货币银行学(第三版).天津: 南开大学出版社,2014.
8. 陈雨露.货币银行学.北京:中国财政经济出版社,2013.
9. 郑道平,张贵乐.货币银行学原理(第六版).北京:中国金融出版社,2009.
10. 胡援成.货币银行学(第四版).北京:中国财政经济出版社,2011.
11. 钱水土.货币银行学(第二版).北京:机械工业出版社,2014.
12. 姚长辉.货币银行学(第四版).北京:北京大学出版社,2012.
13. 才凤玲,曹艺.货币银行学原理.北京:中国金融出版社.2013.
14. 胡国晖,崔奇.货币银行学.武汉:武汉理工大学出版社, 2006.
15. 安烨.货币银行学(第二版).上海:上海财经大学出版社,2011.
16. 王楚明.货币金融学.上海:立信会计出版社,2011.
17. 殷孟波.货币金融学(第二版).北京:中国金融出版社,2014.
18. 刘革,李姝瑾.金融学.北京:北京理工大学出版社,2015.
19. 米什金著,郑艳文,荆国勇译.货币金融学.北京:中国人民大学出版社,2011.
20. R.格伦·哈伯德,安东尼·帕特里克·奥布赖恩著,孙国伟译.货币银行和金融体系.北京:中国人民大学出版社,2013.